- 国家社会科学基金重大委托项目《巴蜀全书》(10@zh005) 系列成果
- 四川省重大文化工程《巴蜀全书》(川宣〔2012〕110号) 系列成果
- 四川大学中国语言文学与中华文化全球传播学科群重点资助出版项目
- 四川大学古籍整理与经典文献研究中心培育基地重点资助出版项目

蜀学文库

初学集

李文泽 著

中国社会科学出版社

图书在版编目（CIP）数据

初学集 / 李文泽著 . —北京：中国社会科学出版社，2022.9
（蜀学文库）
ISBN 978-7-5227-0696-2

Ⅰ.①初…　Ⅱ.①李…　Ⅲ.①文化史—四川—文集
②巴蜀文化—文集　Ⅳ.①K297.1-53②K872.71-53

中国版本图书馆 CIP 数据核字（2022）第 144568 号

出 版 人	赵剑英	
责任编辑	郝玉明	
责任校对	谢　静	
责任印制	王　超	

出　　版	中国社会科学出版社	
社　　址	北京鼓楼西大街甲 158 号	
邮　　编	100720	
网　　址	http://www.csspw.cn	
发 行 部	010-84083685	
门 市 部	010-84029450	
经　　销	新华书店及其他书店	
印　　刷	北京明恒达印务有限公司	
装　　订	廊坊市广阳区广增装订厂	
版　　次	2022 年 9 月第 1 版	
印　　次	2022 年 9 月第 1 次印刷	
开　　本	710×1000　1/16	
印　　张	24.5	
字　　数	294 千字	
定　　价	128.00 元	

凡购买中国社会科学出版社图书，如有质量问题请与本社营销中心联系调换
电话：010-84083683
版权所有　侵权必究

《蜀学文库》编委会

学术顾问（按姓氏笔画排序）：

  王中江 朱汉民 刘学智 杜泽逊 李存山 李晨阳
  李景林 吴　光 张新民 陈　来 陈祖武 陈　静
  单　纯 郭齐勇 景海峰 廖名春

编 委 会（按姓氏笔画排序）：

  王小红 王智勇 王瑞来 尹　波 刘复生 杨世文
  吴洪泽 张茂泽 郭　齐 黄开国 彭　华 粟品孝
  舒大刚 蔡方鹿

主　　编：舒大刚

总　序

岷山巍巍，上应井络；蜀学绵绵，下亲坤维。

蚕丛与鱼凫，开国何茫然？《山经》及《禹记》，叙事多奇幻。往事渺渺，缙绅先生难言；先哲谭谭，青衿后学乐道。班孟坚谓："巴蜀文章，冠于天下。"谢啬庵言："蜀之有学，先于中原。"言似夸诞，必有由焉。若乎三皇开运，神妙契乎天地人；五主继轨，悠久毗于夏商周。天皇地皇人皇，是谓三皇；青赤白黑黄帝，兹为五帝。三才合一，上契广都神坛；五行生克，下符《洪范》八政。

禹兴西羌，生于广柔，卑彼宫室，而尽力于沟洫；菲吾饮食，而致孝乎鬼神。顺天因地以定农本，报恩重始而兴孝道。复得河图演《连山》，三易因之肇始；又因洛书著《洪范》，九畴于焉成列。夏后世室，以奠明堂之制；禹会涂山，乃创一统之规。是故箕子陈治，首著崇伯；孔子述孝，无间大禹。

若乎三星神树，明寓十日秘历；金沙赤乌，已兆四时大法。苌弘碧珠，曾膺仲尼乐问；尸佼流放，尝启商君利源。及乎文翁化蜀，首立学校，建国君民，教学为先；治郡牧民，德礼莫后。蜀士鳞比，学于京藩；儒风浩荡，齐鲁比肩。七经律令，首先畅行蜀滇；六艺诗骚，同化播于巴黔。相如、子云，辉映汉家赋坛；车官、锦官，衣食住行居半。君平市隐，《老子指归》遂书；儒道兼融，道德仁义礼备。往圣述作，孔裁六艺经传；后贤续撰，雄制《太玄》《法言》。"伏牺之易，老子之无，孔子之元"，偕"扬雄之玄"以成四教；"志道据德，依仁由义，冠礼佩乐"，兼

"形上形下"而铸五德。落下主《太初》之历，庄遵衍浑天之说。六略四部，不乏蜀人之文；八士四义，半膺国士之选。涣涣乎，文章冠冕天下；济济焉，人材充盈河汉。

自是厥后，蜀学统序不断，文脉渊源赓连。两汉鼎盛，可谓灵光鲁殿；魏晋弘宣，堪比稷下学园。隋唐五代，异军突起；天下诗人，胥皆入蜀。两宋呈高峰之状，三学数蜀洛及闽。蒙元兵燹，啼血西川；巴蜀学脉，续衍东南。明有升庵，足以振耻；清得张（问陶）李（调元），可堪不觊。洎乎晚清民国，文风丕振，教泽广宣。玉垒浮云，变幻古今星汉；锦江风雨，再续中西学缘。尊经存古，领袖群伦；中体西用，导引桅帆。于是乎诵经之声盈耳，文章之美绍先。蜀学七期三峰，无愧华章；蜀勒六经七传，播名国典。

蜀之人才不愧于殊方，蜀之文献称雄于震旦。言经艺则有"易学在蜀"之誉，言史册而有"莫隆于蜀"之称，言文章则赞其"冠于天下"，言术数则号曰"天数在蜀"。人才不世出，而曰"出则杰出"；名媛不常有，犹称"蜀出才妇"。至若文有相如、子瞻，诗有太白、船山，历有落下、思训，易有资中、梁山，史有承祚、心传，书有东坡、啬庵，画有文同、大千。博物君子，莫如李石、杨慎；义理哲思，当数子云、南轩。开新则有六译、槐轩，守文则如了翁、调元，宏通有若文通、君毅，讲学则如子休、正元。方技术数，必举慎微、九韶；道德文章，莫忘昌衡、张澜。才士尤数东坡、升庵，才女无愧文君、花蕊，世遂谓"无学不有蜀，无蜀不成学"矣！宋人所谓"蜀学之盛，冠天下而垂无穷"云云者，亦有以哉！

蜀之经籍无虑万千，蜀之成就充斥简编。石室、礼殿，立我精神家园；蜀刻石经，示彼经籍典范。三皇五帝，别中原自为一篇；道德仁义，合礼乐以裨五典。谈天究玄妙之道，淑世著实效之验。显微无间，体用一源。

至乎身毒傿人爱人，已见《山经》；佛法北道南道，并名《丹铅》。蜀士南航，求佛法于瀛寰；玄奘西来，受具足于慈殿。若夫蜀人一匹马，踏杀天下；禅门千家宗，于兹为大。开宝首雕，爰成大藏之经；圭峰破山，肇启独门之宗。菩萨在蜀，此说佛者不可不知也。

至若神农入川，本草于焉始备；黄帝问疾，岐伯推为医祖。涯涯水涘，云隐涪翁奇技；莽莽山峦，雾锁药王仙迹。经效产宝，首创始于昝殷；政和证类，卒收功乎时珍。峨眉女医，发明人工种痘；天回汉简，重见扁鹊遗篇。雷神火神，既各呈其神通；川药蜀医，遂称名乎海外矣。

又有客于此者，亦立不世之名，而得终身之缘。老子归隐青羊之肆，张陵学道鹤鸣之山；女皇降诞于广元，永叔复生乎左绵；司马砸缸以著少年之奇，濂溪识图而结先天之缘。横渠侍父于涪，少成民胞物与之性；蠋叟随亲诞蜀，得近尊道贵德之染。是皆学于蜀者大，人于蜀者远也。

系曰：巴山高兮蜀水远，蜀有学兮自渊源。肇开郡学兮启儒教，化育万世兮德音宣。我所思兮在古贤，欲往从之兮道阻艰。仰弥高兮钻弥坚，候人猗兮思绵绵。

舒大刚

自　序

这本学术论文自选集，一共收录了我多年来撰写的 23 篇论文。在退休之后再出版这种论文集，也算是就此为我多年的职场生涯做了一次回顾，抚卷感慨，雪泥鸿爪，难免会产生一种对逝去的那段时光的追忆与怀念，其间不乏欣慰与慊然之情。

回忆 20 世纪 80 年代，在经历了十余年的动乱之后，重新跨进大学之门，成为 1977 级大学生，那种劫后余生的感激之情确实无以言表，同时也像其他人那样胸怀激情，珍惜来之不易的学习机会，期望挽回耽误的时光，以学得的知识报效祖国。至 1981 年，又有幸考上了四川大学中文系（今四川大学文学与新闻学院）的研究生，师从著名语言学家张永言先生研读汉语史词汇学。当时的四川大学可谓名师云集，精英辈出，仅在文史两科即有徐中舒、缪钺、杨明照诸老，乃世人景仰的学术泰斗，而中文系诸先生除张永言师以外，甄尚灵、赵振铎、向熹、项楚诸先生，均为备受学子尊敬的导师。先生们经纶满腹，各有所长，可谓家家抱荆山之玉，人人握灵蛇之珠，在学术领域均有卓越建树。更重要的是他们不仅学识渊博，而且传道授业，诲人不倦，教育学生今后如何做人、为学，起到了良好的先导启迪作用。尽管这些先生中有不少人已经仙逝，然而每当回忆起从前受教的时光，耳提面命，尚令人产生诸多美好的回忆，仍有如坐十里春风、沐浴阳光雨露般的感受，木本水源，感激之情，油然而生。经过三年的学习，接受了严格的专业训练，我们才真正在学业上"入门"，为自己今后的学术道路奠定了坚实的基础。这一学习时段成为我弥足珍视的时光，也是极其宝贵的人生财富。

研究生毕业后，我被分配到四川大学古籍所工作（当时还不是自主择业，而是由国家统一分配），古籍所在当时还是一个不太起眼的新单位，1983年刚由教育部批准成立，图书资料不多，专职研究人员不足（记得当时除所领导之外，没有正式专任科研人员，仅有兼职科研人员数人），连工作场地也仅只有四五间房子，但却有一重要的亮点，徐、缪、杨诸老都曾担任古籍所的名誉领导和学术顾问，展望其发展，前景广阔，正是因为如此，才具有吸引力。我有幸成为该所首批专职科研人员，从此一直工作到退休。古籍所的发展正如先前所预料的那样，在历届负责人的领导下，开拓奋进，尤其是争取到几个国家级大型科研课题，像《全宋文》《中华大典文学典·宋辽金元文学分典》《儒藏》《巴蜀全书》（编纂），随着这些堪称标志性的学术成果的顺利完成（或即将完成），在国内声誉卓著，成为学人皆向往之的一方学术重镇。作为古籍所的一员，目睹其发展盛况，我也为此而深感庆幸自豪。在几十年的工作中，除积极配合集体科研做了一些实际工作外，也与时俱进地调整自己的研究方向以适应变化，由此而产出了一些学术成果，收录入本集的多篇论文就是其中的一部分。我深切地感受到这段实践经历的重要，尤其是做文献研究，实践功夫必不可少，古人云"纸上得来终觉浅，绝知此事要躬行"（宋陆游《冬夜读书示子聿》），讲的正是这一道理。

下面简要介绍一下本书所收录论文的几个专题内容。第一个专题是近代汉语及语言学研究专题。这一专题的内容既是我原本所学专业的延伸，又与古籍所在20世纪80年代至21纪初编纂《全宋文》的工程关系密切。在编纂《全宋文》时曾经接触到海量的原始文献，出于对汉语史学科的专业感悟，关注到这些文献中所保存的许多语言资料，发现宋代语言作为近代汉语发展的前期，与前代语言存在较大的差异，语言学科的许多门类在继承之上又有不同程度的创新，并直接影响此后的语言发展，经过思考规划，撰写了两本关于近代汉语及语言学的专著：《宋代语言研究》（北京线装书局2002年版）、《宋元语文学著述考录》（四川大学出版社2008年版）。前一书是对宋代语言进行断代研究，从语音、词汇和语法三个层面的分析描写，归纳宋代语言的一些基本特征，讨论其在汉语史上的重要价值；后一书则是近代语言学目录工具书，对宋（辽金）元时代的小学类文献做穷尽性搜集，从文献学角度撰写提要，为研究者提供研究指南。同时在这段时期内还撰写多篇论文，其内容也是围绕近代语言及语言学这一主题展开：或是对宋元语言的分期、特色进行讨论，如论文集收录的《传承·创新·多元发展》一文，将宋代语言学置于宋代社会、文化大背景下，讨论其语音、词义、语法等问题，并由此及于元代语言学专题，探讨汉语在宋元时代的继承、演变的规律①；或是选择某些词语做分析研究，如论文《宋代语言中的同义词聚合》②、《宋代语言中的俗词语研究》③，分析词语意义之间的异同，讨论古今词义的发展演变；或是讨论一些特殊文献中的词语，如论文《宋代公牍用语例释》④，分析其与普通词汇所具有的意义差别；或是选择某些语法句式或专书进行个案研究，如论文《宋代语言中的兼语句研究》⑤、《〈朱子语类〉一书的动量词研究》⑥、《〈老乞大〉的人称代词研究》⑦；或是讨论文献中所反映的方言音变，如《史炤〈资治通鉴释文〉与宋代四川方音》⑧。

　　第二个专题是宋辽金时代的文化学术研究。这一专题是我参与编纂《中华大典·文学典·宋辽金元文学分典》《儒藏》而形成的重要副产品。上述两大项目是20世纪末古籍所从事的重大古籍整理课题，我承担了其中的《宋文学部三》《辽文学部》《金文学部》《儒藏·杂史》的主要编纂，在编纂过程中接触到一些新的领域，比如辽、金作为中世纪时代少数民族在中原地域建立的国家，与两宋对峙多年，其文化是中华文明史不可

---

① 参见李文泽《传承·创新·多元发展》，《宋元语文学著述考录》，四川大学出版社2008年版，第1页。
② 参见李文泽《宋代语言中的同义词聚合》，《四川大学学报》（哲学社会科学版）2001年第5期。
③ 参见李文泽《宋代语言中的俗词语研究》，载四川大学汉语史研究所《汉语史研究集刊》第3辑，巴蜀书社2000年版。
④ 参见李文泽《宋代公牍用语例释》，载四川大学汉语史研究所《汉语史研究集刊》第5辑，巴蜀书社2002年版。
⑤ 参见李文泽《宋代语言中的兼语句研究》，载四川大学汉语史研究所《汉语史研究集刊》第4辑，巴蜀书社2001年版。
⑥ 参见李文泽《〈朱子语类〉一书的动量词研究》，载四川大学汉语史研究所《汉语史研究集刊》第7、8辑，巴蜀书社2004、2005年版。
⑦ 参见李文泽《〈老乞大〉的人称代词研究》，载四川大学汉语史研究所《汉语史研究集刊》第13辑，巴蜀书社2010年版。
⑧ 参见李文泽《史炤〈资治通鉴释文〉与宋代四川方音》，《四川大学学报》（哲学社会科学版）2000年第4期。

割舍的一部分,对传统中华民族的文明发展有不可忽略的影响,他们的政治、文化学术成就,自当成为研究探索的内容,但是对他们的认知尚存在不少盲区,研究极不充分。有感于此,我撰写了有关这方面内容的论文。《辽代官方教育与科举制度研究》①,以9世纪以来契丹族建立的辽国在立国过程中深受汉人施政影响而推行的官方教育与科举考试的制度为考察对象,结合特定的历史背景予以讨论。《尊孔重教,以儒兴国》②分析金立国之后推行的一系列文教制度,包括尊孔、崇儒、教育、科举,其中也包括专门针对女真族士人的教育、考试,从文化教育的层面进行研究,讨论金代女真统治者"以儒兴国"的政令措施,对于稳定国家政局,促进文明发展,以及对中国传统教育科举所具有的意义和影响。《深裘大马歌悲风》③则研究金代诗词文学的发展及实绩,讨论金代诗词创作在继承北宋文学传统基础上,结合北方地域文化的固有特色,所取得的丰硕成就。

　　第三个专题是巴蜀文化学术研究。作为一个生于蜀、长于蜀的四川人,对养育自己的这一方水土自然怀有一种强烈的感恩情结、乡土依恋。在21世纪初,古籍所申请到了编纂《巴蜀全书》的国家社会科学基金重大委托项目,相继又获得四川省委、省政府的重点资助。这一科研课题的实施,也使我对巴蜀文化学术、巴蜀地方文献有了新的认知,并由此而触发强烈的研究兴趣,继而以巴蜀文化学术作为关注的重点。在这一专题中收录的论文《巴蜀学人的文字学研究(上)》④、《巴蜀方言学史概要》⑤,从语言文字学史的角度对巴蜀地域学人在这一方面的成就进行纵向研究,分析其成就,讨论其得失;《山川毓秀 文章汇萃(上)》⑥则是对自唐五代至明代为时限的巴蜀文学总集的研究,讨论唐五代宋明以来所编纂的巴蜀文学总集,表彰这些总集的编纂者为弘扬巴蜀文化所作出的巨大贡献。我

---

　　① 参见李文泽《辽代官方教育与科举制度研究》,《四川大学学报》(哲学社会科学版)1999年第7期。
　　② 参见李文泽《尊孔重教,以儒兴国》,载四川大学古籍整理研究所《宋代文化研究》第18辑,四川文艺出版社2010年版。
　　③ 参见李文泽《深裘大马歌悲风》,《四川大学学报》(哲学社会科学版)2002年第7期。
　　④ 参见李文泽《巴蜀学人的文字学研究(上)》,《湖湘论坛》2013年第4期。
　　⑤ 参见李文泽《巴蜀方言学史概要》,载《汉语历史语言学的传承与发展》,复旦大学出版社2016年版。
　　⑥ 参见李文泽《山川毓秀 文章汇萃(上)》,《湖南行政学院学报》2017年第6期。

们现在集中力量编纂《巴蜀全书》，是对这一精神的传承和弘扬。宋代的"三苏"是宋代蜀学的领袖，"三苏"经学是宋代蜀学高扬的一面旗帜。2017年我与舒大刚合作主编了《三苏经解集校》①，汇集"三苏"的全部经学著述，精心校点，使之成为研究"三苏"经学迄今最为完备的基础文献。论文《苏辙诗集传评述》②、《苏辙春秋集解评述》③是对苏辙的《诗集传》《春秋集解》的综合研究，讨论苏辙在《诗经》学、《春秋》学方面的成就与创新，进而肯定宋代蜀学的重要学术价值。另外，论文《宋代巴蜀、湖湘地域的书院教育评述》④则针对宋代四川、湖湘两地书院教育的格局、实绩进行讨论，对在宋代理学影响下的蜀、湘两地私人办学教育的形式有所总结，肯定了传统书院教育对现代教育的重要借鉴意义。

总体而言，本论文集所选的文章基本上遵循一大学术宗旨，即实事求是、严谨为学，以文献作为基础史料，选择某一具体问题展开讨论，以小见大。虽然缺少那种鸿篇巨制，但也踏踏实实地记述自己的学术研究心得，不发空论，希望能起到抛砖引玉的效果，引起学界对此领域的关注，而于学术研究有所裨益。

本书取名"初学"，应该说是缘于自身经历的深切感悟吧。尽管自己从事科研、教学已多有年数，在旁人眼中已算是职场前辈，但自我感觉在学术上仍然只是一名"初学"者而已，无论在知识的渊博，还是在研究成果的丰硕方面，都远逊于同辈学人，更遑论瞻望前辈学者后尘！在求学期间，张永言先生曾以宋代朱熹"旧学商量加邃密，新知培养转深沉"的诗句勉励学生要不断加强学习，巩固"旧学"，掌握"新知"，人若故步自封，成就必将局局焉。我领悟到人而为学，必须保持初学之刚健，方能不自懈怠，孜孜以求其新，乃能有所成就。古语云"少而好学如日出之阳，壮而好学如日中之光，老而好学如秉烛之明"，将学习视作自己的终生事业，诸多前贤时彦将其学术著述取名"问学""学不已""十驾斋""日知

---

① 参见舒大刚、李文泽主编《三苏经解集校》，四川大学出版社2017年版。
② 参见李文泽《苏辙诗集传评述》，载舒大刚、李文泽主编《三苏经解集校》，四川大学出版社2017年版。
③ 参见李文泽《苏辙春秋集解评述》，载舒大刚、李文泽主编《三苏经解集校》，四川大学出版社2017年版。
④ 参见李文泽《宋代巴蜀、湖湘地域的书院教育述评》，载朱汉民主编《湖湘文化与巴蜀文化》，湖南大学出版社2013年版。

录",其寓意正在于此。我作为后学之辈,"虽不能也,心向往之",亦当仿效前贤,励志于学,故取名"初学",以示自我警省焉。

  论文集所收论文由于撰写时间历时久远,当时学业水准亦有参差,故而很多论说既不出新,也显肤浅,重读这些论文,常会令人汗颜,此种状况大概也与"初学"之名相符吧。不过,也许是出于敝帚自珍的心理,即使是这种"初学"之作,还是愿意把它们推介给读者,以就教于方家,期盼得到各位学者的教正,使自己在学业上得以受益,以求精进日新,无愧于当今之时代!

  是为序。

李文泽
2021 年辛丑岁末撰于四川大学竹林村

目　录

近代汉语及语言学研究

传承·创新·多元发展
　　——宋元文化大背景下的语言学　/3
宋代语言中的同义词聚合　/37
宋代语言中的俗词语研究　/48
宋代公牍用语例释　/60
宋代语言中的兼语句研究　/75
《朱子语类》一书的动量词研究　/86
《朱子语类》一书的动量词研究（续）　/102
《老乞大》的人称代词研究
　　——以《原本老乞大》《老乞大谚解》为例　/113
史炤《资治通鉴释文》与宋代四川方音　/128

宋辽金文化学术研究

福田施报与商业利益的融汇
　　——宋代寺院为非出家人提供"暂居空间"的考察研究　/141
《〈梦溪笔谈〉选译》前言　/162
《司马光集》前言　/171
宋代地理文献综述
　　——兼及宋代所编巴蜀方志　/195

辽代的官方教育与科举制度研究　/211
尊孔重教　以儒兴国
　　　——金代文教制度研究　/222
深裘大马歌悲风
　　　——金代诗词文学创作论略　/236

巴蜀文化学术研究

宋代巴蜀、湖湘地域的书院教育评述　/255
四川的客家人与客家方言　/280
历代巴蜀学人的文字学研究
　　　——以汉、唐宋、明代巴蜀学人为例　/284
巴蜀方言学史概要
　　　——历代巴蜀学人的方言学研究评述　/301
苏辙《诗集传》评述　/325
苏辙《春秋集解》评述　/335
山川毓秀　文章汇萃
　　　——历代巴蜀作家文学总集编纂评述（上）　/358

后　记　/374

近代汉语及语言学研究

传承·创新·多元发展

——宋元文化大背景下的语言学[①]

作为宋代文化学术的一个重要组成部分,宋代的语言学可以说是淋漓尽致地发展了"宋学"的时代精神。[②]

按传统学术四部分类,小学著述归入经部,涉及音韵、训诂、文字学三大门类。纵观整个宋代小学,与其他部类相比较,始终处于一种相对冷落的地位,即以其文献数量而言,也明显地少于经部其他各类文献。《郡斋读书志》经部小学类仅收录宋人17种著作,《直斋书录解题》著录27种,《宋史·艺文志》著录58种。[③]

总体而论,宋代小学大多处于一种"偏冷"的状况。这一"偏冷"现象与宋代学术的总体氛围是相吻合的。宋代学者一反两汉以来的学术传统,重思辨而轻训诂,重创新而轻传承,故而视传统小学为小道而不屑为,学者们的兴趣更多地集中于讨论义理情性,发挥儒学典籍中蕴藏的微言大义,于是《周易》、《诗经》、《春秋》、"三礼",以及后来的"四书"之学成为有宋一代的显学,而于文字训诂一类的传统学术则不甚重视,这就造成了宋代学术畸重畸轻的状况。

宋代士人大多具有强烈的经世致用的精神,其对学术研究的兴趣往往

[①] 按,本文原系为《宋元语文学著述考录》(四川大学出版社2008年版)撰写的前言,经修改后收入本集。

[②] 人们历来习惯称语言学为小学,其实这是两个不能等同的概念,为了叙述方便,我们在书中也使用"小学"这一术语,专指宋元时代的语言学,"小学著述"指语言学著述。

[③] 《郡斋读书志》小学类著录总数为28种,《直斋书录解题》著录为39种、《宋史》著录为206种。其中除确属宋代人所撰小学著述以外,还有前代人所撰小学著作,如《尔雅》《说文解字》《方言》等原典;也有宋人所撰法帖一类,属于讨论书法艺术之作,不属本书所讨论的"小学"著述范畴。

与时代政治、社会的需要密切相关，某一学术同时也随其入世的深浅而表现出不同的发展趋势。传统的小学研究也不例外，小学各门类之间由于与社会时代的接轨程度不同，就表现出极不均衡的发展状况。具体而言，宋代的训诂学成就不大，这是宋人重义理的必然趋势；而音韵学却有很好的发展，这是由于音韵学适应了宋代科举考试以及宋人诗词歌赋创作需要的结果；文字学则随着宋人对金石古物学的兴趣日增，也有良好的发展。

当代学者对宋代学术所表现的那种疑经惑古、勇于创新的精神大加称赞，不过他们往往大多注意于《易》、《诗》、《书》、"三礼"、《春秋》、"四书"研究所体现的学术精神，而作为传统小学，由于其本身所具有的学术稳定性与阐释的单一性，相对来说其疑古创新精神就显得不那么突出，研究者往往更多地讨论其传承方面，而比较忽略其创新性。但据我们考察，宋代学术的创新精神在小学研究领域中也有充分的展示，成为宋代小学的一个重要特征，并推动了时代学术的发展。大略而言，对传统韵书分韵的改进、古音学的开创、等韵学的完善，这是音韵学的创新；对钟鼎碑铭文字、汉代碑刻隶体文字的收集归类，"六书"学的创建，俗体文字的研究，这是文字学领域的开拓；由于受理学的冲击，传统训诂学略显沉寂，但却在训诂方法上提出了"右文说"，则对后代学者"因声求义"的研究予以直接的启迪；对译字典的编撰，促进了民族语言文化的交流。至于在前人讨论修辞问题的基础上诞生了第一部修辞学专著，更是开后世修辞学研究之源。这些创新无疑都显现出宋代小学的成就，是值得充分肯定的。

元代是蒙古族入主中原的时代。在这一特定历史背景下，从总体上看，元代的小学研究基本上是在继承宋代学术的基础上发展起来的，大多可以从宋代学术中寻找到渊源嬗变的痕迹。在训诂学著述方面，主要是对宋代一些雅学著作的注释增补，像陈栎撰写的《尔雅翼节本》是对罗愿《尔雅翼》的删节本。甚至于理学家的一些字训之作，如程端蒙的《小学字训》，在元代就有董梦程、陈栎的注释，沈毅斋（名字不详）、程达原的增广。在文字学著述方面，元代讨论"六书"的著作都渊源于郑樵的《六书略》，讨论正俗文字形体的著作则可追溯至张有的《复古编》。在音韵学著述方面，元代的韵图与南宋的韵图可以说是一脉相承，熊忠的《古今韵会举要》也是对南宋人黄公绍《古今韵会》的删繁取要。不过，一个时代的学术毕竟也会有其时代的创新，成为这一时代学术的亮点。元代也有几种语文学著述跨越前代，在中国传统学术史上具有极高的学术地位。像周德清的《中原音韵》，开创了编纂记录当代语音实际的韵书的先例，其在音韵学史上的价值丝毫不低于传统的《广韵》、《集韵》；卢以纬的《助语辞》是中国首部系统探讨虚词语法意义及功用的专著，对后代人撰写语法著述具有直接先导影响。但这些著述在元代学术中只能算是某些特例，并没有给元代带来整体的学术影响。

将小学研究置于宋元时代的文化学术大背景下进行考察，我们将宋元时代的小学发展划分为北宋初期、北宋中后期、南宋时期、元代时期四个时期来进行考察，这是为了更好地把握其状况与发展演变而作的分期。在上述各段时期内，传统小学的发展与当时的政治社会及相关学术，诸如哲学、史学、文学、宗教学之间构成了密切的互动关系，显示出不同的学术特征。

一　北宋初期：汉唐注疏之遗

北宋初期，这一时段起始自宋太祖赵匡胤建国，延续至太宗、真宗、仁宗三朝。

公元960年，赵匡胤发动"陈桥兵变"，夺取了后周的天下，建立起赵宋王朝。鉴于唐末五代藩镇割据，军人跋扈，尾大不掉的历史教训，宋太祖在夺取政权以后，认识到"以马上得天下"，而不可"以马上治天下"，于是实施加强中央集权、提高文官地位、削弱武将权力的政治措施，大力推行"文治"的国策，广开科举，倡导儒学，在全国范围内掀起了一股尊经崇文的热潮。由于五代战乱的破坏，唐以前的儒学文献（也包括其他诸子百家流派，如释家、道家的各类文献）散佚严重，而这一现状极不利于"文治"政策的实施。为了迅速改变这种局势，宋初的几朝都由朝廷出面组织馆阁文臣集体整理、重新编纂各类儒学文献，为全国的士人学子提供官方审定的学习文本。

这种"文献再造"的工程在宋初几朝中都颇具成效，其中尤以太宗、真宗两朝成就为最。这一时期语文学著述的成就主要是对前代小学文献的整理、注释以及续编。

由朝廷组织编纂儒学经籍注疏起于唐太宗时代，其时编成的注疏即《五经正义》。宋代承续了前代的文献注释事业，太宗淳化五年（994）诏令李至、李沆等人接续编纂。宋真宗咸平二年（999）又委派邢昺主持其事，参与者有杜镐、舒雅、孙奭等文学侍臣。除了校定原来唐代孔颖达所编撰的儒学经籍注疏以外，还新撰了《论语》《孝经》《尔雅》疏。这一工作于咸平四年（1001）九月竣事，当年十月即送杭州雕版印制，颁行全国学官。

邢昺《尔雅疏》是对《尔雅》所作的重要注释，其注释遵循唐人"注不破经，疏不破注"的原则，先注释经文，后注释郭注，对所涉词语的音、义进行全面的解释，同时又征引秦汉至魏晋以来的各类文献作为书证。总体而言，邢昺疏能遵循汉唐学者的传统，训释平实，征引宏博，不失为继郭璞之后的一种重要注释之作，成为后人研习《尔雅》的重要参考文献。同时，疏中所征引的很多文献在宋代以后已经佚亡，因此这些零章断句也成为反映该文籍的吉金片羽，成为文献学家辑佚的重要依据。

宋太宗注意文字之学，曾诏令徐铉、句中正等校定许慎《说文解字》，于雍熙三年（986）十一月上进，凡三十卷。徐铉等人以唐代李阳冰的整理本为基础对《说文解字》进行整理，除更订《说文解字》在传抄中的错讹以外，还作了大量增补：（1）增加新附字，"凡经典相承传写及时俗要用而《说文》不载者，承诏皆附益之"①；（2）增补释义，对原书部分条目所阙意义作了补足；（3）添加注音，《说文解字》原书没有反切注音，徐铉依据唐孙勔的《唐韵》添注了反切注音。

徐铉校定的《说文解字》在后来被称为"大徐本"，以与徐锴校定的小徐本《说文解字》相区别。徐铉校定的《说文解字》作为一种权威字书不仅在当时起到了规范文字的积极作用，延续至今仍然是我们研习《说文解字》的依据。

官方韵书的编撰是从宋太宗时代开始的。太平兴国二年（977），宋太宗召集句中正讨论文字，随即又诏令他与文学诗臣编定韵书，"考古今

---

① （宋）李焘：《续资治通鉴长编》（按，以下简称《长编》）卷二七，中华书局1979年版，第625页。

同异，究篆隶根源，补缺刊谬"①。太平兴国八年（983），杭州贡举人吴铉于殿试日献上他校定新编的《切韵》，后来经礼部审定，以为其中记载"多吴音"，并且"增俗字数千，鄙陋尤甚"，贡举人多为所误，于是明令禁止使用，当廷焚毁。这次禁书正是朝廷为维护官韵的权威地位而实施的保护举措。②句中正等人奉诏编修的韵书，到端拱二年（989）六月编成，共一百卷，这就是后来所称的《雍熙广韵》。③

宋真宗大中祥符年间（1008—1016），陈彭年、丘雍等人又奉敕编撰了《广韵》（全称为《大宋重修广韵》）。《广韵》原为增广唐代《切韵》而著，主要是对前代韵书增字加注，声韵系统基本上沿袭了《切韵》的声系，共有206韵，全书按韵分卷，以入声韵与阳声韵相配，构建了中古时代音韵的完整体系。除了残卷本唐五代韵书，如王仁煦《刊谬补缺切韵》外，《广韵》是我们现在所能见到的保存完整的最早韵书。现代学者无论研究中古音，或是探讨上古语音、近代语音都得借助于它，乃是音韵学研究的重要文献之一。

作为指导贡举人应试的官方韵书，《广韵》为科举考试提供了一种审音的标准，然而在使用过程中，其缺点也不断地被发现，从不同的使用层面来看，均有重新修订的必要。一种意见是认为《广韵》所收字太少，不能应付作诗赋广韵之用，应当增补字，而且书中"多疑混字，举人程试，间或误用，有司论难，互执异同"④，不便于操作。于是在宋仁宗景祐四年（1037）诏命宋祁、郑戬、王洙、贾昌朝等人共同修订，由丁度、李淑审定，编为新的韵书，赐名为《景祐集韵》，又简称《集韵》。《集韵》一书在收字总量上比《广韵》几乎增加了一倍，这就基本满足了著文的需要。在声韵体系上它仍然沿袭《广韵》，只是稍有改动，如对部

---

① （宋）王应麟：《玉海》卷四五"雍熙新定《广韵》"，江苏古籍出版社、上海古籍书店1987年影印浙江书局本，第846页。

② 参见（宋）李焘《长编》卷二四"太平兴国八年六月"条，第547—548页。（清）徐松辑《宋会要辑稿》选举二之二，中华书局1957年影印本，第4246页。宋代科举考试用韵非常严格，考生失韵即为不合格，考官误取失韵考生也要受罚。《宋史》卷三三一《李大临传》就记载，李大临"为秘阁校理，考试举人失声韵，责监滁州税"。

③ 参见（宋）李焘《续资治通鉴长编》卷三〇，第680页；（宋）王应麟《玉海》卷四四、卷四五，江苏古籍出版社、上海古籍书店1987年影印浙江书局本。

④ （宋）李焘：《续资治通鉴长编》卷一一四"景祐元年四月"条，第2674页。

分反切作了改进，对原有韵目的同用、独用例小有修订等。另一种意见刚好相反，认为《广韵》收字太多，注音释义过于烦冗，不利于举人记诵考试，所谓"多用旧文，繁略失当"。于是也在宋仁宗景祐四年，诏令编修《集韵》的原班人马另外编定一种简本，即后来的《韵略》一书，因为宋代科举考试属于礼部管辖，故又称为《礼部韵略》，如陈振孙所称"其曰'略'者，举子诗赋所常用，盖字书声韵之略也"[①]。《韵略》的声韵体系也与《广韵》《集韵》基本无异，只是删减了原书所收的一些生僻字、奇字、怪字，改录常用字；训释也从简，只保留了一些常用义例或基本意义而已。

在这一时期内，小学类著述还有陈彭年、丘雍于宋真宗大中祥符六年（1013）奉诏重修的《玉篇》，丁度、王洙、胡宿、掌禹锡等人于宋仁宗宝元年间（1038—1039）奉诏编纂的《类编》，贾昌朝在宋仁宗时代奉诏编撰的《群经音辨》。

宋代初年编纂的小学诸书尽管林林总总，数量繁多，但其共同特点均为奉朝廷意旨行事，意在创制一种学术的规范标准。从其编撰原则来看，基本上都沿袭了汉唐学术的路子，注重文字训诂，尤其是注疏类文献更是继承了汉唐以来所谓"疏不破注，注不破经"的注释原则，即使有所纠正，也仅仅是在原有基础上的拾遗补阙，因此所体现的仍然是汉、唐时代的学术理念，而与宋代的学术精神相距甚远。中华民国初年学者黄侃评价《尔雅》邢昺疏为"汉唐注疏之遗"[②]，虽然他是就《尔雅》邢疏而言，但用此语概括宋初小学著述的特征也非常妥帖。

二 北宋中后期（上）：新旧党争与小学

这一时期的时限大致包括宋英宗、神宗、哲宗、徽宗、钦宗五朝，直至北宋灭亡为止。

宋仁宗庆历（1041—1048）以降，与宋代初年太祖、太宗、真宗时

---

① （宋）陈振孙：《直斋书录解题》卷三，上海古籍出版社1987年版，第91页。
② 黄侃：《尔雅略说》，《黄侃论学杂著》，上海古籍出版社1980年版，第379页。

代相比较，其时学风大变，那种奉诏大规模整理儒学文献、撰修新注新疏的官方著述业已停止，学术思想异常活跃，各种学术派别相继产生。这些学术宗派尽管观点各别，论说各异，但其共同特征则是以惑古疑经（传）为思辨核心，不再循守汉唐学术，而是以阐明新儒学义理为宗旨，往往表现出宋代士人经世致用、勇于创新的精神。从学术发展的实绩来看，这一时期涉及《易》、《诗》、《书》、《春秋》、"三礼"的研究都非常活跃，建树也颇为丰硕；相反，作为经学附庸的小学却远较其他门类冷落，传统小学不受学者重视，因此在宋英宗时代，小学类研究成果甚微，除编撰了一些官方韵书、词书以外，基本上没有产生对后世有重要影响的著作。

稍后的宋神宗熙宁、元丰时代（1068—1085），一直至北宋末，这一时期的小学研究在特定的政治、学术氛围影响下起了较大的变化，有较多的实绩值得称道。

这一时期的小学明显受到当时政治、学术的影响，时代特征极其鲜明，这主要表现在以下方面：一是完全摆脱了汉唐学术的束缚，带有强烈的疑古创新精神；一是受新、旧党争影响，给学术纷争烙上了深刻的政治印记，学术受政治影响、学术为政治服务的倾向极其明显。前一特征具体表现在文字训诂学、古文字学研究方面，关于这一问题，我们留待下一节讨论；后一特征的表现即王安石新学学派的崛起，而新学派学人撰修的"新经义"系列著作则全面展示了这一学派的学术精神。

王安石在宋神宋的支持下实行变法，力图改变宋代长期以来积贫积弱的状态，实现富国强兵，而支撑他变法的思想理论根据就是经过改造的新儒学思想。宋神宗与王安石曾有一次君臣对话，宋神宗云："今谈经者人人殊，何以一道德？卿所著经，其以颁行，使学者得归一。"① 宋神宗之意是要王安石组织编撰一套儒学典籍，取代原有的经籍注疏，并由此来 "一道德"。后来由王安石提举，新学派人士参与编撰的"新经义"系列著作很快完成，并由官方刊刻颁行于学官，作为全国各级学校研习经学的统一教材，甚至科举考试也以此为命题及判卷的标准。② 新学学派在这时处于

---

① （元）脱脱等：《宋史》卷一五七《选举志》，中华书局1977年版，第3660页。
② 参见（元）脱脱等《宋史》卷三二七《王安石传》，第10550页。

绝对的学术垄断地位。可见"新经义"著述的诞生绝非单纯的学术之举，而是变法政治影响下的产物，其所标举的"新"，也突出了反传统的学术特征。

新学学派在小学方面的著述主要有王安石撰著的《字说》以及陆佃撰著的《尔雅新义》《埤雅》。

《字说》24卷是王安石罢相后闲居金陵时所作，该书总体体现了他的文字训诂学观点。王安石在《字说》序中认为，每一个字"其声之抑扬开塞，合散出入，其形之衡纵曲直，邪正上下，内外左右皆有义，皆出于自然，非人私智所能为也"①。王安石认为，文字的字形、字音无不包含意义，是一种天然产生的结果，与人为的因素无关，即所谓"字皆有义"的原则。从这一原则出发，王安石摈弃了自汉代以来文字学者所确立的分析汉字构造的"六书"原则，而主要运用"会意"的方法来分析字形，改形声字的声符为意符，在形声字的声符中寻找意义。如曰"人为之谓伪"，"位者人之所立"，"讼者言之于公"，"五人为伍，十人为什，歃血自明而为盟，二户相合而为门，以兆鼓则曰鼗，与邑交则曰郊，同田为富，分贝为贫"；又谓"豺"字从"才"，有"才干"之意，"獭"字从"赖"，"非无赖者"。②上述各字除个别字原本即会意字，其余大多为形声字，而《字说》均按会意字说解。其次，《字说》又以声训的方法探讨词语语源，从语音的相同、相近来诠释其"得名之由"，尤其是对一些联绵词也从语音上探究其"得名之由"，为构词音节附加上意义元素，如谓"麞"曰"赤与白为章。麞见章而惑者也"；"洪则水共而大"；"虾蟆，虽或遐之，常慕而反"；"蟋蟀"是"能率阴阳之悉者"；"蜘蛛"为"设一面之网，物触而后诛之，知诛义者也"③，都是利用文字的声符去寻求"得名之由"，其结论难免荒诞不经。

这种从字的读音，尤其是利用形声字声符探讨其"得名之由"的方法，在古代称为声训，它突破了文字的束缚，直接从语音上去探寻意义，

---

① （宋）王安石：《熙宁字说序》，载《临川先生文集》卷八四，《四部丛刊》初编本。
② 分别见（宋）叶大庆《考古质疑》卷三，文渊阁《四库全书》本；（宋）陆佃《埤雅》卷五引《字说》，文渊阁《四库全书》本。
③ 分别见（宋）杨时《王氏字说辨》，《龟山集》卷七，文渊阁《四库全书》本；（宋）陆佃《埤雅》卷二、卷——引《字说》，文渊阁《四库全书》本。

构建语音与语义的联系，这是符合现代语源学研究规则的正确途径。但是如果单凭语音的相同相近，就判定它们的音、义之间一定具有某种联系，这种做法就带有极大的主观随意性，往往会推导出错误结论。应该说，王安石不迷信旧说，着意创新的精神体现了当时疑古的学术精神，尤其是探索事物的"得名之由"更表现出宋人好学深思的特点，固然有值得称道之处，但是他过分排斥传统学术，无视汉字的历史与现实，一味地凭主观臆断，致使其结论流于武断。后来叶梦得批评他说："凡字不为无义，但古之制字，不专主义，或声或形，其类不一。……王氏见字多有义，遂一概以义取之，虽六书且不问矣，况所谓小学之专门者乎？是以每至于穿凿附会。"①

陆佃的《尔雅新义》20 卷及《埤雅》20 卷，是受王安石《字说》影响而撰写的训诂学专著。陆佃是王安石的及门弟子，曾在金陵受经于王安石，熙宁年间王安石主持编撰"新经义"，陆佃参与其事，撰写了《尔雅新义》，对《尔雅》经文重新注释。此后陆佃又因进对，向宋神宗献上其《物性门类》一书，得到神宗嘉许，书成后改名《埤雅》，其意为《尔雅》之辅也。《埤雅》一书是摹仿《尔雅》体制撰著的训诂学著作，专门解释一些名物词语，共训释了鱼、兽、鸟、虫、马、木、草、天八类事物的词语。

这两种著述的共同特点就是依傍王安石《字说》成说，在文中或是直接称引《字说》作解，或采用"字皆有义"的原则为说，完全贯彻了王安石的文字训诂学观念。据我们统计，书中直接标引《字说》处达 28 处，在宋代文献中保留《字说》资料最多。同时他又自我发挥，利用《字说》"字皆有义"的方法分析文字字义，如解释"鹅"为"鹅飞能俄而已，是以不免其身"；"俧张"为"俧则舟用，张则弓用"。② 认为"鹅"与声符"我"有意义上的联系，联绵词"俧张"中的语素"俧"与舟、"张"与弓各有关系。后世学者对陆佃的这两种著作评价都不甚高，像宋人陈振孙就说："以愚观之，大率不出王氏之学，与刘贡父所谓'不彻姜食'，'三

---

① （元）马端临：《文献通考》卷一九〇，中华书局 1986 年影印本，第 1614 页。
② （宋）陆佃：《埤雅》卷六，文渊阁《四库全书》本；《尔雅新义》卷六，《宛委别藏》本。

牛三鹿'戏笑之语,殆无以大相过也。"清人亦称,《埤雅》"其说诸物,大抵略于形状而详于名义,寻究偏旁,比附形声,务求其得名之所以然……中多引王安石《字说》"①。

宋哲宗元祐以来,新、旧党争激烈,风云变幻,延及学术纷争,则主要表现于尊崇或是废黜"新经义"的争论,对《字说》等著述的态度更是成为斗争的焦点,形成了截然对立的反对、拥戴两大派别。据文献记载,元祐初年(1086),旧党得势,旧党中人刘挚即首先发难,上疏抨击新学:"然今之治经,大与古异,专诵熙宁所颁新经、《字说》,佐以《庄》、《列》、释氏之书,试者累辈百千,概用一律。其中虽有真知圣人本指,该通先儒旧说,与时尚不合,一切捐弃。"②哲宗曾两度下诏禁止学生研习《字说》,严禁科场考试援引《字说》。③绍圣元年(1094),哲宗亲政,新党复辟,又立即废除禁止新学之令,恢复《字说》在科场的地位④,《字说》又一次受到尊崇。

宋徽宗即位初年,"绍述"之说再度兴起,王安石的政治地位再次得到推尊,这一时期出现了许多为《字说》作注或依傍《字说》体例撰写的著述,《郡斋读书志》卷四、陆游《老学庵笔记》卷二就著录有:唐博士耜、韩博士兼各自撰有《字说解》,太学诸生《字说音训》十卷,刘全美《字说偏旁音释》一卷、《字说备检》一卷、《字说解》一百二十卷。唐耜于大观中上进《字说解》,宋徽宗称许该书"极有功力,有助学者",于是特别赐予他知州差遣。⑤ 又有潭州县丞朱克明取许慎《说文解字》中与《字说》相牴牾之处,所谓"尤乖义理"者共四百余字,撰有《字括》纠正其谬。后来朝廷升擢其为书学喻。⑥

宋徽宗时代所形成的拥戴高潮时间并不长,宣和末金军南侵,汴京被

---

① (宋)陈振孙:《直斋书录解题》卷三,上海古籍出版社1987年版,第88页;(清)永瑢:《四库全书总目》卷四〇,中华书局1965年影印本,第342页。
② (元)马端临:《文献通考》卷三一,中华书局1986年影印本,第294页。
③ 分别见(宋)李焘《续资治通鉴长编》卷三七九、卷三九〇,第9221、9497页。
④ (元)脱脱等:《宋史》卷一八《哲宗纪》,第340页。
⑤ (清)徐松辑:《宋会要辑稿》崇儒五之二八,中华书局1957年影印本,第3册,第2260页。
⑥ (清)徐松辑:《宋会要辑稿》崇儒五之二八,中华书局1957年影印本,第3册,第2260页。

围，宋徽宗禅位于钦宗，钦宗接受旧党大臣之说，再度废止《字说》。[①] 随后汴京被攻破，宋徽宗、钦宗被俘北上，当时的大臣将北宋覆灭的责任归罪于王安石新学，于是王安石的学术被禁止，包括《字说》在内，那些依附于《字说》的著作也就昙花一现了。

不过，在南宋时代，官方虽然禁止新学学术，但王安石的《字说》仍然对当时的部分学人具有影响，陆游《老学庵笔记》卷二记载："乡中前辈胡浚明（胡宗伋）尤酷好《字说》，尝因浴出，大喜曰：'吾适在浴室中有所悟，《字说》"直"字云"在隐可使十目视者直"。吾力学三十年，今乃能造此地。'近时此学既废，予平生唯见王瞻叔（王之望）笃好不衰，每相见必说《字说》，至暮不杂他说。虽病，亦拥被指画，诵说不少辍。其次晁子止（晁公武）侍郎亦好之。"

南宋理学家魏了翁也曾经复述《字说》对"笃"字从竹从马的说解，认为其"坚实尽力之义不为不是"，仅仅是"策马之云稍或傅会"而已。[②] 这些举动都表现出其时学人近于偏执的喜好，大概也算是一种不合时宜的逆反行为。

三　北宋中后期（下）：疑古创新与文字训诂学的拓展

几乎是在新学学术盛行的同时，在传统文字训诂研究领域兴起另一股新潮，一批学者反思传统学术，转换角度思考，为传统学术研究注入了崭新的内容，或潜心研究，或开拓新的研究领地。虽然这一新潮在当时远没有新学那样显赫，而且其方法也往往与新学相左，然而它却真正代表了宋代学术创新开拓的精神，对后世产生了很大的影响，其成就也远非新学学术可比拟。

在这些学术研究中，我们首先应该提到"右文说"。所谓"右文说"是对传统训诂学研究方法的突破，"右文说"的倡导者是王子韶。王子韶

[①] （元）脱脱等：《宋史》卷二三《钦宗纪》，第427页。
[②] 参见（宋）魏了翁《史守文孟博笃斋说》，载《鹤山先生大全集》卷四二，《四部丛刊》初编本。

亦为王氏新党中人。他精研文字训诂学，提出了以声符探求字义的"右文说"。《宣和书谱》记载："方王安石以字书行天下，而子韶作《字解》二十卷，大抵与王安石之书相违背，故其《解》藏于家而不传。"① 由于子韶之书"藏于家而不传"，因此我们现在已经不能探究《字解》的全貌。沈括《梦溪笔谈》记录下了其要点："王圣美治字学，演其义以为右文。古之字书皆从左文，凡字其类在左，其义在右，如木类，其左皆从木。所谓右文者，如戋，小也。水之小者曰浅，金之小者曰钱，歹而小者曰残，贝之小者曰贱。如此之类，皆以戋为义也。"②

在文字学上有所谓形声字声符兼表意义的说法，这一问题早在许慎《说文解字》书中即已提出，到王子韶加以归纳，形成"右文说"。"右文说"的核心在于他认为形声字的声符、形符都包含意义，"其类在左，其义在右"，"左"即形符，"右"即声符，声符既表音也兼表意义。就语言的本质而言，用语音来贯穿语义，这就摆脱了文字形体的困扰，直接从语音的层面探索语音、语义的内在联系。这是对传统文字训诂方法的新探索，对于后来清代乾嘉学者提出的"因声求义"的研究方法具有极大的启迪作用，也是现代语源学研究的滥觞。

南宋时代的张世南发挥了王子韶的"右文"观点，他也认为形声字的声符除了标音作用外，还有表意的功能，但是"自《说文》以字画左旁为类（意义类别）"，很多人"不知右旁亦多以类相从"。他列举"晴、清、睛、精"等字，以为它们都有明亮、清澈的意义，而这一意义则与它们的声符"青"有关，由此探讨字义与声符"青"的音义关系，得出结论云"凡此皆可类求"。③

如果说"右文说"是对传统训诂学研究方法的新探索，那么对古文字、文字形体演变所作的研究则开辟了小学研究的新领域，自然成为这一时期小学研究的亮点。

古文字是指秦以前的文字，在甲骨文字发现之前，指金文、大篆、小篆等各类文字。早在汉代人的著作中就已经多次提到所谓的"古文"，如

---

① （宋）佚名：《宣和书谱》卷六，文渊阁《四库全书》本。
② （宋）沈括著，胡道静校正：《新校正梦溪笔谈》卷一四，中华书局香港分局1978年版，第153页。
③ （宋）张世南：《游宦纪闻》卷九，中华书局1981年版，第77页。

许慎《说文解字·序》云:"郡国往往于山川得鼎彝,其铭即前代之古文。"在《说文解字》一书中也收罗了大量的籀文、大篆、古文奇字等古文字资料。汉魏以降,不断有新的鼎彝器物碑铭石刻被发现,并有拓本流传。像唐代初年在天兴县(今陕西宝鸡)发现的秦代石鼓,上面刻有籀文,诗人韩愈曾写诗记述其事。但是长期以来,这些器物上所镌刻的古文,并未引起当时人的重视,更谈不上对其进行研究。

对金石古文的研究应该追溯至宋代初年。咸平三年(1000)乾州进献古铜鼎,上面镌有古文 21 字,宋真宗命句中正、杜镐详细考究其文字[①],此为宋代古文字研究的肇始。在宋代最早对古文字作系统研究的是郭忠恕。郭忠恕精通文字之学,尤精篆籀文字,编纂有《汗简》7 卷。此书取《说文解字》与正始石经中所载的古文字,共收集了七十一家古文之说,依照《说文解字》体例分别部居,按部系字,对其形体进行研究。这是一部研究古文字,主要是战国文字的开创之作。其后又有夏竦的《古文四声韵》5 卷。夏竦采集前后所获取的古文字资料,按《广韵》四声编排,以隶书统率篆文,在每个字头下列出篆文形体,对之加以解释,并注明出处,这是宋代继郭著之后的又一部古文字研究之作。稍后,欧阳修的《集古录跋》10 卷以及赵明诚的《金石录》30 卷,也是北宋中叶以来记录古文字资料的专著。他们潜心收集三代至汉唐的各种鼎彝器物、碑刻文字,主要以古器物所载文字内容与史书相对照,辨驳史书记载的疏误,偶尔也作文字形体的考证。这两种书的价值往往于考古之功为多,而探究文字学方面的内容反而较少。

这一时期对古文字形体作系统研究,并在理论上有所建树的学者,当数吕大临。吕大临尝从学于程颐,号称"程门四君子"之一。大临著有《考古图》10 卷、《考古图释文》1 卷,记载了他对古文字研究的成果。《考古图》按器物分类,绘制了他所收集到的各类器物图形,摹写铭文形体,附有解释文字,并加以说解,记述器物形制、收藏者姓名、发掘地域、各家释文等。这就把保存古器物、古文字的形制与考释文字融合于一体了。《释文》具体解释古器物所载文字,亦有其考释文字之心得。在书中收集几百个常见的古文字,在每一字下罗列它的古文、小篆、隶书的不

---

① 参见(元)脱脱等《宋史》卷四四一《句中正传》,第 13050 页。

同形体，并附以简要的考释，按《广韵》四声分类，以便检索。吕大临自称作此书的目的是要"探其制作之原，以补经传阙亡，正诸儒之谬误"①。他提出古文字书写具有很大的随意性，如金文形体有"同是一字而笔画多寡、偏旁位置、左右上下不一"的现象，这是符合古文字实际的。他又概括出考释古文字的诸种方法，"或以形象得之"，"或以义类得之"，"或笔画省于小篆"，"或笔画多于小篆"，"或左右反正上下不同"，他以为通过这些途径基本上可以考释所有古文字，从理论上初步探讨了考辨古文字的方法。对于吕书，后世学者评价甚高，四库馆臣称赞它"体例谨严，有疑则阙，不似《博古图》之附会古人，动成舛谬"②。

这一时期考释古文字的著作蔚兴，数量颇多，主要有王俅的《啸堂集古录》2卷、《续考古图》5卷、王楚的《宣和重修博古图》30卷、《钟鼎篆韵》等。尽管这些著作主要侧重于收录器物，考释形制，诠释文字方面也难免有误，然而其裒集古文字之功仍然不可磨灭。

汉字产生之后，在长期的使用过程中也会产生各种形体变异，这就有了所谓的古今字、正俗字、异体字、繁简字等诸多问题，讨论文字形体变异的专门著作出现甚早，像北齐颜之推的《正俗音字》，"正时俗文字之谬，援诸书为据"③。其后唐颜师古的《匡谬正俗》、颜元孙的《干禄字书》均属于讨论正俗文字的著作。颜元孙汇聚一部分文字的正体、通用、俗体，进行辨析区分，并逐一加以界定，"所谓俗者，例皆浅近，唯籍账文案、契券药方，非涉雅言，用亦无爽。傥能改革，善不可加"，"所谓通者，相承久远，可以施表奏、笺启、尺牍、判状，固免诋诃（若须作文言，及选曹铨试，兼择正体用之尤佳）"，"所谓正者，并有凭据，可以施著述文章、对策、碑碣，将为允当（进士考试理宜必遵正体，明经对策贵合经注本文，碑书多作八分，任别询旧则）"④，从其各自的用途区分了三体文字。

宋代人对文字形体变异（主要是文字正俗变异）研究的兴趣超过以往

---

① （宋）吕大临：《考古图记》，《考古图》卷首，文渊阁《四库全书》本。
② （清）永瑢：《四库全书总目》卷一一五《考古图》提要，第982页。
③ （宋）欧阳修：《崇文总目》卷二，文渊阁《四库全书》本。按：《正俗音字》4卷，今已佚。
④ （唐）颜元孙：《干禄字书·自序》，文渊阁《四库全书》本。

任何时代，有很多人注意到了正俗文字在使用中的不同功能，继唐代二颜氏之后，撰著了不少这类著作。

这一时期讨论正、俗字形的最早专著应当是辽僧人行均的《龙龛手鉴》4卷。释行均是辽燕京（今北京市）沙门，他花了五年时间，搜集佛书典籍中的各类文字形体撰成了《龙龛手鉴》一书。① 全书共收26430余字，注文163170余字，不按文字部首编排，而是按平上去入四声编排，各韵下分所列各部，各部的字也用四声编次。这一编排方式，与宋代韵书盛行，按韵编排易于检索有关。于每字下仿照《干禄字书》体例标注该字的正、俗、今、古、或五种体式，注明音切，并作简明释义。《龙龛手鉴》虽是一部解读佛经的字书，但更重要的价值却在于辨析文字形体的变异。《龙龛手鉴》于宋神宗时传入境内。② 宋人对此书非常看重，沈括称赏说"观其字，音韵次序皆有理法，后世殆不以其为燕人也"③。

北宋末年吴兴道士张有编著《复古编》3卷。张有自幼喜爱小篆文字，深得李阳冰用笔之法，用功于校正俗书与古字字形相戾者，花了二十余年，于六十岁左右撰成此书。他以《说文解字》所载的小篆为正体，据以辨析"俗体"之讹。用四声分隶诸字，于正体用篆书，而别体、俗体则附载于注中，犹颜元孙《干禄字书》区分正、俗、通三体的体例。又于下卷附录《辨证》六篇，讨论文字形体的六类问题：一曰联绵字，二曰形声相类，三曰形相类，四曰声相类，五曰笔迹小异，六曰上正下讹，皆剖析毫厘，至为精密。继《复古编》之后，南宋、元代研究正俗文字的著述数量颇多，然而各家均以此书为宗主。

四　南宋时期（上）：理学对训诂学的冲击

宋高宗南渡，建立起占有半壁江山的朝廷，形成了与金对峙的局面，相续传九位帝王，直至被蒙古大军消灭，皇室被俘北上，最末一位小皇帝

---

① 按，此书初刊时名《龙龛手镜》，宋人重刻避宋太祖祖父赵敬嫌名而改为"手鉴"。
② 据沈括《梦溪笔谈》卷一五记载，当时辽国书禁很严，违禁携带书籍出境者处死，北宋熙宁（1068—1077年）中有人获得此书，传入傅钦之家，后来由浙西官吏蒲传正取以镂板刊行。
③ （宋）沈括著，胡道静校正：《新校正梦溪笔谈》卷一五，第160页。

投海自尽，史称南宋。在这一时期内，传统小学的发展极不平衡，各门类之间呈现出分道扬镳的态势。具体而言，就是这一时期音韵学发展很快，文字学也有新的拓展，修辞学专著也于此时产生；而训诂学则显得极为冷落，著述寥寥。

训诂学衰落的直接原因应当是南宋时代理学昌盛对传统小学带来的冲击。尤其是在南宋理宗以后，程朱理学取得尊崇的地位，理学的兴盛直接干预了传统训诂学的正常发展，使其备受冷落。

理学家轻视小学训诂，自北宋时代即如此，这种轻视首先表现在治学理念上。宋代理学家对两汉学术历来持激烈的批判态度，视文字训诂为学术之弊。北宋时代的程颐就宣称："今之学者有三弊，一溺于文章，二牵于训诂，三惑于异端。苟无此三者，则将何归，必趋于道矣。"[1] 他斥训诂之学为学道之弊，与文章（诗文创作）、异端（佛、道二教）的危害无异，这种观点表现得十分极端，对后来的理学家影响也非常大。南宋初刘清之就重复其说，称"眩于文章，溺于训诂，流于异教者同一辙也"[2]。宋高宗喜好读黄庭坚诗，尹焞对此不以为然，进谏说："此人诗有何好处，陛下看此做甚么？"[3] 在这些理学大师的训导之下，程门学人对传统文字训诂之学的态度就可想而知了。

南宋时代，最具影响力的理学宗师为朱熹，他集宋代理学之大成，将宋代理学发展到了极致。在对待传统文字训诂学的问题上，其态度还比较持中公允，他称赞"汉魏诸儒正音读，通训诂，考制度，辨名物，其功博矣。学者苟不先涉其流，则亦何以用力于此？"[4] 对训诂名物之学持认同的态度。在训诂与义理之间，以为义理重于训诂，他批评说"秦汉以来，圣学不传，儒者唯知章句训诂之为事，而不知复求圣人之意以明夫性命道德之归"，发展到后来，唯有近世二程之徒一矫弊端，"先知先觉之士始发明之，则学者既有以知夫前日之为陋矣"[5]。在朱熹的眼中，仍然表现出训诂名物之学与理学的轻重主次之差别，前者是为后者服务的，"字

---

[1] （宋）程颢、程颐：《二程遗书》卷一八，中华书局1984年版，第187页。
[2] （宋）李幼武编：《宋名臣言行录》外集卷一四，明万历刻本。
[3] （宋）李幼武编：《宋名臣言行录》外集卷九，明万历刻本。
[4] （宋）朱熹：《语孟集义序》，《朱熹集》卷七五，郭齐、尹波校点，四川教育出版社2001年版，第3944页。
[5] （宋）朱熹：《中庸集解序》，《朱熹集》卷七五，郭齐、尹波校点，第3955页。

画音韵是经中浅事，故先儒得其大者多不留意，然不知此等处不理会，却枉费了无限辞说牵补，而卒不得其本意，亦甚害事也"①，只有"理会"了字画音韵，而后方能致力于义理的研讨。因此在他的著作、言谈中涉及对词语的训释说解，往往会围绕义理而展开讨论，给人一种理学讲义的感觉，像"心之所之谓之志，日之所之谓之时，志字从之从心"，"恕字之旨，以如心为义，盖曰如治己之心以治人，如爱己之心以爱人，而非苟然姑息之谓也"②，有关"志""恕"一类词语的训解无一不是关于义理概念的演绎。

继朱熹之后，理学之徒更加张扬了前辈们在学术上的偏颇，往往侈谈义理观念，弃文字训诂而不顾。像南宋时代理学家陈淳的《北溪字义》、程端蒙的《小学字训》、王柏的《大尔雅》，虽署作"尔雅"或"字义训释"，内容其实都是诠释理学观念的文字。在这种学术背景之下，传统的文字训诂之学自然要受到冲击，形成一段学术研究的低潮。

在南宋初年也曾有一些学者摆脱理学观念的桎梏，从事于训诂学研究，撰写出了一些高质量的训诂著述。其代表著作为郑樵《尔雅注》、罗愿《尔雅翼》，前者是对《尔雅》的注释，后者则是仿效《尔雅》之作。这些著作大都表现出那种谨严博洽、长于考据的学术风格，既没有理学家侈谈义理的弊端，也不同于宋代初年墨守汉唐旧注的保守态度，在南宋学术领域独树一帜，体现出宋代学术勇于创新的积极精神。

郑樵是南北宋之交重要的史学家、语言文字学家，其著述除了著名的《通志》以外，在语言文字方面也建树甚丰，《六书略》《七音略》作为文字学、音韵学著作附载于《通志》，《尔雅注》则单独成书。

郑樵在学术上一方面反对辞章之学，同时又远离周程理学，倡导所谓的"实学"，他宣称："义理之学尚攻击，辞章之学务雕搜。耽义理者，则以辞章之士为不达渊源；玩辞章者，则以义理之士为无文采。要之，辞章虽富，如朝霞晚照，徒焜耀人耳目；义理虽深，如空谷寻声，靡所底止。二者殊途而同归，是皆从事于语言之末，而非为实学也。"③ 在《尔雅注·

---

① （宋）朱熹：《答杨元范》，《朱熹集》卷五〇，郭齐、尹波校点，第2405页。
② 分别见（宋）黎靖德编《朱子语类》卷五，王星贤点校，中华书局1986年版，第96页；（宋）朱熹《四书或问》卷二，文渊阁《四库全书》本。
③ （宋）郑樵：《通志·图谱略·原学》，中华书局1987年影印本，第837页。

序》中他又说:"义理者,人之本有,人生应识者也,故婴儿知好,瞽者聋者知信义,不凭文字而后显,不借训释而后知。六经所言早为长物,何况言下复有言哉!"① 郑氏反对辞章、义理,而崇尚实学,因而他的著作大多注重考据博洽,在历史文献研究方面具有卓越的贡献。

郑樵《尔雅注》3卷,是继邢昺、陆佃之后,对《尔雅》的又一种重要注释之作。在书中,他虽然没有明确说明其注释参考的前代文献,但我们分析注文内容,可以发现其中有相当一部分是来自唐代陆德明《经典释文》、宋代邢昺《尔雅疏》的内容,表现出他对前人注释有所借鉴继承。然而最能体现郑樵《尔雅注》学术特色的却是他对《尔雅》经、郭璞注原典表现出的不盲从态度,在他的注释中往往对前人的疏误进行辨驳纠正。像称《尔雅·释诂》"台、朕、赉、畀、卜、阳,予也"条,实际为两个条目的误并:"台、朕、阳,予也"为一条,谓"我也";"赉、畀、卜,予"为一条,谓"与也",因为"二字同义,故误耳"②,这是怀疑经文文字的疏误。又,《尔雅·释诂》"载、谟、食、诈,伪也"条,郭璞注"载者,言而不信;谟者,谋而不忠",对于郭注所释,郑樵认为"恐是臆说"③,这是对郭注的质疑。应该说郑樵注中对这些条目的驳论都是正确的,表现出其敏锐的学术眼光,也是该书的精华所在。

罗愿《尔雅翼》是摹仿《尔雅》体式而撰写的训诂专著,凡32卷,体例接近陆佃的《埤雅》。此书也不解释普通词语,而专门解释名物词语,包括草、木、鸟、兽、虫、鱼六类,并征引大量文献对于事物名称、形貌、功用作了详尽的描绘,据统计所引用的文献达250余种,可谓博洽,故宋人王应麟序称:"惟大学始教,格物致知,万物备于我;广大精微,一草木皆有理可类推。卓尔先觉,即物精思,体用相涵,本末靡遗。"④ 四库馆臣也评价云"其书考据精博,而体例严谨,在陆佃《埤雅》之上"⑤。

《尔雅翼》一书不仅在体例上与陆佃《埤雅》非常接近,在受王安石《字说》影响方面也颇为深刻。尽管《尔雅翼》是南宋时代的著述,是时

---

① (宋)郑樵:《尔雅注序》,《尔雅注》卷首,文渊阁《四库全书》本。
② (宋)郑樵:《尔雅注》卷上,《津逮祕书》本。
③ (宋)郑樵:《尔雅注》卷上,《津逮祕书》本。
④ (宋)王应麟:《尔雅翼序》,《尔雅翼》卷首,文渊阁《四库全书》本。
⑤ (清)永瑢:《四库全书总目》卷四〇《尔雅翼》提要,第342页。

王安石新学已逐渐淡出学者的视野，但在《尔雅翼》中我们尚能见到《字说》的影响。据我们统计，《尔雅翼》直接称引《字说》的用例达12处，在宋代各类训诂著述中仅次于《埤雅》；而且部分条目对《字说》那种附会声训，探讨"得名之由"的方法也全然接受，这就不免重蹈熙丰时代新学的故辙。例如解释"桧"的得名是"以曲而会之"，"枞"的得名是"直而从之"①，都是将形声字的声符加上了意义，是王安石《字说》"字皆有义"方法的运用。至于"蜘蛛"条，则称"设一面之网，虫至而获焉，知诛义者也"②，则直接源于《字说》的解说。这一些条目均与《埤雅》的解说毫无二致。

五　南宋时期（下）：音韵、文字学的长足发展

与训诂学的沉寂相反，在南宋时期，继北宋时代韵书兴盛之后，音韵学的研究蓬勃发展起来了，主要表现在两个方面，一是古音学的兴起，一是等韵学的成熟。

古音学的兴起是宋代经学发展的副产物。宋代经学发达，其中《诗经》学的研究则是当时经学中的一大显学，而《诗经》一类篇章作为先秦时代的韵文，研究时必然会涉及声律的问题，因此探讨《诗经》的声韵就顺理成章地成了音韵学研究的重点内容。

等韵学是为适应宋代韵文创作的需要而兴盛的，同时它又以宋代韵书的发达作为前提条件，因为它是以韵书为基础编撰而成的。宋代文学创作，在诗、词等领域具有很高的成就，这一类作品极其讲究韵律的优美，用韵、平仄、对仗有严格的要求，尤其是词、曲作品，可以即兴演唱，这就对作者的音律知识提出了更高的标准，对于音韵的把握要非常准确。即便是苏轼那样的文学天才，他的词作品竟然也被人称作"不谐音律"，"句读不葺之诗"③，于是等韵学作为一门专事审音的学问自然受到社会的关

---

① （宋）罗愿：《尔雅翼》卷九，文渊阁《四库全书》本。
② （宋）罗愿：《尔雅翼》卷二五，文渊阁《四库全书》本。
③ （宋）胡仔：《苕溪渔隐丛话》后集卷三三引李清照词评，《宋诗话全编》，江苏古籍出版社1998年版，第4册，第4204页。

注，这就直接促进了等韵学的发展，使之日益专精。

先秦古音与后代的语音不相同，如《诗经》的押韵就明显与后代的声韵体系不相符合，这一问题自六朝时代即已发现，当时就有人提出采用"叶音""协韵"的方法，临时改变读音来解决押韵问题。唐代陆德明也察觉到古今声韵的不同，他批评临时改变读音来叶韵的做法，提出了"古人韵缓，不烦改字"①的说法。不过，他的古音学认识仍然模糊，不成系统。一直到南宋初年，吴棫才把上古语音作为专门学问来研究，从而形成了古音学的萌芽。

吴棫的古音学著作有《毛诗叶韵补音》《楚辞释音》《韵补》。吴棫对古今音变提出了自己的见解，他认为："古今世殊，南北俗异，语言音声，诚有不得尽合者。"②这一见解与后来称为古音学先驱的明代陈第的理论完全相合。

吴棫讨论古音的方法是合并《广韵》的206个韵类，在"叶音"的基础上，采用"通转"的方法将韵部归并相叶。具体分韵为9部：东、支、鱼、真、先、萧、歌、阳、尤。不过他的分韵仍然极为粗疏，其中甚至把-n、-ŋ、-m韵尾的界限都混淆了，显然与古音的实际不相符合。他征引大量典籍，自《易》《书》《诗》等先秦典籍而下，直至宋代欧阳修、苏轼等人的韵文作品，分析他们的韵律以归纳所谓的古音韵部。这一做法显然不妥，因为上述文献分属于各个不同的时代，反映的语音也大不相同，吴氏将它们不加甄别地收录，在此基础上得出的结论必然会有错误。

对于吴棫的古音学成就，后代的古音学家大多还是称赞其筚路蓝缕之功。顾炎武称"考古之功，实始于吴才老"③。钱大昕也说："才老博考古音，以补今韵之缺，虽未能尽得六书谐声之原本，而后儒因是知援《诗》《易》《楚辞》以求古音之正，其功已不细。古人依声寓义，唐宋久失其传，而才老独知之，可谓好学深思者矣。"④

不过，对于吴棫所采用的"叶音"方法，清代古音学家也予以严厉的

---

① （唐）陆德明：《经典释文》卷五《毛诗音义》上"于南"注，中华书局1983年影印宋本，第57页。
② （宋）陈振孙：《直斋书录解题》卷三，第92页。
③ （清）顾炎武：《韵补正·序》，《韵补正》卷首，文渊阁《四库全书》本。
④ （清）钱大昕：《潜研堂集》卷二七《跋吴棫韵补》，载陈文和主编《嘉定钱大昕全集》，江苏古籍出版社1997年版，第9册，第451页。

批评，孔广森说："要其谬有三：一者若庆之读羌，皮之读婆，此今音讹，而古音正，而不得谓之'叶'；二者古人未有平声仄声之名，一东三钟之目，苟声相同，皆可同用，不必谓之'叶'；三者凡字必有一定之部类，岂容望文改读，漫无纪理。以至《行露》'家'字二章音谷，三章音公；'于嗟乎驺虞'首章音五加反，次章五红反，抑重可嗤已。"①

南宋时代的古音学著作还有程迥的《音式》与郑庠的《古音辨》。这两种著作都已亡佚，现在只能从别的著作中寻出一点端倪。

程迥的古音学著述，在南宋嘉定间董南一所撰司马光《切韵指掌图》序中记作《韵式》，云"近世吴棫《韵补》、程迥《韵式》又能发明古人用韵之变"②。《四库全书总目》于《韵补》提要中亦云"迥书以'三声通用，双声互转'为说，所见较棫差的，今已不传"③。所谓"三声通用"，当指平上去三声相承的字在古音中可以通为一韵；"双声互转"当指音转的根据主要以双声为条件。

郑庠的《古音辨》分古韵为六部，也是把《广韵》平声 57 韵合并为六大类（其余相应各声之韵附入），具体分韵为：一先仙（包括真谆臻文欣元魂痕寒欢删山先仙十四韵相通），二阳唐（包括东冬钟江阳唐庚耕清青蒸登十二韵相通），三支微（包括支脂之微齐佳皆灰咍九韵相通），四鱼模（包括鱼虞模歌戈麻六韵相通），五尤侯（包括萧宵肴豪尤侯幽七韵相通），六侵谈（包括侵覃谈盐添严咸衔凡九韵相通）。所分六类已经注意到韵尾不同的韵不能合为一部，这比吴氏《韵补》的分韵进了一步，但其分韵也只讲合而不讲分，还十分粗疏，与后来顾炎武所分古韵 10 部尚有性质上的不同。

南宋时代是等韵学兴盛的时期。各种韵图的出现标志着等韵学的日益精密化。这一时期的韵图有一个共同的特点，都是以中古韵书的声韵体系为基础而编制的。

流传至今的韵图，有《韵镜》（撰人无考）、郑樵《七音略》、祝泌《皇极经世解起数诀》、《四声等子》、《切韵指掌图》（相传为司马光编

---

① （清）孔广森：《诗声类序》，《诗声类》一，《皇清经解续编》，上海书店 1988 年影印本，第 1 册，第 955 页。
② （宋）董南一：《切韵指掌图序》，《切韵指掌图》卷首，文渊阁《四库全书》本。
③ （清）永瑢：《四库全书总目》卷四二《韵补》提要，第 360 页。

撰)。

《韵镜》的撰人现已不可考知。该书曾经于南宋初重刊，据南宋绍兴末张麟之刊《韵镜》序言称，他曾得到"友人授《指微韵镜》一编"，以此为基础加以刊印而流布，《指微韵镜》一书大概成书于宋神宗之前，《韵镜》或即该书的省称。

《七音略》见于郑樵所著《通志》。郑樵在《七音略·序》中称，他得到一本《七音韵鉴》，据此而传述"内外转图"。《七音韵鉴》一书不见于宋代诸家目录书的著录，《宋史》卷二〇二《艺文志一》有"释元冲《五音韵镜》二卷"，或许即是此书。

祝泌所撰《皇极经世解起数诀》是为敷演北宋邵雍的《皇极经世》中的"音声唱和图"而作，它要阐明邵雍所宣扬的"天声地音""音有定数"的一套音韵理论。据祝泌序说，其书是取德清县丞方淑《韵心》、当涂刺史杨俊《韵谱》、金人《总明韵》参合而成。祝序中提到的杨俊《韵谱》，亦即张麟之《韵镜》序所提及的《韵谱》。

以上三种韵图，虽然在编撰格式及韵图数量上略有差异，但究其实际内容，它们所反映出的声韵系统却是十分接近的，都表现为《广韵》一系韵书的反切系统。从总体上看，《韵镜》与《七音略》更为接近。它们在韵母系统上都分为43图，其分韵体系相同，只是在个别韵图的排列次序上略有差别。《七音略》将收闭口韵的覃谈凡各韵的图排在阳唐韵之前，而《韵镜》却列于阳唐、尤侯韵的图之后，与侵韵连在一起。在声母系统上，《韵镜》与《七音略》都是将三十六字母按钮排列，分为二十三行，其中端知、精照、帮非各组声母两两同列为一行。这种做法反映了两种韵图所代表的中古音声母舌头舌上不分、齿头正齿不分、轻重唇不分的语音系统。

祝泌《皇极经世解起数诀》则分为80韵图，所反映出来的声韵系统与上述二韵图相同。它采用表格的形式分别韵母系统，也运用"等"的概念区分音值，并以开、发、收、闭四类分别清、浊列图，但它的着眼点并不在于全面阐发韵书中的声韵体系，只是列举了一些韵的代表字，因此它不能像其他韵图那样完整地反映韵书的声、韵、调的拼合情况，只能算是一个声韵拼合的音节表。

现存南宋时代的韵图还有《切韵指掌图》与《四声等子》两种。《切韵指掌图》署名为司马光撰，但实际上这是假托之作，后世公认其为南宋人所撰。《四声等子》的撰人及编著年代同样不能确定，但同样可以肯定也是南宋时之作，而且它们的成书年代都应晚于《韵镜》及《七音略》。

《切韵指掌图》共列韵图20，以独用韵列前，为图6，其次列开阖韵，为图14，表示以开、合口为分图的依据。《切韵指掌图》虽然采用《广韵》206韵，但实际上它对许多韵部都进行了合并，如东三与钟、鱼与虞、尤三与幽、覃与谈、衔与咸、盐与严凡等并为一图。同时它还把之支韵的精组字列为一等（包括第十八图的兹、雌、慈、思、词），也说明这些字的实际读音已经不再念[i]，而应念作[ɿ][ʃ]。《切韵指掌图》的声母为三十六字母，分列为三十六行，而不是像《韵镜》或《七音略》那样分为二十三行排列。从上述分韵的做法来看，《切韵指掌图》应当更接近于南宋时代语音，它的编图原则更符合当时的语音实际。

《四声等子》一书的最大特点是率先采用了"摄"的概念，并用摄来统率韵部。它将206韵分为十二摄：通、效、宕、遇、流、蟹、止、臻、山、果、曾、咸。与传统的十六摄相比，后世独立的一些摄，在《四声等子》中却与其他的摄相合并，如江附于宕摄，麻附于果摄，梗附于曾摄，深附于咸摄。在各摄之下又注明内转或外转。从其各图所含的韵数来看，一些在元代独立的韵在此书中尚未分立出来，如《中原音韵》的车遮、支思、齐微三韵，在《四声等子》中仍然与歌戈、脂微、灰皆等韵合为一图。这种布图方式，如果不是囿于《广韵》音系的分韵规则，就是在当时这些韵的实际音值还没有发生变化，与后来的韵书尚有差别。

南宋时代的文字学研究也成绩斐然，其研究范围的开拓主要有以下两个方面：一是对汉字"六书"的分析，一是对汉代以来碑刻隶书文字的搜集归类研究。

"六书"作为分析文字形体结构的方法，自汉代郑众、班固、许慎以来就形成了比较固定的看法，尤其是许慎在《说文解字》中对其命名、例字的解说更形成了权威论述。在南宋时代，自郑樵伊始，专门讨论"六书"的问题，尽管他们也自称遵循《说文解字》对"六书"的解释，而在具体的阐释名义、细目分类方面则有全新的论说，形成了后来的"六书"学。

郑樵《通志》的《六书略》是宋代最早的"六书"学著作。《六书略》载于该书卷三一至卷三五。郑樵讨论文字结构，以"六书"为重点。他特别强调"六书"在文献经籍中的重要性，他说："经术之不明，由小学之不振，小学之不振，由六书之无传。圣人之道惟借六经，六经之作惟借文言，文言之本在于六书。六书不分，何以见义？"①

郑樵根据"六书"的原则来分析汉字的结构，对"六书"的说解大致与许慎的说解相近，比如"象形"将文字与图画相比较，谓："书与画同出，画取形，书取象，画取多，书取少。凡象形者皆可画也，不可画则无其书矣。"(《象形第一》)"指事类乎象形。指事事也，象形形也。……形可象者曰象形，形不可象者指其事曰指事，此指事之义也。"(《指事第二》)"二母合为会意。会意者二体俱主义，合而成字也。"(《会意第三》)谐声则为一子一母，母主意，子主声。"假借者，本非己有，因他所授，故于己为无义，然就假借而言之，有有义之假借，有无义之假借，不可不别也。"(《假借第六》)对"假借"区分出了"有义"与"无义"两类。至于"转注"，本来许慎的"建类一首，同意相受"已经让后世学人众说纷纭，郑樵的说解就更是含糊其辞。他比较谐声与转注的区别后说："谐声、转注一也。役它为谐声，役己为转注。转注也者，正其大而转其小，正其正而转其偏者也。"(《转注第四》)

郑樵将"六书"归纳为三类："象形、指事，文也；会意、谐声、转注，字也；假借，文、字俱也。象形、指事一也，象形别出为指事；谐声、转注一也，谐声别出为转注；二母为会意，一子一母为谐声。六书也者，象形为本，形不可象则属诸事，事不可指则属诸意，意不可会则属诸声，声则无不谐矣，五不足而后假借生焉。"②他所论"六书"所产生的顺序也基本符合汉字产生的规律。

在"六书"中，郑樵特别重视谐声，他认为谐声是最能产的造字方法："谐声与五书同出，五书有穷，谐声无穷，五书尚义，谐声尚声，天下有有穷之义而有无穷之声。拟之而后言，议之而后动者，义也；不疾不速，不知而至者，声也。……谐声者，触声成字，不可胜举。"③而历代的经师对假借这一方法的忽略，造成了理解上的困难，"六书之难明者，为

---

① （宋）郑樵：《六书略·六书序》，中华书局 1987 年影印本，第 487 页。
② （宋）郑樵：《六书略·六书序》，第 488 页。
③ （宋）郑樵：《六书略·谐声第五》，第 499 页。

假借之难明也。六书无传,惟藉《说文》,然许氏惟得象形、谐声二书以成书,牵于会意,复为假借所扰,故所得者亦不能守焉。……先儒所以颠沛沦于经籍之中,如泛一苇于溟渤,靡所底止,皆为假借所魅也"①。

郑樵《六书略》一书从理论上为"六书"学奠定了基础。此书在探索文字的结构方面有所创新,而且其提出的文字学理论也有价值,但是书中的疏失也非常明显。首先,对"六书"中"转注"的界定,显得含混。其次,他于每"书"下划分的各个小类,数量繁杂,类别重复,往往就事立名,令人疑惑不解。最后,对一些字的具体归属,也与《说文解字》"六书"相冲突,如"象形类"中有"屾、磊、朙、叩、从、比、北、雔、蟲、刃","指事类"中有"及、公、引、庸、耑(前)"。

不过,"六书"学在郑樵之后的南宋时代尚未产生多大影响,甚至没有响应之作。这一状况一直到了元代才有较大的改观,元代学者对"六书"学的兴趣大大超越宋代,出现了数量较多的讨论"六书"的著作。

北宋中叶以后出现的古文字研究热,在南宋时代也有进一步的延续与发展,尤其是对隶体文字的研究在南宋一代更是成就显著。

薛尚功的《历代钟鼎彝器款识法帖》20卷,是这一时期研究古文字最具成就的著述。该书收集自夏至汉代的458件古物上所载的文字,一一为之音释。与北宋时代的这类著述不同的是,它不再讨论器物的形制,而专门诠释所载的文字,已经是纯粹的文字学书,《四库全书》将它归入字书一类,并称赞它"笺释名义,考释尤精","颇有订讹刊误之功"。②

在南宋一代,郑樵的《石鼓文考》、施宿的《石鼓音》、杨文昺的《周秦刻石释音》等,都是研究古文字的著述,然而其影响都不及薛尚功《法帖》。

汉代以来的隶书,是古文字与今文字的分界,是中国文字学发展的关键。讨论隶书的形体演变也引起了这一时代学者的关注。他们以汉魏以来碑刻所载隶体文字作为研究对象,撰写了多种专书。其代表作者有洪适、娄机、李从周等。

洪适是南宋初名臣洪皓的儿子,其兄弟三人(另二人为洪遵、洪迈)

---

① (宋)郑樵:《六书略·假借第六》,第503页。
② (清)永瑢:《四库全书总目》卷四一《历代钟鼎彝器款识法帖》提要,第350页。

都以博学多才闻名于时。洪适所著《隶释》27 卷、《隶续》21 卷、《隶缵》《隶韵》，后两种今已不存。《隶释》前 19 卷收集汉魏隶书碑刻 189 种，后 8 卷附录《水经注》中的汉魏碑刻以及欧阳修《集古录》、赵明诚《金石录》等书中的汉魏碑刻部分。每种碑文按楷体写定，然后进行考释，对汉隶文字的考定主要集中在讨论笔画的变更及用字的假借上。《隶释》编成后，陆续又有新的碑刻发现，洪适搜集整理撰成了《隶续》。这两部书对研究汉隶源流具有重要价值。

娄机所著《汉隶字原》6 卷，收集汉人碑目，记录其年月、地点、书人姓名。以楷体标目，将隶书文字排比于下，隶书与楷体的异同，也随字附注。此书除诠释汉隶文字外，还兼有载录汉碑在宋代的存佚之功。另外，全书按《礼部韵略》韵编排，易于检索。

李从周是蜀地临邛（今四川邛崃）人，曾从魏了翁问学，他撰有《字通》1 卷。其书大旨依据《说文解字》来校隶书偏旁，以阐明隶书源流。其缺点在拘于《说文解字》所载，对不见于《说文解字》的后起字，统统斥之为非，未免泥古。

南宋人的这一类著作还有：刘球《隶韵》10 卷，马居易《汉隶分韵》7 卷，杨师复《汉隶释文》2 卷，宇文绍奕《原隶》等，数量不少。

修辞学在我国的发展可以说是源远流长，早在《周易·乾·文言》中就有"修辞立其诚"的记载，其后的经学家、作家往往以此为标尺，作为指导文章创作的规范，修辞学经常作为诗文评论的内容而加以收录。至宋代，各种诗话、文集、笔记中对修辞问题的讨论可以说比比皆是，然而它们都未能成为修辞学专著。作为全面论述修辞原则的首部专书，则当推南宋人陈骙的《文则》。该书取《周易》《尚书》《诗经》《春秋左传》《尔雅》《考工记》等儒学经籍文法为例，专门讨论文章修辞。极力推崇古人行文自然的法则，"古人之文发于自然，其协也自然；后世之文出于有意，其协也亦有意"；主张文字贵简，"事以简为上，言以简为当。言以载事，文以著言，则文贵其简也，文简而理周，斯得其简也"[1]，均不失为中的之论。书中分析各类修辞辞格，有对偶、倒言、援引、交错、取喻（比喻）、长短句式、助辞、疑辞、析字、省略等名目，均与现代修辞格相近。此书

---

[1] （宋）陈骙：《文则》卷上，文渊阁《四库全书》本。

受到后代诸多学者的推崇，认为是我国历史上第一部讨论修辞的专著，具有极重要的开创之功。

六　元代时期：两宋小学的延续与发展

蒙古部族凭借强悍的金戈铁骑，东征西讨，消灭金、南宋，横扫欧亚大陆，建立了统一强盛的大元帝国。蒙古部族原本是一个文明程度很低的游牧民族，在建立元帝国及以后时期，蒙古统治者任用一批金、南宋的汉族儒生（也包括一些宗教人士），在他们的影响下，统治者很快吸收了先进的汉文化，不仅加速了本民族文明的进程，同时也推进了中国传统文化在新的历史时代的发展。其间最重要的标志就是创造了蒙古文字——八思巴文字，并将它作为国书在全国范围推行。[①]

有元一代的小学基本上是宋代小学的延续，尤其是与南宋学术关系显得格外紧密，同时又与元代的政治、文化大背景相适应，也呈现出一些开拓创新之处，具有一些独到的时代特色。

传统意义上的训诂学，在元代丝毫没有复苏的迹象，这与元代理学家继承南宋理学传统（一些人甚至比宋代学者走得更远），轻视训诂之学的偏见密切相关。在书目文献中记载的有关《尔雅》类的著述只有危素的《尔雅略义》19卷和胡炳文的《尔雅韵文》。二书均已不存。仅从书名来看，它们可能是对《尔雅》注释的简化或编排方式的变更，其价值应该不会超过宋人著述。

在这一时期，蒙古贵族作为入主中原的异族统治者，为推行"国语"，沟通民族语与汉语的差异，由官方出面进行了一些弥补，于是应运而产生了一批汉语、蒙语或其他语言文字的对译之著，其中既有训诂一类的著述，也有音韵文字一类的著述。

[①] 关于八思巴字的创制及使用规则，《元史》卷二〇二《释老传》"八思巴传"记载说：元世祖委任吐蕃僧人八思巴创制蒙古新字，采用藏文字母作为书写文字，"至元六年诏颁行于天下……译写一切文字，凡有玺书颁降者，并用蒙古新字，仍各以其国字附之"。八思巴字"其字仅千余，其母凡四十有一。其相关纽而成字者则有韵关之法，其以二合、三合、四合而成字者则有语韵之法，而大要则以谐声为字也"。

在这里，我们首先要谈到何为"国语"的问题。历史有惊人的相似之处，早在南北朝时期，那时也是少数民族统治者入主中原，给中原地域的汉民族文化带来了不小的异动，表现在语言文字上就是汉语与非汉族语言的差异，给文化交流带来了障碍。也是为了填补语言的鸿沟，官方规定了所谓"国语"。据《隋书·经籍志》记载："后魏初定中原，军容号令皆以夷语，后染华俗，多不能通，故录其本言，相传教习，谓之'国语'。"① 这是正史中首次对所谓的"国语"的正式记载。在《隋书·经籍志》中，我们还发现了《国语》《鲜卑语》《国语名物》《国语真歌》《国语杂文》《周武帝鲜卑号令》一类的两种语文文字对译的著作。

宋代也有一些两种语文对译的小学著作，如刘温润的《羌尔雅》、无名氏的《蕃尔雅》、西夏人骨勒茂才的《蕃汉合时掌中珠》等，这是汉语与藏羌、西夏语文字相对译的著述。

元初修《宋》《辽》《金》三史，由朝廷组织官吏编修，由当时任宰相之职的脱脱领衔撰修。脱脱等人以《辽史》《金史》中涉及职官、称谓、民物、风俗多用契丹、女真语，后人阅读诸多不便，遂于卷末附录各史中的一些词语加以解释，编著了《辽国语解》《金国语解》两种专门著作。

《辽国语解》一书以原编《辽史》次第为序，对原书所涉及的名物称谓予以注音、释义，是一种汉字记录的契丹词语汇录。《金国语解》与前篇相似，以义归类，分为官称、人事、物象、物类、姓氏五类，分别诠释其语义，是一种以汉字记录的女真词语汇录。这两种文献对于解读史籍中出现的非汉语词汇颇有裨益。

元代人撰著的汉、蒙语的对译著作，还有佚名《蒙古译语》、张大卿《国语类记》、王伯达《皇朝字语观澜纲目》等。

《蒙古译语》辑录自《永乐大典》。《四库全书总目》称："《蒙古译语》一卷，不著撰人名氏。前有自序称'言语不通，非译者无以达其志。今详定《译语》一卷，好事者熟之，则问答之间，随叩随应，而无鲠喉之患'云云。似乎元代南人所记。然其书分门编辑，简略殊甚。对音尤似是

---

① （唐）长孙无忌：《隋书》卷三二《经籍志》，《二十四史》，中华书局 1997 年版，第 7 册，第 245 页。

而非，殊无足取。"①

张大卿《国语类记》、王伯达《皇朝字语观澜纲目》二书，现在均已不存，其内容也仅能从当时人所撰序文中略窥一斑。元马祖常《国语类记序》称："我国家造蒙古书，因天地自然之数，以成一代之书。……太仆经历持广平张大卿所著《国语类记》若干卷，求请曰：'是书实古转注之义为多，切讲此有年矣。大卿乃能缀缉本末成一家言。凡国语之引物连类、假借旁通者，班班具焉。'……大卿之为是书，后世稽古者实有考焉。"② 元赵孟頫《皇朝字语观澜纲目序》亦云："盖译语皆有声而无文，虽欲传，其可得乎？圣朝混一区宇，乃始造为一代之书，以文寄声，以声成字，于以道达译语，无所不通，盖前代之所未有也。古婺王伯达深解其义，编集是书，曲尽微妙，其亦善言之良师也。"③ 据二书的序文来看，它们都是蒙古、汉语文对译之作。

在音韵学著述方面，元代人也较为注意考究蒙古语与汉语语音的对读，在这一时代先后有《蒙古字韵》《蒙古韵类》等著述问世。

《蒙古字韵》2卷，为现存最早的一部以蒙古八思巴字与汉字对读的音韵书，其撰人已不可考知，元至大元年（1308）朱宗文校订刊板颁行。④ 此书分为十五大韵（每韵下再按平上去入四声排列），它们分别是：一东、二庚、三阳、四支、五鱼、六佳、七真、八寒、九先、十萧、十一尤、十二覃、十三侵、十四歌、十五麻。每一韵所载各字，上面记八思巴字，下面注汉字读音。共收录856字，全书总收字约9500（因现存书有残缺，此据杨耐思统计）。经现代学者对该书的研究，发现此书的分韵原则大致与《古今韵会》《七音略》基本相同。声母也分为三十五，与传统三十六字母大略相同，也与后来的《古今韵会》相合。

李宏道所撰《蒙古韵类》一书今已不存。宋末元初人王义山尝作《李宏道编蒙古韵类序》，称其书分韵"上平声为门廿八，下平声为门廿九，上声为门五十五，去、入两声为门共九十有四。以古韵求之，则特十五门

---

① （清）永瑢：《四库全书总目》卷四三《蒙古译语》提要，第372页。
② （元）马祖常：《石田集》卷九，文渊阁《四库全书》本。
③ （元）赵孟頫：《松雪斋集》卷六，文渊阁《四库全书》本。
④ 按，《蒙古字韵》2卷，（清）永瑢：《四库全书总目》卷四四署作"元朱宗文撰"。当代学者蔡美彪、宁忌浮已经考证《总目》之误，谓朱宗文仅为修订刊行者，其撰人不可考。

而止，四声可全用者，三声二声可通用者，一声独用者，皆出于中"，又称"宏道教人以《韵编》，更自司马公切韵法始"。①据王序所述，此书似为仿韵图形式，按声韵编排的蒙古语著作。所列声母32、韵类206，也与南宋时代诸等韵著述声系相当。

等韵学在元代也有较好的发展，元代有新的韵图问世，元人刘鉴的《经史正音切韵指南》（以下简称《指南》）就是其中之一。刘鉴在其自序中称"仆于暇日，因其旧制，次成十六通摄。作检韵之法，析繁补隙，详分门类，并私述玄关六段，总括诸门，尽其蕴奥，名之曰《经史正音切韵指南》"②。刘氏所说的"十六通摄"，依次为"通、江、止、遇、蟹、臻、山、效、果、假、宕、曾、梗、流、深、咸"。与南宋等韵图《四声等子》相比较，有了一些明显的变化，除了假摄仍附于果摄以外，原来附于宕摄的江摄、附于曾摄的梗摄、附于咸摄的深摄，都独立了出来，可见《指南》的分韵更为细密。在声调上，《指南》以入声与阴声、阳声相配，更是模糊了入声的界限。

刘鉴自序中又说，《指南》一书，"与韩氏《五音集韵》互为体用。诸韵字音，皆由此韵而出也"③，也就是说其声韵体系是依据韩道昭的《五音集韵》而建立的。《五音集韵》成书于金代，而到《指南》的问世又经历了一百余年时间，在这期间，汉语语音发生了很大的变化，因此《指南》记录的语音，也不可能完全代表当时的语音实际，这表现出《指南》的守旧性质。在反映元代实际语音的方面显然与《中原音韵》不可同日而语。

在论及元代音韵学著述的时候，我们不能不提及周德清的《中原音韵》一书，这是一部具有创新意义的重要音韵学著述。周德清，江西高安（今江西高安市）人。他是一个戏曲作家，又精通音律，他根据当时的戏剧作家如关汉卿、马致远等人戏曲作品的实际押韵字编撰成了《中原音韵》2卷。这部韵书初稿成于元泰定元年（1324），曾经以抄本的形式流传于外。直至元统元年（1333），才加以修改，书写为定本，正式刻印出来。

---

① （元）王义山：《稼村类稿》卷五，文渊阁《四库全书》本。
② （元）刘鉴：《经史正音切韵指南》，文渊阁《四库全书》本。
③ （元）刘鉴：《经史正音切韵指南》，文渊阁《四库全书》本。

《中原音韵》具有别的正统韵书所没有的独创性，主要表现在三个方面。首先是其分韵为19部，包括了东钟、江阳、支思、齐微、鱼模、皆来、真文、寒山、桓欢、先天、萧豪、歌戈、家麻、车遮、庚青、尤侯、侵寻、监咸、廉纤。与《广韵》系统的韵书相比较其总数大大减少了，而且韵类的归并更接近于现代语音，比如"支思"与"齐微"韵的分立，"车遮"韵从"歌戈"韵中分列出来即是。其次是没有了入声韵类，入声分别派入了平、上、去三声。再次，是在平声中又分为阴平、阳平二类。《中原音韵》反映的音韵格局与《广韵》旧有的声韵系统可谓判为两途，其音系反映了13世纪以来北方话语音的实际。从汉语音韵学发展史的角度来看，它不仅是元代音韵学的一大开创，同时堪称汉语语音史上一部具有划时代意义的著作。

　　与《中原音韵》相同性质的韵书，还有元卓从之的《中州乐府音韵类编》1卷。在韵部的划分与音韵结构方面，该书都与《中原音韵》极为接近，显示出二者之间的继承性。不过，《音韵类编》的平声声调除了阴平、阳平之外，还多出了"阴阳"一类，"阴阳"一类既可与阴声相配，也可与阳声相配。这与现在通行的《中原音韵》略有不同。之所以会出现这一异同，现代学者发现周德清曾自称在《中原音韵》刊定之前，还有一种初稿墨本流传于世，而墨本的平声也正是分为阴、阳、阴阳三类的，于是猜测《音韵类编》可能正是以周氏墨本作为蓝本加以修改删削而成的。[①]

　　南宋初，郑樵倡导"六书"学，开创了对汉字字形结构分析的新途径，然而在南宋时代，对"六书"学的研究却未能引起时人的关注，只是到了元代，旧话重提，出现了诸多较有影响的研究性的著述。

　　戴侗的《六书故》36卷，是以"六书"原则阐述文字字义、源流演变的著述。该书完全不用《说文解字》原来部首，而是按数、天文、地理、人、动物、植物、工事、杂、疑九类分部，其中前七类为具体物象，不能收入前七类的归入杂部，形体有疑者则入疑部。每部之内，按指事、象形、会意、转注、谐声、假借次第排列。戴侗以为小篆有形变之讹，令后人难以知晓制字本意，故一改《说文解字》以小篆为字头的做法，以钟

[①] 参见杨耐思《中原音韵音系》三《考订中原音韵音系的有关资料》，中国社会科学出版社1981年版，第12—13页。

鼎文字为字头，而钟鼎文字却非在在而有，于是又不得不以小篆补充；说解文字也不用通行文字，而以小篆补写。这一自乱其例的做法招致了后世学者的指斥。

周伯琦的《说文字原》1 卷、《六书正讹》5 卷。这两种著述是元代有关"六书"学研究的重要著述。《说文字原》一书取《说文解字》原部目用字重新编排，共分十二部，使之以类相从，以明辗转孳生之义，对许慎《说文解字》原书的标目有所增、删、改。《六书正讹》选取《说文解字》的2000多字，按《礼部韵略》四声编排，使之以声韵相从，并罗列该字的假借、别体、俗体、讹体，对之进行分析辨别，故有"正讹"一名。对这两种著作，清人评论说"大抵伯琦此二书，推衍《说文》者半，参以己见者亦半，瑕瑜互见，通蔽相仿"①。

戴侗、周伯琦对六书"转注"的认识，在历来的文字学研究著述中独树一帜，他们认为"转注"并非如许慎所说的"建类一首，同意相受"，而是转变字形笔势所致，这就彻底颠覆了"转注"的概念。其后舒天民在《六艺纲目》中更是称转注为"转形互用，有倒有仄，有反有背，凡四类也，考老者非"②，进一步演绎了两家的说解。尽管后世的学者大多不赞同他们的说法，但对其学术上的疑古精神也不完全否定，现代一些学者也从他们的说法中得到启示③。

杨桓撰有《六书统》20 卷、《六书溯源》12 卷。《六书统》的大旨是以"六书"统会所有字，故名曰"统"。杨桓认为小篆形体有讹变，因此要以钟鼎、古（籀）文证其讹，并据这些文字来分析字体结构。他将文字结构分为若干门目，与《说文解字》的"六书"大相径庭，纷繁扰乱，不可究诘，故招致四库馆臣的严厉指斥，称为："以六书论之，其书本不足取，惟是变乱古文，始于戴侗，而成于桓，侗则小有出入，桓乃至于横决而不顾。后来魏校诸人随心造字，其弊实滥觞于此。"④《六书溯源》的性质与前一书略有不同，专门收取《说文解字》未载录或附见于重文的文

---

① （清）永瑢:《四库全书总目》卷四一《说文字原》《六书正讹》提要，第353页。
② （元）舒天民:《六艺纲目》卷下，文渊阁《四库全书》本。
③ 参见聂鸿音《中国文字学概略》（语文出版社1998年版）通过分析比较亚洲部分地区的文字，尤其是中国一些少数民族文字的情况，也得出了类似相同的看法。参考该书"六书再认识"章。
④ （清）永瑢:《四库全书总目》卷四一《六书统》提要，第352页。

字，按"六书"原则加以讨论，其体例与《六书统》大致相同，只是对形声、转注门目略有合并而已。四库馆臣对此也指斥甚至批评说："《六书统》所载古文，自凭胸臆，增损改易，其字已多不足信。至于此书，皆《说文》不载之字，本无篆体，乃因后世增益之讹文，为之推原作篆。……桓好讲六书，而不能深通其意，所说皆妄生穿凿，不足为凭。其论指事、转注，尤为乖异。大抵从会意、形声之内，以己见强为分别。"①

元代其他讨论"六书"的著述，还有许谦《假借论》，倪镗《六书类释》30卷，吴正道《六书近正》《六书原》，杜本《六书通释》10卷。只不过这些书已经佚亡，其内容不可详知。

如前节所述，宋人张有的《复古编》是一种讨论文字形体变异的专门著述，用以辨析正字、俗体。在元代摹仿张书体例的著述也层出不穷，像泰不华《重类复古编》10卷，曹本《续复古编》4卷，吴均《增修复古编》4卷，戚崇僧《后复古编》1卷，无一不是增补续修之作，甚至连书名都不避重复。

古人在长期的语言实践中已经逐渐认识到虚词在句子中的语法作用，尽管此前尚没有专门的著述问世，但在汉唐宋人的一些著述中已经多见零散的记载，尤其是宋代人的笔记、文话、诗话一类著述，从中可以找到非常精彩的论述，像欧阳修《归田录》讨论"打"字的用法，陈骙《文则》讨论句子的省略、倒置，一直是语法学家津津乐道的典范例证。这种没有语法专著的状况到元代才有所突破，元卢以纬在元泰定元年（1324）撰写成《助语辞》一书。此书乃目前所能见到的最早的论述虚词的专著，因而具有开创性意义。全书共收列虚词或与之有关的短语136个，汇聚为68组，分组释义，连类而及，对所收虚词的语法意义与语法作用进行综合讨论，并对句子与句子间的语义结构有所阐发。虽然作者的见解未必完全正确，所采用的方法也有粗疏之处，但是其筚路蓝缕之功却不可磨灭，在中国语法学史上具有重要的地位。

刘鉴也撰有《经史动静字音》一书，涉及一些语法问题的探讨。本书亦是讨论经史文献中词语音读变化所引起语义、词性变化的著作，选择206个字（词）予以辨析，以当时读书音的本读、本义为静字，以其派生

---

① （清）永瑢：《四库全书总目》卷四一《六书溯源》提要，第372页。

音、义为动字,区别"动静字音",其语法差异也蕴含其中。①

元代王构撰著的《修辞鉴衡》2卷,是以"修辞"标目的修辞学专著,仅从书名来看,即可表明作者对"修辞"的自觉认识。该书继宋人陈骙的《文则》的撰著宗旨,专门讨论诗、文创作修辞为内容。全书采用述而不作的方式,摘录宋人诗话、文话、笔记、说部、文集等文献中的精彩片断,依类编纂,并标明出处。虽然作者在书中并无直接论说,然而其见解却表现在对条目的选择及标目上,读者从中可以体会作者诗文创作、批评鉴赏的原则。四库馆臣称赞其书"所录虽多习见之语,而去取颇为精核……亦颇足以资考证,较《诗话总龟》之类浩博而伤猥杂者,实为胜之,固谈艺家之指南矣"②。历代学者大都极重视其价值,视其为中国传统修辞学重要之著。

---

① 按,《经史动静字音》附于《经史正音切韵指南》卷末,有明正德十一年(1516)刊本。1934年大连墨缘堂石印本《经史动静字音笺证》,商苣若笺证,为最好的整理本。
② (清)永瑢:《四库全书总目》卷一九六《修辞鉴衡》提要,第1791页。

宋代语言中的同义词聚合[①]

按照现代语言词汇学理论，如果两个或更多的词所指的概念在某些部分相同，其词义外延具有交叉之处，它们就是同义词。换言之，所谓同义词并不是说它们的词义完全相同，只是在词的部分意义上相同而已。

同义词的聚合，往往是语言历时发展而形成的。从共时的语言平面来看，同义词组成的系统，其理性意义是相同的，而在非理性意义上却表现出较大的差异。同义词聚合关系的存在极大地丰富了语言的表现力。

宋代语言中各种同义词聚合的数量非常多，分布也极广。这些同义词的聚合值得我们认真关注，仔细探讨，寻找出它们的规律，进而为研究宋代语言词汇奠定良好的基础。

在讨论同义词聚合的时候，我们首先应该注意同义词之间所具有的"同步引申"现象。所谓"同步引申"是一种词义历时演变的现象，是指某一个词的意义延伸发展的时候，常常要影响与它相关的一些同义词，使这些词也沿着与前者相类似的路线引申，于是这一组同义词之间产生了伴随性的词义演变。[②] 这种同步引申是我们考察同义词聚合关系演变的理论依据。其次，我们还要注意到，以这些单音节同义词作为构词语素，还可以构成大量新的复音词，这些复音词同时又可以构成新的同义词系列，使同义词家族得以不断扩大，并推动这种聚合关系的更新发展。

我们选择了几组同义词来进行讨论，试图从中寻找出它们之间的同义聚合关系。

[①] 本文原载《四川大学学报》（哲学社会科学版）2001年第1期。
[②] 参见许嘉璐《论"同步引申"说》，《中国语文》1987年第1期。

较、差

"较"在上古汉语中即已产生,其本义为"车箱"[1],至中古时代这一意义已经不复存在。"较"在上古时代的另一个意义是"比较",如《史记·田敬仲完世家》于"大车不较",司马贞《索隐》:"较者,校量也。"在宋代语言中把这一词义作为"较"的基本义。梅尧臣《吴冲卿示和韩持国诗一卷辄以为谢》:"畏怀但惊顾,得与前事较。"欧阳修《颜跖》:"生死得失间,较量谁重轻。"诗中"较"与"量"同义互文,表示比较、衡量。经过比较,两个或多个事物之间必然形成差别,"较"很自然地引申出"欠缺"的词义。《广韵·效韵》云:"较,不等。"这样一来,"较"就与"差"形成了同义词的聚合关系。试比较下面的两例:《春渚纪闻》卷三:"左右之违来,惜较旬日之迟也。"《河南程氏遗书》卷一五:"洛下闳作历,言数百年后当差一日,其差理必然。"前句的"较旬日之迟"与后句的"差一日"句式大致相当,"较"与"差"的同义关系也十分明显。"差"的用例不烦赘述,我们再举一些使用"较"的例子。《五灯会元》卷一五:"制犊鼻裤,书历代祖师名字,乃曰:'唯有文殊普贤较些子。'"又同书卷一七:"马祖下尊宿,一个个阿㴸㴸地,唯有归宗老较些子。"《虚堂和尚语录》:"三个担板汉,一个较些子。""较些子"犹言"差一些"。

对于患病者来说,病中、病愈后在体能体态上都有明显的差距,因此病愈也可以称为"差"[chai]。这一意义最早见于扬雄《方言》卷三:"差,愈也。南楚病愈者谓之差。"按扬雄的说法,它初始是一个方言词,发展到后来已经成了一个通语。《广韵·卦韵》释为"病除也"。在《广韵》同韵中还收有"瘥","瘥"是"差"的后起加形旁字。"差"的这一词义在宋代仍然留存着。范仲淹《与韩魏公书》:"儿子致疾由此也,近却肯服药,有差望耳。""差望"即"痊愈之望"。《妇人大全良方》卷三:"治伤寒阴痉,三日差,手足厥冷。""三日差"即病过三日痊愈。

---

[1] 按,《后汉书·舆服志上》"倚较",李贤注引《通俗文》曰:"车箱为较。"

由于"同步引申","较"在宋代也有"病愈"的意义。张相、蒋礼鸿先生均已辨明，我们下面转引一些用例。吕希哲《侍讲日记》："得官修庙亏夫子，病较斋僧语药王。"（《说郛》卷五一引）欧阳修《与梅圣俞书》："小儿子伤寒已较，因劳复发。"董解元《西厢记》卷五《中吕调·碧牡丹》："小诗便是得效药，读罢顿时痊较。""痊""较"同义连文，更显示出"较"的病愈义。①

"差"的词义虚化，可以演变为程度副词"比较"。在宋代文献中也可找到大量用例。《河南程氏遗书》卷一〇："此为鱼虾之类，但形状差异，如龙之状尔。""差异"即"略异"。《续资治通鉴长编》卷四四九引刘挚《日记》。"吕大防愕曰：'……然终须作待制，只是差早尔。'""差早"即"略早"。作为"差"的同义词的"较"在宋代时也引申出了"比较"的意义。《虚堂和尚语录》："是则是，只是举椎较重些子。"杨万里《樊系》诗："可惜一杯金屑酒，饮来只较早些子。"句中的"较"都是表示比较程度的副词。

发展到后来，在表示"比较"这一意义上，"较"逐渐取代了"差"；而在表示"差距"的意义上，"差"又占了上风，逐渐取代了"较"。这是词义发展精密化、节约化的结果。

知、委、悉

"知"从古至今都具有"知晓"的意义，自不待言。"委"具有"知晓"的意义，最早起于六朝时代，对此张永言先生阐释甚详。② 延至宋代，"委"的这一用法尚能在宋人作品中屡屡见到。《续资治通鉴长编》卷二六五引沈括《乙卯入国别录》："未委卿等昨离南朝日，有何意旨了绝？"黄庭坚《戏答王定国题门两绝句》："白鸥入群颇相委，不谓惊起来宾鸿。"任渊注："委，谓谙识也。"杨万里《寒食相将诸子游翟园得十诗》

---

① 参见张相《诗词曲语辞汇释》，中华书局1979年版，第243页；蒋礼鸿《敦煌变文字义通释》，上海古籍出版社1981年版，第168页。
② 参见张永言《词语琐记》，《语文学论集》（增订本），复旦大学出版社2015年版，第202页。

之六:"未委前头花好否,且令蜂蝶作前驱。"上述句中的"委"均为"知晓"义。"悉"自中古时代也有了"知晓"的意义。《后汉书·酷吏传》:"[周纡]密问守门人曰:'悉谁载藁入城者?'"李贤注:"悉犹知也。"作为"知晓"义的"悉"在宋代也不乏用例。《朱子语类》卷一一四:"前日知公书,备悉雅意。"又同书卷一三〇:"诸公议,恐事多易杂,……乃是为安潞公计耳,渠家不悉,反终以为怨。"上二例的"悉"均为知晓。由于"知""委""悉"具有同义的关系,由它们作为语素分别可以构成知委、知悉、委悉等复合词,在"知晓"的意义上,这些复合词仍然具有同义关系。欧阳修《论两制以上罢举转运使副省府推官等状》:"奉圣旨,去年敕命更不行用,令臣知委者。"范仲淹《与中舍书》:"请三哥指挥儿侄知委,保重,保重。"《大唐三藏取经诗话》卷中:"女王曰:'启和尚知悉,此国之中,全无五谷,只是东土佛寺人家及国内设斋之时出生。'"《碧岩录》卷一:"且道凭个什么道理,还委悉么?"《古尊宿语录》卷一〇:"今日钉桃符,摧邪道自如。谁人相委悉,除是碧眼胡。"

在这一组同义词中,"知"始终是一个强式,发展到后来,"委""悉"除了作为构词语素还保留有"知晓"的意义外,它们已经不再单独使用,而在现代汉语中,"知"仍然是一个较为活跃的词。

骗、脱、赚

"骗"的本义为翻身上马,《一切经音义》卷七引《字略》:"骗,谓跃上马也。"《广韵·线韵》亦云:骗,跃上马,匹战切。[1] "骗"在唐代时产生了"欺骗"的意义,而这一词义一直延续至今。[2] "脱"在宋代时也有"骗取"义。叶绍翁《四朝闻见录》甲集记载:有一人持杨存中字券

---

[1] "骗"的这一意义现在还保存在一些方言词语中,如"骗腿儿""骗马",见《现代汉语词典》(2016年)"骗"字条。
[2] "骗"由"上马"变化为"欺骗",词义之间并无联系,应是词义的转移。朱居易先生《元剧方言俗语例释》(商务印书馆1956年版)解作:"本意系谓善骑者使人不知,有如受骗然。此盖引申之义。"(第331页)朱先生用"骗"的"欺骗"义去解释"上马"义,显然不确。

向司帑索取钱财，司帑曰："尔何人，乃敢作我王赝押来脱我钱。""脱我钱"即骗我钱。《朱子语类》卷一〇一："[蔡]京曰：'不然，觉得目前尽是面谀脱取官职去底人。'""脱取官职"亦即骗取官职。"赚"在《广雅》中释义为"卖"，或为"一曰市物失实"（《集韵·陷韵》引）。从"市物失实"一义也可以引申出"欺骗"的意义。同门学兄董志翘先生说"赚"有"误"义，举《五灯会元》卷七玄沙师备禅师："更有一般说昭昭灵灵，灵台智性，能见能闻，向五蕴身田里作主宰，恁么为善知识，大赚人。""赚人"释为"误人"，亦即"骗人"。[①] 类似的用例还有黄庭坚《归田乐令》："两情各自肯，甚忙咱。意思里，莫是赚人吵。"句中的"赚人"即骗人。由于这三个词都具有"欺骗"的意义，具有同义聚合关系，于是也可以构成双音节复合词，如骗脱、脱赚、赚脱，仍然具有"欺骗"义。周密《癸辛杂识》后集"赵孟桂"条："盖奸人乘危，造为此说，骗脱朝廷金帛耳。"《挥麈后录》卷三引方轸《劾蔡京疏》："又况数年间行盐钞法，朝行夕改，昔是今非，以此脱赚客旅财物。"《夷坚志》三志壬卷一〇："尔乃无身之鬼，脱赚力人何一往来五千里，不得见妻儿。"《朱子语类》卷一三三："如王公明炎虞斌父之徒，百方劝用兵，孝宗尽被他说动，其实无能，用著辄败，只志在脱赚富贵而已。"赵彦卫《云麓漫抄》卷九："太宗开国之文君，不应赚脱一僧，而取玩好。"上述句中的"骗脱""脱赚""赚脱"均为骗取。

能、解

"解"的本义是"解剖"，见《说文解字》卷四下刀部。自唐代以来"解"引申出了"能够"的意义，如李白《月下独酌》："月既不解饮，影徒随我身。"这一意义在宋代承袭了下来。欧阳修《渔家傲》："花不能言惟解笑。"苏轼《浣溪沙》："雅称佳名呼懿懿，解舞能讴。"句中"能"与"解"连文互用。黄庭坚《寄贺方回》："解作江南断肠句，只今唯有贺方回。"《朱子语类》卷一八："吃酒解醉，吃饭解饱，毒药解杀人。"

---

① 参见董志翘《五灯会元语词考释》，《中国语文》1990年第1期。

上述句中的"解"都是"能够"义。"能"与"解"在"能够"的意义上构成了同义聚合关系，进而组合为复音词"能解"，表示能耐、本领之义，这也是在原有意义上的延伸。陆游《南堂杂兴》诗："如今百事无能解，只拟清秋上钓槎。""百事无能解"即凡百事无能耐。《朱子语类》卷九四："即是伊尹在莘郊时，全无些能解，及至伐夏救民，逐旋叫唤起来。"又卷九七："如猕猴形与人略似，则便有能解"。又"尽被这些子能解，担阁了一生，便无暇子细理会义理"。"无能解""有能解"即无能耐、有能耐。[①]

趁、赶、寻

《说文解字》收有"趁"字，卷二上走部云："趁，超也。"段玉裁认为"趁"释作"赶逐"，非"古义古音也"，似乎是起于唐宋时代的新义。在唐五代人诗词中"趁"已见大量运用。唐柳宗元《柳州峒氓》诗："青箬裹盐归峒客，绿荷包饭趁墟人。"韦庄《途次逢李氏兄弟感旧》诗："巡街趁蝶衣裳破，上屋探雏手脚轻。""趁墟"即今天所说的赶集，"趁蝶"即追扑蝴蝶。这一意义在宋代沿用了下来。宋僧惠洪《过陵水县补东坡遗》诗："过厅客聚观灯网，趁市人归旋唤舟。"章质夫《水龙吟》："闲趁游丝，静临深院，日长门闭。""赶"是一个后起字，《说文解字》卷二上走部亦收录："赶，举尾走。"段玉裁云："此后人所增，非许书本有也。"其义指鸟雀高翘尾羽奔跑。后来引申出追逐的意义。王观《卜算子》："才始送春归，又送春归去。若到江南赶上春，千万和春住。"由于"趁""赶"都具有追逐的意义，这两个单音节词可以组成复合词"赶趁"。"赶趁"一词在宋人作品中习见。欧阳修《论沂州军贼王伦事宜札子》："窃见朝廷虽差使臣领兵追捕，而凶贼已遍劫江淮，深虑赶趁不及，徒党渐多。"《朱子语类》卷二："今之造历者无定法，只是赶趁天之行度以求合，或过则损，不及则益，所以多差。"洪迈《夷坚志》支庚卷六："家众既往，我独避雨，赶趁不及。"上述引例中的"赶趁"都可释为

[①] 张相：《诗词曲语辞汇释》卷一"能解"条，第119页。

追逐。

"趁"的词义进一步引申,又有"寻求"的意义。苏舜钦《重过句章郡》诗:"窥鱼翠碧忘形坐,趁伴蜻蜓照影飞。"范纯仁《鹧鸪天》:"公方结客寻佳境,我亦忘形趁酒杯。""趁伴"即寻伴,"趁酒杯"即寻找酒杯。在这一意义上"趁"与"寻"又为同义聚合关系,又可以组合为复音词"寻趁"。《太平广记》卷一二五"崔无隐"条云:"可五更,主觉失女,寻趁至古井,以火照,乃尸与某存焉,执某以闻于县。"杜安世《玉阑干》:"几回独睡不思量,还悠悠,梦里寻趁。""寻趁"即寻找。"赶"没有引申出"寻觅"的词义,也就未能与"寻"组合。

过、度

"过""度"在上古汉语即为同义词,《说文解字》卷二下:"过,度也。"《广雅·释诂》:"渡,过也。"说明"过、度"二字同义,其本义为空间的跨越。在唐宋时代,"过"孳生出了"给予"的词义[1],在宋人作品中屡见。陈师道《临江仙》:"过与后房歌舞手,轻盈喜色生颜。"又《卜算子·送梅花与赵使君》:"还把最繁枝,过与偏怜底。"吕渭老《点绛唇》:"过愁传怨,只许灯光见。"所谓"过与"即"送与","过愁"即"送愁",与下面的"传怨"互文。欧阳修《乞再定夺减放应役人数状》:"近累据减放公人等过状,却乞收叙。"蒋礼鸿先生释云:"过状就是送进文状。"[2] 由于"过"与"度"同义,按照"同步引申"的规律,"度"也引申出了"给予"的意义。在宋人文献中用例甚多。欧阳修《蝶恋花》:"桃杏依稀香暗度。"倪称《临江仙》:"坐到夜深明月出,好风时度幽香。"句中的"香暗度"或"度幽香"都是"传送香气"。《铁围山丛谈》卷六:"有于窗隙间呼'货药'一声,人识其意,亟投以千钱,乃从窗隙间度药一粒。""度药"即"送药"。《五灯会元》卷一八:"(吴居厚)公曰:'八次经过,常存此念,然未甚脱洒在。'(通)曼度扇与之。"

---

[1] 唐代用例从略,参见蒋礼鸿《敦煌变文字义通释》,第144页。
[2] 蒋礼鸿:《敦煌变文字义通释》,第146页。

《碧岩录》卷一："（龙）潭遂点纸烛度与山，山方接，潭便吹灭。"《刘知远诸宫调》一"柳青娘尾"："三娘遂取头上金钗，分其一股，等得潜龙醒来，两手度与。"上述句中的"度与"都是"送与"。

端、的、委

"端"收在《说文解字》卷十下立部："端，直也。""的"在《说文解字》卷七上日部："的，明也。"段玉裁注引《诗经》释"的"有"箭靶"义。箭靶作为射箭的标的，具有"确切"义。"委"在《说文解字》十二下女部："委，随也。"

在宋代，它们都具有"真实、确切"的意义，在这一意义上是一组同义词。葛胜仲《临江仙》："郊外黄埃端可厌，归来移病香闺。"蔡伸《满庭芳》："好是卢郎未老，佳期在，端有相逢。"杨万里《和王才臣再病》："端能暮出否，溪水减南涯。""端可厌"即确实可厌，"端有相逢"即"确实有相逢之日"，"端能"即真能。以上为"端"的用例。柳永《安公子》："虽后约的有于飞愿，奈片时难过，怎得如今便见。"贺铸《点绛唇》："掩妆无语，的是销凝处。"刘克庄《罗湖》诗："不知的在山中否，万一归来说内篇。"以上为"的"的用例。吕陶《奏为官场买茶亏损园户致有词诉喧闹状》："以此须至低估价例收买，每斤委只及一半价钱。"《朱子语类》卷一〇六："平居须是修陂塘始得，到得旱了赈济，委无良策。"以上为"委"的用例。由于它们具有同义关系，于是按并列方式构成复音词"端的""委的"，仍然有"确切、真实"义。如，晏殊《凤衔杯》："端的自家心下，眼中人，到处觉尖新。"黄庭坚《下水船》"回祝尧龄万万，端的君恩难负。"陆游《醉蟹》诗："醉死糟邱终不悔，看来端的是无肠。"上述例句中的"端的"均表示"确实"，在句中作状语。又，柳永《征部乐》："凭谁去，花衢觅，细说此中端的。"《朱子语类》卷五五："既无人记得，又无载籍可考，所以难见得端的。"上述例句的"端的"具有"实情"义，在句中作宾语。周邦彦《归去难》："如今信我，委的论长远。好来可无怨。"司马光《乞罢提举官札子》："若转运司委的窘乏，须至兑那常平仓钱物者，必须具数先奏朝廷。""委的"均表示确实。

鬭、合、凑

"鬭"与"凑"都具有"聚合、拼凑"的意义。"鬭"的"聚合"意义见于《说文解字》，卷三下云"鬭，遇也"，众人相遇即有聚合之义。"凑"在《说文解字》卷一一上释作"水上人所会也"，段玉裁云"引申为凡聚集之称"。可见在上古汉语中它们就是一组同义词。在宋代语言中，作为"聚合、拼凑"意义的"鬭""凑""合"在诗文中不乏用例，我们仅举"鬭"的几个用例于下。晏殊《渔家傲》："荷叶荷花相间鬭，红娇绿掩新妆就。"杜安世《合欢带》："楼台高下玲珑，鬭芳草。"郑獬《竹》诗："几多碧玉凤凰尾，鬭向秋烟不肯飞。"《河南程氏遗书》卷一〇："正叔辨周都，言：谷、洛鬭，毁王宫。今谷、洛相合处在七里店南。"按："相间鬭"，指荷叶荷花相参差拼合；"鬭芳草"，指楼台掩于芳草之中，犹如合为一体；"鬭向秋烟"指烟云聚集于竹梢头；"谷、洛鬭"指谷水、洛河相汇合，下文正言二水合流。① 这三个词可以按并列的方式两两组合成双音词"鬭凑""鬭合""凑合""合凑"，我们统计了《朱子语类》中的这类复合词，发现它们的使用频率很不相同：鬭凑，3例；鬭合，1例；凑合，28例；合凑，3例。其中"凑合"的次数最多，因此能延续使用到现代语言中。"鬭凑"的用例如卷八〇："永嘉之学，只是要立新巧之说，少间指摘东西，鬭凑零碎，便立说去。"卷一〇七："或有一件事，头在第一年，末梢又在第二三年，史官只认分年去做，及至把来，全鬭凑不著。""鬭合"的用例如卷一八："盖当时一问一对，只说得一件话，而今却鬭合平日对问讲论作一处，所以分明好看。""合凑"的用例如卷一〇三："行得去，便是通；会，便是四边合凑来处。""凑合"的用例如卷一一四："若是心在上面底人，说得来话自别，自相凑合。"我们再举几个其他宋人作品中的用例。秦观《河传》："乱花飞絮，又望空鬭合，离人愁苦。"辛弃疾《鹊桥仙》："三分兰菊十分梅，鬭合一枝风月。"《石林诗话》卷上："诗之用事，不可牵强，必至于不得不用而后用之，则事词为

---

① 参见张相《诗词曲语辞汇释》卷二"鬭"字条，第221页。

一，莫见其安排鬪凑之迹。"真德秀《西山读书记》卷五："许多嘉美，一时鬪凑到此，故谓之嘉会。"又卷三："道心也只是一个知觉，本来完具，非二物旋合凑而来也。"

停、塌（榻）

"停"的本义为停止，这一意义从古至今一直在使用。从"停止"的意义可以引申出居留，于是再引申出了贮积的意义，词义引申发展的线索还是非常明晰的。"停"的贮积意义，在宋代文献中习见。《石林燕语》卷五一："陈希夷将终，密封一缄付其弟子，使候其死上之。既死……真宗发视，无他言，但有'慎火停水'四字而已。""停水"即蓄水。《夷坚志》支癸卷五："才鞫问，即承伏，云：'初用渠钱五百千，为作屋停货，今积布至数千匹。'""停货"亦即贮积货物。《妇人大全良方》卷二："若水停心下，微吐逆，加木猪苓、防己各三分同煎。""水停心下"是指病人患水肿，体内有水积聚，心下烦闷不开的症状。"停"的积聚义在宋代是其常用义，除了独用的例子以外，还有"停积""停留""停蓄""停食""停饮"等诸多词语形式。

"塌"的本义为坍塌，见《广雅·释诂》"塌，堕也"，《集韵》解释相同。在宋代有一种仓舍叫"塌房"，《梦粱录》卷一九"塌房"条记载："自梅家桥至白洋湖、方家桥，直到法物库市舶前，有慈元殿及富豪内侍诸司等人家于水次起造塌房数十所，为屋数千间，专以假赁与市郭间铺席宅舍及客旅寄藏物货并动具等物。"《都城纪事·坊院》所载与《梦粱录》大致相同，只是"塌房"记作了"塌坊"。从书中所述的情形，可知"塌房"类似于现代的货栈，其功用为堆积货物。"塌"何以会有"贮积"的意义呢？我们认为"塌"应该是"塔"的通假字。《集韵·合韵》下云："塔，达合切"，为定母合韵，释义为"累土也"，即堆积、贮存。"塌"在《集韵》为托盍切，透母盍韵。二字声、韵俱近，具有相通假的条件，因此宋人舍弃本字"塔"而使用了"塌"。①

---

① 在《集韵·合韵》下，我们还可以找到与"塔"有关的同源词，都表示重叠、积聚的意义："嗒"，言语重复；"溚"，水漫溢；"蹹"，足趾重叠；"碴"，重复舂米谷；"嶜"，山重叠。

宋人从"塌"具有积聚义的这一观念出发，视"停""塌"为同义词，于是进而又有了复合词"停塌"，仍然表示"贮积"义。《燕翼贻谋录》卷五："［僧道度牒］大观四年岁卖三万余纸，新旧积压，民间折价至九十千，朝廷病其滥，住卖三年，仍追在京民间者毁抹。诸路民间闻之，一时争折价急售，至二十千一纸，而商家停塌，渐增至百余贯。……南渡以后，再立新法，度牒自六十千增至百千。……然朝廷谨重爱惜，不轻出卖，往往持钱入行都，多方经营，而后得之。后又著为停塌之令，许客人增百千兴贩。""停塌令"指允许个人贮积度牒的法令，"商家停塌"指商家趁价低收购贮积度牒。"停塌"一语至元代仍见使用。刘时中《端正好·上高监司》套曲："殷实户欺心不良，停塌户瞒天不当。"所谓"停塌户"即灾荒之年的囤积居奇之家。①

---

① 参见王锳《唐宋笔记语辞汇释》"停""停塌"条，中华书局1990年版，第150页。

宋代语言中的俗词语研究[①]

俗语词与所谓的"雅言"相对。中国古代言、文分离可以追溯到先秦时代。上古汉语中俗语与雅言的分歧已经肇端,越往后这种差别就越明显。中古、近代以来,俗语与雅言分道扬镳,俗语词进一步口语化,而雅言却还固守着原来的阵地。

宋代语言中的俗语词汇与雅言的差别已经很大了。我们今天看到的大多数宋人文集,主要包括散文、诗一类的作品,还是那种仿古文字,与当时的语言现实存在很大的差别。宋代的俗语词汇,不受文人重视,因此在现存的宋人文集中很难找到那种集中反映宋代俗语的内容,顶多出于猎奇,在一些作品中零零散散地记载了部分当时通行的俗词语,像赵叔向《肯綮录》那样用专门的篇幅描述俚俗词语的笔记[②],寥寥无几。我们研究宋代俗语词汇,只能借助于宋人词曲、话本、笔记、语录、佛学灯录等通俗性文献,这些文献相对于宋人文集来说,其中收录的宋代俗语词更多一些。以下是我们从宋人的一些作品中收集到的俗语词,草成此文,以就正于方家。

争

欠缺,相差。《广韵·耕韵》收有"争"字,释义为"竞也,引也",

[①] 本文原载四川大学汉语史研究所编《汉语史研究集刊》第3辑,巴蜀书社2000年版。

[②] 按,宋人赵叔向《肯綮录》1卷,载有"俚俗字义"一节,记载其从《唐韵》《切韵》等书中摘录的俗词语近百条,是集中记载俗语词汇的一种宋代笔记。今存清鲍廷博校清钞本、《丛书集成初编》本。

《集韵》解释相同,均不收"欠缺"之义。而在宋人的一些作品中"争"作"欠缺、相差"的用例颇多,前辈学者对此已有讨论。如张相《诗词曲语辞汇释》卷二"争"字条论述颇详①,以下所引例一至例三即转引自该书:

(1) 三月露桃芳意早,细看花枝,人面争多少。(晏几道《蝶恋花》)
(2) 与月隔一篝,去天争半篷。(杨万里《舟中夜坐》)
(3) 笑鲈鱼虽好,风味争些。(方岳《满庭芳》)
(4) 性灵比鹤争多少,气力登山较几分。(曹松《拜访陆处士》)
(5) 比我只争些年纪,如今恰是一十三岁。(《刘知远诸宫调》第十一《仙吕调·绣带儿》)

"争多少"即差多少,"争些"即差一些,表示程度的欠缺;"争半篷"即差半篷,表示数量的欠缺。例4"争"与"较"互文,均有"差"义。

宋人语录、笔记中,"争"作欠缺的用例也为数不少,以下补充数例:

(6) 故中国节气与印度递争半月,中国以二十九日为小尽,印度以十四日为小尽。(《懒真子》卷二)
(7) 且如今日,日与月星都在这度上,明日旋一转,天却过了一度;日迟些,便欠了一度;月又迟些,又欠了十三度。如岁星须一转争了三十度。(《朱子语类》卷二)
(8) 虽米市中搬运混杂,皆无争差,故铺家不劳余力而米径自到铺矣。(《梦粱录》卷一六)

例7"争"与"欠"互文,例8"争"与"差"为同义连文,更显示出它具有的"差"义。

"争"的"欠缺"意义,来源于其本义"竞、引",有竞争必然有胜负,负方相对于胜方来说就有了差距,"欠缺"一义由此而生。在现代四

---

① 参见张相《诗词曲语词汇释》,第246页。

川方言中，“争”还保留着这一“欠缺”意义。

搌

擦拭，或用干燥织物将倾倒的液体吸去。《广雅·释训》有“搌，极也”。《玉篇》释为“丑长貌”。王念孙《广雅疏证》卷六上释为“伸极”，揣摩其义大致与现代的“伸展”相当。又，《广韵·狝韵》收有“搌”字，有知演切、丑善切二音，释为“束缚”。《集韵》中两收，于狝韵下作知辇切，释义为“展极”“缚束”；又于线韵下作陟扇切，释义为“卷也，拭也”，有了“拭”的意义。从“搌”的词义演变来看，《广韵》从《广雅》中孳生出“束缚”的意义，而《集韵》则从《广韵》更孳生出了“拭”的意义。我们可以由此推测，“搌”的“擦拭”意义大概是唐宋时代才产生的。在宋代文献中用例不广：

(1) 用文武火煎桐油清……渐次去火，搅令冷，合金漆用。如施之于彩画之上者，以乱丝揩搌用之。(李诫《营造法式》卷一四《彩画作制度》)

(2) [桃红散] 右研匀细，每用少许，以绵撚子搌耳中脓尽，掺药入耳内。(宋佚名《小儿卫生总微论方》卷一八)

例（1）叙述熬制油漆方法，如有剩余之物则用乱丝揩擦除去。例（2）记载一道治疗耳中有脓的医方，用棉捻子除脓，然后上药。

“搌”这一词在宋代以后，仍然保存在南方的一些方言区域内。明代龚廷贤编著的《万病回春》书中屡屡使用“搌”，字形省作了“展”。龚廷贤是江西人，该书记载其行医多年的验方。如卷八“洗疳汤”：“煎水倾入盆内，用青布展洗疮上，立效。”又“癣疮”：“用蒜瓣煮水，洗浴展干。”文中的“展”都表示揩擦。现代四川方言中还保留着“搌”这一词语。

嚲

下垂。《广韵·哿韵》："嚲，垂下貌。"字又写作"軃"①。这一意义在宋人作品中屡见：

(1) 笑捻红梅嚲翠翘，扬州十里最妖娆。（苏轼《鹧鸪天》）
(2) 簌簌无风花自嚲。（又《蝶恋花》）

例（1）中的"翠翘"是一种妇女头饰，笑捻梅花，头饰下垂，描绘青年女子娴静的神态。例（2）写花枝下垂的样子。

"嚲"又有"伸长、放松"的意义，当为"下垂"义的引申：

(3) 寻花径，空恁嚲辔垂鞭。（柳永《透碧霄》）

"嚲辔"即放松马笼头，与下面的"垂鞭"一起表示驱马缓缓行走。从语源上看，"嚲"与"堕、拖、拕、袉"是一组同源词。②"嚲"与"堕、拖、拕、袉"在上古均为定母歌部字。在中古语音中略有分化："嚲"在《广韵》中音丁可切，为端母哿韵；"堕"音徒果切，定母果韵；"拖、拕、袉"音待可切，为定母哿韵。全浊声母清化以后，它们的声母读音相同。韵母哿、果（歌、戈的上声）也相通。从词义上看，"堕"为飘落，即具有"下垂"义。"拖、拕、袉"都有"牵引、延长"义，《说文解字》："拕，曳也。"《广雅·释诂》作"拕，引也"。"袉"为"衣裾"，《论语·乡党》："朝服袉绅。"某一物体延长后，作为延长的部分相对于原有的位置而言，即接续在后或低垂于下，如衣裾即衣服之下部，故可引申为下垂，正与"嚲"相吻合。

---

① 《辞源》（商务印书馆1979年版）口部收有"嚲"字，释作"下垂貌"，音 duǒ，引唐岑参《送郭乂》杂言诗"朝歌城边柳嚲地，邯郸道上花扑人"为书证（第555页）；同书身部又有"軃"，注云"同嚲"（第3012页）。

② 参见王力《同源字典》，商务印书馆1982年版，第436、535页。

拚

　　《说文解字》卷一二上手部收有"拚"字,释义为"拊手"。《广韵·线韵》音皮变切,释义为"击手",沿《说文解字》之释;又在问韵收录"拚",音方问切,释义为"扫除",是"坌"的别体。宋代语言中"拚"有舍弃、顾不得的意义,这一意义大概是从"扫除"引申而来的,在宋人作品中屡见用例。

　　(1) 才听便拚衣袖湿,欲歌先倚黛眉长。(晏几道《浣溪沙》)
　　(2) 亭皋分襟地,难拚处,偏是掩面牵衣。(周邦彦《风流子》)

例(1)是说听歌女歌唱,刚起头就已忘情,顾不得衣袖被泪水沾湿。例(2)"难拚处"即"难割舍处"。

　　由于"拚"具有"舍弃"的词义,故而又可以与一些意义相关联的单音词,如"舍、弃、却"组合成各类复音词,依然表示舍弃、顾不得的意义:

　　(3) 多情自是多沾惹,难拚舍,又是寒食也。(李清照《怨王孙》)
　　(4) 多少恨,多少泪,谩迟留。何似蓦然拚舍,去来休。(蔡伸《西楼子》)
　　(5) 行路春光已拚弃,任凭风雨作轻寒。(华镇《方城道中值雨》)
　　(6) 行当滥死,而君相误知,犹未忍拚弃,覆护而保全之,使待尽山林。(刘宰《回嘉兴何知府》)
　　(7) 拚却一襟怀远泪,倚阑看。(晏殊《愁倚阑令》)
　　(8) 携家趁食奔四方,拚却饿死官路旁。(李若水《农夫叹》)
　　(9) [苏]轼拊子厚(章惇)之背曰:"子厚异日得志,必能杀人。"子厚曰:"何也?"轼曰:"能自拚命者能杀人也。"(《名贤氏族

言行类稿》卷二六)

"拚舍""拚弃"为并列式复合词,"拚却"是"拚十后缀"的复合词,"拚命"则为述宾式复合词,至今还在使用。

挨

"挨"见于《说文解字》卷一二上手部,释义为"击背"。到唐宋时代,《广韵》收入骇韵,《集韵》分别收入皆韵、骇韵,其义项除了"击背"以外,还增加了"击打"的意义。但在唐宋时代"挨"可以表示"靠近",却是上述韵书所未收。王楙《野客丛书》卷一六"驳娑承明"条记载:"今俗谓相抵曰挨,正书此字,而乐天诗'坐依桃叶妓','日醉依香枕','坐依'音乌皆反,正'挨'字。"按:"依"在《广韵》《集韵》中均无"乌皆反"的读音,而白居易自注"依音乌皆反",王楙云"正挨字",都透露出"挨"是唐宋时代的俗语词的信息,词义有所引申演变,从"击打"衍生出"靠近"。下面是"挨"表示"靠近"意义的用例:

(1) 石挨苦竹旁抽笋,雨打戎葵卧放花。(王禹偁《新秋即事》)
(2) 自古无人穷至北海,想北海只挨着天壳边过。(《朱子语类》卷二)
(3) 如其说,则大吕以下亦不可对徽,须挨近第九徽里按之。(《朱子语类》卷九二)

以上的"挨"都作靠近解。尤其是例(3)的"挨近"更明确地显示了这一意义。用"挨"作为语素,还可以组成一些复合词,如"挨排""挨搪""挨闹"之类:

(4) 津津谁染鹅黄柳,想可挨排醉绿阴。(董嗣杲《欲脱榷司东归》)

(5) 其前列荷校囚数人，大书犯由云："某人为不合抢扑钗环，挨搪妇女。"(《武林旧事》卷二"元夕")

(6) 百尺采楼高，十里人挨闹。(《张协状元》第二七出)

例（4）的"挨排"是指柳树密密排列；例（5）叙述元夕夜京师放灯，一些不良之徒趁机挨挤调戏妇女，"挨搪"相当于"挨挤"；例（6）叙述京城人观看状元游街之盛况，"挨闹"即拥挤热闹。

村

粗俗、鄙陋，用以形容人之气质风度。这一词语源于宋代城、乡间的差别。宋代城市发展已有相当规模，相应的城乡之间的差别扩大，当时城市中人自称为都人，对乡间人或乡下生活习俗持鄙视态度，故称为"村"。程大昌《续演繁露》卷四说："今之村即古之鄙野也。凡地在国中邑中，则名之为都。都，美也，言其人物衣制皆雅丽也。……故古语谓美好为都，粗鄙为村，本此为义也。……故世之鄙陋者，人因以村名之。"下面二例是张相《诗词曲语辞例释》所举的例子[①]：

(1) 我居固已陋，尔鸣良亦村。(唐庚《圆蛤》)

(2) 贾岛形模元自瘦，杜陵言语不妨村。谁爱学西昆？(戴复古《望江南》)

上述例中的"村"都表示粗俗、不雅驯。

在宋代，粗俗之人称为"村人"，举止粗野叫作"村气"。

(3) 所谓君子者，岂是敛手束脚底村人。(《朱子语类》卷三五)

(4) 叠假山，得保义。幞头上带着百般村气，做模样，偏得人憎，又识甚条制。(龚明之《中吴纪闻》卷六)

[①] 张相：《诗词曲语辞例释》卷五，第722页。

乡间学校称为"村学堂",乡间学者也被称为"村夫子""村学究",往往带有讥讽的意味。

(5) [石]曼卿《红梅》诗云:"认桃无绿叶,辨杏有青枝。"坡公以为村学堂中语。(刘克庄《后村诗话》续集卷一)
(6) 杨大年不喜杜工部诗,谓为村夫子。(刘邠《刘贡父诗话》卷四)
(7) 步行田间,有村学究教二三小儿,间与之语,言皆无伦次。(《道山清话》)

脱空

言语虚妄不实。又作"捎空""稍空"。

(1) 粘罕云:"你说得也煞好,只是你南家说话多生捎空。"小注云:谓虚诳为捎空。(《三朝北盟会编》卷二引《茅斋自叙》)
(2) 国相曰:"公们不去劝谏贵朝皇帝,教早割与他三镇土地人民,便是好公事,却来这里弄唇舌,想捎空,恐使不得。"小注云:捎空,谓脱空。(《三朝北盟会编》卷五五引《靖康大金山西军前和议录》)
(3) 在某一时脱空漫语,以苟顾盼之宠则可。第恐他日不能上副所期,或致误事。(吴儆《上张南轩书》)
(4) 斩娘脱空汉不寻常,□□交人独守空房。(《刘知远诸宫调》第十一"高平调·贺新郎")
(5) 诸酋曰:"枢密不稍空,我亦不稍空。"如中国人称脱空,遂解兵北去。(《宋史》卷三七一《宇文虚忠传》)

上述例句大多用以记载当时口语,以至于连《宋史》也据此写进正文中。例(4)的"斩娘脱空汉"是李氏三娘斥骂刘知远之语,类似于"可杀的说话不算话的家伙"。以上用例大多出于南宋时文献,估计在当时颇为通行。我们统计过《朱子语类》一书①，全书使用"脱空"的用例就有15处，略举二例：

  （6）不是方其致知，则脱空妄语，猖狂妄行，及到诚意方始旋收拾也。（卷一五）
  （7）如人说十句话，九句实，一句脱空，那九句实底被这一句脱空底都坏了。（卷一六）

"脱空"为什么会具有言语虚妄的意义，王学奇先生认为是源于唐代寺院所塑的佛像"有外壳而中空"②。这一推测应该说是正确的。五代陶谷《清异录》记载丧事所用偶像："长安人物繁，习俗侈，丧葬陈拽寓象，其表以绫销金银者曰大脱空，褚外而设色者曰小脱空。"《旧唐书·代宗纪》亦云："太仆寺佛堂有小脱空金刚。"唐末五代时，塑像称为"脱空"，而寺宇的塑像，外饰金身或涂以颜料，外表金碧灿烂，而内中却是空腹泥胎，与言语华而不实者相仿。"脱空"引申为虚伪妄言，其词义取象应该是指外表堂皇，而内中却无有其实。

生怕

  唯恐，只怕。它是单音词"怕"加上词缀"生"而成。在宋代，"生"是一个能产的词缀，但是它经常用作后缀，组成如"怎生，好生，可怜生"一类的词语，用在单音词前的很少。按照日本汉学家香坂顺一的说法就是，"生"的构词能力有很大的限制性，只能与表达心理的动词组合，而且是表达不好的心情的动词组合，组成"生怯、生愁、生怕"的形式。③

---

 ① 参见（宋）黎靖德编《朱子语类》，王星贤点校，中华书局1986年版。
 ② 王学奇:《评王季恩先生〈西厢记〉注释》，《语文研究》1983年第1期。
 ③ 参见［日］香坂顺一《白话语汇研究》"生怕"条，江蓝生、白维国译，中华书局1997年版，第182页。

（1）吾母病肺生怯寒，晚风鸣屋正无端。（杨万里《负丞零陵更尽而代者未至家君携老幼先归追送出城正值泥雨万感骤集》）

（2）天公要饱诗人眼，生愁秋山太枯淡。（杨万里《夜宿东渚放歌三首》）

上述二例引自香坂顺一原文。"生怯"即"怯"，"生愁"即"愁"。"生"作为词缀的作用非常明显。

（3）生怕促归轮，微波先注人。（谢绛《菩萨蛮》）
（4）生怕见，花开花落，朝来塞雁先还。（辛弃疾《汉宫春》）
（5）生怕客谈榆塞事，且教儿诵《花间集》。（刘克庄《满江红》）
（6）才做，便要忘了，生怕有意见。（《朱子语类》卷一二四）
（7）花憔月悴罗衣褪，生怕旁人问。（董解元《西厢记》卷一）

到后来，"生怯""生愁"都没有保留下来，而"生怕"一词却沿用至现代。

撇脱

办事干净利落，爽快。这是宋代的一个俗语词，又写作"瞥脱"。

（1）要之，持敬颇似费力，不如无欲撇脱。（《朱子语类》卷九四）

（2）观渠如此说话，返不如三家村里省事汉，却无如许多粪壤，死也死得瞥脱。（大慧普觉禅师《答吕郎中书》）

从"撇脱"的构词方式来看，它应是一个并列式合成词，其词义应当与舍弃、脱开有关。至于"撇"写作"瞥"，当为同音借用，二字均为滂母屑韵。"撇脱"一词在宋代运用已不广泛，在现代汉语中仅仅作为方言词语留存下来，如成都、重庆等地方言至今仍使用这一词语，其词义大致不变。①

张三、李四

宋代俗词语，不确定所指称对象，随意泛指某某，相当于某甲、某乙。现代口语中仍沿用这一说法。

（1）莫嫌张三恶，莫爱李四好。既往念即晚，未来思又早。（王安石《拟寒山拾得十首》）

（2）张三也识我，李四也识我，识我不识我，两个拳头那个大？（《五灯会元》卷八"酒仙遇贤禅师"条）

（3）有张三，有李四，李四不可为张三，张三不可为李四。（《朱子语类》卷六）

（4）如说张三打李四，李四打张三，未尝断他罪，某人杖六十，某人杖八十。（《朱子语类》卷八三）

九百

痴呆，精力不济。用数字表现事物的性质特征，体现出汉语的生动活泼。现代汉语口语中讥讽某人傻里傻气、说话做事无遮拦，称其为"二百五"（见《现代汉语词典》该条）。

宋代人何以称痴呆为"九百"？陈师道《后山诗话》云："世以痴为九百，谓其精神不足也。"《萍洲可谈》卷三进一步申说："俗谓神气不足者为九百，岂一千为足数耶？"据此解释，"九百"一词的语源义出于宋代的钱币制度，以一千为足数，"九百"自然为"不足一千"，由此而引申出智力不足、精神不济的意义来。

---

① 参见袁家骅《汉语方言概要》，文字改革出版社1960年版，第44页。

（1）都忘了当时偁俙，便掂撮、九百身心，依前待有。（周邦彦《大有》）

"九百身心"指身体精神都已疲敝。

（2）跳过世界三千，特特地，人间九百。（沈瀛《柳梢青》）

这是词人自述逃避人世，在人世间假装痴呆。

痴呆者与癫狂者行事相仿，往往举止轻躁，与正常人迥然有异，因此"九百"又有"癫狂"义。这一用法在金董解元《西厢记》中例子较多，"九百"又写作"九伯"，如：

（3）立挣了法堂，九伯了法宝，软瘫了智广。（卷一《雪里梅》）
（4）旧时敦厚性都改，抖擞风狂，摆弄九伯。（卷一《大石调》）
（5）那红娘言："休怪我曾见风魔九伯，不曾见这般个神狗干郎在。"（卷五《仙吕调·尾》）
（6）镜儿里不住照，把须鬓掠了重掠，口儿里不住只管吃地忽哨，九伯了多时。（卷五《中吕调·碧牡丹》）

这几段文字中的"九伯"都可解释为癫狂。例（3）描述众和尚在法堂上见了崔莺莺，惊叹莺莺的美貌而表现得疯癫如狂；例（4）描写张生见到莺莺，也一改过去敦厚稳重之性，举止失常，"摆弄九伯"与上文"抖擞风狂"相近；例（5）"风魔"与"九伯"同义连文；例（6）写莺莺同意与张生约会，张生欣喜欲狂的神态。

宋代公牍用语例释[①]

公牍即官府文书，主要包括皇帝诏敕、官府文告、官吏奏疏章表等。宋代公牍留存至今者极为丰赡，很多文献都集中汇聚了宋代的公牍，如《宋会要辑稿》（以下简称《会要》）、《续资治通鉴长编》（以下简称《长编》）、《通鉴长编纪事本末》（以下简称《纪事本末》）、《宋史》、《宋大诏令集》等书。除此之外，在一些现存的宋人文集中，也保留了大量的公牍文书，像司马光《传家集》全书80卷，公牍文体（包括诏诰、奏疏、上表）即占了50卷。

公牍用语作为一种特殊的书面语汇，它既具有该词语的一般意义，同时又有其自身的特色，它所包含的一些词义，在某些义项方面往往与该词的常用义有别，语法功能也略有差异，这些差别正是我们研究宋代语言词汇应当予以关注的。以下我们选择了宋代公牍文中的一些词语，试图从"异"的方面对它们略加诠释，作为对这些词语释义的补充。

不管

不得、不准。多用于上级官府对下属官吏发布的命令中，表示明令禁止。

[①] 本文原分别载于四川大学古籍整理研究所、四川大学宋代文化研究中心编《宋代文化研究》第8辑（四川大学出版社1999年版）；四川大学汉语史研究所编《汉语史研究集刊》第5辑（巴蜀书社2002年版）。经修改删并文字后，编定为一篇论文收入本集。

（1）宋仁宗天圣八年十一月诏：近日频有遗火……宜令开封府指挥宫观寺院及里外诸厢巡检人员等常切提举，不管疏遗。如违，并当极断。(《会要》兵3之5)

（2）苏轼《论叶温叟分擘度牒不公状》：符当司主者，候到，一依前项敕令指挥，及照元祐敕令，疾速施行，仍关提刑司、铃辖司及合属去处，不管稍有违误。(《东坡文集》卷三〇)

（3）宋徽宗崇宁五年十二月甲申诏：常切往来巡察收捉，不管少有透漏。(《纪事本末》卷一三六)

（4）宋孝宗乾道七年二月诏……逐路提刑司将现今阙额，行下逐州，限日近招填数足，添差训练官请给，按月批勤，不管拖积。(《会要》兵3之28)

从"不管"的构词结构来看，它是一个"不十管"的动词性短语，在宋代公牍用语中"管"即具有"准许"一义，"不管"作为其否定形式，表示"不准许"。我们在宋代文献中甚至可以看到"管"与"不管"相对使用的例句：

（5）[太平兴国八年十一月]田锡上疏言：或偶有亏悬，必责亏悬之过，递年比扑，只管增加，递月较量，不管欠折。(《长编》卷二四)

"只管"表示"只准"的概念，"不管"亦即"不准"，二者相互对立的意味非常明显。

《汉语大词典》(汉语大词典出版社1997年缩印本) 在"不管"条下列有四个义项（第197页）：(1) 不顾，不考虑；(2) 不过问；(3) 不关，不涉及；(4) 连词，不论，而没有表示命令的"不准、不得"的义项，似可酌补。

应

所有、一切。用于名词或名词性短语之前，作为限制性定语：

（1）宋太宗太平兴国三年十一月诏：应开封府管内百姓等……应流民限半年复业，限满不复，即许乡里承佃。(《会要》食货69之37)

（2）宋太宗雍熙三年赐高丽王诏：应俘获生口、牛羊、财物、器械，并给本国将士，用申赏劝。(《宋史》卷四八七《高丽传》)

（3）［宋神宗］元丰四年七月手诏：应近上酋领，能知祸福率先效顺者，优与赏赐，置之军中常加羁察。(《长编》卷三一四)

（4）宋高宗建炎三年九月十四日诏：今后诸路应系将、不系将军兵，并听帅司差拨；应土军弓手，并听本路提刑司差拨。(《会要》刑法7之31)

"应"又有"凡是"的意义，用于动词或动词性短语之前，作动词谓语的修饰语：

（5）庆历元年十二月二十一日中书、枢密院并言：欲令诸路将帅各置亲兵，选有武艺胆勇充，每月特给钱二百，应出师临敌，援护本官。(《会要》刑法7之13)

（6）大观三年六月二十六日诏……仍至今应奏辟官，于奏状前用贴黄具所辟官出身、年甲、三代、成任差遣并功过事件，及在朝亲属职位姓名。(《会要》选举29之1)

（7）大观四年二月十三日刑部尚书白时中奏：今后应奉制令，监司推鞫公事，如合委官，候省符到日，具所委官职位、姓名及置司处所申部。(《会要》刑法3之69)

"应"的"所有""凡是"意义，其实都是该词使用的具体语言环境不同而产生的差异，并由此而形成了语法功能的区别。从概念上讲，它们都表示"周遍性包容，无例外"的范畴，其意义的内核应该相同。"应"的这一义位并不产生于宋代，早在唐、五代之际的公牍中即已累见。如后周显德四年七月敕："起今后应有人论诉物业婚姻，自十一月一日后许承状。"(《五代会要》卷二五) 句中的"应"即"凡是"。又后唐天成四年五月十五日敕："今后应前资州县官，有出身及两除官，可依常调赴选。"(《五代会要》卷二一）后周显德八年八月诏："应在朝上将军、统军大将、率府副率等，定令各举有武勇胆力骑射趫捷堪为军职者两三人。"（《五代会要》卷四）其中的"应"即"所有"。

"应"具有的"所有""凡是"意义发展到后来，作为语素义仍然保留在双音节复合词"一应"中。在宋代文献中已能见到"一应"的用例，但不多见，如范仲淹《求追赠考妣状》："一应京朝官在任未满，不因公事朝廷非时移替，在任不曾磨勘转官者，后来同计及三周年，不以到阙在任，并与磨勘者。"（《范文正公集》卷一八）至元代亦不乏用例，如元关汉卿杂剧《窦娥冤》四折"一应大小属官，今晚免参，明日蚤见"即是。

在《汉语大词典》（汉语大词典出版社1997年缩印本）"应"字条列有"所有、全部"的义项，引用了清李渔《意中缘》"一应客到"，《红楼梦》第三十九回"一应事""一应大小事"作为书证（第1384页）。《大词典》引例不妥，在这些双音节词中"应"只是作为语素而存在，其意义也只能是该词的语素义，而不能分拆开来解说。

体量

"体量"一词已见于魏晋时代，《三国志·吴志·吴主传》："权群臣劝即尊号，权不许。"裴松之注引韦昭《吴书》："吴王体量聪明，善于任使。"这时"体量"还仅仅是一并列短语，表示"体度气量"。在近代汉语中，"体量"又可以作为"体谅"的异写形式，表示"理会、谅解"。[①]"体量"一词在宋代公牍文献中有"考察审核"之义。像朝廷派往各地州郡巡察灾荒贼盗、考核官吏治绩的大臣被称为"体量安抚使"，官名以"体量"结衔，就表明了其"考察核实"的职守。

在宋代公牍中，表示"考察审核"意义的"体量"屡见用例：

（1）庆历五年八月二十三日，诏广南西路转运钤辖司体量邕、钦、廉边海三州，宜、融、柳近溪洞三部，知州、监押、寨主、巡检

[①] 参考《汉语大词典》"体量"条，汉语大词典出版社1997年缩印本，第7293页。

使臣内［无］有心力武干者，并许举官以闻。(《会要》选举27之28)

(2) 司马光《乞以十科举士札子》：或遇在京或外方有事，须合差官体量相度，点检磨勘，铲刷催促，推勘定夺。(《司马公文集》卷五三)

(3) ［宋仁宗庆历八年六月庚辰］诏：转运、提点刑狱司自今体量所部官吏，并须明指事状以闻。(《长编》卷一六四)

(4) ［熙宁四年八月］遣官体量差役新法及民间利害。(《宋史》卷一五《神宗纪》)

检会　勘会

查验，审核。

(1) 苏轼《应诏论四事状》：及检会元祐四年三月二十六日敕，人户欠市易官钱，将楼店屋产折纳在官，并将所收房课充折，别无少欠，亦许给还。(《文集》卷三一)

(2) 熙宁八年十二月三日兵部奏：检会今年五月十三日诏旨……巡检县尉各处无得差那以次附近保内人户，亦不妄许自失次。(《会要》兵2之10)

(3) 元祐元年五月司马光奏：检会去岁曾有指挥，遇假日有公事，许于东、西府聚议。其东、西府近北有便门，臣欲乞于南更开一便门。(《纪事本末》卷九五)

(4) 大观二年六月二十九日，检会崇宁四年六月三十日勅，中书省勘会，熙河秦凤路归顺蕃族熟户归顺以来，本无背叛。(《会要》兵4之36)

(5) 绍兴十二年四月二十六御史台奏：检会绍兴令，诸狱具当职官依式检校……访闻当职官吏视为虚文，并不依时检举，甚失朝廷钦恤刑狱之意。(《会要》刑法6之78)

在上述例句中,"检会"的语义基本一致,均可释为"查验、审核",而"检会"涉及的对象包括了敕令、诏书、指挥、禁约条令。我们收集到的其他用例也基本相同。由此我们发现,"检会"这一动词对其宾语具有某种选择和限制,也就是说"检会"的对象主要是书面文字一类的东西。

在宋代公牍用语中还有"勘会"一词,其词义也与"检会"大致相同。

(6) 苏轼《论四事状》:右所有四事,伏望圣慈特察臣孤忠,志在爱君,别无情弊,更赐清问左右大臣,如无异论,便乞出敕施行……若复行下有司,反覆勘会,必是巧为驳难,无由施行。(《文集》卷三一)

(7) 大观三年五月七日中书省奏:勘会正当时暑,窃虑刑狱淹延枝蔓。(《会要》刑法6之58)

(8) 宣和元年六月十八日陕西河东河北宣抚使司奏:勘会诸边遇事调发,其军人随身衣甲器械悉从官给,事毕还纳。(《会要》刑法7之26)

(9) 宋高宗绍兴十三年十一月八日南郊赦:勘会禁囚无家,依法官给饮食。访闻近来州县多不预行桩备,取给公吏因而掊尅,致多瘦损。(《会要》刑法6之66)

在上述例句中,"勘会"都可释为勘验、审核,与"检会"的语义和语法功能(作动词谓语)基本相同,只是它们所带宾语有区别:"勘会"的对象大多是指某一具体事件,例(6)"勘会"的是苏轼奏状所涉四事,例(7)是指天气酷暑,狱囚淹滞一事,例(8)是边境州县调遣军队事务,例(9)言有关狱中禁囚事。

摘那　抽摘

抽派,调遣人马。从词语结构方式看,"摘那"应是并列式复合词,其词义相当于"摘"(选取)与"那"(调派)语素义相加。

(1) 宣和三年三月二日尚书省奏：合用捕盗人招募未足间，弓手欲乞从本路提刑司据实阙人数，于邻近州县人额多处相度分数，权行摘那应副。(《会要》兵 12 之 25)

(2) 宋高宗绍兴元年九月二十日诏：令张俊于已到衢州人马内摘那军马，前去宣州并力剿杀。(《会要》兵 10 之 30)

(3) 绍兴三年五月十八日，赵伯瑜奏：望下帅司或于岳飞下摘那有纪律兵将，前去逐县屯驻弹压。(《会要》兵 5 之 16)

(4) 乾道四年十一月知楚州左祐奏：得旨将带本军官兵三千人，候至扬州，且于寨屋安泊，逐旋摘那前去楚州屯驻，不得张皇。(《会要》兵 9 之 18)

在宋代公文中还有"抽摘"一词，意义为选择、抽调，与"摘那"词义大致相近。

(5) 宋孝宗乾道八年六月一日诏：[淮东淮西两路并沿江民兵]人材智勇可以伏众，解赴本司拍试，其姓名事艺，保明申三省枢密院，以凭抽摘覆试推恩。(《会要》兵 1 之 33)

(6) 乾道八年十月十二日淮南转运判官冯忠嘉言：欲乞令逐州事艺最高强人，保明解发本司拍试，具申枢密院抽摘覆试推恩。(《会要》兵 2 之 45)

所谓"抽摘覆试"即从军将、士兵中选派人参加部院覆试。

分擘　分劈

分配，调派。

(1) 宋神宗熙宁三年二月四日诏：今后强劫贼合该刺配广南者，如同火五人以上，不得同配一路州军，并须分擘人数，兼配河北、河东、陕西边远州军。(《会要》兵 12 之 1)

（2）熙宁七年十二月三日兵部奏：虽将人户以近及远分擘，其间多有圻破保分去处，日逐上番，及河东路上条以近及远分擘番次，巡检县尉各处无得差那。(《会要》兵2之10)

（3）元丰二年五月广南西路经略司曾布奏依：[峒丁]其武艺绝伦之人，保明闻奏，量材补授名目，及分擘使臣主管地分。(《会要》兵4之24)

（4）范祖禹《论支钱和雇修河人夫状》：同奉圣旨特支赐元丰库钱二十万贯，和雇人夫，令都水监相度，分擘与南北丞地分。(《范太史集》卷一九)

（5）苏轼《论叶温叟分擘度牒不公状》：为两浙、淮南路灾伤，各出给空名度牒三百道，付逐路转运、提刑、钤辖司，分擘与灾伤州军。(《文集》卷三〇)

上述例句中"分擘"所涉对象可以是人众，如例（1）（2）（3）；可以是钱物，如例（4）；也可以是度牒一类的东西，如例（5）。有时"分擘"又指由上司发放钱粮、给养。

（6）宋光宗绍熙元年正月十四日，诏于泉州左翼军差拨水军五十人，舡舟一只，分擘口券，及老小前去漳州替换步军五十人回军。(《会要》兵6之5)

（7）嘉定五年八月二十五日，安丙奏：缘嘉定府系属成都府路，荣州系属潼川府路，窃虑分擘支移请给，恐有未便。(《会要》兵6之8)

（8）嘉定七年九月十八日侍卫步军司奏：所有差去人马，乞下所属并照出戍例分擘请给，添破钱米，支给借请起发犒设施行。(《会要》兵6之9)

"分擘口券"即分发官府配给的粮米券，"分擘请给"即分发士兵的给养。

在下面的例句中"分擘"一词的意义又略有不同，但它们仍然是"分派"词义的义位延伸。

(9) 大中祥符八年五月陈彭年奏：别置三馆书籍库，至于三馆书籍名目，候将来分擘正副本，取便安置。(《职官分纪》卷一五《崇文院》)

(10) 宋仁宗嘉祐二年七月十二日，枢密院言，今为霖雨，倒塌军营、官私舍屋……诏选差内臣大使臣三员、前班大使臣三人，忠佐三人，计会东西八作司、街道司分擘沟畎积水。(《会要》兵6之14)

例(9)的"分擘"为"区分"，例(10)的"分擘"为"分疏清理"。"分擘"又可写作"分劈"，词义不变。如例(4)(6)中即作"分劈"。

支破

支付，多指由政府发给官吏兵丁差旅费用、钱粮给养。从词的结构来看，"支破"应为动补式复合词：支/破，"破"表示"支"（支给）这一行为的结果。

(1) 宋哲宗绍圣元年十月甲寅王宗望奏：依例支破递马驿券，兼程前来。(《纪事本末》卷一一二)

(2) 宋徽宗政和二年九月诏：通侍、正侍、中侍大夫请授，并依元旧官则例支破。(《纪事本末》卷一二五)

(3) 绍兴二十六年七月八日，左武大夫伏深言：乞下四川制置司……如年老实有残疾，不堪执役之人，支破半分衣粮，至身故日止。(《会要》兵5之18)

在宋代公牍文中以"——破"这种形式构成的词语还有相当数量，如"添破""占破""差破"，说明这一形式具有一定的构词功能。以下各举例句以说明：

(4) 宋孝宗隆兴二年正月诏：湖广、江西路、京西路总领所取见

荆鄂逐军两等最低小请受军兵的实入队不入队有家累人数，依行在三衙差出军兵体例，即便添破施行。(《会要》兵5之20)

（5）嘉定七年九月十八日侍卫步军司奏：所有差去人马，乞下所属，并照出戍例分擘请给，添破钱米，支给借请起发犒设施行。(《会要》兵6之9)

（6）乾道五年范成大奏：弓手之制弊坏，……其阙额不补者常二分，差出借事者亦二分，县中过数占留与县尉干预民事承引追呼者又二分，此三色者固已占破六十余人。(《会要》兵3之26)

（7）宋高宗建炎二年二月十七日诏：安抚司于内外见任或得替待阙使臣、副校尉内，不以诸般拘碍，踏逐差委……仍差破当值厢军二人。(《会要》兵13之3)

例（4）（5）的"添破"即添加，表示作为朝廷的一种恩典，在原有份额上增加给养；例（6）的"占破"与句中的"过数占留"相近，表示占有的数额；例（7）的"差破"即"差派"。

划刷

搜求。"划刷"也是并列式复合词，构词语素"划"与"刷"都具有"搜求"的意义，其词义与语素意义相同。

（1）王安石《乞制置三司条例》：至遇军国郊祀之大费，则遣使划刷，殆无余藏。(《临川先生文集》卷七〇)

（2）曾巩《英宗实录院申请札子》：应有臣僚进献文字，曾送史馆，或留在中书，划刷名件，及下史馆尽底检寻，降付本院。(《元丰类稿》卷三二)

（3）宋徽宗崇宁二年十二月诏：户部差官划刷合出卖及无用故纸，具数关送开封府造纸袄，过大寒置历给散在京并府界无衣赤贫之人。每年依此，即不得将中用文字一例铲刷。(《会要》食货68之115)

上述例句中的"划刷"对象包括钱物、故纸、文书。从"划刷"这一动作行为的结果来看，都是将某些物品汇聚在一起，对军兵、人马而言也可以使用"划刷"，由此而引申出征调军兵的意义。例如：

（4）熙宁三年六月，制置三司条例司言：欲乞划刷装卸兵士、仓草场剩员，常以四千人为额。（《长编》卷二一二）

（5）大观元年七月池州奏：勘会永丰监除见管兵匠及外州军差来兵士六百九十五人外……今来所阙人工，虽已一面划刷厢军，和雇百姓，相（兼）[度]乌磨钱宝阙少人工数多。（《会要》刑法4之31）

拍试

宋代考核军士及武官的方式之一，由朝廷或上司差官铨试军士弓马武艺，根据武艺优劣予以奖赏黜罚。

（1）宋哲宗元祐元年四月六日诏：开封府界三路保甲已罢团教免按阅，只令随逐次拍试事艺。（《会要》兵2之35）

（2）宋孝宗乾道六年五月四日诏：诸路提刑司行下所部州县，遵依已降指挥，将弓手精加教阅，每岁躬亲前去点检拍试。（《会要》兵3之27）

（3）乾道八年七月十八日措置两淮官田徐子寅奏：每遇拍试民兵、官将，十二箭全上帖者，特与借补阙、守业勇副尉，候立到新功日补正。（《会要》兵1之34）

应副（应付）

供应，支给。

宋代公牍用语例释 | 71

(1) 宋高宗建炎三年六月六日诏：池州招枪杖手及忠义敢勇一万人……使臣日支食钱四百文、米三升，钱粮并从朝廷应付。(《会要》兵1之15)

(2) 宋高宗绍兴十三年十一月南郊赦文：勘会禁囚无家，依法官给饭食……仰逐州守臣斟量，每月预行桩备应副，毋得减克作弊。(《会要》刑法6之66)

(3) 乾道五年十一月三十日湖北路安抚使刘珙奏：四川宣抚使司已发到三千副，仅可以应（剂）[副]荆南及荆门两处，京西已蒙支拨器甲二千余副……尚望支降数千副应副使用。(《会要》兵1之31)

(4) 熙宁六年闰八月十三日兵部奏：诸军指挥各置籍细开姓名……若限年合替者，前期检举阙人者，申转运司于别州应副。(《会要》刑法7之22)

在上述例句中，"应副"所涉的对象可以是钱米，如例（1）（2）；可以是铠甲，如例（3）；也可以是人夫，如例（4），均为具体实物。

照顾，料理。

(5) 司马光《奏乞兵官与赵瑜同训练驻泊兵士状》：窃虑向去新兵士不宾服旧兵官，旧兵官不应副新兵士，各分彼我，则致生事，深为不便。(《文集》卷四四)

(6) 元丰元年六月十四日，经制财用司奏：[熙河路弓箭手]欲罢四人治田指挥，唯收成时听暂应副收获，余毋得役使。(《会要》兵4之8)

例（5）的"应副新兵士"即照料新兵士，例（6）的"应副收获"即护卫农民收获不受敌军侵扰，"应副"有"照顾"义。

处置。

(7) 曾巩《英宗实录院申请札子》：其间有事迹不圆处，合系中书、枢密院、三司检寻应副。(《元丰类稿》卷三二)

(8) 元丰四年八月泾原路经略司奏：应副军行战守等事，乞权许

便宜指挥。(《长编》卷三一五)

(9) 宋神宗元丰四年八月诏：鄜延、环庆、泾原、河东路经略司并总兵官，熙河路都大总制司，应副措置事，如有乖失，令逐路转运司具以闻。(《长编》卷三一五)

例(7)指处理上奏文字，例(8)(9)指经略司等处理用兵作战事宜。

上述各组例句中"应副"的词义尽管罗列了三项：供应、照料、处置，各义项之间也存在差别，但作为词义的核心却应当是相同的，都是以某一动作行为去关照对方，因此上述例句中的"应副"都是一种主动的行为。现代汉语的"应副"则表示"对付，对待"的意义，是针对别人而作出一种应对措施，因此是一种被动的行为，例如"应付检查"是针对检查作出应对措施。"应副"一词的意义在古、今时代存在差异。

"应副"又写作"应付"，如例句(1)的"应付"，下面再补充一例：

(10) 宣和六年五月一日中书省奏：勘会巡检下招置土军，自来不给口券……每人每日支借口食本色米、豆二升，应付逐日吃用，候回日克纳其券，一年一易，缴赴所属驱磨。(《会要》兵1之13)

抱认

核准承担。指民户向官府，或下级官署向上级官署承担某种债务、税额。"抱认"的对象往往是赋税、钱款一类的东西。

(1) 苏轼《论积欠六事并乞检会应诏所论四事一处行下状》：准元祐五年四月朝旨：应大赦已前见欠蚕盐和买青苗钱物，元是冒名，无可催理，或全家逃移，邻里抱认……并特与除放。(《文集》卷三四)

(2) 宋光宗绍熙二年八月十九日诏：平江府合发经、总制钱，每岁与减二万贯，尽于常熟县版账钱内除豁，令转运司抱认五千贯，平

江府抱认一万贯，本部抱认五千贯。(《会要》食货64之107)

（3）隆兴元年二月十八日尚书员外郎奉使两淮冯方奏：自前年金贼犯顺，烧毁屋宇农具稻斛……欲乞就附近支拨常平及义仓米，本路提举司令高邮军措置借贷，抱认催索，趁此农时，早得布种。(《会要》食货68之62)

（4）宋孝宗乾道四年二月诏：却令本司于八州军增盐钱并将桩留五分盐本钱抱认七万贯，充上贡起发。(《续资治通鉴》卷一四〇)

根括

彻底清理，彻底搜求。从词的结构来看，这是一个偏正式复合词：根/括，语素"根"有完全义，"括"有搜求义，"根"对于"括"来说具有限制作用。

（1）欧阳修《论牧马草地札子》：窃缘监牧帐旧管地甚多，自来界至不明……昨已曾差高访等根括打量。(《欧阳文忠公集》卷一一三)

（2）宋仁宗嘉祐六年五月诏：[陕西逐路经略安抚司]今后所属专切提点，有田土未足者，速根括支给。(《会要》兵4之4)

（3）熙宁五年十月二十五日曾孝宽奏：根括到河北外荒地七百余顷及沿边州军有不该归业逃田，乞令根括招弓箭手。(《会要》兵4之6)

上述例句中的"根括"对象均为土地。这类宾语在我们收集到的例句中占多数，也有涉及其他对象的用例：

（4）熙宁四年十二月二日琼管体量安抚使朱初平奏：海南四州军诸县税籍不整，吏得以增损，乞根括原额存正数外，欺弊诡伪尽改

正。(《会要》食货70之13)

(5) 元丰二年五月十二日广西经略司奏：根括团结到邕、钦州峒丁，成一百七十五指挥。(《会要》兵4之34)

例(4) "根括"的是赋税原额，例(5) 则以峒丁（少数民族兵丁）为"根括"对象。可见"根括"一词能带的宾语还是比较广泛的。

在宋代公牍文中，以"根~"的形式组成的复合词不在少数，说明这一形式具有较强的构词功能，而且这些词往往都带有"彻底"的意义，词义与构词语素"根"有关，例如：

(6) 苏轼《乞将台谏官章疏降付有司根治札子》：伏望圣慈，尽将台谏官章疏降付有司，令尽理根治，依法施行。(《文集》卷二九)

(7) 绍兴二年七月十七日广东福建帅司奏：遇有大（奖）[桨]船作过，即时捉获……如致大小（奖）[桨]船走漏，限满收捕不获，即行收禁根勘闻奏。(《会要》兵13之12)

(8) 绍兴三年五月杨沂中奏：前后生擒到贼徒，根问得元是十头项。(《会要》兵13之14)

(9) 绍兴四年五月二十七日臣僚奏：乡村被盗，巡尉遣弓兵根捕，类皆捶缚四邻，乞觅骚扰，正贼未尝获。(《会要》兵13之16)

(10) 乾道七年六月二十日赵善俊奏：昨来招置万弩手……一日之间而得二千强壮已习武艺之人，乞尽数根刷，发赴庐州。(《会要》兵1之33)

"根治"即彻底查处治罪，"根勘""根问"即彻底勘问，"根捕"即彻底搜捕，"根刷"即全数聚集，它们都含有"彻底、全部"的意义，这是构词语素"根"的作用所致。

宋代语言中的兼语句研究[①]

一

兼语句，王力先生称为递系式，他对这一句式所下的定义是："一个句子里可以包含两次连系，而第一次连系的谓语的一部分或全部分又兼用作第二次连系的主语，这样的句子结构就叫作递系式。"[②] 这一句式的模式为"V_1 + 兼 + V_2"（V_1、V_2为动词）。

兼语句又可以分为若干类型，如表示役使、称谓、存在等，从其动词"V_1"的词汇意义来看，又有表示使令，表示赞许或责怪，表示给予意义等类别。[③] 我们这里选择以"使令"一类动词表示役使意义的兼语句式进行讨论。

兼语句的起源很早，在上古汉语中即已大量使用。王力先生列举了大量先秦时代文献的用例，论证了它们在当时已经是非常成熟的句式，下面是王力先生征引的部分用例[④]：

(1) 晋侯使吕相绝秦。（《左传·成公二年》）

[①] 本文原载四川大学汉语史研究所编《汉语史研究集刊》第4辑，巴蜀书社2001年版。
[②] 王力：《汉语史稿》第3章第49节，《递系式的发展》，中华书局1980年版，中册，第437页。
[③] 参见吕叔湘主编《现代汉语八百词》，《吕叔湘全集》第5卷，辽宁教育出版社2002年版，第34页。
[④] 王力：《汉语史稿》第3章第49节，《递系式的发展》，中册，第437—438页。

(2) 是使群臣百姓皆以制度行。(《荀子·王制》)
(3) 令贲士主将皆听城鼓之音而出。(《墨子·备梯》)
(4) 乃遣子贡之齐。(《墨子·非儒》)

上述例句都是比较典型的兼语句式。兼语句式能否成立的关键在于动词"V_1",要求"V_1"是带有使令意义的动词,在先秦时代能充当"V_1"的动词包括了上述"使、令、遣"等。

二

在后来的语言发展中,一直延续到现代汉语,兼语句的格局几乎没有发生什么重大变化,只是"V_1"除了沿用原有的几个动词以外,还有一些新的动词进入兼语句中。比如在六朝时代,"教"开始成为兼语句动词"V_1"。[①] "教"表示使令的语法意义来源于其"教育"意义,从具体的"指教"意义的行为发展到役使动词,这是概念抽象化的结果。在这一时期,"教"作为兼语句动词"V_1"的数量还很少,我们检索了《世说新语》的兼语句用例,其中使用"使"90次,"令"83次,"遣"2次,而"教"却只有1次。[②] 这一统计数字表明,在中古语言中,"教"是作为一个新词而进入兼语句的。"使、令、遣"的用例不举,"教"的用例为:

(5) 人饷魏武一杯酪,魏武噉少许,盖头上题"合"字以示,众莫能解,次至杨修,修便噉,曰:"公教人噉一口也。"(《世说新语·捷悟》)

句中的"教"带有使令意义,可以用"使、令、遣"来替换。

[①] [日] 太田辰夫列举了《国语·鲁语上》的一个用例:"今鱼方别孕,不教鱼长,又行网罟,贪无艺也。"用来证明"教"表示使令的语法意义始于先秦。但这只是一个孤例,我们还未发现有更多的例证。[日] 太田辰夫:《中国语历史文法》,蒋绍愚、徐昌华译,北京大学出版社1987年版,第223页。

[②] 参见张永言主编《世说新语辞典》(四川人民出版社1992年版)各条的统计数。

发展到唐代,"教"充当兼语句动词"V₁"的现象已经普遍了:

(6) 始是乾坤王室正,却教江汉客魂销。(杜甫《承闻河北诸道节度遣人入朝欢喜口号绝句十二首》之三)

仇兆鳌《杜诗注》于"教"字下注云:"平声。一作'交'。"

(7) 吾灭度后,汝各为一方头,吾教汝说法不失本宗。(《六祖坛经》)
(8) 先遣和风报消息,续教啼鸟说来由。(白居易《浔阳春三首·春生》)

例(6)的注释反映出"教"的实际读音为平声,其异文也说明在中唐时代"交"已经用于兼语句中了。例(8)前后两分句的"遣""教"构成互文,可以证明这两个词的语法意义相同,而从其语音平仄的对应关系来看,也可判定"教"应读作平声。

在唐代,动词"交""要"也具有了充当兼语句动词"V₁"的功用,作为新增加的词扩大了兼语句的运用范畴。

"交"是一个与"教"有语音关系的词。"教"在《广韵》中有古孝(去声)、古肴(平声)二切;"交"为古肴切,与"教"的又音相同。因此,太田辰夫认为,唐诗等作品中役使意义的"教"读作平声,宋以后解释破读的书中也读作平声,这种现象"恐怕是为了把役使意义同原义区分开来而读作平声的";"但无论如何,'教'出现在先,它变为平声,然后再用'交',这是没有疑问的"。① 前述杜甫、白居易诗中的"教"即读作平声。在宋人贾昌朝《群经音辨》卷六《辨字音清浊》中有:"教,古肴切,使也","教,古孝切,所使之言谓之[教]"。前者读作平声,后者读作去声,这一破读可以说是对太田辰夫论说的直接支持。

然而,太田辰夫的解释只是解决了"教"与"交"的关系问题,而实际上却有两个问题很难说明:(1)诚如前上所述,"教"表示使令意义时

---

① [日]太田辰夫:《中国语历史文法》,蒋绍愚、徐昌华译,第226页。

读作平声,这是一种破读,但为何至现代汉语中,它又重新读作了去声?
(2) 与"教""交"语音相近,而时间出现稍晚的"叫",在表示使令意义的时候,为何自使用伊始即读作去声,而且至今声读未变?①

在唐代,"交"用作兼语句动词"V_1"的用例主要集中于变文、佛教语录一类的文献中,而在唐人诗歌中并不多见。

(9) 相搅相淘无歇日,会交山海一时平。(白居易《乐府诗集·浪淘沙》)

(10) 圣主分明交暂去,不须高起见京楼。(王建《送裴相公上太原》)

(11) 走入阿娘房里,报云:"阿耶交儿取杖,打煞前家歌子!"(《舜子变》,斯4654)

(12) 白庄高声便唤,令交左右拥至马前。(《庐山远公话》,斯2073)

"要"在《广韵》中也有于霄切(平声)、一笑切(去声)二读,释义为"要勒"(约束、禁止)、"约"(合计)。而在唐代时,"要"已经作为动词,具有"索取""讨要"的意义了。从"要 N"(N 表示人、物的宾语),比较容易发展到"要 N – VP"的句式(N 为指人的兼语、VP 为述宾短语),这时的"要"表示"要求、请求",句式也就演变为兼语句了。

(13) 皇帝宣曰:"不要你把棒勾当,须自担土。"便交般土。(《入唐求法巡礼行记》卷四)

(14) 白庄曰:"我要你作一手力,得之已否?"(《庐山远公话》)

(15) 佛座四禅本清净,阿谁要你扫金床。(《破魔变文》,伯2187)

---

① 关于这一问题,因为已经超出了宋代语言研究的范畴,以及我们对"教"作兼语句动词"V_1"在宋代以后的发展演变缺乏较多的研究,故不敢率然论定。我们初步推测,"教"应该是经历了一个由平声重新归到去声的过程,这一过程大概应该是在"交"逐渐消亡,而"叫"日渐兴起之时。实际是否如此,谨将此粗浅之见呈献于读者,以待进一步探讨。

三

在宋代语言中，兼语句的结构、语法意义与唐代相比，没有发生多大变化。我们采用全文检索，统计了一些有代表性的宋人作品的用例：

作者（文集）	使	令	遣	教	交	要
苏试诗	143	85	75	61	0	11
苏轼词	8	1	6	20	0	0
黄庭坚诗	64	81	39	6	0	6
黄庭坚词	3	4	2	18	0	1
二程集（前24卷）	218	35	2	14	0	6
辛弃疾词	21	4	7	53	0	2
朱子语类（前15卷）	92	48	0	76	1	34
刘知远诸宫调	1	4	1	0	35	1
张协状元	2	0	2	66	4	2

从上列统计表中，我们可以看出，充当兼语句动词"V_1"的仍然是以"使、令"为主；"教"的用例数有较多增加，尤其是在词、语录、宫调一类较口语化的作品中更有明显提高；而"遣"的用例数却呈现出减少的趋势。我们分别举例略述之。

A. 使 + 兼 + V_2

（16）莫使匆匆云雨散，今夜里，月婵娟。（苏轼《江城子》）①

（17）君觇曰："道人勿加以刑，使来，吾自讯之。"（苏辙《龙川略志》卷一）

（18）当使人人，各有安身处。（黄庭坚《蝶恋花》）

（19）若小有污坏，即敬以治之，使复如旧。（《河南程氏遗书》

---

① 宋词引文据唐圭璋先生编《全宋词》，中华书局1988年版。

卷一)

(20) 是这气相感应，使作得他如此。(《朱子语类》卷二)

(21) 镇使奴终日泪暗垂。(《张协状元》第三十出"山坡里羊")

B. 令 + 兼 + V_2

(22) 万事令人心骨寒。(黄庭坚《鹧鸪天》)

(23) 凡人家法，须令每有族人远来，则为一会以合族。(《河南程氏遗书》卷一)

(24) 为学何用忧恼，但须令平易宽快去。(《朱子语类》卷八)

(25) 赐酒一瓶，钱三贯，且令营中熟歌。(《刘知远诸宫调》第二)

C. 遣 + 兼 + V_2

(26) 师云："紫罗帐里盛，莫遣外人闻。"(《古尊宿语录》卷十)

(27) 不堪山鸟号归去，长遣王孙苦忆家。(苏轼《寄题新州晁太守新开古东池》)

(28) 中年长作东山恨，莫遣离歌苦断肠。(辛弃疾《鹧鸪天》)

(29) 张介元特遣男女请先生员一梦。(《张协状元》第四出)

D. 教 + 兼 + V_2

(30) 天赋与，争教我辈无欢绪。(范仲淹《定风波》)

(31) 人竞春兰笑秋菊，天教明月伴长庚。(苏轼《送张轩民寺丞赴省试》)

(32) 为伊去得忒多时，教人直是疑。(黄庭坚《阮郎归》)

(33) 养心者，且须是教他寡欲，又差有功。(《河南程氏遗书》卷二上)

(34) 固是本心元无不善，谁教你而今却不善了。(《朱子语类》卷五)

(35) 与你医教手好，教你嫁个官人去。(《张协状元》第四十五出)

E. 交 + 兼 + V₂

（36）莫交银烛促归期，已祝斜阳休更晚。（欧阳修《渔家傲》）
（37）拟插芳条须满首，管交风味还胜旧。（周邦彦《蝶恋花》）
（38）与他弹压，不可交乱。（《挥麈余话》卷二《王俊首岳侯状》）
（39）知与手相似，思是交这手去做事也。（《朱子语类》卷五）
（40）弟兄定计，交刘郎草房内睡。（《刘知远诸宫调》第二）
（41）你交副末底取员梦先生来员这梦看。（《张协状元》第二出）

考察上述例句中的"V₁"，即"使、令、遣、教、交"，其中的任何一个，它们所表达的语法意义都完全相同。至于兼语成分则可以有，也可以不出现，不带兼语成分的例句如例（17）（19）（28）（38），但依据上下语境，兼语所指仍然可以确定。这与唐代时的兼语句式相同，也与现代汉语的兼语句完全相同。V₂ 则是一个"动 + 宾"的结构（可以不带宾语）。

F. 要 + 兼 + V₂

（42）应笑春风木芍药，丰肌弱骨要人医。（苏轼《次韵杨公奉议梅花十首》之七）
（43）岂谓无衣，岁晚先寒要弟知。（黄庭坚《减字木兰花》）
（44）凡人血气，须要义理胜之。（《河南程氏遗书》卷二二上）
（45）谁要卿料理，山水有清音。（辛弃疾《水调歌头》）
（46）《大学》说格物，都只是要人见得透。（《朱子语类》卷九）
（47）李辛着言虎吓新人。要他做媒。（《刘知远诸宫调》第二）
（48）（净）上头便不要我在它面前立地。（《张协状元》第十出）

使用"要"作动词"V₁"的兼语句，其后的兼语成分必不可少，这是它与前述其他动词的区别。这一特点一直保持在现代汉语中，现代汉语使用"要"的兼语句也必须带有兼语。[1]

---

[1] 参见吕叔湘主编《现代汉语八百词》，《吕叔湘全集》第5卷，第452页。

四

在宋代，"叫"已经可以充当兼语句的动词"V_1"了。① "叫"是一个与"教"有着语音关系的词。"叫"在《广韵》中读作古吊切，为效摄四等啸韵（去声）字，"教"为效摄二等肴韵（平声）、效韵（去声）字。在南宋语音中效摄肴韵的喉牙舌齿音字与萧、宵韵（包括各自的上、去声）合流②，因此"教""叫"的实际读音在当时应当相近或者相同。"叫"的语义原本为"呼"，从"呼唤"的意义演变为指令意义，词义引申的线索也是显而易见的。日本学者香坂顺一以为"叫"的使令意义，是其原义虚化的结果③，这是很有道理的。

在唐人诗中，有的"叫"已经非常像具有使令意义的兼语动词了。如：

（49）叫妇开大瓶，盆中为吾取。（杜甫《遭男父泥饮美严中丞》）

从句式上看，它与兼语句式完全没有区别，只是从句子表达的语意来看，"叫"仍然具有"呼唤"的意义，还不能算是完全的役使动词而已。

在宋代文献中，类似杜诗的"叫"的用例也很常见，仅《张协状元》即有10个以上，例如：

（50）末好去，叫妹妹出来拜辞哥哥。（第一出）

---

① 冯春田认为，"叫"作为兼语句的动词"V_1"产生于晚唐时期，举了《丑女缘起》一例，见其《近代汉语语法研究》（山东教育出版社2000年版）第631页。而我们发现，"叫"在宋代语言中的用例不太多，而比较集中的用例都是在南宋时代，冯先生确定的时间略嫌太早，因此将其定为宋代新产生的兼语动词。太田辰夫则以为"叫"用于役使句是从明代开始的，又失之太晚。参见［日］太田辰夫《中国语历史文法》（北京大学出版社1987年版）第241页。

② 参见王力《朱熹反切考》，载《龙虫并雕斋文集》，中华书局1980年版，第3册，第291—294页；蒋冀骋、吴福祥《近代汉语纲要》，湖南教育出版社1997年版，第95页。

③ 参见［日］香坂顺一《白话语汇研究》，江蓝生、白维国译，第91页。

(51) 且叫小鬼来商量（第十出）

(52) 堂后官，你竟往村前叫李大婆来。（第四十五出）

以上例句中的"叫"都含有"呼唤"的意义，它们还不是真正的役使动词。

"叫"用作兼语句的动词"V_1"，主要集中在南宋时代的一些文献中，我们通过电脑检索系统，统计了部分文献的用例数：《朱子语类》3 例、《刘知远诸宫调》1 例、《全宋词》1 例（南宋）、《张协状元》4 例。今全部罗列于下：

(53) 缘被他近了，更自叫上面不应，便见得那气粗而理微。（《朱子语类》卷四）

(54) 尝暑月会坐，有秦兵曹者瞌睡，徐厉声斥之起……叫客将掇取秦兵曹坐椅子去。（《朱子语类》卷一二一）

(55) 一日乃投都监曰："奉圣旨，来探祝编修家公事。"遂叫集邻里作保明状去，事方已。（《朱子语类》卷一三二）

(56) 又叫节级李辛，暗令作媒。（《刘知远诸宫调》第二）

(57) 素妃叫、海月归来，太液池东。（吴文英《塞翁咏》）

(58) （净）叫轻放，怕跌折了。（《张协状元》第五出）

(59) （末）教我如何？（净）叫与我叫过孩儿来。（《张协状元》第五出）

(60) （后）你出来勉强作礼，叫夫人霍索你方寸。（《张协状元》第四十五出）

(61) （合）出去无人叫早归。（《张协状元》第四十七出）

上述例中的"叫"已经成为役使动词，完全不再带有"呼叫"的词汇意义了。其中例（56）（59）在前后两句分别使用"叫"和"教"或"令"，二者可以相互替换，足以说明它们具有相同的语法功能。同时我们还发现宋代使用"叫"的用例主要集中于语录、戏曲一类口语化特别明显的文献中，而在宋人其他作品中却不多见。这一现象正好说明"叫"用于兼语句在宋代时还是一个新起的形式。

五

在汉语句式中有一类结果补语，其句子结构方式为"V +（得）+ 补"，其中的补语成分可以为形容词、动词、短语等形式。对这一句式，前辈学者已有很深刻的研究，此不赘述。[①] 香坂顺一曾对近代语言中的这一类结果补语进行了分析讨论。[②] 他认为，"动词+补语"的结构，一般在动、补之间不再另外使用表示役使的动词如"使、叫、教"，举了明代小说的一个用例：

（62）刘父升堂，先叫打开柜子（《警世通言》24回）

"打开"是"动补"短语，中间不能插入其他词语。他同时还发现，在宋元时代的文献，这类"动+补"的句子却往往在动词与补语之间嵌有一个表示使令的"教、叫、交"一类的动词，于是句子就成了役使句。他列举话本《宋四公大闹禁魂张》的三个例句：

（63）赵正先走上岸，脱下衣裳挤教乾。
（64）把津唾润教湿了。
（65）又去菜担子上摘些叶子，和米和叶子，安在口里，一处嚼教碎。

用现代汉语的语法规则来衡量，这类句子都是不规范的句式，句中的"教"都应该取去，"挤教乾"应为"挤乾"，"润教湿"应为"润湿"，"嚼教碎"应为"嚼碎"。而从其表达的语法意义来看，"挤教乾""嚼教碎"对它所涉及的事物（宾语），都含有强调其结果的原因，也就是说句子仍然还带有使令的意味；而"挤乾""嚼碎"却不同，它们只是纯粹表

[①] 王力称其为使成式，见《汉语史稿》第3章第46节"使成式的产生及其发展"，中册，第403页。又，朱德熙《语法讲义》9.3"结果补语"，商务印书馆1998年版，第126页。
[②] 参见［日］香坂顺一《白话语汇研究》"挤教乾"条，江蓝生、白维国译，第90页。

达某一动作产生的结果。

在宋代语言中，这类表示结果的补语是否使用"教"是没有严格限制的，二者并存，但从其具体用例数量来看，不使用"教"的句子数量要多于使用"教"的句子。我们认为，在宋代使用"教"的结果补语最终没有发展开来，因此才在后来被淘汰了，只保留下了不用"教"的句式。下面是我们在宋代文献中找到的一些使用"教"的用例：

（66）圣人之言自有近处，自有深远处，如近处，怎生强要凿教深远？（《河南程氏遗书》卷一八）

（67）读一件书，须心心念念只在这书上，令彻头彻尾读教精熟。（《朱子语类》卷一一）

（68）《大学》是一个腔子，而今却要填教实著。（《朱子语类》卷一四）

（69）靠歇吃教醉醺醺，我方才骂他。（《张协状元》第十六出）

（70）早言一语说交破。（《张协状元》第二十一出）

这一类结果补语发展到现代汉语已经发生了变化，要么取消"教"，变为"动+补"的形式；要么在动、补之间取消"教"（交），另加上助词"得"，如例（69）的"吃教醉醺醺"就变为了"吃得醉醺醺"。

《朱子语类》一书的动量词研究[①]

《朱子语类》(以下简称《语类》)是记载南宋时代理学家朱熹与其门弟子之间讲学问答的一部语录体专著,由朱熹弟子记录整理而成。由于它是语录体文献,其白话程度相当高,较为接近当时的口语,因此研究近代语言的学者都把它视作一种重要的文献资料,从中发掘大量近代语言的语料。

随着检索手段的不断更新与完善,特别是计算机全文检索系统的开发运用,我们可以对《语类》这种部头较大(200余万字)的文献进行穷尽的检索,对书中所出现的语言事实作出准确的定量分析,这将大大提高对专书语言研究的质量。笔者正是基于这一目的撰写本文,拟对《语类》一书所使用的动量词进行详尽的讨论。[②]

研究动量词,我们应该从四个方面来对它们进行考察。(1)陪伴功能。即动量词与动词中心词的适应关系,一些动量词可以与任何动词相搭配;一些动量词则对所搭配的动词有所选择,它们可能只适合于某一义类的动词,而对其余的动词加以排斥。(2)语意功能。即每一个动量词所具有的语义范畴。例如"次"表示动作行为的次数,"番"表示动作的重复,"周"则表示环绕运动的数量,等等。(3)句法功能。即动量词或动量词与数词组成的短语在构造语句时可以充当哪些句子成分,以及它们在

[①] 本文原载四川大学汉语史研究所编《汉语史研究集刊》第7辑,巴蜀书社2005年版。
[②] 按,《朱子语类》一书编成于南宋,自南宋刊行以来流行甚广,现今存世的版本很多,比较通行实用的是中华书局1986年出版的王星贤校点本。我们采用了这一校点本作为论文讨论的底本。

句子中与其他句子成分的结合关系。① （4）时代特征。从历史语法的角度考察，各个动量词产生的时代不尽相同，演变也不相同；就同一时代的语言层面而言，各个动量词使用的频度也很不均衡，各有差异。这使一部分动量词成为强式，逐渐占据了语言中的主流地位，有的则成为弱式，日渐趋于消亡，像"一下"原本是与"一上"相对应的动量词结构，其意义与语法功用都基本相同，但随着时间的推移，"一下"成为强式保留了下来，而"一上"却逐渐消亡了。

其次，动量词按其来源还可分为两类：专用动量词、借用动量词。所谓专用动量词是指其本身即为量词，因而自然具有量词的词性特征（包括语法、语义等）；所谓借用动量词指原属别的词类，如动词、名词，在书中临时借用为动量词，在句中计量动作行为的量次。这类借用动量词由于本身是其他词类，只是在句中临时借用为动量词，因此往往还带有该词原有的词性特征（语法、语义），在与动词搭配、造句功能、充当句子成分等方面都有一定的限制。正如刘先生所言，对于借用动量词，应该从三方面予以考虑：（1）看它的借用范围；（2）看它的造句功能；（3）看它所充当成分的性质。② 以上内容都是我们在讨论动量词的时候需要考虑的。

还需要说明一点，《语类》除了记录朱熹与门人的讲谈以外，也引用了前代的一些文献用语，比如儒学经籍中的《诗》《易》《春秋》一类的原文或前代文人的作品，对其中涉及的相关动量词，在统计时我们都不予记录。另外，《语类》还涉及宋代其他文人的文章，如经解注疏、书信、奏疏、诗话之类，掺杂于行文之中，而且同样的一次谈话有若干学生记录，《语类》也重复记载，造成了同一条材料的多次使用，考虑到这一部分内容属于宋代文献的范畴，去除重复较为困难，因此统计时没有考虑删除重复，一并计入该动量词的总数中。

我们于下文首先讨论《语类》一书所涉及的专用动量词。

次：39 例

"次"在《语类》中表示一般的动作量数。论其起源，它应当是由

---

① 参见刘世儒《魏晋南北朝量词研究》第 5 章"动量词"，中华书局 1965 年版，第 249 页。
② 参见刘世儒《魏晋南北朝量词研究》第 5 章"动量词"，第 270 页。

"位次"的意义引申而来的,早在魏晋南北朝时期就已产生了。[①] 从汉语的历史发展来看,这是一个强式动量词,在后来它逐渐取代了在魏晋南北时代非常盛行的另一个动量词"过",占据动量词的主导地位。延续至现代汉语,"次"仍然是一个基本动量词。

动量词"次"在《语类》中使用频度并不太高,估计它仍然处于发展的阶段。

(1) 但一次看,有一次见识。(10/167)[②]

(2) 只是杀贼一般,一次杀不退,只管杀,杀数次时,须是杀退了。(24/572)

(3) 其余人或日一次无尘垢,少间又暗,或月一次无尘垢,二十九日暗。(31/781)

(4) 及到临事时,又不肯下心推究道理,只说且放过一次亦不妨。(15/308)

(5) 想亦只是从"五亩之宅树之以桑"起,看他三四次,只恁地说。(73/1847)

(6) 体验是自心里暗自讲量一次。(119/2879)

以上例句中的"次",都表示动作的量次。在句中,"次"对动词已经无所要求,任何动词都可与之搭配使用,可以说是"无色量词"。前三例的"×次"在句中充当状语,后三例的"×次"在句中充当动量补语。第5句带有宾语成分,动量补语置于宾语之后,构成"看他三四次"的形式。现代汉语"次"的用法有这样一项规则,如果人称代词作宾语,数量词短语作补语,必须采用"动+宾+补"的语序,如"表扬了他们好几次"[③]。由于《语类》中仅此一条用例,因此我们还不能断定现代汉语的这一语序是否即滥觞于此。

"次"还可以与一些表示不定数量的词"数、几"或表示周遍的指代

[①] 参见刘世儒《魏晋南北朝量词研究》第5章"动量词",第262页。

[②] 按,例句末所标引数字为中华书局1986年出版王星贤校点本《朱子语类》的卷次、页码。如10/167即原书第10卷,第167页。此下引例相同。

[③] 吕叔湘主编:《现代汉语八百词》,《吕叔湘全集》第5卷,第61页。

词"每"组合，表示动作次数的重复或无例外。

（7）每一书皆作数次读之。……故愿学者每次作一意求之。(10/174)

（8）每一次看透一件，便觉意思长进。(104/2616)

（9）祖宗时亦几次省削了，久而自定。(112/2732)

"数次""几次"表示同一动作的重复。"每次"可看作"每一次"的省略形式。试比较（7）（8）二例，"每次""每一次"它们表达一种周遍、无例外的意义，在句中也同样充当状语。

过：27 例

"过"作为动量词是由动词"过"的经过、度过的意义引申而来的，大凡动作都有过程可言，因此"过"作为动量词，其适用性非常强，在魏晋南北朝时期已经十分成熟，运用相当普遍，其语法作用可以充当补语、状语。① 不过，在《语类》中"过"的动量词功能已经大为削弱，这表现在：对动词的适应能力减弱，用例数减少，主要用作动量补语，而不再充当其他成分。

（1）且先读十数过，已得文义四五分，然后看解。(11/190)

（2）义理都晓得，略略恁地勘验一过。(15/295)

（3）终了《乡党篇》，更须从头温一过。(38/997)

（4）某因将《孟子》反覆熟读，每一段三五十过，至此方看得出。(59/1396)

（5）旅中只看得先生《大学章句》《或问》一过，所以诲人者至矣。(116/2793)

（6）且如论古人，便是论错，亦是曾考论古人事迹一过。(118/2844)

---

① 参见刘世儒《魏晋南北朝量词研究》第 5 章"动量词"，第 250 页。

上述例句中，"过"组成的数量词结构都充当补语。我们在《语类》一书中尚未发现有作状语的"×过"。从现有用例来看，"过"所陪伴的动词的意义大多与阅读的动作有关，像"勘验""温"（温习）"考论"，也与学习的动作相关。第5、6两句还带有宾语成分，动量补语置于宾语之后，构成"动+宾+补"的形式。"过"的意义相当于"遍""次"，而在语序上则与现代汉语的"动+遍（次）+宾"的形式有所不同。

"过"所组成的数量词结构也可以与其他词语构成短语的形式，充当句子的状语成分。在《语类》中仅有一例：

（7）数过之后，则全与元看时不同矣。（104/2614）

这一时间状语是以"数过"与时间词"之后"共同构成，单用"数过"则没有这一功能。

遭：7 例

"遭"最初为动词，其意义为遭遇、遭受或四周环绕。"遭"作为动量词即由此引申而来，表示环绕或转动的次数。① 在《语类》中"遭"的意义已经不限于计量环绕、转的次数，而是作为一般的动量词，用以计量动作行为的次数，与"次"的意义相仿。

（1）天一日周地一遭，更过一度。（2/13）
（2）想当时识这道理者亦多，所以孔子亦要行一遭（87/2236）
（3）安卿今年已许人书会，冬间更须出行一遭。（117/2832）
（4）不能得一起头，起行百十遭。（139/3312）

例（1）中的"遭"还表示绕行的次数，相当于"转"，其余例中的"遭"则只是表示一般的动作计量，相当于现代汉语中的"次"了。从句法上看，它们无一例外地只作句子的动量补语。

---

① 参见张美兰《近代汉语言研究》第 1 章"近代汉语量词"，天津教育出版社 2001 年版，第 45 页。

番：187 例

刘世儒曾经论述"番"的量词功能说："'番'作为动量词是与同名量词的'番'（轮番）同源而异用的。因此它所表示的次数就总含有多次重覆或反覆出现的意味儿"，并且强调说"它前边所结合的数词绝少是用'一'的"。刘先生同时又说，"一番"的说法在唐初也已经出现，但那仅是较特殊的用例，如《诗经·小雅·车攻》孔疏："此射夫皆已射一番。"其中"射一番"仍然带有分拨轮射的意味。①

"番"具有名量与动量词的语法功能，它们既然是同源，因此在语义上往往有相同之处，确定其是否为动量词，我们只能依据与它相结合的中心语的词性以及它在句子中的语法功用而定。像"已是第二番罪过""已是第二番过失"（16/334），"一番精神也"（25/613），由于"罪过""过失""精神"都同属于名词，因此这些"番"只能看作名量词，而非动量词。

在《语类》中，"番"作为动量词也可以表示动作的"重覆"，而更多的则是强调单纯的动作次数，这时"番"表动量的功能已经与"次""遍"相近，不过"番"表示的动作时距相应地比较长。

(1) 某一番归乡里，有所谓五通庙，最灵怪。(3/53)
(2) 若它人，三番四番说都晓不得。(24/568)
(3) 今以天下之大，三年一番进士。(84/2191)
(4) 某几番说要塑宣圣坐于地上，如设席模样。(90/2293)

在上述句中，数词与"番"组成的短语充当状语，计量动作的次数。例(3)应当看作在"一番"后省去了"考试""录取"一类的动词，仍然充当状语。揣摩文意，只有例(3)的"一番"表示三年重复一次的动作，其余几句的"番"只表示单纯的计量次数。

(5) 学问须是大进一番，方始有益。(8/131)

---

① 参见刘世儒《魏晋南北朝量词研究》第 5 章 "动量词"，第 253 页。

（6）如新知县到任，便变易号令一番。（24/598）

（7）天地只是包许多气在这里无出处，滚一番，便生一番物。（53/1281）

（8）初过磨算司使一番钱了，到审计司又使一番钱。（106/2649）

以上例中，数词与"番"组成的短语充当动量补语，都表示动作进行的次数，而不含有动作重复的附加意义。又，例（7）"生一番物"，例（8）"使一番钱"，都构成"动+补+宾"的形式。这种格式与现代汉语使用"番"作动量补语，要求宾语置于补语之后的语序相同。[①]

动词之后使用表示时间的助词如"了""过"，又有"番"作为动量补语，"了"或"过"往往用在"番"之后，而不是像现代汉语那样置于"番"之前。

（9）若有喜愠之心，只做得一番过，如何故得两三番过。（29/733）

（10）"上下与天地同流"，重新铸一番过相似。（60/1440）

（11）如今读书，恁地读一番过了。（66/1633）

"做得一番过"，按现代汉语的说法应当是"做得过一番"，表示时态的助词"过"应该紧接于动词"做"之后。其余句例可类推。

"番"也可以单独重叠使用，表示动作的重复，相当于现代汉语的"次次"，这种用例在《语类》中仅见一句：

（12）若初来问一番了，后番番来，番番问，恐不如此。（38/999）

遍：86 例

"遍"（徧）的意义是周遍，从这一意义发展出来的动量词，其意义也表示动作从始到终的全过程。"遍"的动量词用法在魏晋南北朝时期即已

[①] 参见吕叔湘主编《现代汉语八百词》，《吕叔湘全集》第 5 卷，第 124 页。

产生，它主要用于计量阅读的次数，因此与之相配合的主要是阅、读、览一类的动词。从语法功用看，数词与"遍"的组合一般用作句子的补语，很少有充当其他成分的。①

考察《语类》中"遍"的用例，刘世儒所归纳的"遍"的意义、语法特征已经有了变化，但变化不太大：（1）"遍"所计量的动作行为不限于诵读，但仍以表示诵读、讲说为主。（2）在句中主要用作补语，但也可以充当其他成分。

(1) 这道理自是长在天地间，只借圣人来说一遍过。(9/156)
(2) 假饶读得十遍，是读得十遍不曾会得底书耳。(10/165)
(3) 若且初草读一遍，准拟三四遍读，便记不牢。(11/198)
(4) 如今之学者，一日是几遍存省。(31/783)
(5) 文义都晓得了，涵泳读取百来遍，方见得那好处。(80/2087)
(6) 草草看过《易传》一遍，后当详读。(67/1649)
(7) 即见东后，必先有赞见了，然后与他整齐这许多事一遍。(78/1999)

上述例句中数词与"遍"的组合大多用作动量补语，仅例（3）（4）两句中的"三四遍""几遍"分别作"读""存省"的状语。从其陪伴的动词意义来看也主要是诵读、讲说，只有第4、6句是别的动词"存省""整齐"。而第6、7两句还带有宾语，构成"动+宾+补"的形式，而在现代汉语中，这类句子动、宾、补的语序比较自由，如"看过《易传》一遍"，也可以换作"看过一遍《易传》"。

数词与"遍"组成的数量词短语，也不限于作补语，还可以在句中充当别的成分。

(8) 且如读书，一遍至三遍无心读，四遍至七遍方有心读，八遍又无心，则是三遍以下与八遍如不曾读相似。(64/1578)

---

① 参见刘世儒《魏晋南北朝量词研究》第5章"动量词"，第255页。

(9) 解得一遍是一遍工夫,解得两遍是两遍工夫。(120/2895)

上述例中数词与"遍"组成的数量词短语所充当的成分多样化。第 8 句的"一遍至三遍""四遍至七遍"是状语的成分,"三遍以上与八遍"则是短句的主语。第 9 句中加着重号的"一遍""两遍"则作为定语成分。

总体而言,"遍"应该是一个强式的量词。它在后来的发展中逐渐固定下来,一直延续到现代汉语,仍然是一个基本量词。

顿:10 例

刘世儒认为,"顿"作为动量词可能是由"停顿"的意义转化而来的,南北朝时人把旅途中的休息、饮食称为"出顿",因此"顿"最早表示"吃饭一次"。① 这一意义一直延续到现代仍然保持不变。"顿"除了计量"吃饭"的次数以外,在唐宋时代又发展出表示劝说、打骂的量次。在《语类》中这几种意义的"顿"都有用例:

(1) 孔门三千,颜子固不须说,只曾子、子贡得闻一贯之诲,谓其余人不善学固可罪,然夫子亦不叫来骂一顿。(33/834)
(2) 烂打一顿固是痛,便轻掐一下,也痛。(53/1285)
(3) 如释氏则今夜痛说一顿,有利根者当下便悟。(115/2784)
(4) 须与分做三顿吃,只恁地顿顿吃去,知一生吃了多少饭。(118/2852)
(5) 不似如今人直到服满,一顿除脱了,便着华采衣服。(34/873)
(6) 若是平时不曾用力,终是也难一顿下手。(114/2757)
(7) 若是一顿便理会得,亦岂不好?(124/2970)

上述例句中前四句数词与"顿"组成的短语都充当动量补语,所陪伴的动词包括骂、打、说、吃,与现代汉语中的用法、意义完全相同。而例(5)(6)(7)三句中数词与"顿"组成的短语则充当状语,同时它们所表示

---

① 参见刘世儒《魏晋南北朝量词研究》第 5 章"动量词",第 160 页。

的意义也略有区别，尽管也表示动作的量次，但是同时还表示动作时距的短促，相当于现代汉语的"一下子"。

"顿"也可以重叠使用，"顿顿"表示动作的重复，有"每一顿"的意义，其用例见句（4）。这一用法早在唐代杜甫的诗中就已经可以见到，"家家养乌鬼，顿顿食黄鱼"即是。

下：18 例

"下"作为动量词是由方位词"下"引申出来的，最早的"下"往往是与"打击"一类的动词相搭配，在魏晋南北朝时期成为真正意义的动量词，从意义上看它含有"短时距"的附加义。①

我们在《语类》一书中，只发现有"一下"的用例，而没有像《五灯会元》那样"拍手三下""摇三五下"的用例。② 而且"一下"在句中并不是单纯计量动作的次数，而更多的则是强调动作时距的短促，或是表示程度的轻易。像下面的例句：

（1）若一下便要理会得，也无此理。（11/185）

（2）挨来推去，事事晓得，被孔子一下唤醒云："吾道一以贯之。"（27/678）

（3）这机关一下拨转后，卒乍拦他不住。（94/2387）

（4）万物到秋冬时，各自收敛闭藏，忽然一下春来，各自发越条畅。（94/2387）

（5）恁地重三叠四，不若今人只说一下便了，此圣人所以为圣人。（17/380）

（6）如烂打一顿固是痛，便轻掐一下也痛，此类可见。（53/1285）

上述例句中，前四句"一下"充当状语，后两句则为补语。第 4 句"忽然一下春风来"，表示动作时距的短促最为典型；第 5 句"说一下"与前

---

① 参见刘世儒《魏晋南北朝量词研究》第 5 章"动量词"，第 261 页。
② 参见张美兰《近代汉语语言研究》第 1 章"近代汉语量词"，第 38 页。

"重三叠四"相对,"轻掐一下"与"烂打一顿"相对应,其表示程度的轻易也非常明显。

在《语类》中我们还统计到 9 个"两下"的用例,从其结构关系来看,它们也是"数词+次"的偏正式短语,但是它们并不表示动作行为的次数,而是表示两方面、两处的意义。因此这些句中的"下",我们不计算入动量词之列。例如:

(7) 今若说待涵养了方去理会致知,也无期限。须是两下用工,也著涵养,也著致知。(18/404)

(8) 一面博学,又自一面持敬守约,莫令两下相靠。……若如此两下用工,成甚次第。(33/834)

(9) 若说这句未通,又引那句,终久两下都理会不得。(120/2911)

上述例句中"两下",其意义与计量动作次数不相关:"两下用工"指从涵养、致知两处努力;"两下相靠"是指博学、守约相依靠的两方面,"两下都理会不得","两下"则指前文所述的"两句"(这句、那句),句中的"两下"应为两处、两方面。追溯其最早的语义,"两"在上古汉语中表示"两两相对"的事物,"下"表示方位的概念,"两下"虽然貌似数量短语,而实际上却是"数+名"的结构。在现代汉语中,像"他真有两下(子)","两下"表示某种技能,应该就是这一用法的延续。①

上:11 例

"上"也是一个由方位词发展为动量词的,产生的时间当在唐宋时代。② 它在《语类》中也只与数词"一"相搭配,构成"一上"的短语,充当状语、补语的成分。从其产生来源看,"一上"的出现应该是仿照"一下"的结构而成。在《语类》中的用例如:

---

① 参见吕叔湘主编《现代汉语八百词》,第 430 页。
② 参见张美兰《近代汉语语言研究》第 1 章"近代汉语量词",第 39—40 页。

(1) 学者做工夫，当忘寝食做一上，使得些入处。(8/134)

(2) 某旧读《通鉴》亦是如此。且草草看正史一上，然后却来看他。(11/196)

(3) 须是猛起服瞑眩之药相似，教他麻了一上了，及其定叠，病自退了。(118/2844)

(4) 某与一学者言，操存与穷格，不解一上做了。(9/149)

(5) 公刘时得一上做得盛，到太王被狄人苦楚时，又衰了。(35/908)

(6) "克己复礼"是刚健勇决，一上便做了。(42/1072)

前三例的"一上"作动量补语，计量动作的次数，其计量动作的时距可长可短，例（1）（3）两句表示的时距较长，而例（2）表示的时距则相对较短，相当于现代汉语的"一遍""一次"。后三例的"一上"作状语，而其计量的时距则较为短促，与现代汉语的"一下"相当。

"一上"应该是一个弱式动量词，在当时就没有广泛使用，在以后也未能得到发展，很快就被淘汰了。"一上"的消亡也是语言发展节约化的一大例证。

匝：6 例

"匝"的本义是围绕、周遍，引申为动量词，"匝"表示动作围绕的次数，与"周、遍"以及后来的"圈"为一路，其陪伴的动词往往是"绕、旋转"一类的动作。这一动量词早已在魏晋时代即已使用，如曹操《短歌行》"月明星稀，乌鹊南飞，绕树三匝，何枝可依"。在《语类》中使用"匝"作为动量词，应该是一种仿古的用法。下面是该书的所有用例：

(1) 以天运言之，一日故是转一匝。(1/6)

(2) 且彻了盖蔽底事，待他自出来行两匝看。(12/205)

(3) 今以天运言之，则一日自转一匝。(74/1905)

(4) 如三周御轮，不成是硬要扛定轿子旋三匝。(89/2274)

(5) 当时张虎以为祧庙祔庙只移一位，陆农师则以为祔庙祧庙皆

移一匝。(89/2282)

(6) 若常常恁地体认，则日用之间，匝匝都满，密拶拶地。(53/1295)

前四句中的"匝"都表示旋转动作的次数。第 5 句指庙中神主移易的位次，仍然表示依次移动一圈，与前文的"一位"相对应。第 6 句较为特殊，使用量词"匝匝"这一重叠形式，尽管不带有实际的绕转动作，但它仍然表示动作的周遍性，可以理会为"回回"。

周：6 例

"周"表示环绕、周遍的意义。在先秦时代即有用作动词者，如《左传·成公二年》"齐师败绩，逐之，三周华不注"。在《语类》中也有类似《左传》动词的用例，如"天道日一周天而常过一度"(2/14)。"一周天"即环绕天运行一周。判断"周"是否是动量词，必须看句中是否另有动词（参见下述各句），只有数词与"周"的组合在句中充当动词的陪伴成分，表示环绕的次数，才算是动量词。"周"的这一语法功用与前述"匝"大略相似，类似于现代汉语的"圈"。在《语类》中动量词"周"的用例不多见。

(1) 天左旋，一昼一夜行一周，而又过了一度。(2/13)
(2) 日则一日运一周，依旧只到那角上；天则一周了，又过角些子。(2/15)
(3) 日行稍迟，一日一夜绕地恰一周。(2/17)

上述例句中的"一周"都充当补语。第 3 句带有宾语，其格式则为"动 + 宾 + 补"。这与现代汉语的语序完全相同，例如"绕场一周"。

转：7 例

"转"的意义本来表示运转、转动，在现代汉语中这一意义仍保留着。引申为动量词，表示围绕某一物转动的次数，在魏晋南北朝时期尚处于萌芽状态①，唐宋时代作为动量词的"转"可见用例。

在《语类》书中出现的都是"一转"的用例：

（1）且如今日，日与月星都在这度上，明日旋一转，天却过了一度。（2/14）

（2）善恶但如反覆手，翻一转便是恶。（13/230，95/2438）

（3）也须是天运一转，则阳气在下，故从下生也。（74/1905）

（4）"自诚明"，性之也，"自明诚"，充之也，转一转说。（64/1566）

（5）浙中诸公议论多是如此，云凡事须是与他转一转了，却因转处与他做教好。（73/1847）

前三例句中的动词都表示具体的环绕动作行为，例（2）句中"一转"表示手掌上下翻动的次数。后两例中动词与动量词的关系比较特殊，动词"转"与动量词"转"应该属于同源，动量词的"转"即由动词"转"演变而来的。在意义上，尽管句中的动词不表示具体的环绕动作，但是它们与转动行为的联系仍然是显而易见的，像"转一转说"，就相当于现代汉语中所谓的"绕着圈子说"。上述句中的"一转"都充当动量补语。

回：4 例

"回"原指河水的回曲、回转，引申为动词表示回返，现代汉语中它仍然作为一个单音动词或复音词的构词语素使用。魏晋南北朝时期"回"已用作动量词，表示动作往返的次数，往返一次即"一回"。②

在《语类》中"回"用作动量词的不多，今录其所有用例：

（1）孟子之书，明白亲切，无甚可疑者。只要日日熟读，须教他在吾肚中转作千百回。（105/2631）

（2）先生饭罢，楼下起西序行数回，即中位打坐。（107/2669）

---

① 参见刘世儒《魏晋南北朝量词研究》第 5 章"动量词"，第 266 页。
② 参见刘世儒《魏晋南北朝量词研究》第 5 章"动量词"，第 258 页。

(3) 待得一回推出一回新。(120/2910)

上述例（1）（2）中的"回"都有回转的意义，第3例的"回"则相当于"次"。需要说明，"回"的用例虽少，但是已显示出它作为一个普通量词的特点，计量的范围比较广泛。它既可以用来计量实际的动作行为，如例（2）；同时它也可以用来计量抽象的动作，如例（1）；甚至可以计量表示性质的形容词，如例（3）的"一回新"。从其语法功用来看，"一回"兼有充当补语、状语的作用。这一特点正是它能在后来得以迅速发展的基础。

场：9例①

"场"原来的意义是场地、处所，是一个名词。作为动量词，"场"在意义上发生了由空间向时间范畴的转换，由表示动作行为发生的场所演化为事件发生的过程，凡是动作行为的一个过程即为"一场"。动量词"场"的出现，大约是在唐代的事。②

在《语类》中出现的"场"的数量词结构只有"一场"的形式，考察其语法作用，它主要在句中充当补语。例如：

(1) 当时满朝更无一人知道合当是如何，大家打哄一场。(84/2184)

(2) 又如律书说律，又说兵，又说文帝不用兵，赞叹一场。(135/3227)

(3) 如乳母也聒噪一场，如单超、徐璜也作怪一场，如张让、赵忠之徒，才有些小权柄，便作怪一场。(135/3232)

以上例句共使用5次"一场"作述语的动量补语，也无例外地后面不附加其他的句子成分。

---

① 按，《语类》一书使用数量词组"一场"共25例，按其语法功能，有动量、名量两种形态。本文只讨论"一场"作为动量词组的用法而不及其他。
② 参见张美兰《近代汉语语言研究》第1章"近代汉语量词"，第47页。

(4) 到后来七国之乱，弄成一场纷乱。(39/1022)

(5) 被序者如此说，后来遂生一场事端。(80/2077)

(6) 不知当初何故忽然使管蔡去监他，做出一场大疏脱？合天下之力以诛讨了，却使出屋里人自做出这一场大疏脱。(81/2113)

以上例句在述语之后除了动量补语"一场"外，还带有宾语，其语序为"动+补+宾"的形式，这与现代汉语"刮了一场大风"，"看了两场电影"的句式已经完全相同。

《朱子语类》一书的动量词研究（续）[1]

我们在前文讨论了《朱子语类》（以下简称《语类》）一书中的专用动量词，拟于本文继续讨论该书借用动量词的问题。

我们将《语类》中使用的借用动量词与专用动量词进行了一番粗略的比较，发现前者与后者相较，无论其种类或是用例数量都远远少于专用动量词。这说明专用动量词作为量词的一部分，已经形成了一个完整的体系，每类量词的语法作用都相对固定了下来，能够满足语言运用的需要，临时借用其他词来充当动量词的情形自然就相应减少。应该说这是近代汉语词类分工趋于严密化的表现。

一些借用的动量词，用于动词述语之后，构成"动+数量"的形式，充当补语，而这种形式很容易与数量词组充当宾语的句式相混。在这种情况下，我们必须综合考察前面动词述语的意义以及数量词组与动词述语关系等因素，而不能只从句子结构单方面作出判断。比如"拜一拜"与"答一拜"，其中"一拜"表达的语法意义就有所区别：在"答一拜"中，"一拜"并不计量"答"的量次，而是表达述语"答"的内容，应属于宾语成分；而"拜一拜"中的"一拜"才用以计量"拜"的量次，是述语"拜"的补语成分。同样，"进一著"与"差一著"也是如此。"进一著"中的"一著"表示动作"进"的状况，属于补语的成分；而"差一著"

---

[1] 本文原载四川大学汉语史研究所编《汉语史研究集刊》第8辑，巴蜀书社2005年版。

中的"一著"则表示"差"的内容,属于宾语的成分。① 因此我们在讨论该书借用动量词的时候,对这类"貌合神离"的句式都进行了仔细的区分。

借用动量词包括由原为动词、名词借用的动量词两类。这两类量词所表现出来的语法功能、语法意义也不尽相同,以下分别讨论。

一 动词借用的动量词

由动词借用的动量词,在《语类》一书中,往往是重复借用前面的动词,刘世儒称为同源动量词,借用的动量词与前面的动词是同源而异用的,可以用来表示动词的某种体(如"短时体"或"尝试体")。② 在结构上往往采用"动+数+动"的形式,其中又以"动+一+动"的形式为多。这种"动+一+动"的形式往往附加有表示尝试或短时形态的特征。

在《语类》一书中,借用动词作动量词的主要有审、拜、穿、接、断、紧、省、操等,这些动量词与数词所组成的数量词组,在句子中都毫无例外地充当补语成分。

1. 审：10例

"审"作为动词有审核、审查的意义。借用为动量词,在《语类》中出现的都是"审一审"的用例。

(1) 及人来问自家讨甚金物,自家也须将上手审一审,然后与

---

① 吕叔湘主编《现代汉语八百词》(辽宁教育出版社2002年版,第28页)将动词述语后面表示时间、次数的数量词组统统归为宾语,如"我曾经问过他一次"、"我已经把这本书看了三遍了"、"你再等他五分钟"、"他被囚了三年",这些句子中的数量词组都视作宾语。如果按《现代汉语八百词》的原则讨论《语类》中的动量词,像"答一拜"与"拜一拜"的句式,它们就应该是相同的句型。但仔细揣摩句意,由于前面的动词不同,"一拜"在句中表达的语法意义也就有所区别,二者显然不能等同。我们赞同胡裕树主编《现代汉语》(上海教育出版社1981年版,第362页)关于表示动量的数量词组可以分别充当述语的宾语、动词补语两种成分的论说,对像"答一拜""拜一拜"这一类的结构充当句子的某种成分加以区分。

② 参见刘世儒《魏晋南北朝量词研究》第5章"动量词",第271页。

之。(14/279)

(2) 能虑则随事观理，极深研几，曰："到这里又更须审一审。"(17/380)

(3) 若难事，初间审一审，未便决得是非；更审一审，这是非便自会分明。(29/738)

(4) 临事而惧，是临那事时，又须审一审，盖闲时已自思量都是了，都晓得了，到临事时又更审一审。(34/876)

上述例句中"审一审"的形式具有的短时或尝试状态的附加意义已经不太明显，而与专用动量词"遍、番、次"的意义相当。试将例（3）的句子与"凡事固是著审细，才审一番，又审一番，这道理是非，已自分晓"(29/737) 作比较，其中的"审一审"与"审一番"所表达的意义完全相同。

2. 拜：9 例

"拜"表示叩拜的动作，借用作动量词，表示叩拜的次数。在《语类》一书中"拜一拜"的数量不多，而较多的是实际的数量如"二、两、四"等，即便是"拜一拜"的形式，所表示的也不是短时或尝试的状态，而是计量叩拜动作的实际次数。

(1) 主人一拜，客又答一拜，又拜一拜，又答一拜，却不交拜。(87/2265)

(2) 使人大喝云："知举答拜。"方拜二拜 (87/2265)

(3) 温公《仪》，亲迎只拜妻之父两拜，便受妇以行。（89/2273）

(4) 如圣节，就祝寿处拜四拜。(39/1017)

(5) 候宰相奏事罢，却来押班，拜两拜方了。(128/3063)

(6) ［颜鲁公］当时去那里，见使者来，不知是贼，便下两拜，后来知得，方骂。(136/3248)

在例（1）句中有"答一拜""拜一拜"两种形式，我们不把"答一拜"中的"一拜"看作数量词组作补语,而是宾语的成分,只有"拜一拜"中的"一拜"才是数量词组充当补语。说见前103页注释①。又,例(3)较为典型,动词"拜"之后带有宾语"妻之父",其次才是作为补语的"两拜",其语序为"动+宾+补(数量)"。例(6)的"下两拜",尽管不是同源动词的形式,但"下"与"拜"可视作同义词语,因此"下两拜"仍然相当于"拜两拜","两拜"同样是用来计量叩拜动作的次数。

3. 看:2例

(1) 理会道理,到众说纷然处,却好定着精神看一看。(9/158)
(2) 试定精神看一看,许多暗昧魍魉各自冰散瓦解。(12/201)

这两例的"看一看"也都没有所谓的尝试或短时的语义,借用动量词"看"仍然相当于"番、遍、次"的用法。

4. 穿:2例

"穿"的意义表示贯穿。"穿一穿"的形式表示尝试或短时状态的语法意义极为明显。

(1) 而今人元无一文钱,却也要学他去穿,这下穿一穿,又穿不着,那下穿一穿,又穿不着。(27/683)

5. 觉:2例①

"觉"的本义为睡醒,《说文解字》八下见部:"觉,悟也。""睡觉"连用,表示"睡醒",像白居易《长恨歌》"云鬓半偏新睡觉"即是。在近代汉语中,"觉"发展为表示睡的次数的量词,而在"睡"与"觉"之间可以加上数词,表示睡的实际次数。不过在《语类》中只有"睡一觉"的形式:

---

① "觉"的词性不好确定,如张美兰《近代汉语研究》将其归为专用动量词(天津教育出版社2001年版,第43页)。我们在这里按其词义及常用语法功能,将它划为动词,属于动词借用的动量词。

(1) 大睡一觉，及醒时却有精神。(1/9)
(2) 睡一觉起来，依前无状。(59/1392)

"睡一觉"表示"睡一次"，这与现代汉语的用法已完全相同。翻检《广韵》，在去声效韵，可以找到"觉"，注音古孝切（jiào），释为"睡觉"，同时还有一个又音"角"，收在入声觉韵，注音古岳切（jué），其中有一义位为"寤也"（即睡醒）。由此我们可以推断，"觉"的两种意义、两种读音在《广韵》中就已经判然有别了。

6. 接、断、紧、省、操、射、收：各1例

上述各个动词借用作动量词在《语类》中使用仅各一例，故合在一起讨论。在形式上它们都与数词"一"相结合，构成"动+一+动量"的形式。

(1) 却得程氏说出气质来接一接，便接得有首尾，一齐圆备了。(4/65)
(2) 但于这道理，久后略断一断，便接续去，只是有些子差，便接了。(31/783)
(3) 戒惧不睹不闻，是起头处，至"莫见乎隐，莫显乎微"，又用紧一紧。(62/1500)
(4) 公莫看得戒慎恐惧太重了，此只是略省一省，不是恁惊惶震惧，略是个敬模样如此。(62/1503)
(5) 孟子曰"操则存"，操亦不是著力把持，只是操一操，便在这里。(62/1503)
(6) 如虚著一个红心时，复射一射，久后自中。(63/1537)
(7) 在人则动静语默，无非此理，只从这里收一收，这个便在。(63/1535)

上述各例句中的动词，接（接续）、断（截断）、紧（紧凑）、省（反思）、操（操持）、射（射箭）、收（收敛），借用为动量词后分别表示其动作的次数。细玩味句意，这类"动+一+动量"的结构都含有表示尝试或短时态的附加意义。

我们注意到,在《语类》中大多数例句是单音节动词借用为动量词,但也有个别双音节动词借用为量词的,这类动量词往往会使用该动词的省略,减少为单音节形式。这种句子共有两例:

(1) 如恐惧戒慎,是长长地做,到慎独,是又提起一起。(62/1514)

(2) 推原其始,而反其终,谓如方推原其始初,却折转一折来,如回头之义,是反回来观其终也。(74/1891)

"提起""折转"都是双音节复合动词,借用作动量词却改为了单音节的"起""折"。我们推测,这是由于句式类化而产生的缩略。因为大多数"动+数+动量"都是由单音节动词构成的,总共不过三个音节,其后的"数+动"是双音节形式;而借用双音节动词为动量词后,全句扩展为五个音节了,后半部分的"数+动"也变为了三音节,这与大多数句子的形式不侔。要保持句式的一律,就必须牺牲双音节动词中的一个语素,这才将动量词简化为单音节。

二 名词借用的动量词

名词借用的动量词,在《语类》一书中有"口、步、声、格、阵、棒、纸、著"等。首先,这一类从名词借用来的动量词,由于它们原本是名词,因而在表示动作的计量时往往带有原来名词所具有的特征。如"口"与人的口部有关,"著"与棋艺中的棋子有关。其次,这类借用的动量词对于与其相搭配的动词有较为严格的选择要求,比如"吃一口""叫一声""打一棒"是正常的句子,如果另换一个动词则往往会成为非法的句子。

1. 口:3例

"口"借用为计量人口部动作的量次,与它原来所表示的"人嘴"的词汇意义有明显的关联。因此在《语类》中我们见到的借用动量词"口"都与"吃"("喫")一类的动词相搭配使用。① 下面是全部用例:

(1) 如吃饭样,吃了一口,又吃一口,吃得滋味后,方解生精血。(19/433)②
(2) 夜饭减一口,活得九十九。(138/3295)

2. 步:54 例

"步"原为行走,人行走是一步一步进行的,因此借用作量词也常用来计量行进的步次。在《语类》中的用例较多。

(1) 放退一步,则此船不得上矣。(8/137)
(2) 彼进得一步,则此退一步;此进一步,则彼退一步。(13/225)
(3) 圣人知其已是实了得这事,方进它一步。(22/531)
(4) 惟乐后,方能进这一步。(20/452)
(5) 到这里,见得圣人直是峻极,要进这一步不得。(36/968)

例(3)是一个使动用法的句式,表示"使它进一步",其语序为"动+宾+补"。例(4)(5)在"一步"之前另有指代词"这","这"充当限定"一步"的修饰语。

在《语类》一书中,有的句子中的"一步"紧接动词的后面,但由于动词不具有动作性,而仅只是表示一种静态的状况(如表示存在、判断等),这时的"一步"显然不表示动作行为的量次,这种量词词组就只能判定为别的成分,如宾语之类。像下面的例句:

(6) 忠与恕,不可相离一步。(27/672)

---

① 参见吕叔湘主编《现代汉语八百词》,《吕叔湘全集》第5卷,第248页。
② 在《语类》书中表示饮食的"吃"字都记作"喫",文中我们都改为通行的"吃"字。

"相离一步"即"相距离一步","一步"在这里表示空间的距离,而不表示动作的量次,与上述其余句子中"一步"表示动作行为的量次不同。

"步"也可与表示概数的数词组合,用以表示一种不确切的数量,如:

(7) 但是解"一日用力"而引此言,则是说进数步。今公言"欲仁仁至",而引前言,则是放退数步地也。(34/900)

(8) 只忺时起来行得三两步,懒时又坐,恁地如何做得事成。(35/943)

(9) 某谓,看《论》《孟》未走得三步,看《左传》底已走十百步了。(83/2150)

例(7)的"进数步",应该是数量词组作补语,表示一种概数,而后面的"数步地","数步"则成为"地"的定语,是一个名量结构。其余"三两步""十百步"均表示一种大概的数量。

3. 声:4 例

"声"表示人或自然界的声音,借用为动量词也用来计量人或自然物所发出声音的量次。

(1) 但触动便不得,被人叫一声便走了。(31/783)

(2) 古人作乐,击一声钟,众音遂作,又击一声钟,众音又齐作。(58/1368)

(3) 先生不应,因云……叹息数声。(108/2686)

例(2)的"击一声钟"是"动+补+宾"的句式。这一语序已与现代汉语完全相同。例(3)的"数声"表示不确切的数量。

4. 格:2 例

"格"是木格,类似木梯的梯级,或平面上的矩阵。梯格有高下之分,矩阵也有距离的远近,因此下面句中"长一格"就是"升一格"。"一格"也用于补充说明动作"长"的情况。

(1) 虽所行有未实，使其见处更长一格，则所行自然又进一步。(28/720)

(2) 凡看文字，缘理会未透，所以有差。若长得一格，便又看得分明。(94/2398)

5. 阵：6 例

"阵"在较早的文献中记作"陈"，表示战阵、阵地。这一词义一直沿用至今。同时"阵"在现代汉语中也发展成为一个非常活跃的量词，它可以用于名词之前，也可以用于动词之后，像《现代汉语八百词》所举的"一阵热烈的掌声"，"雨下了一阵"，表示延续一段时间的动作。①

在《语类》中，借用为动量词的"阵"仍然大多带有"战阵"的附加意义，与现代汉语的量词"阵"尚有差别。

(1) 看文字，须是如猛将用兵，直是鏖战一阵；如酷吏治狱，直是推勘到底，决是不恕他。(10/164)

(2) 如厮杀相似，只是杀一阵便了。(80/2088)

(3) 先主、孔明正做得好时，被孙权来战两陈，到这里便难向前了。(96/2476)

"杀一阵""战两阵"，都具有实际的战阵意义，用以说明"杀""战"的量次情况，因此我们认定它为名词借用作动量词。

纯粹表示"延续一段时间的动作"的量词"阵"在《语类》中也已经出现，全书共有3例，列举于下：

(4) 未入山洞，见一阵青烟出。少顷，一阵火出。(3/35)

(5) 是到这里恰好著得一阵雨，便发生滋荣。(27/682)

例（4）（5）中的"一阵"已经完全脱离了其初期所具有的"战阵"的附加意义，只表示时间的延续，与现代汉语量词"阵"的语法意义相符。

---

① 参见吕叔湘主编《现代汉语八百词》，《吕叔湘全集》第5卷，第525页。

"阵"的两类用法并存，正好说明在《语类》中，"阵"尚处于由借用动量词到专用量词的转变时期。

6. 棒：4例

"棒"即棍棒，在《语类》中专指行刑的木杖。借用为动量词往往用以计量行刑的杖数。

（1）如人合吃八棒，只打八棒，不可说这人可恶，再添一棒。(57/1339)

（2）如人合吃十五棒，若只决他十五棒，则彼亦无辞。（73/1851）

"吃X棒"应该是"吃打（决）X棒"的省略形式，"X棒"表示"打（决）"动作的数量。

7. 纸：3例

"纸"作为书写物，可以充当名物量词，如"一纸状""一纸书"。借用作动量词，常与动词"写"搭配使用，对"写"这一行为作计量补充，表示"[写]满一纸"。

（1）今日写一纸，明日写一纸，又明日写一纸。(20/448)

8. 著：12例

作为动量词的"著"是从棋艺术语"著"（zhāo）借用来的，下棋的一手即为"一著"，在现代汉语中这种"著"又与"招"相通。《语类》的"如国手下棋，一著便见得数十著以后之著"（109/2697），句中的"著"即是。"著"借用为动量词表示下棋的手数。

（1）又更上一著，便要穷究得为人君，如何要止于仁，为人臣，如何要止于敬。(15/284)

(2) 至孟子，则恐人不理会得，又趱进一著说。（19/420）

(3) 缘黄老之术，凡事都先退一著做，教人不防他。……这退一著都是术数。（39/1022）

(4) 只可惜不曾向上透一著，于大体处有所欠阙。（137/3257）

上述各例"上一著""趱进一著""退一著""透一著"中的"一著"都表示实际动作的量次，各句中的"著"都借用为动量词。而《语类》一书中尚有"差一著"（26/662）的句式，"一著"则表示"差"的内容，与上述各句的用法有区别。

《老乞大》的人称代词研究[①]

——以《原本老乞大》《老乞大谚解》为例

《老乞大》是一套系列教材，是古代专门用于教育朝鲜人学习汉语而编撰的一套教科书，其作者不详，最初大概成书于高丽朝末期（即1346年前后），大约相当于中国元代的至元、至正时代。这一套会话课本所使用的语言非常口语化，而且是当时通行的口语，因而它真实地反映了那一时期中国北方口语的面貌。

《老乞大》在使用过程中不断进行修改，陆续产生了一些不同的版本，这些不同的版本，"是随着时代的推移，语言的变化而不断修订的，反映了汉语在三四百年间的变迁"[②]。至今还存世的有《原本老乞大》（1346年前后），《老乞大谚解》（1670年前后），《老乞大新释》（1761年），《重刊老乞大谚解》（1795年）。通过对不同版本的《老乞大》用语的比较分析，无论是对汉语语音史、词汇史、语法史的研究来说，都具有独特的价值，将为研究者提供极为可贵的资料。

学术界的前贤时彦利用这一套《老乞大》教材在研究近代汉语的发展演变方面作出了卓越的成绩，有不少重要成果面世，解决了诸多近代汉语的问题，尤其是元代至明、清时代的一些语言疑难问题。[③] 笔者的同门师弟汪维辉先生编纂的《朝鲜时代汉语教科书丛刊》[④]，选择了朝鲜王朝时代

[①] 本文原载四川大学汉语史研究所编《汉语史研究集刊》第13辑，巴蜀书社2010年版。
[②] 汪维辉：《原本老乞大解题》，《朝鲜时代汉语教科书丛刊》，中华书局2005年版，第1册，第3页。
[③] 最新论著如韩国李泰洙《老乞大四种版本语言研究》，中国语文出版社2000年版。单篇论文如吴楠楠《老乞大谚解人称代词研究》，《语文学刊》2008年第20期。
[④] 参见汪维辉《朝鲜时代汉语教科书丛刊》，中华书局2005年版。

的 10 种汉语教科书，将其汇集于一编，标点校勘，精加整理，为今后的近代汉语研究者提供了一种可靠的版本，作了极为有益的基础研究。

本文即利用这一丛刊本，选择了其中《原本老乞大》及《老乞大谚解》两种书作为分析对象，探讨两书中使用的人称代词的同异，其时间大约为公元 1340—1670 年，为中国元代末到明末清初时期，讨论近代汉语人称代词演变的一些情况。

第一人称代词

《原本老乞大》使用的第一人称代词总共有 3 个："俺" 181 例、"咱" 92 例、"我" 84 例。《老乞大谚解》使用第一人称代词的总量大致相当："我" 283 例，"咱" 90 例。[①] 后者只是个别处略有调整，其最大的差异是不再使用 "俺"，而代之以 "我""咱"，详情见后。

俺

"俺"在《老乞大》一书中占比较大，其用例数超过了 "咱" 与 "我" 的总和，"俺" 在句子中可以充当主语、定语、宾语各种成分，如：

(1) 俺从高丽王京来。(P6)[②]

(2) 这钞里头真假，俺高丽人不识有，恁都使了记号印儿者。(P47)

(3) 俺师傅性儿温克，好生耐繁教。(P8)

(4) 俺行货都卖了也。(P47)

(5) 俺是高丽人，汉儿田地里不惯行，你把似拖带俺做伴当去。

[①] 统计数来源于（韩国）李泰洙《老乞大四种版本语言研究》第 3 章第 1 节 "人称代词"，其总量包括了三类第一人称代词的复数形式。此下第二人称、第三人称代词的统计数相同。

[②] 例句末所署页码是《原本老乞大》在《朝鲜时代汉语教科书丛刊》中的总页数。以下各例同。

（P8）

（6）你这般大人家，量俺两三个客人，恰便下不得那？（P21）

（7）这马恰才牙人定来的价钱，犹自亏著俺有。（P32）

例（1）（2）中的"俺"用作句子主语，例（3）（4）中的"俺"用作定语，例（5）（6）（7）的"俺"则为宾语。

"俺"在句子中，既可以表示单数意义，也可以直接表示复数意义，或是叠加别的词语（主要是表示多数的数量词语）共同表示复数意义：

（8）俺也待卖这几个马去。（P9）

（9）那般者，俺自做吃，锅灶椀楪都有么？（P27，《老乞大谚解》此句改作"我们自做饭吃时，锅灶椀楪都有么"，P77）①

（10）俺吃了时，与他将些去。（P19，《老乞大谚解》此句改作"我们吃了时，与他将些去"，P69）

（11）你这般大人家，量俺两三个客人，恰便下不得那？（P21）

（12）俺通四个人，十个马。（P27）

例（8）中的"俺"表示单数第一人称，在全书中这种用"俺"直接表示单数意义的用例占了多数；"俺"直接表示复数意义的也有一些用例，如例（9）（10），从与后来《老乞大谚解》的对释可以发现句中的"俺"都表示复数意义；也有的"俺"是通过与其他词语的组合来表达复数意义的，如例（11）"俺两三个客人"，例（12）"俺通四个人"，由于受后面词语的限定，"俺"所表达的显然是复数意义。

在书中也有使用"俺每"的例子：

（13）哥哥，俺每回去也，你好坐的者。……咱每为人，四海皆兄弟，咱每这般做了数月伴当呵，不曾面赤。（P49，《老乞大谚解》改为"大哥，我们回去也，你好坐的着……咱们为人，四海皆兄弟。

---

① 括注中的第二个数码是《老乞大谚解》相对应的词语在《朝鲜时代汉语教科书丛刊》中的总页数。以下各例同。

咱们这般做了数月火伴，不曾面赤"，P100）

"俺每"在书中仅此 1 例，表示复数，相当于"我们"。不过，"俺每"所表达的复数意义，显然是不包括听话者在内的，这可以比较后面的"咱每"的称代范畴即可知晓。"俺每"在后来的《老乞大谚解》中都改为了"我们"。

咱

"咱"在《原本老乞大》中语法功能和意义和现代汉语北方话完全吻合，都表示复数意义。

在表达复数意义的形态上，"咱"有两种形式：一种是直接用"咱"的形式，一种是使用"咱每"的形式。其中，单独使用"咱"的仅有 7 例，它们分别是：

（1）咱这高丽言语，只是高丽田地里行的。（P7，《老乞大谚解》改作"我这高丽言语，只是高丽地面里行的"，P57）

（2）则教吃者，咱睡去来。（P18，《老乞大谚解》作"尽着他吃着，咱睡去来"，P68）

（3）咱急急的收拾了行李，鞴了马时，大明也。（P18，《老乞大谚解》同，P68）

（4）咱这马每路上来，每日走路子生受。（P28，《老乞大谚解》改作"咱这马们路上来，每日走路子辛苦"，P78）

（5）咱先捡了钞，写契。（P33，《老乞大谚解》同，P83）

（6）咱人今日死的，明日死的，不理会得。（P41，《老乞大谚解》同，P91）

（7）咱商量买回去的行货。（P44，《老乞大谚解》同，P95）

这 7 组例句中的"咱"都表示复数意义，尽管例（1）的"咱"在《老乞大谚解》中也采用"我"加以对释，但细揣文意，它仍然表示复

数。而另一种形式则是采用"咱每"的形式来表示复数意义,这一结构在书中占了绝大多数,是其主要形态,共有85例:

(8) 咱每都去了时,这个房子没人,不中。(P16)
(9) 你却来那里,咱每两个看着马。(P23)
(10) 咱每人厮将就厮附带行呵好有。(P41)
(11) 教别人将咱每做甚么人看?(P7)
(12) 疾快将咱每拄棒来搅料。(P16)
(13) 请咱每众亲眷闲坐的。(P38)

上述例中的"咱每",都表示复数,例(8)(9)(10)的"咱每"用作主语,例(11)的"咱每"用作宾语,例(12)(13)的"咱每"用作定语。根据我们对相关用例的统计,"咱每"主要用作主语,用作宾语、定语的不多。在后来的《老乞大谚解》中这些"咱每"都被"咱们"替代了。

我

"我"在现代汉语中是一个基本词汇,是第一人称代词的主要形式,而在《原本老乞大》中,它的使用频度却低于"俺"与"咱",不过"我"的用法已经非常完备了:

(1) 我也心里那般想著有。(P10)
(2) 我则道是和俺这里一般取水有。(P17)
(3) 是俺爷娘教我学来。(P8)
(4) 你自依著我,留一个看房子。(P16)
(5) 你说的恰和我意同。(P10)
(6) 两家依著我说。(P32)

例(1)(2)的"我"用作主语,例(3)(4)的"我"用作宾语,例

(5)(6)的"我"用作定语。与现代汉语的语法功能完全相同。

"我"在《原本老乞大》中都表示单数的意义，没有表示复数意义的用例，也没有出现像"我+数量词语"的形式来表示复数意义的，尽管这一形式是本书中其他人称代词常用的表示复数意义的结构。只是在后来的《老乞大谚解》中，由于没有"俺"这一代词，为了强调"我"的复数意义，才将《原本老乞大》的"俺+数量词语"的结构，改作"我+数量词语"的形式，这时"我"才具有了复数意义。试比较下列例句：

（7）俺五个人，打着三斤面的饼者。（P12，《老乞大谚解》作"我五个人，打着三斤面的饼着"，P62）

（8）你先打水去，俺两个牵马去（P17，《老乞大谚解》作"你先打水去，我两个牵马去"，P67）

（9）到半夜里，俺两个却替恁去。（P23，《老乞大谚解》作"到半夜里，我两个却替你去"，P74）

（10）俺四个人，爨著一两半羊肉，将二两烧饼来。（P25，《老乞大谚解》作"我四个人，炒着三十个钱羊肉，将二十个钱的烧饼来"，P75）

（11）俺通四个人、十个马。（P27，《老乞大谚解》作"我共通四个人、十个马"，P77）

我们分析，之所以会出现这种变化，首先是因为《老乞大谚解》不使用代词"俺"，"俺+数量词语"的结构不得不改为"我+数量词语"的形式来适应这一变化。其次是近代汉语的发展演变，"我"的语法功用增强，已经从单纯表示单数过渡到兼表单、复数意义了。

在《原本老乞大》中绝无"我每"这一结构形式，而在《老乞大谚解》中却出现了4个"我们"、1个"我一们"的用例，试比较二书的用例：

（12）俺自做吃，锅灶椀楪都有么？（P27）
我们自做饭吃时，锅灶椀楪都有么？（《老乞大谚解》，P77）

（13）俺吃了时，与他将些去（P19）

我们吃了时，与他将些去。(《老乞大谚解》，P69)

(14) 酒也醉了，茶饭也饱了。恁休怪。(P39)

我们酒也醉了，茶饭也饱了，你休怪。(《老乞大谚解》，P90)

(15) 哥哥，俺每回去也，你好坐的者。……咱每为人，四海皆兄弟，咱每这般做了数月伴当呵，不曾面赤。(P49)

大哥，我们回去也，你好坐的着……咱们为人，四海皆兄弟。咱们这般做了数月火伴，不曾面赤。(《老乞大谚解》，P100)

(16) 俺高丽体例，亲弟兄也不隔话，姑舅两姨更那里问？(P11)

我一们不会体例的人，亲兄弟也不隔话，姑舅两姨更那里问？(《老乞大谚解》P61)

"我一们"在《老乞大谚解》原文中即如此，并加注了读音，而且在后来的《老乞大新释》（1761年）、《重刊老乞大谚解》（1795年）都对应作"我们"。显然这句中的"我一们"应该就是"我们"。

关于第一人称代词的讨论有两个方面。(1) "我、俺、咱"都是现代汉语北方话中比较通行的第一人称代词，其中"我""咱"的使用频度最高，"俺"则完全是一个方言词，使用范围相应地要小得多。而在《原本老乞大》中"俺"为强势，其用例数超过了"我""咱"的总和。至《老乞大谚解》中却完全不用"俺"这一代词，但是这并不意味着在实际语言中"俺"已经全然消亡，而是因为作为教科书，其用语应当尽量规范，而"俺"只是一个方言词语，故而编者在修订时用"我"取代"俺"，因而造成了《老乞大谚解》中"俺"绝迹的现象。

(2) "我、俺、咱"三个人称代词在表示单、复数意义上有互补的语法功用。在《原本老乞大》中，"我"只表示单数意义，"咱"表示复数意义，"俺"则兼表单、复数意义，有着较为明显的差异。在《老乞大谚解》中除了"咱"仍然表示复数意义以外，"我"也发展为兼表单、复数意义，表明"我"的语法功能加强了，这一变化应该是符合汉语历史演变规律的。

第二人称代词

《原本老乞大》使用第二人称代词有两个:"你"212例,"恁"123例。《老乞大谚解》使用"你"343例,而无"恁","你"完全取代了"恁"。

你

"你"在《原本老乞大》中,其语法意义与语法功用完全与现代汉语相同:

(1) 你学甚么文书来?(P6)
(2) 你道的是,我也心里那般想著有。(P10)
(3) 你的师傅是甚么人?(P8)
(4) 这三个伴当,是你亲眷那,是相合来的?(P11)
(5) 他每做下的见饭与俺吃了,更与你将来。(P20)
(6) 来,来,且休去,我问你些话。(P14)

上述例句中,例(1)(2)的"你"充当主语,例(3)(4)的"你"充当定语,例(5)(6)充当宾语。

在《原本老乞大》中,"你"可以兼表单、复数意义。"你"的复数意义也可以采用两种形式表示:一种是直接表示复数,一种是采用"你+数量词语"的形式,"你每"的结构在书中则是绝对没有的:

(7) 你是姑舅弟兄,谁是舅舅上孩儿,谁是姑姑上孩儿?(P11)
(8) 你通几个人,几个马?(P27)
(9) 你两个先去,俺两个后头慢慢的赶将头口去。(P27)
(10) 你客人每自做饭吃。(P27,《老乞大谚解》改作"你客人

们自做饭吃",P77)

(11) 你两家休自管叫唤,买的更添些个,卖的减了些个。(P32)

上述例句中的"你"都表示复数意义,例(7)(8)的"你"属于第一种形式,例(9)(10)(11)则属于第二种形式。

恁

"恁"念 nìn①,在《原本老乞大》中表现出语法功能的多样化,可以用作句子的主语、宾语、定语:

(1) 恁牵回这马去,再牵将别个的来饮。(P17)
(2) 买主恁不著价钱也买不得。(P32)
(3) 到恁那地面里也有些利钱么?(P10)
(4) 恁那绫绢绵子,就地头多少价钱买来?(P10)
(5) 从恁意与些个。(P22)
(6) 席子无,兀的三个蒿荐,与恁铺。(P14)
(7) 休道恁两三个人,便是十数个客人,也都与茶饭吃。(P23)
(8) 那般者,依著恁,将好择钞来。(P47)

上述例句中,例(1)(2)的"恁"作主语,例(3)(4)的"恁"作定语,其余句中的"恁"作宾语。

在《原本老乞大》中,"恁"既可以指代单数,相当于现代汉语的"您",往往带有尊重的意味②;也可以指代复数,相当于现代汉语的"你们":

---

① "恁"的拟音见刘坚、江蓝生主编《宋语言词典》,上海教育出版社1995年版,第209页。该书选用的书证文献是《刘知远诸宫调》《张协状元》的例句,应为宋代读音。
② 李泰洙认为"恁"在《原本老乞大》中既有表示敬称的,也有不表敬称的,根据其具体语境确定。见李泰洙《老乞大四种版本语言研究》,第26页。

(9) 恁几时离了王京？(P6)

(10) 主人家恁说那里话？(P22)

(11) 我引著恁买些零碎行货。(P48)

(12) 恁既是姑舅两姨弟兄，怎么沿路秽语不回避？(P11，《老乞大谚解》改作"你既是姑舅、两姨弟兄，怎么沿路秽语不回避"，P61)

(13) 客人每，恁打火那不打火？(P12，《老乞大谚解》改作"客人们，你打火那不打火"，P62)

(14) 这般的时，下的恁。(P27，《老乞大谚解》改作"这们的时，下的你"，P77)①

(15) 恁两个去睡些个。(P23，《老乞大谚解》改作"你两个去睡些个"，P74)

(16) 更恁这几个伴当，样范又不是汉儿，又不是达达，知他是甚么人？我怎么敢留恁宿？(P21，《老乞大谚解》改作"你这几个火伴的模样，又不是汉儿，又不是达达，知他是甚么人？我怎么敢留你宿"，P71)

(17) 休道恁两三个客人，便是十数个客人，也都与茶饭吃。(P23，《老乞大谚解》改作"休说你两三个人，便是十数个客人，也都与茶饭吃"，P73)

例（9）（10）（11）的"恁"都表示单数意义，相当于现代汉语中的"你"或"您"；其余例的"恁"都表示复数，相当于现代汉语的"你们"。表示复数意义的"恁"，同样也有两种形式：一种是直接使用"恁"，如例（12）（13）（14）；另一种是后面另外跟有其他表示复数的词语来确定，如例（15）（16）（17）的"恁两个""恁这几个""恁两三个"。在《原本老乞大》中也不使用"恁每"的形式来表示复数意义。

关于第二人称代词的讨论有两个方面。(1)吕叔湘先生在《近代汉语指代词》一书中比较了"您"与"恁"两个人称代词，以金代戏剧作品《董西厢》为例，其中"您"有4例，而"恁"则有17例，显然"恁"

---

① 按：这句是店家与客商的对话，客商共四人，"恁"自然是指代这四人。

的用例要多得多，吕先生认为"'您'是个地道的俗字，不见于元以前的字书，在金元文献里常借用'恁'字"①，在《原本老乞大》中，"你"与"恁"两者基本持平，然而到了《老乞大谚解》中则完全摒弃"恁"不用，统归于"你"。这种变化并不意味着"恁"已经完全退出，在现代河北保定一带的方言中，仍然保留着使用"恁"的习惯。②我们认为，《老乞大谚解》之所以完全用"你"替代"恁"，一方面可能是编者所操方言确实如此，已经不使用"恁"了；另一方面也有可能是编者为了规范语言词汇，尽量使用通行词语替代方言词，这才将"恁"通通改为了"你"，而并未完全反映明末清初时的语言实际。

（2）"你"与"恁"有几乎相同的语法功能，如在句子中充当主语、定语、宾语等诸种成分，在表示复数意义时，都不能加上"每"（或"们"）。不过在表示复数意义时，它们之间也有细微的区别：《原本老乞大》中有较多的"恁＋数量词"的结构形式，而用"你＋数量词"表示复数意义的形式较少，只是在《老乞大谚解》用"你"取代了"恁"以后，才统一为"你＋数量词"的结构形式。"你＋数量词"结构的形成显示了近代汉语变化的趋势。

第三人称代词

在《原本老乞大》中使用的第三人称代词只有"他"，为45例，《老乞大谚解》的用例数为59例，二者数量大致相当，语法功能也没有变化。"他"的语法功能及意义与现代汉语极其一致，宋代文献中原来曾使用过的"伊、渠"一类的代词均已不见用例。

"他"可以表示实指：

---

① 吕叔湘著，江蓝生补：《近代汉语指代词》，学林出版社1985年版，第81页。
② 当代作家铁凝的长篇小说《笨花》（人民文学出版社2006年版）在表现20世纪30—40年代河北保定农村方言词语时用了较多的"恁"，像"一会儿我先到恁家去说一声，我更嘱咐恁些话。"（第16页）"向桂也笑了，说：'恁娘儿俩也别笑话我了。咱家就恁恁缺少见识。'"（第103页）"恁家的牛肚子也忒大了，吃了一忽地也不见得吃饱。"（第286页）

(1) 俺那相识人曾说,他来时六两一斗粳米,五两一斗小米,十两十三斤面,二两半一斤羊肉。(P9)

(2) 恁小心些使,休损了他的。(P12)

(3) 你罚下他十两钞与他卖主,悔交去便是,索甚么烦恼?(P34)

(4) 他每做下的见饭与俺吃了,更与你将来。(P2P)

(5) 你这马,他每都一发买将直南卖去。(P31)

(6) 他每还的价钱是著实的价钱。(P45)

在上述用例中,"他"都为实指第三人称。前3例的"他"表示单数意义,后3例附加"每"表示复数意义。

(7) 你是高丽人,学他汉儿文书怎么?(P7)

(8) 知他,那话怎敢道?(P6)

(9) 由他说,褒弹的是买的。(P38)

(10) 由他,你觑,未里,暂霎儿更添一个箭呵,咱每满也。(P39)

(11) 若教导他,不立身,成不得人,也是他的命也者。(P41)

上述例中的"他"表示泛指第三人称,并非实指说话时的第三者,而是谈话双方虚拟的一人,如例(7)的"学他汉儿文书"即"学汉儿文书",例(8)的"知他"(本句前面是问何时能到得大都)表示"不知道"意,例(9)的"由他"泛指一般的商店顾客,等等。

反身代词

《原本老乞大》出现的反身代词数量不多,共有:"自己"5例、"自家"1例、"身己"2例。《老乞大谚解》中"自己"5例、"自家"1例、"身己"1例。这些反身代词,应该都是从上古、中古汉语中的"自"发展演变而来的。①

　　（1）惯曾出外偏怜客，自己贪杯惜醉人。（P19）
　　（2）将自己元买到的赤色骟马一匹……卖与直南府客人张五，永远为主。（P34，《老乞大谚解》同，P84）
　　（3）鞍子、辔头，自己睡房子里放者，上头著披毡盖者。……自己钱物休爱惜，接济朋友教使者。……咱每世上人，做男儿行呵，自己祖上名听休坏了。（P42，《老乞大谚解》同，P92）
　　（4）伴当其间，自家能处休说，休自夸，别人落处休笑。（P41，《老乞大谚解》同，P92）
　　（5）天可怜见，身己安乐呵，也到得有。（P6，《老乞大谚解》同。P56）
　　（6）天可怜见，身己安乐呵，更得五个日头到也者。（P9，《老乞大谚解》改为"天可怜见，身子安乐时，再着五个日头到也"，P59）

例（1）（2）（3）使用"自己"，例（4）使用"自家"，例（5）（6）则是"身己"的用例。在句中都指代说话人自身，与别人相对举。至后来，"自己""自家"保留了下来，而"身己"已不大使用了，《老乞大谚解》将例（6）的"身己"改为"身子"就已经脱离了反身代词的范畴。

人称代词的复数形式

　　表示人称代词复数意义的标志，在《原本老乞大》中采用了"……每"的结构，《老乞大谚解》则改为"……们"。《原本老乞大》有"咱每"83例，"俺每"1例，"他每"8例；《老乞大谚解》有"咱们"83例，"我们"4例，"我一们"1例，"他们"7例。
　　《原本老乞大》中人称代词"……每"的结构形式，只限于"咱每"，

---

① 在《原本老乞大》一书中，单独使用"自"的用例不在少数，作为仿古用例，我们不加讨论。

在《老乞大谚解》中都改换为"……们"的形式，二者之间具有较齐整的对应关系。试比较下面对应的用例：

（1）那般者，咱每一处去来。（P8）
这们时，咱们一同去来。（《老乞大谚解》，P58）
（2）有人问著，一句话也说不得时，教别人将咱每做甚么人看？（P7）
有人问着，一句话也说不得时，别人将咱们做甚么人看？（《老乞大谚解》，P58）
（3）他每若是歹人，来历不明呵，怎生能勾到这里来？（P22）
他们若是歹人，来历不明时，怎生能勾到这里来？（《老乞大谚解》，P72）
（4）牙家道："他每还的价钱是著实的价钱。"（P45）
牙家说："他们还的价钱是着实的。"（《老乞大谚解》，P96）
（5）哥哥，俺每回去也，你好坐的者。……咱每为人，四海皆兄弟，咱每这般做了数月伴当呵，不曾面赤。（P49）
大哥，我们回去也，你好坐的着……咱们为人，四海皆兄弟。咱们这般做了数月火伴，不曾面赤。（《老乞大谚解》，P100）

例（1）（2）是《原本老乞大》中"咱每"的用例，例（3）（4）是"他每"的用例，《老乞大谚解》都改为了"咱们"或"他们"。例（5）是唯一的"俺每"的用例，《老乞大谚解》改为了"我们"。

前面我们已经讨论到，《原本老乞大》不使用"我每""你每"（或"恁每"）的结构形式，《老乞大谚解》不使用"我每""你们"，然而却出现了4个"我们"、1个"我—们"的用例，关于它们的讨论已见前面第一人称代词"我"的部分，此处从略。

至于人或事物的名词加"每"（或"们"）的结构表示复数意义的，在上述书中也有相当多的数量①，像"汉儿小厮每""高丽小厮每"（P8），

---

① 据我们统计，《原本老乞大》中，使用"……每"的形式表示人、事物复数意义的共有139例，除去表人称代词复数意义的92例，"名词+每"有47例。《老乞大谚解》中使用"……们"的形式表示人、事物复数意义的有145例，除去表人称代词复数意义的94例，"名词+们"有41例。

"头口每"（P12），"马每""客人每"（P14），"狗每""孩儿每"（P23），"街坊老的每，庄院老的每"（P42），"谎厮每"（P44），"哥哥每"（P47），都是这样的类例。而在《老乞大谚解》中都用"们"替代了"每"。①

　　关于人称代词复数形式的讨论有两个方面。(1) 吕叔湘先生在《近代汉语指代词》一书中指出，用"们"指代人称代词的复数起于宋代时期，在宋代文献里有"们、懑、满、瞒、门、闷"等多种书写形式，使用"每"的书写形式只出现在元代的文献里，为何元代时期的文献要舍弃"们"而改用"每"呢？吕先生推测"较为近情的假设是把'每'和'们'，认为是属于不同的方言系统所致"，"北系方言用'每'，南系方言用'们'"。②《原本老乞大》是产生于元代的文献，反映的正是北方方言的使用情况，因而书中使用了"每"表示人称代词的复数形式，《老乞大谚解》是明代的文献，于是又将其回改为"们"。应该说这一反复变化是汉语发展常见的情况。

　　(2) 从以上两种教材来看，人称代词的复数形式"咱每"（"咱们"）、"他每"（或"他们"）产生的时间最早，使用的频率也最高；"俺每""我们"的使用频率次之，产生的时间也稍晚；"你们"产生的时间最晚，即便是在《老乞大谚解》都未见到用例。不过，吕叔湘先生在《元秘史》《五代史平话》《元杂剧》一类的文献中已经发现有"您每"的用例③，似乎与本书的情况有异。这一问题由于需要作更多的研究探索，我们留以俟考。

---

　　① 李泰洙认为，动物名词后面加上"每"（或"们"）表示复数意义，是汉语受到蒙古语的影响产生的形式，后来已经逐渐衰微，现代汉语中只有少数方言中尚有遗存。见李泰洙《老乞大四种版本语言研究》，第104页。
　　② 参见吕叔湘著，江蓝生补《近代汉语指代词》，第58页。
　　③ 参见吕叔湘著，江蓝生补《近代汉语指代词》，第81页。

史炤《资治通鉴释文》与宋代四川方音[①]

司马光《资治通鉴》在宋神宗时代修成，后有多家注释。《资治通鉴释文》即宋人史炤所作注释。史炤，字见可，眉州（今四川眉山市）人。其曾祖父史清卿曾做过苏轼（1037—1101年）兄弟的老师。史炤曾任右宣教郎、成都府粮料院，撰有《资治通鉴释文》30卷（以下简称《释文》）。[②]《释文》一书刻于南宋初，文前有绍兴三十年（1160）缙云冯时行序。从以上资料我们大致可以推断史炤为北宋末、南宋初时人。

对于《释文》，宋末胡三省极为不满，称其"书中多浅陋，甚至于不考《通鉴》上下本文而妄为之说，有不得其句读者，有不得其字者"，尤其在注音方面"各自以土音为之音，率语转而失其正音，亦有因土音而失其本，至于大相远者，不特语转而已"。[③]正因如此，胡三省在完成注释《资治通鉴》以后，又撰成了《通鉴释文辨误》12卷（以下简称《辨误》），对《释文》中的音切、义训、史实作了详尽的辨误，为后人阅读《资治通鉴》提供了方便，成为司马氏的功臣。

将《释文》与《辨误》的音切两相比较，我们发现史、胡二家在审音标准上有很大的不同，胡三省采用《广韵》音系作为审音标准，这是一种官方的音韵体系；而史炤尽管也采用《广韵》（或《集韵》）的声韵体系，

[①] 本文原载《四川大学学报》（哲学社会科学版）2000年第4期。
[②] 《资治通鉴释文》现存有《四部丛刊》影宋刊本、《宛委别藏》本、《丛书集成初编》本等。冯时行序载于全书卷首。关于史炤生平可参考冯序及《宋元学案补遗》卷九九。
[③] 胡三省：《通鉴释文辨误后序》。按，《辨误》12卷，载于中华书局1987年重印标点本《资治通鉴》后。《后序》载《辨误》，第187页。

然而在很多地方却表现出"以土音为之音"。史炤的这一注音方式虽然不符合注释的要求，导致书面语音的不规范，遭到胡三省批评，然而从汉语语音史的角度看，却正好反映了宋代四川方言的一些语音状况，是非常难得的语音史语料。我们通过对二者音注的对比分析，可以发现宋代四川方音的一些特点，例如浊音清化、平上作去、韵尾混并等，为我们研究宋代四川方音提供了确切的证据，并进而可以讨论近代汉语语音的一些演变规律。

一 浊上变去

中古全浊上声字在后来变为了去声，这是中古语音演变的一个规律。很多音韵学家都认为这一变化发生在唐代，其实在宋代时就已经完成了。[①] 我们在《释文》中发现了不少这类浊上变去的例证，证明宋代四川方音与当时的共同语语音（汴洛语音）保持了一致。

（1）齐人隆技击。《释文》：技，巨至切。 余按：技，渠绮翻。（1/6）[②]

（2）毛公、薛公见信陵君曰："公子所以重于诸侯者，徒以有魏也。"《释文》：重，直用切。 余按文义，此乃轻重之重，音直陇翻。若音直用翻，乃再三之义。（1/6）

（3）或郁养强孰。《释文》：强，去声。 余谓……强音其两反，读从上声，不从去声。……凡勉强之强，炤多从去声，盖蜀人土音之讹。（2/28）

（4）董卓取长安洛阳钟簴以铸钱。《释文》：簴，音具。 余

[①] 史存直先生认为全浊上声变为去声"至迟当在盛唐时期"（《汉语语音史纲要》商务印书馆1981年版，第50页）。王力先生则认为"远在第八世纪以前，这一音变就已经完成了"，"到了十二世纪的《韵镜》，就把浊上变去定为规律"（《汉语史稿》，中华书局1980年版，上册，第194页）。

[②] 按：所引书为中华书局1987年标点本《资治通鉴》卷末附录之《通鉴释文辨误》。"/"前的数字为《辨误》卷次，其后的数字为标点本页码。下同。文中署"《释文》"为摘录史炤音注反切，"余按"或"余谓"以下为胡三省《辨误》按语。其间用空格隔开，以示区别。

按：簴音其吕翻。(3/33)

(5) 羊祜好游岘山。《释文》：岘，胡甸切。 余按：岘山之岘，音胡典翻，未尝有读从去声者。(4/50)

(6) 氐啖青。《释文》：啖青，氐羌名，徒滥切。 余按：……韵书：啖，姓，音徒览翻，徒滥切非。(5/64)

(7) 河决，浸汴、曹、单、濮、郓五州之境。《释文》：单，时战切。 余按：单州因单父县以名州。单音善。从去声者，蜀人土音之讹也。(12/182)

把上述引例中史注反切与《广韵》的反切作一对比，我们发现二者存在较大差异，而胡注反切与《广韵》则相合：

	史音	胡音	《广韵》
技	巨至切	渠绮翻	渠绮切
重	直用切	直陇翻	直陇切
强	去声	其两翻	其两切
簴	音具	其吕翻	其吕切
岘	胡甸切	胡典翻	胡典切
啖	徒滥切	徒览翻	徒敢切
单	时战切	音善	常演切

这些例句中的被切字在《广韵》中都是全浊上声字，胡三省选用的反切下字也是全浊上声字，而史炤的反切却将其下字全部改为去声了。在现代四川方言中，这些字仍然读作去声，由此向我们透露了一个信息，全浊上声字在宋代四川的实际语音中已经改变为去声。

再看另外的例句：

(8) 淖齿执湣王而数之。《释文》：数，所炬切，一二而责之。余按：《汉书音义》数责之数，音所具翻。(1/4)

(9) 文信侯诈以舍人嫪毒为宦者。《释文》：嫪，卢道切。 余按：……许慎曰：郎到翻，姓也。无卢道切者，得非蜀人以道理之道为去声乎？(1/7)

(10) 每郡国贡献，先输中署，名为导行费。《释文》：导，徒浩切，导引也。 余按字书……以导引为义者，当音徒到翻。(3/32)

(11) 朱然伺间隙，攻破魏两屯。《释文》：间，古限切，间厕之间。 余谓间厕之间，音古苋翻，安有音古限切者？(3/39)

(12) 聚礌石，临崖下之。《释文》：礌，洛罪切，推石自高而下也。 余谓释是而音非……礌当音卢对翻。(6/88)

再把这几组例句的反切与《广韵》作一比较：

	史音	胡音	《广韵》
数	所炬切	所具翻	所具切
缪	卢道切	郎到翻	郎到切
导	徒浩切	徒到翻	徒到切
间	古限切	古苋翻	古苋切
礌	洛罪切	卢对翻	卢对切

这几组例句的被切字无论是胡注音切，还是在《广韵》反切均为去声字，其反切下字"具""到""苋""对"自当为去声。现代语音也同样读为去声。史炤音注却选用了"炬""道""浩""限""罪"等字作为其反切下字，这些字在《广韵》中都是全浊上声字。在相对应的各组字中：炬/具，道/到，浩/到，限/苋，罪/对，它们的读音应当是一致的。史炤的注音出现这种清浊混切的现象，只有一种解释，就是史炤把这些《广韵》中的全浊上声字全部改读为去声了，由此也可以证明宋代四川方言语音浊上变去的演变。

二 浊音清化

"浊音清化"是指中古时代的全浊声母的音值发生了变化，转变为相对应的全清、次清声母。浊音清化过程在北宋时代即已完成，现代学者根据北宋邵雍（1011—1077 年）所作的《皇极经世》列出的"音声图"，推论出宋代汴洛语中浊音已经完全转化为清音。①

从《释文》的反切用例来看，其中大多数反切的清、浊对应还是比较分明的，清音切清音，浊音切浊音，互不干涉，但是也有部分用例出现了清、浊混切的现象，从中可以发现宋代四川方音浊音清化的痕迹。

以清音切浊音。一些在《广韵》（或《集韵》）属于浊声的字，史炤注音却选用清声字相对切。

(1) 陈显达引兵渡水西，人情沮恐。《释文》：沮，将豫切，沮丧而恐惧也。 余按：沮丧之沮，音在吕翻。……史炤以沮止之沮、沮丧之沮读为去声者甚多，不欲枚举。(7/89)

(2) [韦]处厚具言李逢吉排沮之状。《释文》：沮，将豫切，沮坏也。 余按：沮止、沮坏之沮，音在吕翻。(11/158)

按：这二例的"沮"在《广韵》中为慈吕切，胡音作在吕翻，其声母为浊音从母。史炤注音改作将豫切，为清声精母，是用清声母替换了浊声母。

以浊音切清音。一些在《广韵》（或《集韵》）属于清声的字，史炤反切却使用浊声字相对切。这类混切现象在《释文》中较多。

(3) 谢晦弟黄门侍郎嚼。《释文》：嚼疾雀切。 余按……音子肖翻为是。(6/75)

(4) 李珏坐为山陵使龙輴陷，罢为太常卿。《释文》：輴，顺允切。 余按：輴，音敕伦翻。……史炤音义俱非。(11/161)

(5) 郑光瘗我不置。《释文》：瘗，大计切，极也。 余按：瘗音他计翻。(11/162)

(6) 郓王为皇太子，仍更名为漼。《释文》漼徂回切。 余谓漼音七罪翻。(11/163)

按：例(3)"嚼"字，《广韵》作子肖切，胡注音切相同，其声母为精母；史炤音疾雀切，为浊声从母。例(4)"輴"字，《广韵》作丑伦切，

---

① 参见周祖谟《宋代汴洛语音考》，《问学集》，中华书局2004年版，第581页。

胡注音敕伦切，声母为彻母；史炤音顺允切，为浊声船母。例（5）"殢"字，《广韵》作他计切，胡注音切相同，声母为透母；史炤作大计切，则为浊声定母。例（6）"濢"字，《广韵》作七罪切，胡注音切同，声母为清母；史炤音徂回切，为浊声从母字。这一组引例史炤把《广韵》原来的清声母字都改为一个与其相应的浊声母字作反切上字。

产生这种用浊声母替换清声母的现象，大致有两种可能：一种是该字在宋代的四川方音改变了韵书原来的清音读法，变为浊音了；另一种是史氏选用的浊音字在宋代时已经改变为清声。我们认为，第一种情况产生的可能性不大，因为根据现代四川方言已经不保留全浊声母这一事实，可以推断古音全浊声母是在逐渐消亡，而不是在逐渐增加，全浊声母只能向清音转变，因此这里只存在着第二种可能——在史炤的实际读音中这些浊声字已经转变为清声了。

在《释文》反切中还有一种比较特殊的情形，某字在《广韵》（或《集韵》）是多音多义字，包含了清、浊不同的声母，根据其字义本应读为浊声母的字，史炤却选用了其中的清声母字。胡三省对此也在《辨误》中加以指正，批评了史炤注音之非。

（7）王夫人知帝嗛粟姬。《释文》：嗛，苦簟切。 余按：嗛，乎监翻，口有所衔曰嗛。(1/14)

（8）诸葛亮作身没之后退军节度，令魏延断后。《释文》：断，都玩切，绝也。余谓：断，音丁管翻。(3/44)

（9）汝南、新蔡二郡太守周矜起兵于悬瓠。《释文》：矜，居陵切。《说文》："矛柄也。" 余按：矛柄之矜，音其巾翻。(6/82)

按：例（7）的"嗛"字不见于《广韵》，在《集韵》有多个读音，分别注为苦兼切（溪母沾韵）、乎监切（匣母衔韵）、下忝切（匣母忝韵），作"口有所衔"义的"嗛"读作乎监切，为浊声匣母；史炤读作苦簟切，其声母为溪母。例（8）的"断"在《集韵》有都缓切（端母缓韵）、杜管切（定母缓韵）二音；史炤读作都玩切，为端母。例（9）"矜"字在《广韵》有居陵切（见母蒸韵）、巨巾切（群母臻韵）二音；胡注音作其巾翻，为群母；史炤作居陵切，为清声见母。

《释文》中发生"浊音清化"音变的例句数量虽然不多，但其分布面却广，涉及精组［例（1）（2）（3）（6）］，章组［例（4）］，端组［例（5）（8）］，见组［例（7）（9）］等，涵盖了近代语音声系的半数以上的声母。可以说宋代四川方音中的浊声母字，也与当时汴洛语音的演变一致，朝着清化的方向转变，而且这一过程在史炤时代即已完成了。

三　平上作去

"平上作去"是一种声调变异现象，这似乎是四川方言语音的一大历史特点。所谓"平上作去"大致包含两层意思：隋初陆法言撰《切韵序》时说"秦陇则去声似入，梁益则平声似去"，现代的一些音韵学家对这一段话的理解是陆法言等人从自身方言出发，根据其听觉分析得出的结果。[①] 正如现代汉语语音中，四川方言的上声调值与北京音的去声调值大致对应，同为一种高降调，一般人对这两种声调是很难区分清楚的。另一层意思则是指古代四川方言中确实存在着一些与当时的共同语（汴洛语音）声调有差异的"土音"。胡三省在《辨误》中说"蜀人土音以平、上二音从去声者甚多"（1/5），就是对宋代四川方音存在的这种声调的差异所作的评述。本文仅就后一层意思展开论述，以说明宋代四川方音的一大特点。

在这一类音变中，较多的是上声作去声的声调变化。我们从《辨误》摘录到以下用例：

（1）庞涓自知智穷兵败，乃自刭。《释文》：刭，吉定切，以刀自割颈。　余按：刭字音古鼎翻，别无他音。炤从去声，非也。（1/3）

（2）板楯蛮救之。《释文》：楯音顺。　余按：楯音食尹翻，未尝有顺音。（2/28）

（3）戎狄强犷。《释文》：犷，古孟切。　余按字书，犷音古猛

[①] 参见洪诚《切韵序注》，《中国历代语言文字学文选》，江苏人民出版社1982年版，第159页。

翻。炤亦因土音语转也。(4/50)

按："迥"字在《广韵》中作古挺切，为上声迥韵；《集韵》有二音，一作弃挺切（上声迥韵），一作吉定切（去声径韵）。史炤音吉定切，读音与《集韵》第二音相同。现代语音将其规范为上声，读 jǐng（《辞源》商务印书馆1980年版，第357页）。"楯"在《广韵》作食尹反，为船母准韵，属上声。从"浊上变去"的演变规律来看，这一字应该变为去声，现代语音将其规范为上声，读 shǔn（《辞源》，第1610页），史炤读作顺，音食闰切，船母稕韵，是去声字。"犷"在《广韵》中有二音，一作古猛切，一作居往切，尽管韵母有异，却均属上声字，现代语音也将其规范为上声 guǎng（《辞源》，第2015页），史炤音古孟切，为去声字。需要指出的是，"迥""楯""犷"三字在现代普通话语音中读作上声，而四川方言却仍然读作去声，与宋代四川方音相同。由此可以证明宋代时确实有一部分上声字在四川方音中读作去声，而且至今仍然不变。

下面一组例句中的音变又是另一种类型：

（4）性所不解。《释文》：解，胡介切，晓也。 余谓此亦蜀人土音之讹。解晓之解，音胡买翻。(5/68)

（5）正当努力自强，以壮士民之心。《释文》：努，奴故切。余谓努力之努，音奴古翻。蜀人以土音转易四声，如此类者甚众。(5/70)

（6）魏小岘成主党法宗袭大岘成主，破之。《释文》：费本注曰：党，丁浪切。 余按：党音底朗翻，无从去声者，此亦蜀人土音之讹。(7/90)

（7）帝犹慭之。《释文》：慭，眉殡切。 余谓慭读与闵同，音美陨翻，不从去声。此亦炤土音之讹。(12/184)

按：以上例句，胡三省《辨误》都归于"蜀人土音之讹"。"解"在《广韵》中为佳买切，"努"为奴古切，"党"为多朗切，"慭"为眉殒切，都是上声字，胡三省音注也根据《广韵》音认定为上声。《释文》却毫无例外地改读作去声。这四字在现代语音中，无论是普通话，或是四川方言都读作上声，与史炤所注音存在差异。究其原因，我们推测，宋代四川方音中的这一类去声字，是在受到共同语语音的影响而发生了变化，改变了声调，因此形成了古今读音的差别。应该说这一变化是四川方音"平上作去"的逆袭变例，值得我们深入研究。

以下是平声读作去声的例句：

（8）陆逊入江夏，催人种荁豆。《释文》：荁，方用切。 余按：荁，音封。（3/44）

（9）太后疾少间。《释文》：间，居苋切。 余按：《论语》"病间"，《释》音"如字"，孔云"少差也"。史炤《释文》，凡疾间之"间"，并从去声，未知何据。（9/134）

（10）褚䜣战死。《释文》：费本注：䜣，直毅切。 余按：䜣，直严翻。（10/139）

按："荁"在《广韵》中作府容切，为平声钟韵；史炤音方用切，则为去声用韵。"间"（表示病愈）在《广韵》中有二音：一作古闲切，平声山韵；一作古苋切，去声裥韵。史炤音居苋切，为去声音切。胡三省《辨误》引《经典释文》取平声音读，而批评史炤取去声的音读，谓"未知何据"。"䜣"在《广韵》中作直廉切，为平声盐韵；《集韵》有二音，一作痴廉切（盐韵），一作直严切（严韵），均为平声字。史炤读作直毅切，则为去声韵字。

四　韵尾混并

现代四川方言语音中有一些鼻音韵尾的读音是相混的，例如 in/iŋ，en/eŋ，这两组对应的韵母，四川人往往读音无别，将后鼻音韵［iŋ］［eŋ］混入了前鼻音韵［in］［en］。我们在史炤《释文》中发现也有少量这类鼻音韵尾混并的情形：

（1）王及善曰："掷倒自有伶官。"《释文》：伶，炉斤切。余按字书，伶郎丁翻，无从炉斤切者。炤释用《说文》，而音切则妄

自为之。(9/131)

(2) 瀍为颍王。《释文》：颍，于轸切，州名。 余按，颍余项翻。焑音非。(11/157)

按："伶"在《广韵》作郎丁切，为影母青韵；"颍"作余顷切，为以母静韵，其韵尾均为［-ŋ］。炉斤切为来母真韵，于轸切为影母轸韵，这两个切语的韵尾为［-n］。史焑用后者切前者，正好透露出宋代四川方音鼻音韵尾相混并的情况，而北方话语音从古至今于这两组韵尾都截然不相混，这就难怪胡三省要批评他"妄自为之"了。

以上我们讨论了史焑《释文》所反映出的宋代四川方音的一些音变情况，其中有的是近代汉语所共有，如浊上变去、浊音清化；有的则是蜀地方音或是部分方言所独有的，如平上作去、韵尾混并。总体上看，四川方言的发展趋势与汉语共同语有同步之处，同时也显现出自己独有的特色。本文所及仅仅是宋代方言中存在的一些特点，如果要对宋代四川方音作全面系统的描述，就需要有更多的语言文献资料，需要更多的学者为此而进行艰苦的研究工作，这远非本篇短文所能办到。

宋辽金文化学术研究

福田施报与商业利益的融汇[①]

——宋代寺院为非出家人提供"暂居空间"的考察研究

所谓"暂居空间"是与"永久居住空间"相对的概念，是指人们临时居处暂栖的场所，在这一点上与现代人的"暂住"观念是一致的。本文讨论的对象是宋代寺院为部分非出家人提供"暂居空间"的内容。从居住空间的层面上来看，寺院主要应该是出家人的久居空间[②]，应该说，寺院为非出家人提供"暂居空间"并非寺院的职责所在，而仅仅是出于当时的一些社会、宗教原因而产生的现象。

在宋代，由于朝廷实施对佛教宽容与扶持的政策，佛教寺院在这一时代得到很好的发展，寺院经济也有很大幅度的提升，具有较强的经济实力，而寺院出于多种考虑也允许非出家人以各种名义暂时居处于其间，这就形成了非出家人选择利用寺院作为其"暂居空间"。这一现象尽管在中国历史上各代均有，但在宋代特别突出，以至于成了宋代社会的一大奇观，也是当代学术界关注研讨的内容之一。

一 寺院成为非出家人"暂居空间"的可能

佛教在中国自汉代从印度辗转西域，输入东土之后，此后的各个朝代都得到皇权、贵族以及民众的信奉，势力不断扩大，信众数量增长极快，

[①] 本文系与博士研究生李晓珏合作撰写。原载四川大学古籍整理研究所、四川大学文化研究中心编《宋代文化研究》第 20 辑，四川大学出版社 2013 年版。

[②] 按，当然寺院中也有一些僧人是属于游方者，某一具体寺院对其而言也可能只是暂时居住，暂居不久后也会离去，关于僧人的住留问题不在本文的讨论范围。

无论是在政治、经济、思想文化上都具有不可忽略的影响力。尽管在唐武宗会昌年间"灭佛";五代后周时周世宗曾经推行抑制打击佛教,清理僧员人数,拆毁各地无额寺院的举措,然而,就总体而言,佛教自传入中土数百年间,都是处于急速上升的通道之中。

赵宋王朝建立之后,对佛教大体上是采取了支持、保护的政策。早在宋太祖建国之初就停止了后周毁损寺院的诏旨,对于未毁佛寺予以保留,"诸路寺院经显德二年停废者勿复置,当废未毁者存之"①。开宝四年(971),宋太祖又派遣内侍张从信到益州(今四川)雕造《大藏经》,依照《开元释教总录》所载目录依次雕版。用了8年时间完成,共雕版13万块,所收大小乘佛典及先贤集传共1076部,凡5048卷。这是我国雕造佛藏之始。而对于那些诋毁佛教三宝的人也予以严厉治罪。乾德四年(966)四月,河南府进士李霭以不信释氏,著书数千言曰《灭邪集》,又缝辑佛书为被子,为僧人所控,被决杖,配沙门岛。②

佛教寺院在朝廷的呵护下从后周的打击中迅速恢复与发展起来,尤其是在经济上,寺院通过各种途径获取钱财实物,这些途径包括朝廷赐予、信众捐赠、经济兼并(合法与非法兼而有之)等。在获取了大量财富之后,寺院迅速将其转化为不动产(包括田产、房产),可供其自由支配。寺院经济的强盛,给寺院为非出家人提供"暂居空间"构筑了坚实的物质基础,使非出家人入住寺院成为现实。

寺院的房产,其建设基金有相当大一部分来自朝廷的赐予,成为寺院房产基金的重要来源。不过,需要指出的是,这些寺院能够得到皇族的青睐,都是一些名声显赫的丛林,一般无甚名气的寺院是绝对不可能跻身其间的。朝廷赐予的事例如:宋太宗时,峨眉山僧茂真以方术得幸,至道间尝论赵昌言不宜典重兵征蜀,受赏赐,赐予黄金等物。③茂真能在皇帝面前议论军国大事,并由此受赏赐,显然此和尚绝非等闲之辈。

宋真宗崩,"内遣中人持金赐玉泉山僧寺市田,言为先帝置福,后毋以为例"④。

---

① (宋)李焘:《续资治通鉴长编》卷一"建隆元年六月"条,第17页。
② (宋)李焘:《续资治通鉴长编》卷七"乾德四年四月"条,第169页。
③ 参见(宋)李攸《宋朝事实》卷一七,文渊阁《四库全书》本。
④ (元)脱脱等:《宋史》卷一七三《食货志上》,中华书局1977年版,第4164页。

宋仁宗天圣七年（1029），赐东京宝林院"近院官舍九十区，傤值充供"①。"傤值充供"一语，足以说明朝廷赐予寺院官舍的意图。

绍兴元年（1131），宋高宗行幸明州育王山寺，特降手诏，特许寺院买田赡其徒。佛照禅师德光尽以所赐及大臣、长者、居士修供之物买田，岁入谷五千石。②

宋孝宗为普安郡王时，尝遣内都监入山谒宗杲禅师，禅师作偈为献。及在建邸，复遣内知客诣山，供五百应真，请师说法，祝延圣寿。③

宋理宗宝祐元年（1253）赐内帑钱为杭州仙林慈恩普济教寺建大佛宝殿。开庆元年（1259）又降钱买嘉兴府田二百余亩，赐名丰乐庄。④

历朝的皇帝、朝廷不仅赏赐钱财实物以增强寺院的经济实力，还给寺院相当的特权，准许寺院购置房产、地产。在宋代法律条文中，原本有不准寺院私自交易田产的严格规定，像准许育王山寺置产赡徒，那是需要有皇帝旨意特许的事件。

其次为信众的捐赠。在宋代，上起朝廷重臣，下至民间百姓，信奉佛教，捐资行善的人比比皆是。

宋初武将安守忠，"终身不畜伎妾，而喜佞佛"，于"永兴军万年县春明门有庄一所并碨二所"，淳化二年（991）"将两处田土庄舍舍与广慈院内"。⑤据文献记载，安氏所捐两处地产共计五十七顷七十亩。

元丰中，王安石被疾，舍金陵住宅为寺，朝廷赐名为报宁寺。⑥

绍熙元年（1190），"故循王（张俊）之曾孙宣义郎、直秘阁、前通判临安军张镃请于朝曰：'愿以城东北新宅一区朝贤舍为佛寺，仍割田六

---

① （宋）夏竦：《大安塔碑铭》，《文庄集》卷二七，文渊阁《四库全书》本。
② 参见（宋）陆游《明州育王山买田记》，《渭南文集》卷一九，《四部丛刊》初编本。
③ 参见（宋）释普济《五灯会元》卷一九《径山宗杲禅师》，中华书局校点本1984年版，第1274页。
④ 参见（宋）潜说友《咸淳临安志》卷七六寺院，《宋元方志丛刊》，中华书局1990年影印本，第4册，4046页。
⑤ （元）脱脱等：《宋史》卷二七五《安守忠传》，第7390页；《金石续编》卷一二载安守忠撰《广慈禅院庄地碑》，《宋代石刻全编》，北京图书馆出版社2004年影印本，第3册，594页。
⑥ 参见（宋）魏泰《东轩笔录》卷一二，中华书局1983年版，第139页。按：此事又见（宋）李焘《续资治通鉴长编》卷三四六"元丰七年七月戊子"条。

十顷有奇赡其徒'"①。最终朝廷应允其请。

绍兴初,尚书左丞薛昂以花药圃施予吉祥慧观大师,师肇筑庵曰择胜,续创寺宇,移请龙山兴福院为额。②

杭州宝山院,在旱河头,嘉泰间建。绍定间郑丞相清之直接出钱物重建,奉五显祠。③

一般信众,由于经济能力有限,无法独力构建寺院,则往往采用合力捐助或劝助化缘的方式共同营建:

[临安] 若大寺院有所营修,则于此地招集,前去劝缘,其间有精修能事者。④

[龙翔士珪禅师] 绍兴间奉诏开山雁荡能仁……未视篆,其徒惧行规法,深夜放火,鞠为瓦砾之墟。师竟就树缚屋,升座示众……听法檀越,并力营建,未几复成宝坊。⑤

[杭州白莲慈云院] 元系西北流寓嘉泰中重建。⑥

[杭州大佛万寿院] 在漾沙坑,旧为大佛廨院,元系西北流寓绍兴初建。

[崇恩延福院] 在盐桥下八界巷北,旧系西北流寓濠州钟离县孔雀妙明寺。

在战乱中流寓他乡的人,也会以"同乡会"的名义捐资兴建寺院,作为其异地的祈福场所,上述例句中的后三例均是如此。

此外,也有一般农户平民为了逃避政府赋税杂役而将资产投靠寺院的。这种现象与捐赠不同,实际上是老百姓两害择其轻的做法。宋初太宗

---

① 《两浙金石志》卷十载史浩撰《宋广寿慧云禅寺碑》,《宋代石刻文献全编》,第 2 册,第 795 页。按此事又见《武林旧事》卷十上所载。文中张镃自称"淳熙丁未秋,余舍所居为梵刹"。所载二事相同,只是时间略有差异。
② 参见(宋)潜说友《咸淳临安志》卷七六寺院,《宋元方志丛刊》,第 4 册,第 4046 页。
③ 参见(宋)潜说友《咸淳临安志》卷七六寺院,《宋元方志丛刊》,第 4 册,第 4046、4048 页。
④ (宋)耐得翁:《三教外地》,中国商业出版社 1982 年校点本,《都城纪胜》第 16 页。
⑤ (宋)释普济:《五灯会元》卷一九《龙翔士珪禅师》,第 1309 页。
⑥ (宋)潜说友:《咸淳临安志》卷七六,《宋元方志丛刊》,第 4 册,第 4049 页。按此下二条同。

时就有"东南之俗,连村跨邑,去为僧者,盖慵稼穑而避徭役耳"的情况。① 以福建路为例,"闽土狭而民稠,浮屠氏岁入厚于齐民……故中产以下之人为子孙计,往往逃儒归释"②。这里需要指出的是所谓"逃儒归释",并不等同于剃发为僧,而是将自己的产业划归于寺院,以求得庇护,其最终结果将是损害国家赋税。鉴于此种情况,北宋神宗熙宁八年(1075),司农寺奏"州县百姓多舍施、典卖田宅与寺院,假托官员姓名。欲令所属榜谕,听百姓自陈,改正为己业,仍旧依簿法敷纳役钱"。朝廷从之。③

最后,一些实力雄厚的寺院,往往会出钱物购置田庄产业,以增加寺院的不动产(尽管这是违反朝廷政令的行为,但寺院或是通过皇帝降诏旨或是朝廷特批,使之合法化),其结果也增加了寺院房地产数额,像下面的记载:

> [京兆府鄠县逍遥栖禅寺]寺之东南隅三里已来,案《图经》曰高观之谷。其谷有隙地,先是尚行温之地,乃前寺主崇恩端拱中以金帛易之。④
>
> 绍兴元年,高皇帝行幸会稽……又申以手诏,特许买田赡其徒。逾五十年,未能奉诏。佛照禅师德光……自灵隐归老是山,慨然曰:"僧寺毋辄与民质房产,令也。今特许勿用令,高皇帝恩厚矣,其可弗承?"……乃尽以所赐及大臣、长者、居士修供之物买田,岁入谷五千石。⑤
>
> [临安寿圣接待寺]起宝祐甲寅,积十年而成屋百楹……乃买田吴门千亩,买山朱桥数百亩。⑥

更为极端的做法是,一些知名寺院往往投靠某些达官贵戚之家,改变

---

① (宋)李攸:《宋朝事实》卷二,文渊阁《四库全书》本。
② (宋)魏了翁:《孙武义墓志铭》,《鹤山先生大全集》卷八〇,《四部丛刊》初编本。
③ (宋)李焘:《续资治通鉴长编》卷二六二"熙宁八年夏四月戊寅"条,第6401页。
④ (宋)释志陆:《大宋京兆府鄠县逍遥栖禅寺新修逍遥水磨记》,《金石续编》卷一四,《宋代石刻全编》,第3册,第613页。
⑤ (宋)陆游:《明州育王山买田记》,《渭南文集》卷一九,《四部丛刊》初编本。
⑥ (宋)潜说友:《咸淳临安志》卷七七,《宋元方志丛刊》,第4册,第4051页。

寺庙性质成为其私家坟院,享受政府豁免赋役的特权,从而中饱私囊。绍兴五年(1135)九月,右司谏王缙言"诸寺院之多产者,类请求贵臣改为坟院,冀免科敛,则所科归之下户",朝廷的旨意是"诏户部申严禁之"。① 事情到了由朝廷责命户部出面严禁的境况,看来这种现象并非绝无仅有,应该是较为普遍了。

正是通过上述方式,宋代很多寺院积聚了雄厚的钱物,大肆兴建,有富余的房舍,为接纳非出家人提供了物质条件。同时,国家政令也允许寺院接纳非出家人(在部分特殊情况下更是强令寺院接纳非出家人),以及寺院出于种种考虑也有接纳非出家人的意愿,因而宋代的寺院中经常见到非出家人的身影也就不是什么稀罕的事了。

二 寺院中的暂居者

非出家人居处于寺院提供的"暂居空间",其暂居的理由各别,甚至于五花八门,但是按寺院对暂居者是否收取费用来判定,我们可以将寺院容纳非出家人暂居的行为划分为公益性与营利性两类。考察栖居于宋代寺院中的人物,其身份几乎尊卑贵贱、粗俗文雅者均各有之,可以说有宋一代的各阶层人士,都有曾经充当过寺院"暂居者"角色的经历。

(一) 公益性暂居

佛家素以慈悲为怀,旨在普度众生,同时又坐拥强盛的经济实力,因此遇到国家遭遇非常之变,需要寺院出手拯济之际,如战乱兵燹、水旱地震灾害的情况时,朝廷往往会将寺院作为临时安置灾民的最佳选择,由寺院免费提供暂居处所,这就使寺院具有了公益性暂居空间的功能。大体而言,宋代寺院作为暂居空间,主要接纳下述各类人众。

1. 逃避战乱的难民

宋立国以来,对外战争一直绵延不断,在北宋有与辽、西夏、吐蕃的战争,尽管战争在一定的区域内发生,但时间延续较久。逮至南北宋之交

---

① (元) 脱脱等:《宋史》卷一七四《食货志上》,第4214页。

及南宋末年，与女真、蒙古的征战则异常酷烈，战争所及之处，普通百姓皆辗转流徙以避兵保生，对这些难民，朝廷往往会指令寺院开院接纳，允许他们在寺院中暂时居处。

> 宋仁宗庆历二年五月诏："河北居民遇有边警，其蓄积许辇到城邑中，欲居官舍寺院者亦听之。"①
> 宋钦宗靖康元年十一月庚午，诏河北、河东、京畿清野，令流民得占官舍寺观以居。②
> 宋高宗建炎四年二月德音："应士民家属有自金来归者，所在量给钱米，于寺院安泊，访还其家。"③

2. 遭受水旱地震灾害的流民

两宋是自然灾害的多发时期，据现代学者统计，有宋一代，发生过水灾465次、旱灾382次、地震灾82次、蝗灾108次、风霜雹灾142次。④对于以农业立国的中国古代经济，带来的危害是十分严重的，旱则赤地千里，涝则浊浪怀山襄陵，地震则城垣倒塌，民不聊生，只好转徙流移，苟延残喘。朝廷安排的赈灾措施，除了发给灾民钱粮救济之外，也会指令寺院作为灾民安置点，使其暂时免遭冻馁之困。

> 宋仁宗嘉祐元年七月，诏京东西、荆湖北路转运使、提点刑狱公事公行赈贷水灾州军，若漂荡庐舍，听于寺院及官屋寓止。⑤
> 宋神宗熙宁三年十二月八日诏云："京城里外雪寒，应老疾孤幼无依乞丐者，令开封府并分擘于四福田院住泊，于额外收养……每日

---

① （宋）李焘：《续资治通鉴长编》卷一三六"庆历二年五月"条，第3270页。
② （元）脱脱等：《宋史》卷二三《钦宗本纪》，第432页。
③ （宋）李心传：《建炎以来系年要录》卷三一，载赵铁寒主编《宋史资料萃编》第2辑，台北：文海出版社1980年版。
④ 参见康弘《宋代灾害与荒政论述》，《中州学刊》1991年第5期。按：不同的学者因为其依据统计的文献不同，有关统计数字也存在差异。像邓云特《中国救荒史》（上海书店影印商务印书馆1937年本）则称水灾193次、旱灾183次、地震灾77次、蝗灾90次、霜雪灾18次、风灾93次。见该书第22页。
⑤ （宋）李焘：《续资治通鉴长编》卷一八三"嘉祐元年七月"条，第4423页。

> 依额内人给钱养活，无令失所。"①
>
> 高宗绍兴六年正月二十六日，诏令江东西、湖南北、福建、浙东提举常平官体认前后诏令，各仰躬亲不住往来于旱伤州县，遵依前后指挥，一一检察赈济存恤。如有流移人户，亦仰措置，踏逐寺院及系官屋宇，多方安存，依条支破钱米养济。②
>
> 高宗绍兴二十一年十一月八日，户部侍郎兼御营随军都转运使刘岑言："契勘淮南流移百姓，老小扶携，饥饿乞丐于道，无所依倚。欲望特赐行下沿路州县，计口给米二升，于常平米内应副，仰将官舍及空闲寺院廊屋使之栖泊。"③
>
> 宋孝宗淳熙八年八月二日，臣僚言："今岁江浙州县水旱相继，细民往往流徙江北诸郡，乞令监司守臣多方赈济，许于诸寺院及空闲廨宇安存。"④
>
> [李若谷知江宁府] 民匄于道者，以分隶诸僧寺，助给舂爨。⑤

自然灾害几乎在宋代每一朝都有发生，朝廷的处置措施往往会把寺院作为临时安置场所，安排灾民入住，避免其流徙。这些灾民自然是属于免费居住。

3. 地方官署的吏员及应征公干的兵丁

有宋一代，由于种种历史与现实的原因，造成了大批官员有职事而却无廨舍，甚至连公署也没有着落的局面，因而借居寺院僧舍则是较为简单而有效的解决方式之一。早在宋仁宗时代，就已颁布敕令允许地方官府借用僧舍作为官署。

> 徽宗宣和七年三月三日中书、尚书省奏："[提点坑冶铸钱司] 合用公廨，并以旧提举坑冶司廨舍充。如已被他司拘占，或旧无处，或今来提举路分与旧不同，合于别州置司者，即从便踏逐，申尚书省。

---

① （清）徐松辑：《宋会要辑稿》职官三七之九，中华书局1987年影印本，第3139页。
② （清）徐松辑：《宋会要辑稿》食货六九之五五，第6357页。
③ （清）徐松辑：《宋会要辑稿》食货六九之六〇，第6359页。
④ （清）徐松辑：《宋会要辑稿》食货六九之六五，第6362页。
⑤ （元）脱脱等：《宋史》卷二九一《李若谷传》，第9739页。

未踏逐到间，许权于寺院治事。"①

此令一下，后者沿波，官署、吏员寓所移居寺院者屡屡有之：

> 镇治旧是兼职，元在安定桥西。嘉定十二年内朝绅有请增置，靡有定寓，或假民庐，或泊僧舍，因循岁月，已数政矣。②
> 南渡之初，中原士大夫之落南者众，高宗愍之，昉有西北士大夫许占寺宇之命。今时赵忠简居越之能仁，赵忠定居福之报国，曾文清居越之禹迹，汪玉山居衢之超化，他如范元长、吕居仁、魏邦达甚多。曾大父少师亦居湖之铁观音寺，后迁天圣寺焉。③

有时为了一些特殊公事，朝廷也允许地方官府临时征调寺院作为安置人众的场所：

> 宋哲宗元祐年间，苏辙上言："臣昔守官河北，窃见义勇冬教，并不曾置教场屋宇，每遇教日皆权于系官屋宇及寺院等处安泊，别无阙事。……乞下逐路监司相度，只如自前于系官屋宇及寺院等处安泊，有无不便。如别无不便，亦乞罢修，以宽民力。"④
> 宋高宗建炎三年八月诏：应差往诸路捉杀军兵，经过州县，不得直入州县，止许城外踏逐寺院并空闲官舍安泊。……以尚书省言，昨乔仲福领兵经由饶州，军马等直入州城，四散占据民居，掳掠良民妻女作过，故有是命。⑤

朝廷将保甲教阅人丁、派往各地捉杀贼盗的官军等一应人员安置于寺院，一是因为其人数众多，场地太狭小无处可容，二是为了避免军兵入城扰害

---

① （清）徐松辑：《宋会要辑稿》职官四三之一四〇，第3343页。
② （宋）常棠：《澉浦镇新创廨舍记》，《绍定澉水志》卷下，《宋元方志丛刊》，第5册，第4669页。
③ （宋）周密：《癸辛杂识》后集《许占寺院》，中华书局1988年版，第73页。
④ （宋）苏辙：《论京畿保甲冬教等事状》，《栾城集》卷三九，曾枣庄、马德富校点，上海古籍出版社1983年版，第864页。
⑤ （清）徐松辑：《宋会要辑稿》刑法七之三二，第6749页。

平民，不如安置于寺院为好。

下面所举一事比较特殊，以致地方州守会将处理举措禀报朝廷允准：

> 今月三日，准秀州差人押到泉州百姓徐戬，擅于海舶内载到高丽僧统义天手下侍者僧寿介、继常、颍流、院子金保、裴善等五人，及赍到本国礼宾省牒，云奉本国王旨令，寿介等赍义天祭文来祭奠杭州僧阇黎。臣已指挥本州送承天寺安下，选差职员二人、兵级十人常切照管，不许出入接客，及选有行止经论僧伴话，量行供给，不令失所。①

比较特殊的是"暂居"者的身份是擅自入境的高丽国僧人，地方官府的安置具有了"外事接待"的色彩，处置不当会引起纠纷，作为地方上的寺院倒是有提供直接服务的责任，想来应该是不会收取费用的。

寺院提供空闲房舍来为朝廷解决地方官署、官吏兵丁居宿的难题，这种安置行为在宋代已经成为常态，但朝廷允许的是"权住"，而并非"久居"（主要是指公益性、无报偿的提供），而部分地方却任意拖延长住，甚至违反禁令，滋生种种不法行为，以至于朝廷不得不下诏书予以干涉：

> 大观三年十一月二十八日，诏：京畿并诸路州军宫观、寺院，比来所属不切检举已降指挥，公然容纵在任或寄居官居住安下，纵意改造，或贮积官物，或权泊官兵，甚至于因像设以筑垣墙，就厨堂以为厕，产乳屠宰，黩教慢神，莫此为甚。可勘当旧制，重别修立，除经过暂居不得过十日外，其余见任或寄居官并军兵及官物居占，并限一季起移。或尚敢留，并以违制论。仍许寺观越诉，州委守倅，路委监司按劾施行。如稍涉容庇，并与同罪。②

可见地方官府侵占寺院房舍的现象已经非常严重了，朝廷才会下如此严厉

---

① （宋）苏轼：《论高丽进奉状》，《苏轼文集》卷三〇，孔凡礼点校，中华书局1986年版，第847页。

② （清）徐松辑：《宋会要辑稿》刑法二之五〇，第6520—6521页。

的诏书，责成地方官府严惩。

（二）营利性暂居

寺院出于营利的目的出租房舍，这是寺院为非出家人提供"暂居空间"的第二种形式。追溯其历史，寺院出租空余房舍以牟利，早在佛教进入中国时即已有之。魏晋南北朝时期则已形成规模，到唐代更为兴盛。那时，不仅在都城有大量的寺院房舍出租，即便是在州郡亦然。像唐武宗会昌五年（845）发布的《南郊赦文》就有严禁京城寺院过多占据房产，大量用于出租的条文：

>京城诸［市］寺亦不尽有产业，就中即有富寺，今既疏理僧尼，兼停修造，所入厚利，恐皆枉破。委功德使检责富寺邸店多处，除计料供常住外，剩者便勒货卖，不得广占求利，侵夺疲人，所去不均之患，冀合衷多之义。①

"广占求利，侵夺疲人"，已经成为京城寺院过度占有房产的弊端，从而才迫使朝廷施行拣选货卖的政令举措，以去其"不均之患"。

而地方州县的僧寺也不例外，像山东牟平县"城东去半里有庐山寺……僧房皆安置俗人，变为俗家"，登州"开元寺僧房稍多，尽安置客房，无闲房，有僧人来，无处安置"。②寺院安置非出家人居住，以至于挤占了正分僧侣，使他们"无处安置"。

到了宋代，随着城市商业化的发展，寺院租赁房舍的现象也更加普遍。造成这种租赁繁荣的原因，一是寺院欲为寺院经济开辟出一条新的通道；一是社会流动人口众多，亟须解决其安身之处，寺院出租房舍则满足了二者各自的诉求。宋代寺院作为营利性暂居接纳的人众大致有两种。

1. 习业的士子

早在唐代，读书人就有寓居寺院修习学业的习尚。到宋代，此风尤为

---

① （宋）李昉编：《文苑英华》卷四二九《会昌五年正月三日南郊赦文》，文渊阁《四库全书》本。
② ［日］释圆仁著，［日］小野胜年校注，白化文等修订：《入唐求法巡礼记校注》卷二，花山文艺出版社1992年版，第222页。

盛行，许多生员均选择僧舍作为修业之所，主要是看中了寺院环境清幽，干扰较少，利于攻读，僦值便宜，经济负担较轻的缘故。

  公（范仲淹）与刘某同在长白山醴泉寺僧舍读书，日作粥一器，分为四块，早暮取二块，断荠数茎，入少盐以啖之。如此者三年。①
  是秋至京师，二朱（朱行中、朱久中）舍开宝塔寺，容寓智海禅刹，相次行中预荐，明年省闱优等，惟殿试病作，不能执笔。②
  [王得臣] 同伯氏从学于里人郑毅夫，假馆京师景德寺之白土院。③
  范正平子夷，忠宣公（范纯仁）子也。勤苦学问，操履甚于贫儒，与外氏子弟结课于觉林寺，去城二十里。忠宣当国时，以败扇障日，徒步往来。……觉林寺盖文正公松楸功德寺也。④
  郑少微字明举，华阳人。……宣和间上书论时政坐废，家贫无田宅，栖成都金绳禅院十五年，不变其守，学益古，文益工。⑤
  [刘黻] 早有令闻，读书雁荡山中僧寺。⑥
  [赵善恶] 赁僧房，业举子，夜诵依佛灯。⑦

在上述事例中，寺院中修习的生员，其身份各别，有的是贫寒举子，有的则是不得志的废吏；其修业时间也长短不一，有临时性的，也有长达三五年、十数年之久者。我们判断，这种长期寓居寺院习业的人士，应当是属于"租赁僧房"的房客，方能允许其如此持久居住，不然则只能是短时的"暂居"了。

---

  ① （宋）楼钥编，范之柔补编：《范文正公年谱》，《范仲淹全集》附录，中华书局 2020 年标点本，第 762 页。按：年谱云此条事迹出自《东轩笔录》，但今本《东轩笔录》无此文，当系佚文。
  ② （宋）方勺：《泊宅编》卷四，中华书局 1983 年标点本，第 24 页。
  ③ （宋）王得臣：《麈史》卷中《神授》，上海师范大学古籍所编《全宋笔记》第 1 编，大象出版社 2003 年版，第 10 册，第 34 页。
  ④ （宋）朱弁：《曲洧旧闻》卷三，文渊阁《四库全书》本。
  ⑤ （明）曹学佺：《蜀中广记》卷九八，文渊阁《四库全书》本。
  ⑥ （元）脱脱等：《宋史》卷四〇五《刘黻传》，第 12242 页。
  ⑦ （宋）叶适：《中大夫直敷文阁两浙运副赵公墓志》，《水心文集》卷二一，文渊阁《四库全书》本。

至于到科考大比之年，士子们临时寓居寺院的现象就更为普遍了：

> 诸路士人比之寻常十倍，有十万人纳卷，则三贡院驻著诸多士子，权借仙林寺、明庆寺、千顷寺、净住寺、昭庆寺、报恩观、元真观。①
>
> 每三岁取士诏下，合成都九邑士来应有司试者数逾五千，日增而未止。旧贡院既狭小，不足以容，则更求佛寺，取具临时。②

2. 香客、居士等信众

在宋代信奉佛教的非出家人数量极多，表现在士大夫就是参禅学佛，表现在民众中就是礼佛念经。前面我们曾讨论到士大夫、市民捐献财产供养寺院，即其经济上捐助寺院的一面。另外还有大量的居士、香客直接进入寺院，与僧众交往，寺院则为这些信众提供参佛悟道、休闲净心的暂居之地。在宋代的士大夫中，信奉佛教，与佛门关系密切者不乏其人，有高官如王随、文彦博、张方平、赵抃、张商英，学人如杨亿、晁迥、苏轼、黄庭坚、陈瓘、汪藻、张九成，他们号称佛教俗家弟子，即便是理学家也有与僧家渊源极深的学人，如二程高第谢良佐，即一位以禅证儒，深受佛学影响者。

苏轼是一位天才文人，同时也是一位热心佛禅的信士，在文集中随处可见其出入佛寺的踪迹。在《东坡志林》中，记录了他游历合浦净行院、杭州龙井、灵隐寺、承天寺、清泉寺、佛迹院、庐山西林寺、惠州嘉祐寺和儋州僧舍的情形。他与越中诸名僧的交谊甚深，尝自称"吴越多名僧，与予善者常十九"③。

黄庭坚也是一位禅门信士，在其任太和县令时曾委托长老为他在寺院中修建草轩作为休憩之所，后来作铭文记其事云：

> 吉州太和县普觉禅院，其东北皆修竹，长老楚金开息轩于竹间。

---

① （宋）佚名：《西湖繁胜录·混补年》，中国商业出版社1982年标点本，第9页。
② （宋）李焘：《贡院记》，《成都文类》卷四六，中华书局2011年标点本，第888页。
③ （宋）苏轼：《东坡志林》卷二，上海师范大学古籍所编《全宋笔记》，第9册，第45—50页。

> 予作县时，尝谓金：为我结草庵于竹北，金方经营经藏未暇也。他日庵成，予已去。①

据黄㽦《山谷年谱》，这事是在元丰三年（1080）之际，而在当时黄庭坚还有许多诗文描述其寄宿僧寺的情景，像《宿早禾渡僧舍》《宿清泉寺》《宿宝石寺》《过太湖僧寺》《宿观音院》等篇章，记载了黄庭坚暂居寺院的情景。②

诸如此类的事迹，在宋代文人中数量极多，显示了他们与寺院的密切关系。不过，在这些文献中，我们很难找到寺院与文人士大夫经济往来的记载，大概是封建社会文人耻于谈阿堵物的因素使然。我们相信，寺院应该不会是免费为这些人提供居住，即使不是现时交易，也应该是另有补偿的方法。像苏轼谪居儋州时先是租住官舍，被当地官员驱逐，只好花费积蓄另觅土地建造房舍，说明即使名声显赫如苏轼者，也得掏钱住房，绝无白吃白喝的事情。

3. 商贾及其他人物

在宋代，随着城市商品经济的盛行，各色商贾活跃于全国各地，南来北往，熙熙攘攘，为利而争逐，那些行商中途必须要选择临时栖息之处，除了城镇客舍、店铺之外，寺院往往也会成为商人们喜爱的"暂居"之地。

> 乐平向十郎者，为商往来湖广诸郡。尝贩茜柸数十筐之桂林，值久雨，憩僧寺中。天乍晴，悉出茜曝于庭。③
>
> 都下有道人坐相国寺卖诸禁方，缄题其一曰"卖赌钱不输方"。少年有博者以千金得之，归发视其方曰"但止乞头"。道人亦鬻术矣，戏语得千金。④

---

① （宋）黄庭坚：《跨牛庵铭序》，《黄庭坚全集》，刘琳等校点，四川大学出版社2001年标点本，第2册，第547页。
② 参见（宋）黄㽦《山谷年谱》卷一四，吴洪泽、李文泽等编《宋人年谱丛刊》，四川大学出版社2003年版，第3025—3028页。
③ 《粤西丛载》卷一二，文渊阁《四库全书》本。
④ （宋）苏轼：《东坡全集》卷一〇二《释道》，文渊阁《四库全书》本。

商人租住寺院是要花费钱财的，这是营利性暂居，显然不能划归公益性暂居。

寺院出租房舍给非出家人，其经济收益应该是较为可观的。关于租赁费用的具体情况，目前我们尚未找到相关文献的确切记载。但通过一些间接数据，也可略见一斑：元祐初，司马光上奏疏论废除助役法改为差役法，曾经论及"僧寺、道观、单丁、女户有屋业每月掠钱及十五贯，庄田中年所收斛斗及百石以上者，并令随贫富等第出助役钱"①。既然以房租每月十五贯作为国家征收赋税的起点，表示寺院房租月额能达到十五贯并非难事，在宋代这种寺院应该不在少数。又，前吴越国钱镠遗留于杭州临安、钱唐二县的寺观田产房廊每年可收租赋一千三百四十贯余。②当然这可能是一个较为极端的事例，其余寺院不一定有如此高的收入。而现存金《董解元西厢记》中有一则记载也可提供参考：张生到河中府普救寺投宿，在庭院中遇见了寄居于此寺的崔相国遗孀及女儿崔莺莺，一见生情，欲觅寺中房舍租住，好与莺莺随时相见，向长老开出的月租为每月"二千文充房宿之资"③。这虽然是以唐代故事作为描述对象，但是作为故事的细节，作者显然是参照了当时的市价而定出的价位，不会离当时的真实太远。不过，我们还应该看到，这一数额也应该是学子所能付出的较高的房租，而贫寒学子一般是无法给出如此高的房费的。

三　寺院为非出家人提供"暂居空间"的原因分析

寺院本来应是出家人清修的场所，而之所以会成为非出家人的寄居之所，应该是有其深刻的社会、宗教、经济诸多原因的，正是这些因素的交互融汇作用，使宋代寺院成了非出家人经常利用的"暂居空间"。下面我

---

① （宋）司马光：《乞罢免役钱依旧差役札子》，《司马公文集》卷四九，《四部丛刊》初编本。

② 参见（宋）苏轼《乞桩管钱氏地利房钱修表忠观及坟庙状》，《苏轼文集》卷三二，孔凡礼点校，第904页。

③ （金）董解元：《古本西厢记》卷一，上海古籍出版社1984年影印本。

们简要分析形成这一现象的原因。

宋代寺院为非出家人提供"暂居空间",其中一个很重要的原因是寺院"在佛教福田观念指引下衍生出的公益性停客职能"①,从而为非出家人寓居于宗教寺院提供了现实可能。换言之,寺院之所以能成为非出家人的寄居之所,是缘于佛教教义所宣扬的普度众生、善行善举,而善行善举又根源于佛教所倡导的"福田"思想。

何谓"福田"?佛教典籍中将人世所行区分为福田、敬田、恩田、悲田四类,有所施方乃有所获。福田指人们为将来的福报所做的事,就像播种于田,可致收获。敬田是指佛、法、僧三宝,恩田指父母师长,悲田是指贫穷孤寒乃至蚁子,苦田为畜生。

具体而言,"福田"是指人所做的善行,按西晋所译《佛说诸德福田经》中所提及的七种福田行为是:

> 一者兴立佛图,僧房堂阁。二者园果浴池,树木清凉。三者常施医药,疗救众病。四者作牢坚船,济渡人民。五者安设桥梁,过渡羸弱。六者近道作井,渴乏得饮。七者造作圊厕,施便利处。②

佛教的"福田"思想,明确地告诉教众,在生的诸般行为均会得到来世的因果报应,今生所做善事善行即为修来世之福。同时佛家戒律还明确规定要求佛门弟子应热情接待远道而来的同学、同见、同修大乘法者:"若佛子见大乘法、大乘同学、同见、同行,来入僧房,舍宅城邑,若百里千里来者,即起迎来送去,礼拜供养,日日三时供养,日食三两金,百味饮食,床座医药,供事法师,一切所须,尽给与之。"③

推而广之,寺院将其空闲的房舍提供给非出家人使用,安置那些亟须救助的灾民、官员士绅、求学士子,显然其"福田"施报的功德意义又较之上述七类更为隆盛,同时也是寺院回馈社会的重要善行,因而宋代各类

---

① 王栋梁:《唐代文人寄居寺院习尚补说》,《北京大学学报》(哲学社会科学版)2009 年第 3 期。
② 日本《大正新修大藏经》卷一六,台北:佛陀教育基金会出版部 1990 年版。
③ (后秦)鸠摩罗什译:《梵网经卢舍那佛说菩萨心地戒品第十》卷下,《大正新修大藏经》卷二四。

寺院大多愿意提供房舍给非出家人作为暂居之处，而且应该是免除所有费用的。

另一个原因是宋代是商品经济兴盛的时代，宋代城市化现象突出，商品交易频繁，无孔而不入。寺院作为社会的一个经济实体单元，它需要供养一应僧众，维持寺院日常的宗教活动以及修建等事务，尤其是还需要按国家规定缴纳赋役钱款（除了一些极为少有的特例，一般不能免除），而在一些特殊时期，朝廷往往还会以各种名目征收赋税。像下面的记载：

> ［宋神宗熙宁七年］两浙察访使沈括上奏："泗州都盐务免纳船户，而以官盐等第敷配，并给历抑配居民、寺观。"①
>
> ［宋神宗熙宁五年十二月］诏寺观奉圣祖及祖宗陵寝神御者免役钱。②
>
> 元祐二年，司马光奏疏论改助役为差役，衙前户助役钱重困，云："若犹以为衙前户力难以独任，即乞依旧法于官户、僧寺、道观、单丁、女户有屋产每月掠钱及十五贯，庄田中年所收斛斗及百石以上者，并令随贫富等第出助役钱。"③
>
> ［宋高宗建炎四年十一月］诏诸路转运司括借寺观田租芦场三年。④
>
> ［乾道七年二月］诏寺观毋免税役。⑤

在上述经济活动中，寺院承受的各类负担还是比较沉重的，这就需要它积极开辟财源作为运转的支撑，因而当时的寺院往往会在政令允许的前提下从事各类商业性经营。像东京大相国寺那样知名的寺院，仍然不能免俗，将空闲之地开辟为都会商品交易的中心。宋人孟元老记载说：

> 相国寺每月五次开放万姓交易，大三门上皆是飞禽猫犬之类，珍

---

① （宋）李焘：《续资治通鉴长编》卷二五一"熙宁七年三月戊午"条，第6124页。
② （元）脱脱等：《宋史》卷一五《神宗本纪》，第282页。
③ （宋）司马光：《论罢免役钱依旧差役札子》，《司马公文集》卷四九，《四部丛刊》初编本。
④ （元）脱脱等：《宋史》卷二六《高宗本纪》，第484页。
⑤ （元）脱脱等：《宋史》卷三四《孝宗本纪》，第650页。

禽奇兽，无所不有。第三门皆动用什物。庭中设彩幕、露屋、义铺。……两廊皆诸寺师姑卖绣作领抹花朵、珠翠头面、生色销金花样幞头帽子、特髻冠子、条绒之类。殿后资圣门前皆书籍玩好图画之类。……每遇斋会，凡饮食茶果、动使器皿，虽三五百分，莫不咄嗟而办。①

孟元老真实地描述了相国寺交易的热闹场景，从这段记载中我们不仅可以看到，寺院为这种日常交易提供了场所（这种提供显然应该是有所酬劳），同时僧尼们也直接参与了商业交易。作为东京的名刹尚且如此，那么其他各州府的有条件从事商业经济活动的寺院也就可想而知了。

更有一些寺院别出心裁，在商业活动中增加了文事活动，由此添注了几分雅趣：

[台州东掖山白莲寺] 倚山临路，乃白莲寺之庄宇也，炊黍未熟，举子亦得而游息焉。其主庄僧颇好事，设为书肆，凡举业之所资用、学者之所宜有者，皆签揭而庋列之，或就取而观之无拒色，亦不为二价。②

而寺院出租房舍的收入必然也是寺院经济的重要组成部分之一。这也是促成寺院考虑接纳非出家人入住寺院空闲房舍以开辟经济来源的重要原因。

当代学者在研究唐代寺院"税居"现象时指出，"从经济角度看，唐代文人寄居寺院，应当是免费寄居与税居两种情形并存的。这一并行格局在中唐时基本形成，随着寺院经济逐渐世俗化和寺院房舍租赁等商业经营的兴盛，到晚唐时所占的比例当越来越高"，"这一趋势延续到宋代以后，商品经济发展，寺院租房、赁房现象日趋普遍"。③

---

① （宋）孟元老：《东京梦华录》卷三《相国寺万姓交易》，中国商业出版社 1982 年标点本，第 20 页。

② （宋）舒岳祥：《重建台州东掖山白莲寺记》，《阆风集》卷一一，文渊阁《四库全书》本。

③ 王栋梁：《唐代文人寄居寺院习尚补说》，《北京大学学报》（哲学社会科学版）2009 年第 3 期。

四 寺院作为非出家人的"暂居空间"之社会利弊分析

作为依附于时代社会的寺院，因其具备较好的担负能力，在国家需要之时，分忧解困，为解决兵火灾荒的困扰而提供避难所，这成了宋代寺院的一大慈善功能；而其允许部分人以租赁的方式解决居住问题，也为宋代社会提供了服务性功能。

宋代寺院因种种缘由而成为非出家人的"暂居空间"，由此各类人以寺院作为平台，上演了各种社会历史戏剧。在前面部分，我们主要是从正面的角度讨论了寺院作为非出家人的"暂居空间"对社会提供的种种支持，在维系宋代社会的平稳发展，提供人道救助方面发挥了较好的正面功能。

然而寺院的这种功能一旦脱离了政府掌控，或是个别不法之徒利用法律的种种缺陷，内外勾结，使寺院的"暂居空间"功能蜕变为藏污纳垢之所，这种蜕变应当是政府抑或寺院始料不及的。寺院作为非出家人"暂居空间"的这种"弊"，有的属于个案，有的则是制度层面的问题。

一类是寺院"暂居"者在寺院中置寺规于不顾，从事非法不当活动：

> 滕元发少居乡里寺中修业，一日烹寺犬食之，僧笑曰："能作《滕先生偷犬赋》，即不申理。"①
>
> 大中祥符二年十一月癸丑，令弹射鸷禽伤生之类不得入宫观寺院。②
>
> [宋真宗天禧二年四月] 先是，上封者言诸处不系名额寺院多聚奸盗，骚扰乡间。诏悉毁之，有私造及一间以上，募告者论如法。③
>
> 徐生[以宁]父奉直大夫寓居彼寺（报恩寺），寺之人用常住物

---

① （宋）赵德麟：《侯鲭录》卷七，文渊阁《四库全书》本。
② （宋）李焘：《续资治通鉴长编》卷七二"大中祥符二年十一月"条，第1046页。
③ （宋）李焘：《续资治通鉴长编》卷九一"天禧二年四月"条，第2109页。

假其名以规利,奉直因是颇掩有其赀。①

青唐羌喻氏之孙陇拶,崇宁中归京师,拜节度使、安化郡王。其孙袭爵,后入蜀,为成都路兵马钤辖,占大慈寺四讲院屋宇并居之,历年既多,殊为一邦患苦。②

宗室久据寺院,诬赖骗挟,何所不至,岂可轻信其说?③

如果说滕元发偷狗而食,还算是读书人小偷小摸的不良行为的话,那么"多聚奸盗,骚扰乡间",或强居寺院,"诬赖骗挟",为"一邦患苦",那就是罪不当赦了。

还有一类是属于外来居住者(有部分不法官员参与)与寺院不良僧徒相勾结,从事非法活动:

元祐六年十二月,右正言姚勔弹劾叶祖洽,称其:"贪鄙无状,不持廉节,昨自淮南得替入京,沿路商贩,并多置芦泊,寄卖炭场官物及寺院堆垛货卖。又与开宝寺僧交往,钱物不明。"④

赵时消身为宗子……恃其奸猾,敢肆凶暴,辄受叶森财嘱,聚集凶徒,百十为群,操持兵器,劫取放生池鱼,又喝令方百五等八人拽倒放生亭,打破祝圣石碑。……僧介贡英叶谋停著,杀猪犒聚,情理尤重,毁抹度牒,编管邻州。⑤

[元符元年三月]诏今后在京禅僧寺院,士庶之家妇女,除同本家男夫作斋会听人入外,余辄入者并杖一百,夫子知而听行及主首不举,各一等科罪。⑥

---

① (宋)洪迈:《夷坚志》甲卷六《资圣土地》,文渊阁《四库全书》本。
② (宋)洪迈:《夷坚志》丁卷六《成都赵郡王》,文渊阁《四库全书》本。
③ (宋)蔡杭:《僧为宗室诬赖》。按:此判决的案例是宗室子赵保义强据寺院,唆使小婢遍走方丈,一旦不从所求,则以奸事诬告,迫使长老离寺而去。《名公书判清明集》卷一一,中国社会科学院历史所点校,中华书局1987年版,第405页。
④ (宋)李焘:《续资治通鉴长编》卷四六八"元祐六年十二月"条,中华书局1979年版,第11181页。
⑤ (宋)蔡杭:《捕放生池鱼倒祝圣亭判》,载《名公书判清明集》卷一四,中国社会科学院历史所点校,第524页。
⑥ (宋)李焘:《续资治通鉴长编》卷四九六"元符元年三月"条,第11813页。按,同书卷四二四"元祐四年三月"条有相同的记载。

第一条资料揭露官员与寺院合伙谋取钱财,第二条资料是僧人与不法宗子相勾结胡作非为,第三条资料禁止妇人单独入寺,这一法令恰好反映了宋政府对寺院不良僧徒勾搭妇女的罪过的担忧及惩戒措施。寺院不良僧徒裹挟妇女的事在宋代并非绝无仅有,《长编》记载,建隆二年(961),宋太祖尝诏令开封府集众杖杀皇建院僧徒辉文,又流放僧录琼隐等十七人,其罪名是"携妇人酣饮传舍,为其党所告,逮捕按验得实",因而治罪。[1] 在现存的文献资料中,洪迈《夷坚志》中对这类事件亦屡有记载[2],而通俗小说《简帖和尚》描写寺院和尚串通一干人员以一封伪造的信件及珠宝,拆散夫妻家庭,诱骗良家妇女为妻的行径[3],也可以视作典型案例。

结　语

宋代寺院是一个特殊的社会空间,是一个个独立的宗教机构,同时又是一个个独立的经济实体。承担着为国家效力、为社会服务的多重社会功能,而其中为非出家人提供"暂居空间"是其诸多社会功能之一。

两宋寺院为非出家人提供了大量的"暂居"服务,其在寺院暂居者中,既有大批的战争难民、灾民,又有读书习业的士子、官员吏人、居士信众,也有经商在外的商贩,数量众多,情况复杂。探究寺院成为非出家人"暂居空间"的缘由,其既为在佛教福田观念影响下而形成公益性暂居,又是宋代商业经济驱动下的营利性暂居。

暂居者的需求刺激着市场的多样化,多样化的市场满足了暂居者的需求,构成了一种社会的良性循环。将寺院为非出家人提供"暂居空间"的行为置于整个政治、经济大环境下加以考察,可以肯定,这一行为对稳定宋代社会秩序、促进经济流通起到了积极的作用,但是由于制度的缺陷及社会上不法之徒的裹挟参与,也有危害社会的案件频频发生,这就成了寺院容纳非出家人暂居而招致诟病之处。

---

[1] (宋)李焘:《续资治通鉴长编》卷二"建隆二年闰三月庚午"条,第42页。
[2] 如洪迈《夷坚志》甲卷五、甲卷十均有记载。
[3] 话本小说《简帖和尚》有《清平山堂话本》,1921年北平古今小品书籍印行会影印明刊本。研究者大多认定该篇为宋代通俗小说。

《〈梦溪笔谈〉选译》前言[①]

宋代，在我国历史上被誉为科技发展达到了前所未有的高峰，而这一时代科技成就的代表人物就是北宋中叶卓越的科学家、政治活动家沈括。

沈括（1031—1095年），字存中，钱塘（今浙江杭州）人。他出生在一个较为贫寒的地主阶级知识分子家庭。父亲沈周曾经先后在简州、润州、泉州等地做过地方官。沈括幼年时就跟随父亲四处赴任，这使他有机会接触社会，了解下层人民生活。

沈括在二十四岁时承袭父荫，相继做过沭阳主簿，东海、宁国、宛丘等县县令。在任上，他曾经领导疏浚沭水、修治芜湖万春圩工程，为民间做了有益的事。

嘉祐八年（1063）沈括进士及第，历任馆阁校勘、删定三司条例，尝考南郊祭祀礼仪，著《南郊式》一书，后来朝廷按新式行礼，节省费用巨万，宋神宗称善。其在朝为官的这一段时期正是王安石拜相、积极推行新法的时期，沈括与王安石很早就有私人交谊，而且他们的政治见解也大多相同，所以他很快便加入变法行列，成为中坚和得力干才。

熙宁四年（1071）以后的十年时间内，沈括在仕途上一直是比较顺利的，他先后担任检正刑房公事、提举司天监、河北西路察访使、权三司使等职，并奉命出使辽国，解决宋辽边界争端。在这段时期，沈括的政治活动是积极而有成效的，他以自己的干练、博识，积极参与朝政，推行新法，作出了很大的贡献，显示了作为政治活动家的沈括的积极一面。

[①] 本文原载《〈梦溪笔谈〉选译》（江苏凤凰出版传媒集团、凤凰出版社2011年版），经修改后收入本集。

沈括政治生涯中的另一重要阶段是在西北边疆度过的。元丰三年（1080），沈括从知宣州任调知青州，未行，改任延州知州，兼鄜延路经略安抚使，奉命措置陕西四路未了防务。他到任后讲求强兵安边，训练兵丁，修葺城寨，补充军务，为抵御西夏的侵略作了积极准备。后来的顺宁、细浮图、吴堡、义合寨之役，宋军在沈括的指挥下击败西夏军队，取得了较大战功。

元丰五年（1082），沈括奉命修筑永乐城（故址在今宁夏银川附近）。城刚修好，就遭到西夏军队的猛烈攻击。宋军在这次战争中损失惨重，阵亡将士一万二千余人，丧失军马数万匹，这就是历史上有名的"永乐城之战"。事后，作为鄜延路经略安抚使的沈括也以"措置乖方"的罪名被贬谪，送往随州监管安置。

永乐城之败意味着沈括政治生涯的最终结束，从此他开始了一种与前迥异的谪居生活，那时他刚五十二岁。

元丰六年（1083）以后，沈括以戴罪之身迁徙于随州、秀州、润州一带。当他在润州（今江苏镇江）看见自己十年前购置的一所庄园，山水风景酷似从前在梦中所见，心中异常欣喜，决定在这里定居下来，并将其地取名为"梦溪"（梦溪故址在今镇江市郊）。

晚年的沈括一直羸弱多病，加上家庭生活的困扰，更加速了他身体状况的恶化，终于在绍圣二年（1095）黯然谢世，卒年六十五岁。[①]

沈括是一位博学多才的学者。他的著述据《宋史·艺文志》记载有22种之多，但是大部分都已经亡佚了，现存最负盛名的著作即《梦溪笔谈》。

《梦溪笔谈》（以下简称《笔谈》）是沈括晚年闲居润州梦溪园时陆续写成的。这是一本内容极为丰富的杂谈式笔记，既包括了他毕生研究科学的成果，也记载了当时的科技成就、典章制度、诗文掌故，以及街谈巷语、异说奇闻，几乎无所不包。英国剑桥大学李约瑟博士在他所著的《中国科学技术史》一书中按照现代学科分类原则对《笔谈》所有条目进行了分类，共划分出二十五个类别，每个类别包括若干条[②]：

[①] 沈括生平事迹载《宋史》卷三三一《沈括传》，第10653—10660页；胡道静编《沈括事迹年表》，载吴洪泽、李文泽等编《宋人年谱丛刊》，四川大学出版社2003年版，第4册，第2315—2324页。

[②] [英]李约瑟：《中国科学技术史》第1卷，科学出版社1975年版，第316页。

① 官员生活和朝廷　　　　　　　　60
② 学士院和考试事宜　　　　　　　10
③ 文学和艺术　　　　　　　　　　70
④ 法律和警务　　　　　　　　　　11
⑤ 军事　　　　　　　　　　　　　25
⑥ 杂闻和轶事　　　　　　　　　　72
⑦ 占卜、方术和民间传说　　　　　22
　　　　　以上人事材料共270条
⑧ 《易经》、阴阳和五行　　　　　 7
⑨ 数学　　　　　　　　　　　　　11
⑩ 天文和历法　　　　　　　　　　19
⑪ 气象学　　　　　　　　　　　　18
⑫ 地质学和矿物学　　　　　　　　17
⑬ 地理学和制图学　　　　　　　　15
⑭ 物理学　　　　　　　　　　　　 6
⑮ 化学　　　　　　　　　　　　　 3
⑯ 工程学、冶金学和工艺学　　　　18
⑰ 灌溉和水利工程　　　　　　　　 6
⑱ 建筑学　　　　　　　　　　　　 6
⑲ 生物科学、植物学和动物学　　　52
⑳ 农艺　　　　　　　　　　　　　 6
㉑ 医学和药物学　　　　　　　　　23
　　　　　以上自然科学共207条
㉒ 人类学　　　　　　　　　　　　 6
㉓ 考古学　　　　　　　　　　　　21
㉔ 语文学　　　　　　　　　　　　36
㉕ 音乐　　　　　　　　　　　　　44
　　　　　以上人文科学共107条

从上表我们可以了解《笔谈》内容的概貌。另外，李氏分出的各类之间还有交叉现象，例如有的人事材料又包含了自然科学、人文科学的内容，从而更增加了它在科学史上的价值。

《笔谈》记载了沈括在自然科学方面的大量研究成果，这是他毕生从事科学活动的结晶，也是本书的精粹所在。

沈括的研究活动是多方面的，因而他的成就也不局限于某一学科门类，几乎在自然科学的所有领域都有所建树，显示出他超群的才华。

在天文学方面，沈括继承张衡等前辈科学家对日月的认识，正确指出日月的形状如弹丸，并由此解释了月亮发光和月食产生的原因（第130条）[①]。为了更精确地观测天象，沈括在掌管司天监期间，对古代天象观测仪器——浑仪、漏壶、日晷，进行了大胆的改造，使它们的精度大大超过前代（第150条）。另外，他还记载了常州发生的一次星陨现象，考察出陨星的成分是铁。这一认识与现代科学分析是相吻合的（第340条）。

在磁学方面，沈括观察了磁针的构造，指出用磁石磨针尖就能使铁针指南，在世界上最早记录了人工磁化现象。同时，他还第一个发现了磁偏角，这比西方哥伦布于1492年横渡大西洋观测到磁针偏侧现象早四百多年（第437条）。

在数学研究领域，沈括也有很多杰出的成就，《笔谈》记载的"隙积术"和"会圆术"公式就是他享有盛誉的成果之一。"隙积术"是一种高阶等差级数的求和公式。"会圆术"则是一种求圆弧长的近似公式。《笔谈》的研究成果为南宋数学家杨辉的"垛积术"研究和元代郭守敬创制《授时历》奠定了基础（第301条）。

在物理光学方面，沈括注意到了凹面镜（阳燧）成像倒立的问题，并做了小孔成像的实验，用物体存在着"碍"（焦点）来解释这两类光学现象，发展了古代有关光学方面的理论（第44条）。他对凸面镜曲率进行研究，总结出镜面大小与曲率成反比例的关系（第327条）。他还对自己收藏的透光镜进行考察，发现了这种铜镜奇特的透光现象。沈括尽管还不能彻底解释铜镜透光的原理，但其解释为现代研究提供了新的线索（第330条）。

在地学方面，沈括考察了雁荡山的特殊地貌，并把考察结果与陕北的

[①] 这里的条目数码是胡道静《新校正梦溪笔谈》（中华书局香港分局1978年版）所署，以下引文均同。

泥土立柱相类比，从而认识到水对地表有侵蚀作用（第433条）。看到太行山麓含有大量海生动物化石，他便推想这里原来可能是海滨，指出河流带走的泥沙到下游淤积成平原，正确解释了华北平原的成因（第430条）。这些论断都比西方地质学家的发现早几百年。难得的是，沈括的研究并不拘于表象的观察，而是从表象深入，进行合理的推断。他在延州看到古代的竹化石（古蕨类植物化石），由此推论古代延州气候一定温暖湿润，与宋代时已有了较大的差异，显现了沈括的思辨精神（第373条）。

我国是世界上最早发现石油并开发这一资源的国家。沈括在延州任上考察当地人采集石油的情形，收集石油烟炱，制造出质地优良的墨，开辟了石油利用的新途径。他把油液命名为"石油"，这一名称现在已为世界各国所接受，成了科学命名（第421条）。

《笔谈》不只是记述了沈括多年的研究成果，而且还用大量篇幅记载与他同时代的科学家、技术家的发明创造，反映了那一时代最新的科学技术成就，因此《笔谈》也就成了北宋科学技术史料的汇编。

首先，我们要提及最为人所称道的活字印刷术。印刷术是我国古代四大发明之一，活字印刷源于宋代。宋代布衣（平民）毕昇研制出胶泥活字，并创造了一套排版工艺新程序。这是世界印刷技术史上的一次重大革新，大大促进了世界文化发展。在宋代的文献资料中，只有《笔谈》详细地记载了毕昇的业绩，为我们留下了唯一的文字记录，使我们能够得知这一伟大发明的概貌（第307条）。

金属冶炼在宋代是一种非常发达的手工业，那时已经掌握了多种冶炼技术，炼制出不同规格的金属材料。沈括考察了磁州作坊的炼钢工艺，记载了团钢、百炼钢的冶炼方法（第56条）。青唐羌人善于制造"瘊子甲"，他们把坚铁经过冷锻，使厚度减少到原来的三分之一，以此来增强钢铁的硬度和韧性。沈括对这一冷锻技术给予了充分肯定（第333条）。

宋代还大量地利用信州的"苦泉水"（胆矾）提炼铜。这实际上是用铁从硫酸铜溶液中置换出铜来的化学反应，是现代湿法冶金的雏形。它的生产情况也见于《笔谈》的记载（第455条）。

宋代的航运极为发达，这就直接促进了造船业的兴盛。为了修补长达二十丈的龙舟，在汴京设计建造了船坞（第561条）。为了改进河道通航条件，在真州运河上大量修建复闸，用它取代旧有的埭。这种复闸装置既增加了漕运数量，又减少了维修费用，在我国航运技术史上是一次重大革新（第213条）。复闸至今仍保留在内河航运中，例如长江葛洲坝船闸就是一座现代化复闸。

除了以上内容，《笔谈》还大量记载了北宋时代的各类技术成就，例如苏州用围堤法修造长堤（第240条），陵州用"雨盘"制服盐井毒气（第224条），解州盐池掺和淡水晒盐（第50条），汴河上修斗门引水淤田（第429条），条目众多，不一而足。只要是在当时有利于生产、造福于社会的各项成就，大多可以在本书找到记载，从中也显示出沈括那种经世济民的科技思想。

在反映宋代科技成就的时候，沈括还能够摆脱世俗偏见的束缚，对下层人民的智慧有一定认识，较多地记载了一些地位低下的人的发明创造。除了前面论及的活字印刷术的发明者毕昇以外，沈括还多次赞扬盲人天文学者卫朴在天文历算方面的卓越才干，记载他编撰《奉元历》的精确性和速算技艺（第139、308条）。喻皓是一位技艺高超的木工匠人，他有精湛的木工建筑技术，并写成了专著《木经》。他的事迹也记载于书中（第299、312条）。黄河决堤是我国历史上的最大水患之一，水工高超分析了抢险用的"埽"的弊端，提出分节压埽的建议。尽管这一建议遭到主管官吏、老水工的反对，但事实证明只有这种短埽才能堵住堤决（第207条）。在以上各条中，沈括都用赞扬的口吻记述下层民众在社会生产中的光辉业绩，对他们的创造力予以充分肯定。

《笔谈》大量的篇幅记载了自然科学诸方面的成就，具有极高的科学价值，受到中外学者的交口称赞。日本数学家三上义夫称沈括为"中国数学家的模范人物或理想人物"，认为像他这样多才多艺的人物，"在全世界数学史上找不到，唯有中国出了这么一个"。[1] 李约瑟博士则把《笔谈》誉为"中国科学史上的坐标"[2]。这些赞誉，揆之史实，并非溢美。

除了自然科学的成就外，《笔谈》在人文科学方面的成就也不容低估。这部分内容在书中同样占有相当重要的地位。

沈括曾一度担任三司使，管理国家财政，接触到宋代社会大量经济问

---

[1] 转引自张家驹《沈括》，上海人民出版社1978年版，第2页。
[2] ［英］李约瑟：《中国科学技术史》第1卷，科学出版社1975年版，第135页。

题,并在《笔谈》中留下了重要的记载。他评价唐代刘晏实施的籴粮法,对此极为赞赏,并行之于东南地区(第192条)。垫钱法是唐五代至宋推行的一种重要的货币制度,有关它的内容也可以从书中查到(第78条)。至于北宋时代的一些财政措施,如盐课、茶利、铸钱额、岁运上供米、吏禄支出等,《笔谈》都一一记载了确切数字,为研究宋代社会经济提供了比较完整的参考资料。

沈括对音乐也有深湛的研究,《笔谈》保存有《乐律》二卷,至今仍然是我国音乐史研究的重要文献。他分析古乐钟制成扁形的原因,是要排除乐音的拍频干扰,使其节奏清晰(第536条)。他还记载了"胡乐"传入中国的史实。羯鼓、柘枝舞、胡部乐都是源于西域的音乐艺术,自传入中原地区后,为汉民族文化所吸收,成为唐宋时人喜爱的艺术(第86、94条)。这些记载都是研究中外文化交流的重要资料。

沈括还是一位造诣精深的文学家、艺术鉴赏家,《笔谈》在这些方面也有相当精彩的记述。他记载欧阳修收藏的一幅牡丹花图,人们可以从花卉、动物的神态准确地把握画的内涵,这反映了宋代美术鉴赏的一大原则——以精细不苟的写实反映现实(第278条)。他认为书法的精髓重在创新,倘若因袭前人,那只能是"奴书",而创新又必须建立在法度之上(第564条)。他记下了穆修与张景讨论句式优劣的佚事,反映了宋初一批散文家崇尚平易简捷的文章风格(第257条)。尤其值得一提的是他记录了王子韶"右文说"的内容(第253条)。"右文说"是文字学研究的一次重要突破,以形声字的声符兼有意义,从语音联系探求词义的系统性,是现代语源学研究的滥觞。《笔谈》的这一记载为汉语史研究提供了重要依据。

《笔谈》的内容除了反映宋代的自然科学和人文科学的巨大成就以外,还有另一个重要的侧面,就是它在一定程度上反映了宋代的社会现实和矛盾斗争。这些记载常常显示出沈括思想的进步性,有的甚至可以弥补文献的阙漏,具有较高的史料价值。

《笔谈》记载了部分北宋农民的阶级斗争,如李顺起义、廖恩起义,揭露了一些重大的历史事实。李顺在蜀中起义,提出"均贫富"的政治主张。起义军军纪严明,攻城略地,所向披靡,极大地震撼了赵宋王朝在蜀中的统治。李顺也深受百姓拥戴,起义失败后他竟然脱逃三十余年(第

473条)。尽管这一史实遭到史学家的质疑,但是沈括的记载为研究李顺起义提供了另一思考路径的宝贵史料。

《笔谈》还敢于揭露当时社会的黑暗,对官僚政治的腐败、百姓的疾苦有极大感慨。李溥任江淮发运使,用大船装载财宝入京行贿,又借进奉茶纲为名,大肆贪污自肥(第396条)。宋代官吏没有固定俸禄,以受赂为生,有人因此而致富(第218条)。更有甚者,封建军阀专横残暴,嗜杀成性。王錤盘踞陕州,曾一次杀戮十八个画工(第297条);曹翰攻入江州,大杀无辜百姓,以致城无遗类(第470条)。凡此种种,不胜枚举,而沈括所持的谴责态度也跃然见于简端。

与上述内容相反,《笔谈》对一大批忧国忧民、勤于为政的名臣良吏则予以充分肯定和赞扬。范仲淹在杭州任上遇到严重饥荒,千方百计调集国家、私人财力救灾,既解决了灾民的赈济问题,又为社会做了善事(第204条)。陈述古巧妙地利用罪犯的畏惧心理,制造一种神秘气氛,迫使罪犯自我暴露,整个情节充满传奇色彩(第242条)。狄青平定广西侬智高叛乱,利用节日时机制造假象迷惑敌人,乘其不备夺取昆仑关,表现出他高超的智谋(第288条)。陵州推官杨佐创新"雨盘"制服盐井毒气,保证了盐井的修复(第224条)。诸如此类的记载在书中有相当数量,它们为我们展现了历史人物的栩栩风采,从中也透露出沈括的政治思想。

综上所述,我们可以大概了解《笔谈》所具有的辉煌成就,但这并不意味着他的成就已经达到了完美的境地。正好相反,沈括受到社会历史条件的限制,不可能具有真正科学的世界观和治学方法,因而在《笔谈》中常常表现出瑕瑜互见的现象。他叙述某一自然现象,往往却推导出荒谬的结论。例如他描述暴雷袭击的情形,由此得出世界万物不可穷知的结论(第347条)。又如他分析日月的形状,最终用日月"有形无质"的错误说法来解释它们不相撞的原因(第130条)。在反映社会现实方面,他更囿于自身的偏见,经常宣扬神奇怪异、因果报应的谬说。例如曹翰屠江州,是由于朝廷赦令在途中遇风延误,因此江州百姓枉死乃命中注定(第470条);而王方贽的子孙官宦显达,是因为他减免两浙赋税,于民有恩(第166条)。至于对农民的反抗斗争,他则站在封建阶级立场,斥之为盗匪。对此,我们就不一一论及了。

在距今九百多年的中世纪,我国能够出现沈括这样一位科技天才,有

《笔谈》这样一本博大精深的名著问世，标志着我国在历史上曾经处于世界科技的先进行列。沈括的丰硕成就也绝非偶然所得。除了宋代社会为孕育这位科学巨匠提供了肥田沃土以外，沈括自身具有的刻苦钻研精神和开拓革新思想是他成功的主要因素。沈括有一种好学深思的钻研精神，他博览群书，注重实地考察，有很广的研究视野，这就使他能在各个领域崭露头角；他具有开拓创新思想，敢于提倡新说，不墨守旧规，这就使他在科学研究上充满巨大的创造力。

　　沈括为我们留下了如此珍贵的文化遗产，这是值得我们认真继承的。事实上，《笔谈》作为科技文化园苑中的一朵奇葩，其影响已经不限于中国，而早就成了世界各国科学家、史学家所重视的研究对象。我们深信，《笔谈》这一科技文化瑰宝在促进人类社会发展的进程中必将大放异彩。

　　我们的选译稿主要是以胡道静先生《新校正梦溪笔谈》为底本，并参考了其他有关著作而写成的，对此我们谨表示真诚的谢意。在选目的时候，我们尽量照顾到内容的覆盖面，力求真实地展现《笔谈》的风貌，但限于篇幅，其中很多重要内容，我们就只好割爱了。另外，我们对入选条目也重新进行了归类编排，大致按照自然科学、人文科学、社会现实三个大类划分，大类之下按学科分为若干小类，在同一类中仍然保持原书的顺序。这样分类可能未必合理，但至少可以方便读者。

　　鉴于《笔谈》内容的复杂深奥以及译者学力的限制，本书的谬误疏漏必定难免。在此我们恳切地期望读者朋友们不吝指教，以使它渐臻完善，这是我们最大的愿望。

《司马光集》前言[1]

司马光（1019—1086年），字君实，自号迂叟，世称涑水先生，陕州夏县（今山西夏县）人。他出身于世宦之家，祖父司马炫进士及第，曾任秘书省校书郎、知耀州富平县事；父亲司马池仕真宗、仁宗两朝，为利州路转运使、三司副使、吏部郎中、天章阁待制，历知凤翔、河中、同、杭、虢、晋六州府。

天禧三年（1019），司马光出生于光州（今河南潢川），故以"光"为名。在幼童时代即机智敏捷，其砸缸救人的故事，一直作为历史上的佳话留传至今。宝元元年（1038），司马光年方二十岁，登进士甲科，任华州判官，改签书苏州判官事以便养亲。连丁内、外艰，服除，签书武成军判官事，改大理评事、国子监直讲。皇祐初（1049）召试馆阁，同知太常礼院，迁殿中丞，除史馆检讨，改集贤校书。至和元年（1054）除群牧司判官，通判郓州事。次年庞籍除河东经略安抚使、知并州，辟司马光通判州事。嘉祐二年（1057）离并州，改太常博士、祠部员外郎、直秘阁，判吏部南曹，迁开封府推官，判度支句院，擢修起居注，同判尚书礼部，同知谏院。宋英宗治平二年（1065），进龙图阁直学士，判吏部流内铨。治平四年（1067）英宗上仙，神宗即位，擢翰林学士，改御史中丞，复除翰林学士兼侍读学士，权知审官院。王安石执政，推行新法，司马光作为旧党中坚人物，坚决反对新法，熙宁三年（1070）辞枢密副使新命，以端明殿学士出知永兴军。次年改判西京留司御史台，提举嵩山崇福宫，退居洛

---

[1] 本文原为李文泽、霞绍晖校点《司马光集》的前言（四川大学出版社2010年版），经修改后收入本集。

阳，专意撰修《资治通鉴》。元丰八年（1085），神宗驾崩，哲宗以冲幼之年即位，太皇太后高氏临朝，诏司马光赴阙庭，除门下侍郎，执掌朝政，力除新法。元祐元年（1086）拜尚书左仆射兼门下侍郎，是年九月卒，年六十八。

司马光一生奉行儒家"修齐治平"理念，为官清廉，务实平易，在中国历史上一直被视作封建社会良吏的典型，是一位恪守儒家道德准则的理想化人物，深受世人的崇敬，同时又博学多才，学术造诣精深，成绩斐然，在中国古代学术思想史上具有重要地位。

一

宋王朝建国以来，经过近百年的休养生息，其经济生产、城市商业、科技文化较之前代都有很大的发展，但同时各种弊端也极其突出，冗官、冗兵、冗费严重，国弱民贫，尽管表面上还维持着歌舞升平的繁荣景象，实际上已经是危机四伏，内忧外患，朝政腐败，党争激烈，风云变幻，各种政治危机屡屡呈现，矛盾冲突一直伴随着北宋王朝的始终。正是这一特定的历史年代，造就了司马光这样一位历史人物。

司马光科举早捷，仕途也不艰滞，然而他却并不希望就此一帆风顺，仕途坦荡，而是企盼施展自己兼济天下的抱负，以自己的努力去改变朝政，这就使其不可避免地要投入北宋时代的政治风云中去，成为叱咤风云的政治人物。

在司马光一生中至少有几件大事值得大书于史册。宋仁宗立嗣事件。至和年间（1054—1056），宋仁宗体弱多病，缺乏子嗣，皇位继承人虚缺已久，而策立皇太子作为一个敏感的话题，皇帝忌讳，朝廷大臣也畏惧而不敢触及。当时，司马光作为一个小小的并州通判，位卑言微，他却敢于连续上奏疏劝谏仁宗选立宗室子弟，建立储副。[①] 嘉祐年间（1056—

[①] 司马光《请建储副或进用宗室状》共三篇，见《司马光集》卷一六、卷一七，李文泽、霞绍晖校点本，四川大学出版社2010年版，第503、506、509页。

1063），他已入朝为官，又与范镇一起劝进①，促使仁宗最后下决心确立赵曙为皇子，在仁宗驾崩之后，英宗得以顺利继位，这对于稳定朝政起到了重要作用。

"濮议"事件。宋英宗赵曙虽然作为宋仁宗的继承人，但其实是濮王允让的第十三个儿子，以旁支身份即位。在朝廷祭祀中如何称呼其生父、生母，怎样追施尊崇典礼，这是事关封建礼制的老问题，汉、唐历代都各说不一，纷争百出。司马光早在英宗即位之初，就敏锐地预感到这一问题不可避免，因而在他给英宗的奏疏中就屡次论及此事，列举大量历代以旁支继统而不过度尊崇其生父母的史实，引古礼所谓"礼，为人后者为之子"，"持重于大宗，则宜降其小宗，所以专志于所奉，而不敢顾私亲"，要英宗遵守礼制，称仁宗为父，与皇太后和睦相处，不要过度尊崇生父，做出违反礼制之举，造成不必要的混乱。② 后来果然不出司马光所料，"濮议"之争白热化了，争议的双方分别是台谏官员、翰林学士与宰相、参政组成的两大集团，观点对立，互相攻讦。时任知谏院的司马光坚持至尊无二，反对宰执们对濮王的过度尊崇，后来争议以谏官、御史集团的失败告终，司马光也请求同被贬斥。"濮议"事件成为后世论礼的重要话题，沿历数代而争议尚未休止。

司马光卷入的政治风波，最大者莫过于在宋神宗时代与王安石为首的新党的党争了。这次党争一直延续至北宋灭亡方告终止。

王安石在宋神宗强有力的支持下实施新政，提出了一系列变法措施，以革新朝政，这一改革因为涉及国家政治、经济、军事、文化的诸多方面，各个利益集团的博弈也就此轰轰烈烈展开。司马光作为新政的坚决反对者，在治政理论上与王安石新党进行了针锋相对的激烈论辩，王安石以"三不足"作为其变法的理论依据，而司马光却借撰拟策问题目向"三不足说"发难；王安石设置三司条例司，实施青苗、免役、保甲等新法，司马光却批评其"侵官、生事、征利、拒谏"。他不仅与王安石书信论辩③，

---

① 司马光有《建储札子》两篇、《乞召皇侄就职上殿札子》《乞早令皇子入内札子》，见《司马光集》卷二〇、卷二四，第 566、626、628 页。

② 司马光有《上皇帝疏》《祔庙议》《配天议》《濮王札子》，分别见《司马光集》卷二五、卷二六、卷二七、卷三四，第 653、662、688、801 页。

③ 司马光熙宁间有《与王介甫书》共三篇，均为论辩新法之书启，见《司马光集》卷六〇，第 1255—1265 页。

而且在殿堂上当着皇帝面与王安石、吕惠卿等人争议曲直①，甚至不惜屡次辞去新的任职作为手段进行抗争②。在力争不胜的情况下，他不得已而退居闲散之地，不问朝政达十数年之久。正是因为反对新法态度坚决，旧党人物拥戴其作为领袖人物，从而树起了一面维护旧法的旗帜。

王安石等人的变法随着宋神宗逝世而宣告失败，太皇太后高氏辅佐年幼的哲宗登位，起用司马光执掌朝政，开始了铲革新政、恢复旧法的行动。这时的司马光已是垂垂暮年，他仍然义不容辞地担当起治国重任，在短短一年时间内尽废新法，恢复旧制。③ 有人劝他改更新法不宜操之过急，以免新党小人伺机报复，他严词驳斥说："天若祚宋，必无此事。"有宾客见他体弱多病，劝他减少操劳，以诸葛亮食少事烦为戒，他也无所顾忌，说："死生，命也。"④ 为政更加勤勉，终于在执政数月之后一病不起，为北宋后期的政治带来不少的遗憾。

司马光在死后也并未"盖棺定论"。最初他的丧事办得极为隆重，由朝廷委任官吏经营丧事，太皇太后、宋哲宗亲自临丧，追赠太师、温国公，谥曰文正，哲宗亲自题碑曰"忠清粹德"。但到了绍圣时（1094—1097年），随着太皇太后的逝世，哲宗对朝政改变了态度，旧党失势，新党章惇、蔡卞重新执政，黄履、张商英、上官均、来之邵、周秩等新党人物参劾司马光尽变神宗法度，"畔道逆理"，于是司马光、吕公著等人被追夺赠谥，仆所立碑，毁禁书版，甚至请求发塚开棺戮尸。尽管这种违背常理的请求被哲宗制止，但司马光仍被追贬为清远军节度副使。宋徽宗即位，司马光的厄运也不曾终结，虽然在徽宗即位之初追复了官爵，但时隔一年，又于崇宁元年（1102）再次追贬。蔡京重兴党禁，在京师竖立奸党碑，列司马光于奸党之首，并宣令各州县依仿立碑，甚至牵连到子孙，严禁他们在京畿地域任职。靖康元年（1126），金军兵临汴京城下，执政大

---

① 司马光有《手录》《日录》，均为与王安石、吕惠卿论辩朝政之记录，见《增广司马温公全集》卷一、卷二、卷一〇三至卷一〇五，日本汲古书院影印日本内阁藏南宋蕲州刻本。

② 司马光有《辞枢密副使札子》共六篇，见《司马光集》卷四一、卷四二，第 916—929 页。

③ 在这段时期内，司马光有《乞去新法之病民伤国者疏》《乞罢保甲状》《乞罢免役状》《乞罢将官状》《请更张新法札子》等多篇奏疏，分别见《司马光集》卷四六、卷四七、卷四八，第 987—1007 页。

④ （元）脱脱等：《宗史》卷三三六《司马光传》，第 10768 页。

臣李纲上疏，谓"元祐大臣，持正论如司马光之流，皆社稷之臣，而群枉忌嫉之，指为奸党，颠倒是非，政事大坏，驯致靖康之祸，非偶然也"①，杨时等人相继也有论列，朝廷才解除党籍之禁，重新赠官赐谥。

南宋时期，司马光死后的厄运终于中止，南宋各代皇帝对司马光封赠有加。宋高宗诏配享哲宗庙庭。宋理宗宝庆二年（1226）绘制司马光像于昭勋崇德阁。宋度宗咸淳元年（1265），诏司马光从祀于孔庙。其后南宋朝廷覆亡，但也并未影响其所获殊遇，至元仁宗皇庆二年（1313），恢复司马光从祀孔子庙的仪制。直至明清时代，司马光都在孔庙中取得一席之地，得到官方的尊崇。

在南宋以来的各类文献著述中，论及熙丰时代新旧党争之事，几乎是毫无例外地对王安石变法改革大加挞伐，而对于司马光不遗余力地维护旧法、铲革新法的行为大加赞扬。时至今日，这种评判仍然为数不少，我们认为这种评判恐怕有失偏颇。

面对国家的困境，宋仁宗无法改变，继位的英宗也回天无力，宋神宗作为一位颇有作为的君主，力图扭转这种颓势，因此重用王安石，实施变革。但是宋代社会的痼疾已成，要想在不动摇原有制度的基础上有所作为，岂不是难于上青天？庆历时代范仲淹的革新失败了，王安石变法注定要遭到失败，也是历史早已安排好了的命运。

清代学者王夫之在著名的《宋论》一书中就指出："呜呼，宋自神宗而事已难为矣。仁宗之弛已久，仍张其弛而固不可，张其弛而又已乖，然而酌其所自弛以渐张之，犹可为也，过此而愈难矣。安石用而宋敝，安石不用而宋亦敝。"② 这就是说，变法者无力回天，不变者亦无力回天，宋王朝的前途最终只有"敝而已矣"。既然如此，那么将北宋灭亡的原因归咎于王安石变法，是极不公允的。设想如果历史真的像后世部分人假设的那样，让旧党人物一直执掌朝政，继续推行司马光坚持的所谓"祖宗家法"，恐怕也不会有什么富国强兵之效，那种积贫积弱之势也不能消除，亡国之祸只是早迟而已。从现存文献来看，司马光所坚持维护的"祖宗家法"，确实存在弊端，到了非改不可的地步，而且司马光清除新法的措施也不是

---

① （元）脱脱等：《宋史》卷三五九《李纲传》，中华书局1977年版，第11268页。
② （清）王夫之：《宋论》卷六《神宗》，《船山全书》，岳麓书社1996年版，第11册，第159页。

万全无失。最典型的事例是司马光急于废止免役法，恢复差役法，而免役法施行二十余年，地方州县很多已经适应了这一役法，而不顾实际情形一刀切的做法，连旧党中人苏轼也持反对态度，反而让投机钻营者如蔡京之流钻了空子，苏轼因为多次反对无效，无奈之下不无戏谑地抱怨说"司马牛"。这一事例表现出司马光急于求成的偏执。

时隔千年以后，我们评价司马光这样的历史人物，恐怕不能单纯以司马光建立了多少业绩来加以衡量，更多的应该是对其所倡导的治国思想加以评判，对其思想中所蕴含的以民为本、以礼义治国的理念加以总结归纳。这种理念正好是我们构建现代新型和谐社会可以充分借鉴的传统文化的精华所在。

司马光提倡治国需要礼制，以礼制来维护社会的正常秩序，他说"人有礼则生，无礼则死。礼者，人所履之常也"。他认为，社会秩序被破坏起源于人的贪欲，因此需要用礼制来节制人的贪欲，"夫民生有欲，喜进务得而不可厌者也，不以礼节之，则贪淫侈溢而无穷也。是故先王作为礼以治之，使尊卑有等，长幼有伦，内外有别，亲疏有序，然后上下各安其分而无觊觎之心"①。司马光认为礼制与法令在维护社会秩序方面都起着重要作用，但二者不可等量齐观，礼居于主导地位，刑则居于从属地位，"礼乐可以安固万世，所用者大；刑名可以输劫一时，所用者小。其自然之道则同，其为奸正则异矣"②。这种以礼治国、礼法兼用的模式显然是儒家治国思想的最高境界，这在一定历史条件下，对于稳定社会秩序，促进社会生产力发展应该说是有利的。

司马光治国理念的另一核心是民本思想。他认为国家要以民为本，应该关注民情，顺应民欲（这种"欲"与前述人生的贪欲不同），"夫为政在顺民心，苟民之欲者与之，所恶者去之，如决水于高原之上以注川谷，无不行者。苟或不然，如逆阪走丸，虽竭力进之，其复走而下，可必也"③。于是他谆谆进谏人君，要亲民自省，以政事之失为己之过，"视天下有一事不治，以为己过；有一民失所，以为己忧"④；告诫读书求官之

---

① （宋）司马光：《易说》卷一《履》卦，文渊阁《四库全书》本。
② （宋）司马光注：《扬子法言》卷三《问道篇》，文渊阁《四库全书》本。
③ （宋）司马光：《乞去新法之病民伤国者疏》，《司马光集》卷四六，第990页。
④ （宋）司马光：《奉养第三札子》，《司马光集》卷二八，第696页。

士,要得道利民,而不能专为一己之"禄利","士之读书者,岂专为禄利而已哉?求得位而行其道,以利斯民也。国家所以求士者,岂徒用印绶、粟帛富宠其人哉?亦欲得其道以利民也。故上之所以求下,下之所以求上,皆非顾其私,主于民而已矣"。①

司马光主张朝廷政务要先谋而后动,谋于公卿众臣,甚至谋于士农工商等庶民,取得公众的协同,尤其是在国事有所改更时,更应当如此。元丰八年(1085)他在给太皇太后的奏疏中云:"国家政事欲有所改更,必先谋于众人,所言皆同,然后行之,则无失也。"② 反对执政大臣独断专权,主张君主从谏如流,他说"以谏纳善,不独人君为美,于人臣亦然"③。

司马光对于宋代经济存在的弊端深感忧虑,并提出了诸多改革主张,其中有相当部分是针对王安石的举措而发的。他提倡国家与民共利,视农、工、商为社会财富的生产者,"夫农工商贾者,财之所自来也。农尽力,则田善收而谷有余矣;工尽巧,则器斯坚而用有余矣;商贾流通,则有无交而货有余矣",他主张"农工商贾皆乐其业而安其富,则公家何求而不获乎","养之有道,用之有节,上有余财,然后推之予民,是以上下交足而颂声作矣"。④ 在他看来,国用不足不在于敛财无方,而在于"用度太奢,赏赐不节,宗室繁多,官职冗滥,军旅不精"⑤。针对这一现实,他提出自己的革弊主张:"伏愿陛下观今日之弊,思将来之患,深自抑损,先由近始,凡宗室、外戚、后宫、内臣,以至外廷之臣,俸给赐予皆循祖宗旧规,勿复得援用近岁侥幸之例","专用朴素以率先天下,矫正风俗,然后登用贤良,诛退贪残,保佑公直,消除奸蠹,澄清庶官,选练战士,不禄无功,不食无用"。⑥

司马光的治国思想远不止此,从上面所引的内容,我们可以看到这位杰出政治家的博大胸襟,在其治国思想中完美地体现了儒家"修齐治平"的传统观念,也为我们建设现代社会提供了较好的历史借鉴。

---

① (宋)司马光:《与薛子立秀才书》,《司马光集》卷五八,第1214页。
② (宋)司马光:《看阅吕公著所陈利害札子》,《司马光集》卷四八,第1016页。
③ (宋)司马光:《与王介甫书》,《司马光集》卷六○,第1258页。
④ (宋)司马光:《论财利疏》,《司马光集》卷二三,第612页。
⑤ (宋)司马光:《辞免裁减国用札子》,《司马光集》卷三九,第877页。
⑥ (宋)司马光:《论财利疏》,《司马光集》卷二五,第612页。

二

司马光不仅是一位杰出的政治家，同时又是一位学识渊博的学者，他在中国传统经学、史学、社会伦理学、文学等诸多方面都造诣精深，取得了令后人瞩目的学术成就，这些成就也是值得我们继承发扬的中国古代优秀传统文化的精髓。

司马光的著述，我们按《郡斋读书志》所载，分类罗列如下：

经部：温公易说一卷① 无逸讲义一卷 古文孝经指解一卷 疑孟一卷 说玄一卷 中庸大学广义一卷② 类篇四十九卷③。

史部：稽古录二十卷 资治通鉴二百九十四卷、目录三十卷、考异三十卷 通鉴举要历八十卷 百官公卿表一百四十二卷④ 累代历年二卷 纪闻五卷⑤ 温公日记一卷 官制、学制各一卷。

子部：集注法言十三卷 集注太玄经十卷⑥ 道德述要二卷⑦ 家范十卷⑧ 潜虚一卷 居家杂仪一卷 温公书仪一卷 徽言三卷。

---

① 《直斋书录解题》卷一作"《易说》三卷"，《宋史·艺文志一》作"《易说》一卷、又三卷、《系辞说》二卷"。

② 《宋史·艺文志一》作"司马光等六家《中庸大学讲义》一卷"，又有"《中庸大学广义》一卷"，重出。

③ 《宋史·艺文志一》作"《类编》四十四卷"，又有"《切韵指掌图》一卷"，后者经学者考正为伪作。

④ 《直斋书录解题》卷四作"《百官公卿表》十五卷"。

⑤ 《直斋书录解题》卷五作"《涑水纪闻》十卷"，《宋史·艺文志二》作"《涑水纪闻》三十二卷"。

⑥ 《直斋书录解题》卷九作"《太玄集注》六卷"。

⑦ 《直斋书录解题》卷九作"《老子道德论述要》二卷"。

⑧ 《宋史·艺文志三》作"《家范》四卷"。

集部：司马文正传家集八十卷①　续诗话一卷　温公投壶新格一卷　温公七国象棋一卷。

司马光的著作总量多达三十种，而其中不乏皇皇巨著，如《资治通鉴》。这些著述系统地阐述了他的学术思想，为我们研究其学术思想留下了极为丰富的文献资料。

在经学方面，司马光对一些儒学原典进行了新的注释与解读，他注释《易》《大学》《中庸》《孟子》《古文孝经》，扬雄《太玄》《法言》，撰写了《疑孟》《潜虚》等著作，弘扬儒术，力辟佛老，对宋代学者所关注的一些重要问题作了深刻的探索。由于其成就显著，朱熹将他与同时的周敦颐、邵雍、二程、张载合称为北宋"道学六先生"，并为作图赞。②

司马光对有关世界本原、万物化生的本体论命题进行了探讨，他认为："万物皆祖于虚，生于气。气以成体，体以受性，性以辨名，名以立行，行以俟命。故虚者，物之府也；气者，生之户也；体者，质之具也；性者，神之赋也；名者，事之分也；行者，人之务也；命者，时之遇也。"③ 在这里司马光提出了"虚"与"气"两个范畴，认为万物的最高本体是"虚"与"气"。而世上所有有形、无形的事物都是由它们所生成的："人之生本于虚，虚然后形，形然后性，性然后动，动然后情，情然后事，事然后德，德然后家，家然后国，国然后政，政然后功。功然后业，业终则返于虚矣。"④ 由虚而实，由实而虚的循环过程，构成了物质世界、人类社会生生不已的发展演变。

先秦时代老子提出了"有"与"无"的命题，此后诸多学者展开了激烈的争辩，司马光对此也有阐述。他在注释老子"无名万物之始，有名万物之母"时说："天地，有形之大者也，其始必因于无，故名天地之始曰

---

①《直斋书录解题》卷一七作"《传家集》一百卷"，《宋史·艺文志七》作"《司马光集》八十卷，又《全集》一百十六卷"。
②（宋）朱熹：《六先生画像赞》，《朱熹集》卷八五，郭齐、尹波校点，四川教育出版社1997年版，第4385页。
③（宋）司马光：《潜虚序》，《潜虚》卷首，《四部丛刊》三编本。
④（宋）司马光：《潜虚·名图说》，《四部丛刊》三编本。

无；万物以形相生，其生必因于有，故名万物之母曰有。"① 司马光认为"雷、风、日、月、山、泽，此天地所以生成万物者也，若皆寂然至无，则万物何所资仰耶"，"有"虽出自"无"，然而"无"不可以替代"有"，"夫万物之有，诚皆出于无，然既有，则不可以无治之矣"②，强调"有"与"无"二者不可偏废："万物既有，则彼无者宜若无所用矣，然圣人常存无不去，欲以穷神化之微妙也。无既可贵，则彼有者宜若无所用矣，然圣人常存有不去，欲以立万事之边际也。苟专用无而弃有，则荡然流散而无复边际，所谓有之以为利，无之以为用也。"③

司马光所论"虚""气""有""无"，阐释了宇宙万物的生成变化规律，与道学家周敦颐所谓的"太极""无极"有相似之处，但描述不如周氏精细。北宋道学家张载对"虚""气"二元之说略有异议，他是虚气一体论者，其《正蒙》云"太虚不能无气，气不能不聚而为万物，万物不能不散而为太虚"，"太虚即气"④，又说"大《易》不言有无，言有无，诸子之陋也"⑤。

在关于人的认知问题上，司马光对《大学》"致知在格物"的命题进行了讨论。他将"格"诠释为"扞""御"，"能扞御外物，然后能知至道矣"。他认为人的情性"莫不好善而恶恶，慕是而羞非"，只是由于外物的诱惑，故而"何暇仁义之思，廉耻之顾"，故需要"格物"方能"致知"。⑥ 这一解释与北宋理学家二程子的解释相左，他们认为"格物"就是"至物"，亦即"穷理"，人的认识过程，"须是今日格一件，明日又格一件，积习既多，然后脱然自有贯通处"⑦。在"知"与"行"的问题上，司马光强调身体力行，而反对徒务口辩而无实行的空谈，他说："学者贵于行之而不贵于知之，贵于有用而不贵于无用"，"习其容而未能尽其义，

---

① （宋）司马光：《道德真经论》卷一，《正统道藏》，文物出版社、上海书店、天津古籍出版社1988年版，第12册，第262页。
② 司马光：《答韩秉国书》，《司马光集》卷六三，第1308页。
③ （宋）司马光：《道德真经论》卷一，《正统道藏》，第12册，第262页。
④ （宋）张载：《正蒙·太和篇》，《张子全书》，林乐昌编校，西北大学出版社2015年版，第1页。
⑤ （宋）张载：《正蒙·大易篇》，《张子全书》，林乐昌编校，第39页。
⑥ （宋）司马光：《致知在格物论》，《司马光集》卷七一，第1449—1450页。
⑦ （宋）程颢、程颐：《二程遗书》卷一八，中华书局1984年版，第188页。

诵其数而未能行其道,虽敏而博,君子所不贵"。① 这一议论显然是针对宋代儒学者空言不实之弊而发,而并非无的放矢之言。

司马光对《中庸》的"中和"也进行了探讨。他认为"中和"之道是人世间普遍存在的处世法则,所谓中和,是要强调适中、用中、执中,即"动静云为,无过与不及也","中和"与《大学》所言的"虚静定"同为治心之术。② 因此士大夫修身养性当"以中正为心","履中守正,和而不流,执志之坚,人不能夺"。士人具有刚毅、正直的美德,但也离不开"中和"的调节,"刚,阳德也,君子所尚也。然而刚而不中则亢,刚而不正则戾。亢则人疾之,戾则人违之,故刚遇中正,然后可以大行于天下"③,"正直非中和不行,中和非正直不立,若寒暑之相济、阴阳之相成也"④,正直、中和,相辅相成,始为美德。

不仅个人的修养离不开"中和",人类的社会道德、国家的法规制度同样也需要"中和",司马光将"中和"推广到礼乐刑政的实施,认为礼是"中和"之法,仁是"中和"之行,乐以"中和"为本,政以"中和"为美,而刑则以"中和"为贵,他坚信"夫和者,大则天地,中则帝王,下则匹夫,细则昆虫草木,皆不可须臾离者也"。⑤

关于古文《孝经》的真伪,司马光不同意将其视为伪书的说法,他为《古文孝经》撰写"指解",认为《古文孝经》并非刘炫伪作,其文献价值应远在今文《孝经》之上,云:"秦世科斗之书,废绝已久。又始皇三十四年始下焚书之令,距汉兴才七年耳。孔氏子孙岂容悉无知者,必待恭王然后乃出?盖始藏之时,去圣未远,其书最真,与夫他国之人转相传授历世疏远者诚不侔矣。"⑥ 在中国传统《孝经》学史上独树一帜。

在对待秦汉儒学圣贤人物的具体评判上,司马光也表现出与宋代理学家们不同的观念,他对孟子的圣人地位提出质疑,撰写了《疑孟》;而对历来有争议的汉代扬雄却表现出景仰之情,为《太玄》《法言》作注,并

---

① (宋)司马光:《答孔文仲司户书》,《司马光集》卷六〇,第1253页。
② (宋)司马光:《答秉国第二书》,《司马光集》卷六三,第1311页。
③ (宋)司马光:《温公易说》卷三,文渊阁《四库全书》本。
④ (宋)司马光:《四言铭系述》,《司马光集》卷六八,第1407页。
⑤ (宋)司马光:《与景仁书》《中和论》,分见《司马光集》卷六二、卷七一,第1294、1453页。
⑥ (宋)司马光:《古文孝经指解序》,《司马光集》卷六四,第1336页。

摹仿《太玄》撰写了《潜虚》。

《疑孟》共有 11 则，包括 "伯夷隘柳下惠不恭"，"孟子将朝王"，"性犹湍水"，"生之谓性" 等内容，就《孟子》书中涉及的政治伦理、人性善恶、君臣名分等问题逐一进行辨驳。司马光乃北宋时代继李觏之后质疑孟子的另一重要人物。

司马光之所以对孟子的理论进行质疑，其间自然有对儒学理论阐释的不同，但更深层次的原因则是北宋时期新旧党争的政治背景。孟子在宋代之前还仅仅是儒家学派诸子之一，尚未上升到圣人的地位，到了北宋，对孟子的尊崇才开始升温，而最强有力的推手则是王安石。王安石执政以后，实行科举改革，在考试中加入《孟子》的内容，还与其子王雱、门人许允成等分别撰写了《孟子解》，借孟子的理论为其变法张目。司马光疑孟的焦点正是针对王安石而发的，所以南宋人倪思在回答司马光为何要疑孟的问题时说："盖有为也。当是时王安石假孟子大有为之说，欲人主师尊之，变乱法度，是以温公致疑于孟子，以为安石之言未可尽信也。"[①] 倪思之言确实有理。

司马光对汉代扬雄景仰备至，他花费三十年时间注释扬雄《法言》，在《法言序》中称赞荀子、孟子、扬雄，"三子皆大贤，祖六艺而师孔子"，又说 "扬子之生最后，监于二子而折衷于圣人，潜心以求道之极致，至于白首，然后著书，故其所得为多"[②]，将扬雄的地位提到了孟子、荀子之上。在人性善恶的问题上，司马光也赞同扬雄 "善恶混" 之说，不认可孟子 "性善说"、荀子的 "性恶说"，认为 "夫性者，人之所受于天以生者也，善与恶必兼有之。是故虽圣人不能无恶，虽愚人不能无善，其所受多少之间则殊矣。善至多而恶至少，则为圣人；恶至多善至少，则为愚人；善恶相半，则为中人。圣人之恶不能胜其善，愚人之善不能胜其恶，不胜则从而亡矣"[③]。

司马光还摹仿扬雄《太玄》撰著《潜虚》，将《潜虚》作为通《玄》解《易》的阶梯，其书的宗旨是 "以五行为本，五行相乘为二十五，两之为五十"，并配有气、体、性、名、行、度、解七图，用以阐述其 "虚"

---

① （元）白珽：《湛渊静语》卷二，文渊阁《四库全书》本。
② （宋）司马光：《法言序》，《法言》卷首，文渊阁《四库全书》本。
③ （宋）司马光：《善恶混辨》，《司马光集》卷七二，第1460页。

"气"理论。①

在维护人伦道德,建立稳定的社会秩序方面,司马光也有所阐述,形成了一套完整的理论,在其《家范》《书仪》及相关著述中都有精辟的论说。前文已述及,司马光极其重视礼制对治理国家的重要性,而在社会的基础单位——家庭,礼法也有着重要的维系作用,他提倡以礼治家,其宗旨就是要使"父慈而教,子孝而箴,兄爱而友,弟敬而顺,夫和而义,妻柔而正,姑慈而从,妇听而婉"②,而家礼的具体实施则被细化到对家庭中所有成员的一举一动,都有明确的、近乎繁文缛节的要求。

在家庭中的一些重要的活动,如冠、婚、丧、祭礼,更要严格遵守礼制,既不僭越,也不失礼。《书仪》一书参照《仪礼》的条款,结合当时的社会实际,详尽地叙述了儒家在这方面的诉求。此书在当时社会上引起了极大的反响,许多缙绅人家都依照《书仪》的规定举行仪式,朱熹也盛赞《书仪》的典制,认为"二程与横渠多是古礼,温公则大概本《仪礼》,而参以今之所可行者。要之,温公较稳,其中与古不甚远,是七八分好","婚礼,惟温公者好"。③

崇俭戒奢,是古人历来倡导的传统美德,司马光更是身体力行,以节俭著称。他对当时社会上普遍存在的奢靡行为而深感忧虑,他谆谆告诫家人,"由俭入奢易,由奢入俭难","俭德之共也,侈恶之大也"④,要子孙清白传家,以俭立名。司马光还由治家推广到治国,认为治理国家同样需要节俭,穷奢极欲,只能导致国家乱亡。在历史上,西汉初年萧何兴建未央宫,极度奢侈,被斥为以"骄侈"示天下,后来汉武帝以宫室糜弊天下,实由萧何始作俑也,"古之王者明其德刑而天下服,未闻可以宫室重威也"。⑤

司马光的学术成就以史学为巨,他花了近二十年时间完成了《资治通鉴》的编撰。这是一部空前绝后的史学巨著,由此奠定了他在中国古代史学领域的崇高地位,同时也标志着中国古代编年体史书的编撰继《左传》

---

① (清)永瑢:《四库全书总目》卷一〇八《潜虚》提要,第915页。
② (宋)司马光:《家范》卷一,文渊阁《四库全书》本。
③ (宋)黎靖德编:《朱子语类》卷四八,王星贤点校,中华书局1986年版,第2183页。
④ (宋)司马光:《训俭示康》,《司马光集》卷六九,第1414页。
⑤ (宋)司马光:《史剡》,《司马光集》卷七四,第1500页。

之后达到了登峰造极的新境界。

《资治通鉴》始撰于宋英宗治平元年（1064），是年司马光撰写了一种《历年图》，进呈给宋英宗，宋英宗很感兴趣，诏令司马光接续往下编写。司马光于是参考《史记》等文献，撰写了自周至秦二世灭国为止的历史共八卷，取名为《通志》进上，这一部分文字大概就是后来《通鉴》前八卷的初稿。宋英宗读后极为称赏，同意司马光设立书局继续编撰，并且允许借用三馆秘藏的各种图书资料，从此司马光开始了"研精极虑，穷竭所有，日力不足，继之以夜"的编修工作。参与编修的除了司马光之外，还有刘恕、刘攽、范祖禹及其子司马康等人，他们都是学有专长的学者，同时又甘于寂寞，与司马光志同道合，大家齐力协心，一起完成这一史学巨著。

宋英宗逝世以后，继位的宋神宗也积极支持司马光的编纂，并亲自为该书作序，赐名《资治通鉴》，表达了最高统治者对本书政治教化作用的期待。后来司马光反对新法失败，退居洛阳，将书局迁至洛阳，开始了长达十五年的退居生活，他绝口不言国事，专心致力于撰著。元丰七年（1084），《资治通鉴》宣告完成，同时还完成了与该书相关的《目录》三十卷、《考异》三十卷的编修。书成之后，宋神宗欣喜非常，赏赐丰厚，对宰相、执政大臣夸奖说："前代未尝有此书，过荀悦《汉纪》远矣。"[①]宋哲宗诏令国子监刊版，并于元祐七年（1092）在杭州印行，其时司马光已逝世6年。

《资治通鉴》记述了中国古代自周威烈王二十三年（前403）三家分晋开始，至后周显德六年（959）的历史，贯穿周、秦、汉、魏、晋、宋、齐、梁、陈、隋、唐、五代共十六个朝代，时间跨度长达一千三百余年，暗含承继孔子编《春秋》记载中国历史的意图。按编年的体例记叙了众多的历史人物和历史事件，以秉笔直书的史学传统，不伐善不隐恶，书中记载了许多明君贤臣的功绩，也不乏昏君庸臣的过恶；记载了战胜得国、荡平强敌的史事，也不乏覆军折将，破家灭国的悲剧。通过对这些历史人物、事件的描述，让后世之人领悟到以史为鉴的真谛。

司马光极其强调"礼"的作用，以此作为封建社会秩序的纲常，这是

[①] （宋）李焘：《续资治通鉴长编》卷三五〇"元丰七年十二月戊辰"条，第8390页。

他所坚持的理念,我们在前文已有论述。这一理念在《资治通鉴》中再次得到彰显,在该书卷一就开宗明义地提出了"礼分名"的问题:"天子之职莫大于礼,礼莫大于分,分莫大于名。何谓礼?纪纲是也。何谓分,君臣是也。何谓名?公侯卿大夫是也。夫以四海之广,兆民之众,受制于一人。虽有绝伦之力、高世之智,莫不奔走而服役者,岂非以礼为纪纲哉!是故天子统三公,三公率诸侯,诸侯制卿大夫,卿大夫治士庶人。贵以临贱,贱以承贵,上之使下,犹心腹之运手足、根本之制枝叶;下之事上,犹手足之卫心腹、支叶之庇本根,然后能上下相保而国家治安,故曰天子之职莫大于礼也。"[①] 在司马光看来,"礼分名"的核心问题是封建社会中正常的等级秩序,所有一切政令措施,都是"以礼为纪纲"的,因此"天子之职莫大于礼"。这是一种合理的推论,而随后司马光在书中借用各种历史事件,证明了礼存而国家兴盛,礼亡而国家衰落,甚至于国亡的道理。

司马光在《资治通鉴》中记述了王道、霸道两种社会形态。王道是古代社会的理想形态,王道不施,才沦为霸道社会,至于霸道沦丧,那就会成为礼崩乐坏、诸侯僭窃的无序社会了,所谓"三代之隆,礼乐征伐自天子出,则谓之王;天子微弱,不能治诸侯,诸侯有能率其与国同讨不庭以尊王室者,则谓之霸"。而王、霸无异道,各代帝君都需要以仁义为本来治理国家,"皆本仁祖义,任贤使能,赏善罚恶,禁暴除乱"。历史上的汉代虽然功业昭著,却不能复三代王道之治,究其原因,是君主不为,而不是"王道不可行,儒者不可用"[②]。这些见解都是司马光从传统儒学的角度对中国历史发展的阐释,其中不乏精当之见。

从史书撰写的角度来看,《资治通鉴》也达到了中国古代史籍编撰的高峰,足以成为后世史书编撰的典范。该书取材广泛,征引翔实,精心考证,秉笔直书,体现了史学家严谨的治学精神。还在编撰之初,司马光就写信给参与修书的范祖禹讨论该书的取材原则,不录神怪,不求好奇,"诗赋等若止为文章,诏诰若止为除官,及妖异止于怪诞,诙谐或止于取笑之类,便请直删不妨。或诗赋有所讥讽,诏诰有所戒谕,妖异有所儆

[①] (宋)司马光:《资治通鉴》卷一"威烈王二十三年",中华书局1987年版,第2页。
[②] (宋)司马光:《资治通鉴》卷二七"汉宣帝甘露元年",第881页。

戒,诙谐有所补益,并告存之"①。书稿不惮修改,司马光自称原本唐代部分的初稿多达两百余卷,删削以后,仅仅存留数十卷而已。② 在写作中他还采用了考异的方法。这一方法是将来源各异、记载纷歧的各种史料汇集起来,经过一番考求,择取其中最为可信之一说撰成正文,而将其余删削的资料另行汇集起来,待《资治通鉴》编成后,利用这些删余的材料另编为《资治通鉴考异》三十卷,对书中各条的选取理由加以申说,"参考同异,辨证谬误",让读者对该书的去取晓然于心,不再有所疑惑,四库馆臣称赞考异方法,"千古史法之精密,实有未过于是者"③。这一方法对后世的史学撰著产生了深远影响,南宋时代李心传、李焘,明代陈桱、王宗沐、薛应旂都有所继承,到清代更是产生了大量的仿效之著。

《资治通鉴》还以叙事平易、语言洗练著称。它善于描写纷繁复杂的重大历史场面,具有强烈的艺术魅力。如记述著名的赤壁之战,其原始资料散见于各类文献记载中,所涉及的名姓尚可稽核的人物多达数百人,司马光经过剪裁整饬,穿插润饰,只用了两千余字来记叙这次战争的全部过程,将众多人物描写得栩栩如生,成为千古传诵的名篇。

对于这样一部皇皇巨著,后世的学者无不交口称赞,不仅将其视为历史教材,同时更将其看作一部以史为鉴的政治教科书。宋末元初胡三省评价说:"为人君而不知《通鉴》,则欲治而不知自治之源,恶乱而不知防乱之术;为人臣而不知《通鉴》,则上无以事君,下无以治民;为人子而不知《通鉴》,则谋身必至于辱先,作事不足以垂后。"④

《资治通鉴》开创了编年体史书撰修的新纪元,在司马光之后诞生了以"通鉴学"命名的专门领域,此后编年体史书作为与纪传体并列的一种体裁,也蔚然兴盛,仿照或改编《资治通鉴》的史籍大量涌现,仅在有宋一代,仿《通鉴》体制的著作就有李心传《建炎以来系年要录》、李焘《续资治通鉴长编》、刘时举《续宋中兴资治通鉴》、金履祥《通鉴前编》,对《通鉴》一书进行改编的有袁枢《通鉴纪事本末》、朱熹《通鉴纲目》

---

① (宋)司马光:《答范梦得书》,见《传家集》卷六三,乾隆刊本。
② 参见(宋)胡仔《苕溪渔隐丛话》后集卷二二,《宋诗话全编》,江苏古籍出版社1998年标点本,第4册,第4105页。
③ (清)永瑢:《四库全书总目》卷四七《资治通鉴考异》提要,第421页。
④ (元)胡三省:《新注资治通鉴序》,中华书局1987年版,第28页。

等。至于元明清时代,这一类史籍更是不可胜数。

司马光的文学创作成就不如史学、经学方面那样显著,历来的研究也不够重视,然而其文学创作也成绩斐然。现存司马光文集八十卷,包括赋一卷,诗十四卷,制诏、奏议、章表四十三卷,书启、论说、记传、杂文十四卷,序跋、《疑孟》《史剡》《迂书》等二卷,墓志、祭文、青词等六卷。苏轼曾经评论司马光的文章,谓"其文如金玉谷帛药石也,必有适于用,无益之文,未尝一语及之"①,总体来看,这确实是中肯之论。

司马光的散文,其中奏议、章表占了多数,这些奏章往往针对朝政,有感而发,展示了一位政治家的深谋远虑,体现出他的文章重视实用的特征。他初为谏官时奏上的《进五规状》,从保业、惜时、远谋、重微、务实五个方面,劝谏皇帝励精图治、惜时谋远、忧国爱民、勤于政事、务实绩、黜浮华,将"五规"视为"守邦之要道,当世之切务"②,洋洋数千言,一气呵成,充分展现了其文思缜密,说理透辟而又纡徐不迫的特点。其他奏疏,像《谨习疏》《论财利疏》《乞逐路取人状》《上皇帝疏》《体要疏》等文,长篇大论,都表现出长于议论、剖析入微的特点。

不仅是司马光的奏疏具有重视实用、长于说理的特征,其余体裁的散文,如书启、政论文同样都具有这一特色。《与王介甫书》是司马光与王安石正式论战的一篇长文,在信中他据理力争,对王安石推行的新法逐一批驳,但却文辞委婉,丝毫感受不到咄咄逼人的气势,尤其是在信末语重心长地告诫王安石要真正识别贤佞,"彼忠信之士,于介甫当路之时,或龃龉可憎,及失势之后,必徐得其力;谄谀之士,于介甫当路之时诚有顺适之快,一旦失势,必有卖介甫以自售者"③,劝谕有加,情意恳切。后来司马光的预言果然成为事实,也让人对其政治预见佩服不已。

司马光主张文气畅达、言之有物,他说"孔子曰'辞达而已矣',明其足以通意斯止矣,无事于华藻宏辩也"④,因此在他的文章中确实很少见到那种宏辞丽藻、雕章琢句的习气,表现出朴素流畅、寓情于辞、言尽其意的文风。《训俭示康》有感于世人竞相奢侈的现象而发,叙述自己一贯

---

① (宋)苏轼:《司马温公行状》,《苏轼文集》卷一六,孔凡礼点校,第475页。
② (宋)司马光:《进五规状》,《司马光集》卷一八,第536页。
③ (宋)司马光:《与王介甫书》,《司马光集》卷六〇,第1262页。
④ (宋)司马光:《答孔文仲司户书》,《司马光集》卷六〇,第1254页。

主张的俭素家风,并列举近世以来名臣贤士崇尚俭德的事迹,向子孙陈述了"以俭立名,以侈自败"的道理,要他们遵从家训,清白传家。①《谏院题名记》是一篇不足二百字的短文,文中论谏官责任重大,系乎"天下之政,四海之众",必须要"专利国家而不为身谋",方能直言极谏。谏官题名于碑,其忠诈曲直,当留待后人评说,作为谏官"可不惧哉",表达了自己爱惜名节的苦心。②清代四库馆臣评论司马光的文章风格时说:"光大儒名臣,固不以词章为重,然即以文论,其气象亦包括诸家,凌跨一代。邵伯温《闻见后录》记王安石推其文类西汉,语殆不诬。"③

司马光尝自称"光素无文,于诗尤拙",但其文集中现存诗有一千一百多首,可见司马光并非不能诗,此语仅是其自谦而已。不过司马光一贯以儒臣自命,不以词章为重,因此他的诗风往往也与其文相近。他反对华而不实的诗风,批评当时一些诗人,"近世之诗,大抵华而不实,虽壮丽如曹刘鲍谢,亦无益于用"④。他的一些诗歌以社会现实为题材,反映了一定的社会内容,像其古体《道旁田家》叙述一对年老而又无子息的翁妪,虽然拼命劳作,"静夜偷舂避债家,比明门外已如麻,筋疲力敝不入腹,未议县官租税足",结果却是,债主临门逼债,不仅自己衣食无着,更不用说官府催交租税了。《田家》《苦雨》《又和夜雨宿村舍》等诗都是这一类题材的诗歌,读这类诗总令人感觉它们与唐代诗人白居易等所著新乐府诗是一脉相承的。司马光还有一些描写历史题材的诗,像《孟尝君歌》《楚宫行》《和王介甫明妃曲》,都是借咏颂历史人物,抒写自己胸怀之著。在司马光退居洛阳之后,也写有一些诗歌,或记述自己的悠闲生活,或是朋友间相互唱和,往往篇幅短小,清俊可喜。总体而言,司马光的诗如其文,平实晓畅,不事雕琢,但也有意境不深、锤炼不精的缺失。

司马光在文学史上的另一成就是他继欧阳修之后撰写了《续诗话》。诗话是创始于宋代,以短小精炼的形式对诗进行评论的新的文学体裁。司马光的《续诗话》是为了弥补欧阳修《诗话》之未备而著,在书中保留了

---

① (宋) 司马光:《训俭示康》,《司马光集》卷六九,第1413页。
② (宋) 司马光:《谏院题名记》,《司马光集》卷六六,第1371页。
③ (清) 永瑢:《四库全书总目》卷一五二《传家集》提要,第1315页。
④ (宋) 司马光:《答齐州司法张秘校正彦书》,《司马光集》卷六〇,第1267页。

一些珍贵的文学评论资料。他在诗话中品评唐宋前贤诗歌佳句，对杜甫《春望》、王之涣《登鹳雀楼》、林逋《梅花》、寇准《江南春》诗大加称赏，这些诗歌一经表出，相沿成诵，得到后人的认同。清代四库馆臣称此书"品第诸诗，乃极精密"，"妙中理解，非他诗话所及"①，给予极高评价。

司马光不以词著称，传世的词作品数量极少，这是受到当时将词视为"诗余"的偏见所致。但从现存司马光的词作来看，如《阮郎归》《西江月》《锦堂春》等数篇，赠别友人，即景抒怀，也写得绮丽委婉，自成风格。

三

对司马光文集的著录，最早见于苏轼所撰《司马温公行状》②（以下简称《行状》），《行状》称司马光"有文集八十卷"。但是未言明文集名。其后南宋蕲州刻本《增广司马温公全集》所载黄革序中也称"东坡先生撰公《神道碑》《行状》，得《迂叟集》于其家，以备铺述"③。司马光自号"迂叟"，故以"迂叟"名其集。由此可以推断，司马光文集应该是在其生前即已编定，共编为八十卷。这与现存大多数司马光文集卷帙相符，只是书名不相同而已。我们估计，苏轼看到的文集可能仅仅是稿本，尚未刊刻，其后随着党禁兴起，文集也遭到被禁锢的厄运。

司马光文集最早的刊本应当是南宋绍兴初年刘峤刊本。晁公武《郡斋读书志》叙述了该版本的源流，云："《司马文正公传家集》八十卷……集乃公自编次，公薨，子康又没，晁以道得而藏之，中更禁锢，迨至渡江，幸不失坠，后以授谢克家，刘峤刻版上之。"④ 晁公武所述的版本流传情况是：司马光—司马康—晁说之（以道）—谢克家—刘峤。刘峤刻本现有《四部丛刊》初编影印本，该本于卷首附有刘峤序及进书表。书序称

---

① （清）永瑢：《四库全书总目》卷一九五《续诗话》提要，第1781页。
② （宋）苏轼：《苏轼文集》卷一六，孔凡礼点校，第475页。
③ （宋）黄革序载《增广司马温公全集》卷首，日本汲古书院影印日本内阁文库藏本。
④ （宋）晁公武：《郡斋读书志》卷一九，上海古籍出版社1990年版，第1001页。

"文集凡八十卷，为二十八门，其间诗赋、章奏、制诏、表启、杂文、书传无所不备，实得于参政谢公"，刘峤的序语证实了晁公武《读书志》的内容。刘峤书序作于绍兴二年（1132），进书表作于绍兴三年（1133），其时官任权发遣福建路刑狱公事。现存刘峤刻本署作《温国文正司马公文集》，这一署名与黄革序所言《迂叟集》、晁公武《读书志》所云《传家集》名称均不相同，是否刘峤在刊刻时将书名改动了，现在已经不可考知。

现存《四部丛刊》初编影印之《温国文正司马公文集》也不是刘峤绍兴时初刻本。清人莫友芝撰，傅增湘订补《邵亭知见传本书目》卷一三曾论及此，傅增湘称："是本初刻于闽中，此则浙江重刊本也。卷中'构'字称'御名'。或是绍兴末刊与？缺卷一至四，七十七至八十，明弘治卢雍抄配。有洪武丁巳徐达左题款，又弘治抄配跋语，有黄丕烈二跋及钱大昕观款，海虞瞿氏藏。为现存温公集最古最善之本。"傅氏所称的"闽本"即刘峤绍兴初刊本，而"浙江重刊本"则是现存《四部丛刊》影印之祖本，其重刊时间应为宋高宗绍兴末或孝宗淳熙时期。理由是该本卷中对宋孝宗赵慎的"慎"字，常以缺末笔的方式来避讳。① 该本现收入《四部丛刊》初编集部，除此之外别无其他刊本。

在南宋时，司马光文集还另有刊刻本，那就是后代目录学家经常提及的光州刊本、泉州刊本，它们是《温国文正司马公文集》之外的另一版本体系。

陈振孙《直斋书录解题》卷一七著录云："《传家集》一百卷，丞相温国文正公涑水司马光君实撰。生于光州，故名。今光州有集本。"这是有关光州本的最早记载。不过，对于陈氏所著录的光州本，其书名与晁氏《读书志》相同，但是为何又溢出二十卷？光州刻本现在已不存世，后世诸家目录也无明确记载，故难以解答这一疑问。北京大学图书馆现藏有清钞本一百卷，原为李盛铎藏书，于每卷卷首均标注"宋本钞校"字样，卷中钤有"木犀轩藏书""李盛铎读书记"等印记。钞本虽署作一百卷，但据我们考察，其实并未多有文字，只是将八十卷另分出二十卷而已。李氏

---

① 在该本中大多卷帙都遵守对"慎"字的避讳，但也时有不避的情况。这种避讳不严的现象，有学者解释乃是因为该本在原有刊本的基础上通过挖改而成。如果是这样，更足以证明它是重刊本。参考王银林标点本《司马光奏议》，山西人民出版社1986年版。

《木犀轩藏书录》亦云"此本卷数与他本不合，或后人改编，或有所本，未敢臆定"。此本是否即光州刻本的钞本，确实如李盛铎所言，"未敢臆定"。

南宋时福建泉州刻本，为司马伋所刊，见于南宋人洪迈《容斋五笔》的记载。该书卷九云："司马季思知泉州，刻《温公集》，有作中丞日弹王安石章，尤可笑。温公以治平四年解中丞还翰林，而此章乃熙宁三年者。二集皆出本家子孙，而为妄人所误。"司马季思即司马伋，司马光曾孙，扈从宋高宗南渡，历任州县官，宋孝宗淳熙时历知苏州、泉州，后官终吏部侍郎。[①] 泉州刻本应是司马伋官泉州时所刻。洪迈批评司马伋收文不精，将凡是署作司马光的诗文均收录入集，"为妄人所误"，不能察耳。洪迈言之凿凿，根据我们对现存《传家集》的考察，虽然比刘峤刻本《温国文正司马公文集》诗文篇数有所增多，然而有些篇章却显然是误将他人之文阑入文集了，像洪迈提及的《奏弹王安石表》即是一例。泉州本的刊刻时间不能确定，但是可以肯定其晚于绍兴刘峤刻本。我们甚至猜测，此本很有可能与刘峤刻本有关，因为刘峤、司马伋都同在福建为官，建本容易寻觅，以同一祖本再加以增补，是顺理成章的事。

南宋泉州刻本今已不存，但是沿袭这一系统的刊本、钞本却为数不少。现存最早的有万历十五年（1587）司马祉刻本。万历本卷首有宋刊本刘随序，所谓"刘随"乃南宋"刘峤"之误，其序也是割裂刘峤原序，截取"公出于去圣数千岁"至"无所不备"一段文字而成。卷末附濮之瑞后序，称司马光十六世孙司马祉守邵武（今属福建），以其世藏刻本《传家集》重梓云云。国家图书馆所藏万历本钤有清人张之洞藏书印，并附朱筠之题记，称此本为现存《传家集》之最早刻本。

明刻本还有明崇祯元年（1628）山西学使吴时亮刊本，正文为八十卷、目录二卷。又，国家图书馆还藏有两种明刊本，均不载刊刻年月：一种二十四册，正文八十卷、目录二卷，卷首有刘随序，与万历本同，卷内分别钤有"明善堂览书画印记""安乐堂藏书记""益斋珍玩"等印记，王重民《中国善本书提要·别集类》称其承嘉定间刻本（按：即泉州刻本）而来，估计为明成化、弘治间刻本。一种十六册，正文八十

---

① 参见乾隆《福建通志》卷二三，《宋诗纪事》卷四六。

卷、目录二卷，卷首、卷尾钤有"铁琴铜剑楼"阴文印章，当为瞿氏藏书。

这一系统的清刻本较多，主要有康熙四十七年（1708）蒋起龙据吴时亮刻本补刊本，署作《司马温公文集》，正文八十卷、附目录一卷。清乾隆六年（1741）陈宏谋培远堂刊本，正文八十卷，卷末附陈氏撰《附录》一卷、《年谱》一卷，凡二十四册。此本流行最广，并于清同治、光绪间重刊。清乾隆十年（1745）刘组曾刻《司马文正公集》，正文八十二卷、目录二卷，卷首载《杂录》一卷，并有陈世倌、史贻直、沈德潜等序。此外，清代重要钞本除前述北京大学图书馆藏钞本一百卷外，《四库全书》本《传家集》八十卷亦为最常见之钞本。

现存司马光文集还有一种南宋刻本，为蕲州（今湖北蕲春）所刻《增广司马温公全集》一百一十六卷。这一版本仅见于《宋史·艺文志七》著录，云"《司马光集》八十卷，又《全集》一百十六卷"，此后的目录书绝无记载。这一藏本是20世纪90年代山西大学李裕民教授在日本时于内阁文库发现的。李裕民先生说，中华民国初傅增湘曾赴日本访书，在其《藏园东游别录·日本内阁文库访书记》中提及此书，但未作细致考察，仅是笼统称之"题宋刊本"。李先生谓此本乃"南宋、元间流入日本"，中国宇内已复不存，乃为绝无仅有之海内孤本。此本现有日本汲古书院影印刊行本。全书已有残页，缺卷三至卷八、卷四八至卷五三、卷六一至卷六八，总缺二十卷，仅存九十六卷。卷首载有朝奉郎、邛州司录事黄革序，黄序称："东坡先生撰公《神道碑》《行状》，得《迂叟集》于其家，以备铺述。……革顷官青衣，知有此本，先生之表侄谨守固藏，不敢示人。杜友传道得之……用是重加编辑，增旧补遗，始克全备，愿与学者共之，兹可嘉也。"从黄革序可以理清该本的流传情况：苏轼获得司马光文集稿本，传给其表侄，其后因党祸不敢以书示人，藏于蜀中，后来杜传道从苏轼表侄处得到稿本，增旧补葺，刊刻于蕲州，由黄革作序。在该本卷末镌有"右迪功郎、蕲州司理参军武师礼监印"，"右迪功郎、蕲州防御判官蒋师鲁监印"两行题字，故可判定其为蕲州刻本。从其收文的具体情况来看，此本与前述两种系统的司马光文集卷帙编排不同，收文亦有较大差异，大略可以列举数端：《全集》有《手录》五卷、《日录》四卷，前述两本均无；《全集》有《诗话》一卷，前述两本均无；《全集》有词三首，前述两本不收录；《全集》卷末有《附录》两卷，收录司马光《行状》《墓志》、谥议、覆谥议，前述两本均无。不过，也有前述两本所收诗文，而《全集》未见收录者，如诏令一类，其数量亦不少。此不赘述。

司马光文集在明清时代还有几种选刊本，也是较重要的传世刊本。明嘉靖四年（1525）吕柟编《司马文正公集略》三十一卷、《诗集》七卷，有平阳府河东书院刊本。天启七年（1627）吴时亮选本。清正谊堂刊《司马温公文集》十四卷。

综上所述，对这三种系统版本的司马光文集可以概述如下：《四部丛刊》初编本影印《温国文正司马公文集》当为现存之最早刊本，《传家集》八十卷本（或八十二卷）为收文数量最多之本，《增广司马温公全集》所收诗文内容有较大差异，有重要的文献校勘价值。

历史上的宋代被誉为中国封建社会发展的巅峰，在这一时代不仅创造了灿烂辉煌的中国古代文明，至今令人叹为观止；同时也造就了一大批历史人物，虽然已时隔千年之久，论及他们的风采，还令人对之敬仰有加。司马光显然就是其中的一位佼佼者。在前面我们简略地讨论了司马光政治、学术方面的一些成就，尽管限于篇幅，许多论述不能深入，但是其功绩已赫然在目。司马光以其道德文章，在历史上树立起了一座坚硕的丰碑，其功业长存寰宇，其魅力跨越时空，足以影响千秋万世。"高山仰止，景行行止"，当我们论及这位先贤的时候，景仰之情不禁油然而生。他留给了我们一份极为珍贵的文化遗产。继承这一精神财富，使之发扬光大，更好地为建设现代和谐社会服务，这就成为传统文化研究者义不容辞的职责。

时逢盛世，国家重视传统文化的继承和发扬，党和政府多次强调传统文化作为构建现代精神文明要素的重要意义，勉励人文社会科学研究者发挥专业优势，作出应有贡献。许多人文社会科学研究者也长期耕耘于此，在各个研究领域取得了令人瞩目的成就。具体到对司马光的研究，也硕果累累，涉及其政治、思想学术的各个方面。然而美中不足的是，尽管司马光文集已有若干种整理本，一则受编纂体例的限制，未能将其诗文全数纳入，如《全宋文》《全宋诗》这样的大型断代诗文总集；一则一些整理本屡有差误，不可谓不刊之典。这一状况反映了文献整理滞后于研究的尴尬。有鉴于此，我们很久以来即有整理司马光文集的愿望，今年应出版社之约，选取司马光文集，精心校勘标点，试图推出一种最新的整理本，以飨读者，也算完成了我们的夙愿。虎年将至，书稿杀青付印，我们备感欣慰，倘若此书能对今后的学术研究有一些帮助，可以借此促进学术研究的开展，我们的初衷也就完全达到了。

宋代地理文献综述[①]

——兼及宋代所编巴蜀方志

在中国古代文献编纂史上，宋代无疑是历史上最为重要、辉煌的时期之一。从编纂理念来看，宋人继承了前代文献编纂的优秀传统，并借此发展了文献编纂理论，使之更富于时代精神。从编纂实绩来看，也是成绩斐然，除了历史上前朝的汉代、后时的清代以外，其余各代都无法与之媲美。

宋代地理文献是宋代文献的重要一类，体现了极多宋代文献的时代特色。以下拟以宋代地理文献为例，讨论宋代文献的概况及其学术价值。

一 宋以前的地理文献

中国的地理文献起源很早，传统的说法大多将《尚书·禹贡》《山海经》作为中国地理文献的肇始之作。《禹贡》记载大禹治水划分古代中国的疆域，把中国分为九州，按州记述该地区的区域、土壤、物产、贡赋。虽然它记述的内容还比较简单，但它确乎是中国古代地志的滥觞。至于《山海经》记载中国古代的地理，虽然其中有较重的神话成分，甚至存在一些荒诞不经之处，但也不失为最早的地志雏形。在后来的正史文献中也大多载有地理方面的内容，像司马迁《史记》中的《河渠书》、班固《汉书》的《地理志》，都反映了两汉时代地理疆域的相关内容。其后，传统

[①] 本文原载四川大学古籍整理研究所、四川大学宋代文化研究中心编《宋代文化研究》第19辑，四川出版集团、四川文艺出版社2011年版。

的正史一般都设有《地理志》，记述当时的行政区划等。

作为专书的地理文献，在晋代有常璩的《华阳国志》、郦道元的《水经注》一类的书。后来晋代挚虞编纂《畿服经》170卷，按照《隋书·经籍志》的说法，它是"依《禹贡》《周官》作《畿服经》，其州郡及县分野、封略事业、国邑山陵水泉、乡亭城郭、道里土田，民物风俗，先贤旧好，靡不具悉"，也就是说已经具备了全国总志的性质。稍后的一些重要的地理文献，如南齐陆澄汇集了《山海经》以来的160家地记，编成了《地理书》149卷、录1卷，梁代任昉又在此基础上增加84家地记，编成《地记》252卷。① 可惜这些专书文献除了《华阳国志》《水经注》以外，其余的都已经佚亡了。

隋、唐是我国古代大规模编纂地志的时期，这一时期国家高度重视编修地志，由朝廷颁布诏书要求地方编修或向中央机构提供编修志书的原始资料，供编修全国性地志使用。隋大业年间（605—616），"普诏天下诸郡，条其风俗物产地图，上于尚书"②。唐代则要求各地州郡每三年编造一次图经，进送尚书省，中间曾经改为五年一送，但很快又恢复了三年一送的制度。这一时期编修的地志文献，据《新唐书·艺文志》著录，主要有萧德言《括地志》550卷、《序略》5卷、《长安四年十道图》13卷、《开元三年十道图》10卷、李吉甫《唐十道图》《元和郡县图志》，梁载言《唐十道四蕃志》、贾耽《皇华十达》10卷、《贞元十道录》14卷，《古今郡国县道四夷述》40卷、《郡国志》10卷。然而这些地志文献大多已经佚亡了。③

我们目前能见到的比较完整的唐代地理总志是唐宪宗元和年间（806—820）李吉甫纂修的《元和郡县图志》，全书40卷、目录2卷，按当时划分的诸道四十七镇分列篇目，配有插图，置于篇首，其后是文字记述。在宋代以后，该书的图散亡了，只保留了记述文字，因此后人改称其为《元和郡县志》。全书扼要地记载了当时全国的疆域、山川、险隘、道

---

① 参见（唐）长孙无忌等《隋书》卷三三《经籍志》史部地理类后序，《二十四史》，中华书局1998年版，第7册，第255页。
② （唐）长孙无忌等：《隋书》卷三三《经籍志》史部地理类后序，《二十四史》，第7册，第255页。
③ 现存的唐代地志，除了下面述及的《元和郡县志》外，《括地志》现存有清人孙星衍、王谟辑本。今人贺次君著有《括地志辑校》，中华书局1980年版。

里、户口、贡赋、物产。据李吉甫自序，他编修该书是要"佐明王扼天下之吭，制群生之命，收地保势胜之利，示形束壤制之端，此微臣之所以精研，圣后之所宜周览也"①，就是说其宗旨是为维护国家统治、明确行政区域管理、理顺财赋征收而修撰的。由于这本书保存完整、体例完善、记载准确可靠，一直受到后世的重视。《四库全书总目》评论此书说："舆地图经，隋唐《志》所著录者率散佚无存。其传于今者，惟此书为最古，其体例亦为最善。后来虽递相损益，无能出其范围。"② 历代研究历史地理的学者都极其看重这本地志。此外，唐代还编修一些地方志文献，可惜都已经全数散佚了，只是在敦煌文献中还保留下来部分残卷，像《沙州志》《敦煌录》《沙州伊州地志》。③ 这些文献尽管只剩下了残卷，然而吉光片羽，仍然极为珍贵。

二 宋代地理文献的撰修

宋代在隋唐时代大量撰修地理文献的基础上更有所发展，编纂了数量更多的地理文献，并且在地理文献的撰修方面带有宋代的特色。首先，宋代地理文献的撰修与经世致用的政治理念相结合，使地理文献直接为当时的政治、经济、军事、社会服务。四川大学历史地理学博士马强的博士学位论文《唐宋时期中国西部地理认识研究》对此有所阐述，他认为宋代地理学的研究重心在时、空观念上呈现两个发展趋势。其一，地理学研究的空间重心由"禹域"（内地）向"荒徼"（边土）发展。其二，地理学研究的时间重心也由古代转向当代。④ 这一趋势是与宋朝所处时代密切相关的。宋王朝疆域之外一直都有强敌临境，北宋时期北部有与之对峙的辽、西夏、吐蕃，南宋时代淮河、秦岭以北就是金国的版图。这些国家（或部族）随时都对宋王朝的立国构成极大的威胁，研究这些敌对国家或部族的

---

① （唐）李吉甫：《元和郡县志序》，《元和郡县志》卷首，文渊阁《四库全书》本。
② （清）永瑢：《四库全书总目》卷六八《元和郡县志》提要，第595页。
③ 参见李并成《一批珍贵的古代地理书——敦煌遗书中的地理番卷》，《中国科技史料》1992年第4期。
④ 马强：《唐宋时期中国西部地理认识研究》第1章第3节"唐宋时期西部地理之学兴盛的原因"，博士学位论文，四川大学，2006年。

情况,知己知彼,为朝廷在政治、军事、经济方面的决策提供历史依据,就显得很重要了。另外,宋王朝南、北部边土还有大量的少数民族存在,对于宋王朝来讲,这些化外民族时叛时服,也影响到国家政权的巩固。广西蛮侬智高的叛乱、湖南溪洞蛮的叛乱,在当时都曾经对中央朝廷造成了极大的震动,因此这些区域的安定与否直接关系到中央王朝的统治,对这些地区的关注自然也成了当时的重心。时代的需求最终促进了宋代地理文献的繁荣。

其次,宋代的地理文献在记述的内容上较之前代有新的发展。宋代以前的地理文献,其描述的重点在于行政区划的变迁、地名的沿革、人口户数的增减、赋税数量的变化,也就是说记载的内容偏重于"地理",而记载山川名胜、风俗民情、人物传记方面的内容偏少。这一特色与其编纂宗旨是直接相关联的。宋代编纂的地理文献,则有较大的变化,增加了更多的文化、历史的内容,特别是一些地方志,还增加了名宦贤达事迹、诗文辞赋、文献目录的记载,使方志真正成为全面反映该地区历史的著述,而地理文献从前注重的反映区划变迁、地名沿革的内容缩小为较少的部分。这就赋予了地理文献更多文化层面的意义。另外,从修志的体例来看,志书有时也借鉴了传统正史的撰写方法,创设了纪、表、志、传的体例,使之成为一种能全面而又准确反映某一地区的区域历史的史志文献。

最后,宋代地理文献的撰修方式也呈现多样化的特色,朝廷官方撰修与私家撰述同时并行。宋代的地理文献可以分为两大类,一类是全国性的总志,记载宋时代全国的地理知识;一类是地方志,记载了某一地区的历史地理知识。这两类文献的撰修呈现一种较为复杂的情形。以总志而言,北宋时代主要是由朝廷委官编修,而南宋时代则主要由私家撰修。北宋时代的几种大型总志,像《太平寰宇记》《元丰九域志》,都是由朝廷委派官员完成的;北宋末、南宋时代所纂《舆地广记》《舆地纪胜》《方舆胜览》虽然也是全国性的总志,却均为私人所撰著。宋代的地方志一般则是由当地政府的长官主持纂修,具体担任修书一职的则往往是地方上有名望的仕宦、耆学之士。虽然从其组织形式来看仍然是一种地方官府行为,但是这些参与修志的人大多学识渊博,熟悉地方掌故文献,因而融入了较多的个人因素,反映在方志的内容方面往往是文献与感知并重,增加了不少新的内容,广征博引、考证详密,相较前代地理文献单一的表述方式就显得更胜出一筹。

三　宋代编纂的全国性总志

我们先讨论全国性总志一类的地理文献。赵宋立国以来，编纂过多种全国性的地志和图经，据王应麟《玉海》记载，宋太祖建国伊始，就着手编纂图经，连续于开宝四年（971）、开宝六年（973）派遣大臣卢多逊到后汉、南唐收集地志资料，重修天下图经。显而易见，宋太祖编修图经的目的是要掌握这些国家的地理山川形势，为消灭这些僭伪国家作准备。图经最终在开宝八年（975）由宋准编定，定名为《开宝图经》。[①]《开宝图经》现在已经佚亡，其内容如何不可得知。

宋太宗时编成的全国性总志是《太平寰宇记》200 卷、目录 2 卷。本书是太平兴国年间（976—983）由太常博士、直史馆乐史主持编修的。[②]这本书现在保存相对完整，只是略有散佚，《四库全书》收录有 193 卷，而《古逸丛书》采用日本旧宋椠本配补，收录有 197 卷、残缺 2 卷。《四库全书总目》评价该书云"采摭繁富"，"考据特为精核"，它征引了当时能见到的前代方志文献达一百余种。另外，在编纂体例上也有所创新，除了记述地理内容以外，还详列风俗、姓氏、人物、土产门，因人物又涉及官爵、诗词杂事等，开创了地志文献"必列人物、艺文"的凡例，增加了人文方面的内容，四库馆臣称许其"地理之书，记载至是书而始详，体例亦自是而大变"[③]。显然，宋代地理志书体例的变迁应当以此书为始。不过这本书也有缺点，它是以《元和郡县志》为基础编修的，而前书划分的行政区域与宋代实际控制区域大有出入，而且宋代的版图比唐代小，如北方幽、云十六州属于辽国控制，并未纳入宋朝疆域，《太平寰宇记》在这部分就只好完全照钞《元和郡县志》了。

[①] 参见（宋）王应麟《玉海》卷一四"开宝修图经"，江苏古籍出版社、上海书店 1987 年影印本，第 271 页。

[②] 按：乐史另编纂有《坐知天下记》40 卷，见《宋史》卷二〇四《艺文志》，也是一种地理类文献，今已不存。

[③] （清）永瑢：《四库全书总目》卷六八《太平寰宇记》提要，第 595 页。

宋真宗时也编纂有全国性总志。大中祥符三年（1010），翰林学士李宗谔曾上进《诸道图经》①，此书今已佚。大中祥符六年（1013），王曾奉诏总领新编《十道图》，参与其事的还有慎镛、邵焕、晏殊等人，于天禧三年（1019）编成3卷上进。②此书又称为《九域图》，这是全国性的总志，其用途主要是用以考定"郡县上下紧望"，核准官吏俸给，法官亦据此定刑罚。③宋仁宗时代，官方编纂的全国性总志有王洙的《皇祐方域图记》30卷、《要览》1卷。④上述著述现在均已不存。

宋神宗熙宁间（1068—1077年）曾编修《十八路图》1卷、《图副》20卷，记载当时州府军监县镇。⑤同时，大臣又建言，谓几十年以来，"州县有废置，名号有改易，等第有升降"，原有《九域志》已不能反映当时实际，请求重修。朝廷于是委派王存、曾肇、李德刍重加修纂，编为10卷，于元丰三年（1080）书成上进，元丰六年（1083）刊板，元丰八年（1085）颁行各地。⑥这一《九域志》，即后来称作《元丰九域志》的专书，是现存完整的宋代第二部官修全国性总志。王存在自序中云："国朝以来州县废置，与城堡之名、山泽虞衡之利，前书所略，则谨志之。"《玉海》亦曰"壤地之离合，户版之登耗，名号之升降，镇戍城堡之名，山川虞衡之利，皆著于书"⑦。此书的特点在于简要，用以弥补前代志书之略，它叙述州县的沿革，仅仅是限于记述在宋代时候的变化，而不像其他志书那样从创建伊始一直延续至编修时为止。在每一府、州下记载其户

---

① 按，李宗谔等进上《诸道图经》事见《宋史》卷七《真宗本纪》。《续资治通鉴长编》卷七四载于"大中祥符三年十二月"条，著录其书云1560卷。《玉海》卷一四载"［大中祥符］三年十二月丁巳书成，凡一千五百六十六卷、目录二卷"。《宋史》卷二〇四《艺文志》三则载录李宗谔"《图经》九十八卷，又《图经》七十七卷"。《续资治通鉴长编》与《玉海》所载卷帙相去不远，而《宋史》所著录则差距甚大，其原因不明。

② 参见（宋）李焘《续资治通鉴长编》卷八一"大中祥符六年十月"条，第1851页。又，宋王应麟《玉海》卷一四记载则云"天禧元年书成，凡三卷"。两书所载撰成时间有异，当有一误。

③ 参见（宋）王应麟《玉海》卷一四"景德重修十道图"条，第272页。

④ 参见（元）脱脱等《宋史》卷二〇四《艺文志》三，第5153页。又，《玉海》卷一四"皇祐方域图志"条著录："［皇祐］三年七月己巳，知制诰王洙、直集贤院掌禹锡上《新修地理图》五十卷、《图绘要览》一卷，诏赐名《皇祐方舆志》。至和元年十二月庚子，洙、禹锡上《皇祐方舆续图》。"

⑤ 参见（元）脱脱等《宋史》卷二〇四《艺文志》三，中华书局1977年版，第5153页。

⑥ （宋）李焘：《续资治通鉴长编》卷二六五"熙宁八年六月辛丑"条，第6486页。

⑦ （宋）王应麟：《玉海》卷一五《熙宁九域志》条，第294页。

数、土贡、辖县,每一县下详细记载其距府州的方位、里程、所辖乡镇、山川、户口(分主户、客户)、土贡名目及数额。这一成书结构显然也是为了确定行政区划、征收赋役而编制的,特别是土贡一门更能显示出这一目的。此书作为研究宋代行政区划、社会经济的原始史料,受到历代研究者的重视。然而《元丰九域志》在文化习俗方面的记述同样显得相对薄弱,因此绍圣四年(1097)黄裳上书称"今《九域志》所载甚略,愿诏职方取四方郡县山川、民俗、物产、古迹之类,辑为一书,补缀遗缺"①。在宋哲宗元祐初(1086),沈括尝上进《天下郡县图》(又称《守令图》),这是一种地图集,分别为全国图、十八路图,共计二十轴,朝廷因此赏赐绢一百匹。② 宋徽宗大观年间(1107—1110),朝廷专门设置了九域志局,承担编纂地理志书之职,到宣和年间(1119—1125)罢局,但未编成一种总志。

在南宋时代,朝廷组织的官方修志没有持续下去,而私家修志之风则较为兴盛。在宋高宗绍兴间,余㠯有《圣域记》25卷,载录宋代州县沿革、山川风物以及历代战争守备险隘;吴澥进献《历代疆域志》10卷,朝廷恩赐其免解进士。③ 还有税安礼的《地理指掌图》,王希先《皇朝方域志》200卷。④ 这些属于私人编纂的总志,从其书名来看,有图有文,但可惜都已经佚亡了。

除此之外,现在存世的宋代私家撰著的全国性总志有3种:欧阳忞的《舆地广记》38卷,王象之的《舆地纪胜》200卷,祝穆的《方舆胜览》70卷。陈振孙称欧阳忞是欧阳修的从孙,大概是在宋徽宗政和时代成书;晁公武则以为这是一种假托之作。⑤ 这本书前三卷记录前代疆域州县,从第四卷开始列宋代郡县名称,体例上特别清晰,燕云十六州也只是附于各道之后,以示区别。王象之、祝穆都是南宋中晚期人,在这两种著作中有一共同的特点就是把已经不属于宋的中原地域删除,在书中都没有记载。

---

① (宋)王应麟:《玉海》卷一五《元丰郡县志》条,第295页。
② 参见(宋)沈括《进守令图表》《谢进守令图赐银绢表》,《长兴集》卷四,文渊阁《四库全书》本。
③ 参见(宋)王应麟《玉海》卷一五绍兴"历代疆域志"条,第296页。
④ 参见(宋)陈振孙《直斋书录解题》卷八《地理类》,第240页。
⑤ 参见(宋)晁公武《郡斋读书志》卷八《舆地广记》,上海古籍出版社1990年版,第344页;陈振孙《直斋书录解题》卷八《舆地广记》,第240页。

而且这两种书还比较偏重于人文方面的记载，像旧志所详载的建置沿革、疆域道里、田赋户口、关隘要塞，在书中都比较简略，而对名胜古迹、诗词歌赋、艺文著述、风土民情反而有较多的记载。以祝穆《方舆胜览》所载成都府为例，其栏目多样：首先列有建置沿革、总论开国之初、总论四路定差、总论四路辟差、总论四路解省试、总论蜀兵、总论蜀盐、总论蜀酒、总论四川总领、总论四川茶马、总论四路监司等名目；其次为"事要"，又分列郡名、风俗、形胜、土产、山川、池井、楼台、宅舍、桥梁、佛寺、道观、祠庙、亭阁、古迹、名宦、人物、名贤、题咏、四六等纲目。其他州府的列目都大同小异。通过这些名目，我们可以看出编著者的重心所在，而其所载内容对于我们研究宋代的社会风俗、文化事业也极有裨益。

四　宋代撰修的方志

宋代的地理文献中还有"方志"之作，所谓"方"是四方，"志"是记载，"方志"就是记载某一地域历史的专书。宋代的方志著作从其描述的地域分布来看，记述西部和东南沿海地域的方志较多。博士研究生马强统计过涉及西北的方志大概有36种，现在除了宋敏求的《长安图志》、吕大防的《长安图记》、程大昌的《雍录》还存世以外，均已佚亡了；涉及西南地域的地方志更多，有94种，但基本都亡佚了。宋代西部地域地方志数量众多，我们于前已经讨论过是因为宋代面临西部长期用兵所致。其次是东南沿海地域的方志较多，尤以现在的浙江、江苏两省区的方志为最多，是因为宋代时这一地区经济水平高，文化发达，尤其是南宋偏安江左，江南地区更是成了当时的政治经济文化中心，大量编修方志是再自然不过的事了。

宋代编纂的方志数量极大，据学者张国淦《中国古方志考》统计，总共大概有600余种[①]，而这些文献大部分都已佚亡了，现存的仅有30多种，仅仅是原来数量的二十分之一。关于现存的宋代方志名目，可以参看

[①] 参见张国淦《中国古方志考》，上海古籍出版社2019年版。

四川大学古籍整理研究所刘琳、沈治宏先生编著的《现存宋人著述总录》的记载。[①] 以下我们开列出现存宋代地方志的详目：

宋敏求：《长安志》20卷、《河南志》20卷
程大昌：《雍录》10卷　　　　周应合：《景定建康志》50卷
朱长文：《吴郡图经续记》3卷　范成大：《吴郡志》50卷
孙应时：《宝祐琴川志》15卷　史能之：《咸淳毗陵志》30卷
卢宪：《嘉定镇江志》22卷　　凌万顷、边实：《玉峰志》3卷
边实：《玉峰续志》1卷　　　杨潜：《云间志》3卷
罗愿：《新安志》10卷　　　　周淙：《乾道临安志》3卷
施谔：《淳祐临安志》6卷　　潜说友：《咸淳临安志》100卷
常棠：《澉水志》1卷　　　　谈钥：《嘉泰吴兴志》
张津：《乾道四明图经》12卷　罗浚：《宝庆四明志》
梅应发：《开庆四明续志》　　佚名：《宝庆昌国图志》2卷
施宿：《嘉泰会稽续志》20卷　张淏：《宝庆会稽续志》8卷
高似孙：《剡录》10卷　　　　陈耆卿：《嘉定赤城志》40卷
刘文富：《严州图经》8卷　　郑瑶：《景定严州续志》10卷
佚名：《寿昌志》　　　　　　梁克家：《淳熙三山志》42卷
赵与沨：《仙溪志》4卷[②]

现存宋代方志有以下特点：一是其撰修时间主要集中于南宋时代，除了宋敏求、朱长文所撰以外，都为南宋时之著；二是其地域主要集中于东南地区，又以今江苏、浙江、福建地域为多。其缘由如前所述，在有宋一代，这些地方的经济、文化都较为发达，尤其是南宋时代更是成为当时的政治、经济、文化的核心区域，故而表现出超乎其他地区的优越，在撰修方志方面自然会超过其他地区。

另外，这些地域的方志往往有重修、续修的现象，现存方志中像临安

---

① 参见刘琳、沈治宏《现存宋人著述总录》，巴蜀书社1995年版，第75—78页。宋代的地方志著作，除了有部分单刻本以外，还有《四库全书》本、中华书局编《宋元方志丛刊》本等。

② 除了上述现存方志以外，清人陈运溶辑有36种宋代地志文献，取名"湖湘图经三十六种"，收入《麓山精舍丛书》第1集。

志、四明志、吴郡志、会稽志等都有过重修、补修、续修之著，在原有方志的基础上增加了不少内容，也纠正了原有方志中的一些讹误。有的方志虽然未标署重修、续修的名目，但是核查其内容，仍然可以断定其为后人补撰。如梁克家编纂的《淳熙三山志》即为一例。梁克家所修《三山志》，成书于淳熙九年（1182）之前，有其自序为证。梁氏于《宋史》卷三八四有传，称其卒于淳熙十四年（1188）。而检核《三山志》所载内容，其卷二七至卷三〇"科名"一类所列进士人物，时限却一直延续到了南宋宝祐四年（1256），其时距梁克家逝世已近八十年。很显然该书后面所载的内容绝非梁氏所编，编者一定另有其人，现存《三山志》当属续修或补修无疑。宋代方志之所以会有这种重修、续修的现象，除了这些地域在宋代较为重要、特殊以外，地方长官重视文化工程也是重要原因。

在方志所载的内容、撰修的体例上，宋代的各类方志也有所创新。在内容方面往往是在旧志的基础上有所扩大，更注重于记载经济、文化、历史古迹、人物传记、文学创作方面的内容。在撰修体例上扩充了许多门目，像范成大的《吴郡志》就设有39门，谈钥《吴兴志》则设有57门，施宿《会稽志》设了117门，其门类的设立完全根据志书的需要而定。有的方志更是依仿史书的体例创立门目，像周应合的《景定建康志》即在乾道、庆元二志的基础上采掇庆元以后事，专门设置了留都录、图、表、志、传、拾遗等门目纪事，后人称之"援据该洽，条理详明，凡所考辨，俱见典核"[1]。这种设纪表志传的体例是从南宋方志开始的。

总体而论，宋代的方志除了能为我们直接提供该地区的行政区划、赋役等基本史料以外，由于这一时期的方志编修者还注重记载政治、经济、军事、文化方面的史料，因此对于研究宋代的地域经济、地方治政、科举学校、民风民俗、历史人物来说，宋代方志都是不可忽略的基本史料，乃至于现代编纂宋代诗、词、文总集也都离不开宋代方志。宋代方志具有极高的文献学价值。

---

[1] （清）永瑢：《四库全书总目》卷六八《景定建康志》提要，第600页。

五　宋代巴蜀方志

在宋代，巴蜀分为四路，即成都府路、利州路、梓州路、夔州路，辖境包括了今四川省、重庆市以及陕西省、湖北省、贵州省、甘肃省的部分区域。唐代中叶以后的"安史之乱"及此后的藩镇割据，中原地域战乱频仍，而巴蜀地区却较少受到冲击，成为乱世中的世外桃源。其后五代时期，前、后蜀国的统治者对巴蜀也没有造成重大的破坏，相反巴蜀经济、文化的发展较之中原更为稳健，所谓"扬一益二"的说法反映了当时的现实。宋太祖派兵攻取四川，兵不血刃，后蜀主孟昶率部降宋，避免了在蜀地发生大规模的激战，巴蜀地区也未遭受严重破坏。北宋初年尽管在四川爆发过几次规模较大的骚乱，像王均之乱，李顺、王小波起义等，但很快被平息，朝廷也及时调整吏治，改变施政措施，使四川经济得以迅速恢复。而与其经济地位相适应的是，四川的文化事业也高度发达，随着蜀地文人的崛起，以"三苏"及巴蜀文人群为代表，成绩斐然，使巴蜀的文化事业在全国处于领先地位。南宋时代，巴蜀地区成为西部抗金前沿，川陕交境一直是宋、金剧烈争夺的地区，发生过多次惨烈的战争。至南宋末，宋朝军队又与蒙元大军有过长期持久的残酷战争，其结果是人民伤亡、经济凋敝、文化萎缩，四川地区日渐走向没落。

宋代巴蜀地区的地理文献与其他地区一样也呈现一派繁荣的景象，无论其数量众多，抑或质量上乘，都不可忽视，遗憾的是宋代所编的巴蜀方志文献几乎都佚亡不存了。造成这一情况的首要原因，我们认为应当归咎于南宋末蒙元军队的肆虐，战乱对巴蜀文明的破坏极其残酷。

宋代撰修的四川地理文献，有各种不同的名目，有称为"传""记""谱"的，像勾延庆《锦里耆旧传》、赵抃《成都古今集记》、王刚中《续成都古今集记》、何求《阆苑续记》《资中记》、孙汝聪《梓潼古今记》《广汉土地谱》、石庆嗣《梓潼风俗谱》之类；但更多的则是直接称为"志""图经"的。

据张国淦《中国古方志考》著录，宋代撰修的巴蜀地域的"志""图经"的方志类文献有100余种，其中有属于"通志类"的13种，如：《蜀地图》《川峡路图经》30卷、《益州路图经》81卷、《利州路图经》63卷、《梓州路图经》69卷、《夔州路图经》53卷、任弁《梁益志》10卷、沈立《蜀江志》10卷。现在这些总志类地理文献都完全佚亡了。①

有关巴蜀的府、州、县方志、图经，数量则更多，据张国淦《中国古方志考》著录，我们归纳统计其总量为231种。② 下面是我们归并的以"志""图经"标署的地理文献方志详目：

袁说友（序）：《成都志》　　　　　　佚名：《怀安军旧经》
佚名：《怀安军图经》　　　　　　　　韩植：《金渊志》
佚名：《古郫志》　　　　　　　　　　虞刚简：《永康军图志》20卷
张增：《永康志》　　　　　　　　　　佚名：《续永康志》
佚名：《彭州志》　　　　　　　　　　佚名：《灵池县图经》
佚名：《简州旧经》　　　　　　　　　佚名《简州图经》
佚名：《崇庆府图经》　　　　　　　　佚名：《新津县图经》
佚名：《广汉图经》　　　　　　　　　佚名《广汉志》
李宗谔：《祥符渝州图经》　　　　　　佚名：《重庆图经》
佚名：《渝州志》　　　　　　　　　　李宗谔：《祥符昌州图经》
佚名：《昌州图经》　　　　　　　　　黎伯巽：《靖南志》12卷
佚名：《南平军图经》1卷　　　　　　赵彦迈：《南平志》
李宗谔：《祥符合州图经》　　　　　　佚名：《合州图经》
佚名：《合州新图经》　　　　　　　　任逢：《垫江志》30卷
佚名：《涪州旧图经》　　　　　　　　佚名：《涪州新图经》
佚名：《涪陵志》　　　　　　　　　　王宽夫：《古涪志》17卷
佚名：《涪州志》　　　　　　　　　　杨兴：《龟陵志》
郑鉴：《龟陵新志》　　　　　　　　　佚名：《利州图经》
邹孟卿修、杨炎正纂：《宁武志》15卷　佚名：《利州图志》
佚名：《巴州图经》　　　　　　　　　刘甲：《清化前志》

---

① 参见张国淦《中国古方志考》"四川省通志类"，上海古籍出版社2019年版，第595—597页。

② 参见张国淦《中国古方志考》"四川省通志类"，第597—646页。这一数字仅限于今四川、重庆两省市。又，马强在其博士学位论文中统计为75种，不知为何删去了一些府、州、县志。

李鉤：《清化续志》
李宗谔：《祥符剑州图经》
佚名：《集州志》
朱繁：《开汉志》
李晔《咸安志》
佚名：《渠州图经》
佚名：《广安军图经》
佚名：《遂宁图经》
李宗谔：《普州图经》
李宗谔：《（梓州）旧图经》
佚名：《潼川新图经》
佚名：《潼川志》
佚名：《临邛图经》

佚名：《临邛郡续志》
俞文中：《叙州图经》30 卷
杨汝为：《富顺志》
贺东寅：《长宁志》
佚名：《夔州新图经》
李宗谔：《云安军旧图经》
赵善赣：《南浦志》
李宗谔：《开州图经》
王子申：《大宁志》
宋之源：《龙门续志》
佚名：《雅州旧经》
王寅孙：《沈黎志》23 卷
佚名：《（石泉军）旧图经》
佚名：《（石泉军）新图经》
《祥符（嘉州）图经》
佚名：《嘉州新志》
佚名：《嘉定乙志》

佚名：《剑州图经》
佚名：《隆庆图经》
佚名：《果州图经》5 卷
佚名：《蓬州图经》
罗畸：《蓬州志》5 卷
佚名：《宕渠志》
廖唐英：《广安志》
马崇文：《遂宁志》
杨参之：《普州志》30 卷
袁观：《潼川府图经》
刘甲：《新潼川志》
马景修：《通川志》
宇文绍奕：《临邛志》20 卷、
　　《补遗》10 卷
佚名：《新明县图经》
佚名：《叙南续志》
佚名：《长宁图经》
孙若蒙：《长宁续志》
马道：《夔州志》13 卷
佚名：《万州图经》
王子申：《万州新志》
佚名：《大宁监图经》6 卷
杨熹：《龙门志》
佚名：《雅州图经》
李嗣文：《雅安志》
佚名《绵州图经》
佚名：《石泉图经》
佚名：《德阳旧志》
吕昌明：《嘉州志》
佚名：《嘉定甲志》
郭公益：《嘉定志》

林絮己：《嘉定续志》	佚名：《眉州图经》
家安国：《通志编》	赵善赣：《通义志》35卷
孙汝聪：《眉州古志》	张伯虞：《江乡志》
吕勤修、张开纂：《峨眉志》	佚名：《陵州图经》
佚名：《陵州旧经》	佚名：《陵州志》
赵甲：《隆山志》	佚名：《陵井监图经》
佚名：《宋仁寿县志》	李焘修、勾演纂：《荣州图经》
王禹：《荣州志》	佚名：《资州图经》
佚名：《资州志》	扈自中：《资中志》
史宪：《茂州图经》	佚名：《茂州志》
黄震仲：《梁山军图经》	佚名：《忠州图经》
樊汉炳：《南宾志》	佚名：《黔州旧经图》
佚名：《黔州图经》	佚名：《绍庆志》
《祥符泸州旧图经》	佚名：《开禧泸州志记》
佚名：《泸州图经》	佚名：《泸州志》
高载：《泸州地理书》	李瀋：《江阳志》
佚名：《江阳前谱》	曹叔远：《江阳谱》
佚名：《江阳续谱》	李宗谔：《祥符威州图经》
佚名：《威州图经》	佚名：《维州志》

张国淦先生是从现存全国性总志、正史艺文志、宋明各种书目中勾稽梳理，归纳统计出来的数据，下了很大的功夫。这种文献统计方法，应当说是考察已佚亡的古籍文献的唯一行之有效的方法。但是由于其书是有录必收，因此也难免存在一些不周全之处，影响了统计数据的精确性。以下我们提出两点异议。一是关于一书异名的问题。著者以现存地志、书目中留存下来的文献记录作为基础加以统计，而这些书对所征引的旧方志的称名往往比较随意，同一种文献在不同书中，甚至在同一书的不同章节中都可能会出现不同的称名。同一地区经常会同时有"旧经""图经""新图经"这样的名目，像陵州（今四川仁寿县）下，就有《陵州图经》《陵州旧经》《陵井监图经》；泸州（今四川泸州市）下有《祥符泸州图经》《泸州图经》，又有《泸州记》《泸州志记》《泸州地理书》《泸州志》《江阳

志》；涪州（今重庆市涪陵区）下有《（涪州）旧图经》《（涪州）新图经》《涪州图经》，又有《涪陵志》、王宽夫《古涪州志》等多种名目。以上文献除了有明确标署著者名姓的可以辨别以外，究竟这些文献是同书异名，还是不同的著述，仅凭一次或数次征引就判定它们为不同的著述，显然是不够的。

二是全国性总志不应算作地方志的问题。全国性总志记载了各地府、州、县的内容，后来所编的地志在涉及某一地域的时候，往往又采录这些总志的内容来加以记述。这类总志的各篇在《中国古方志考》一书中，有时也被列为方志，这一归类显然是不合适的。举例来说，李宗谔在宋真宗大中祥符年间曾编纂《诸道图经》，又称《大中祥符图经》。[①] 这是一种全国性总志，其部分章节记述了巴蜀各地府、州、县在宋真宗大中祥符年间以前的内容，在后来的地志，如《方舆胜览》等书中多有征引。我们看到，在《中国古方志考》中，著者从《方舆胜览》一类的地志中摘录出《昌州图经》《合州图经》《剑州图经》《云安军图经》《开州图经》《威州图经》等，尽管在原书中已明确标识为"祥符图经""李宗谔图经"，作者却仍然将它们归入巴蜀地方志一类。这一归类显然是不妥当的。

根据上述分析，除掉一些似是而非的内容，保守估计，宋代编纂的巴蜀方志总量至少应该是在100种以上。

考察上述方志呈现的宋代巴蜀方志撰修的一些特色，我们也可以从中窥见宋代巴蜀地域历史的一些情况。首先，巴蜀方志的撰修非常普遍，几乎涵盖了当时川中四路所有的区域，不仅是富庶发达的州县编有方志，即便是一些原本荒僻的地区也编纂有方志，从文献的层面反映出巴蜀地区的文化发展。像南平军（今重庆綦江），在唐末尚为"南平僚"聚居地，生产力低下，在宋代归入朝廷版籍后，经济生产、文化事业都得到发展，编有《南平军图经》、毛圭《（南平）续记》、赵彦道《南平志》；茂州（今为四川阿坝藏族羌族自治州茂县）也编有《茂州图经》《茂州志》；威州（今阿坝州汶川县）编有李宗谔《（祥符威州）图经》《（威州）图经》《维州志》。一些地方志也有多次重修、续修的现象，像嘉州（今四川乐山市），就有吕昌明《嘉州志》、佚名《嘉州新志》、佚名《嘉定甲志》、佚

---

① 按，李宗谔《诸道图经》在本文前"全国性总志"一节已有记述，可参看。

名《嘉定乙志》、郭公益《嘉定志》、林絮己《嘉定续志》；长宁（今四川长宁县），有贺东寅嘉定十二年（1219）编撰的《长宁志》，又有孙若蒙宝庆元年（1225）所编《长宁续志》；眉州（今四川眉山市），先后有孙汝聪《眉州古志》、赵善赣《通义志》、张伯虞《江乡志》。这些重修、续修的方志大多出自巴蜀地域经济、文化较为发达的地区，加上地方官吏重视文化事业，促成了这些地区方志撰修的繁荣。

其次，巴蜀方志所载的内容也五彩纷呈、包罗万象。由于原书已经亡佚，我们不能见到原书的风貌，但是从一些现存文献中保留的部分内容仍然能窥见一斑。例如《方舆胜览》记载四川各府、州、县，开辟有沿革、风俗、祠庙、人物、名宦、山川、形胜、驿舍等名目，在这些名目之下都可以找到相关方志的记载。该书卷五二成都府"风俗"下引《成都志》载古诗"锦江夜市连三鼓，石室书斋彻五更"，不仅表现了成都市井的繁华，也为我们保存了宋代以前的佚诗散句；卷五二简州"风俗"引《简州志》记载五代后蜀人王归璞及宋代许将、张孝祥、许奕四位状元；卷五五雅州"风俗"引《郡县志》云"国初曹光实父子以忠义奋，皇祐始有登科者"，都反映了宋代四川科举考试的一些情况。又如王象之《舆地碑记目》一书，该书卷四成都府路以下，引《蓬州志》记载汉车骑将军冯绝碑，《通川志》记载浮兰碑；《眉州江乡志》著录《成都古今前记》《后记》，《普慈志》载录《茗山平寇录》。这些方志中所记录的古碑、古书早已不存，我们只是通过方志的记载，才能得知它们曾经存世的信息。

辽代的官方教育与科举制度研究[①]

辽是契丹民族于唐末五代之际在中国北方建立的国家。辽自太祖耶律阿保机建国以后，历经九代皇帝，跨二百余年（916—1125），其间积极推行了一套开创振兴文教的举措，最重要的如创制契丹文字，对契丹民众的文明启蒙等，大大地推进了包括契丹民族在内的辽代文明。在封建时代，教育是科举的基础，科举则是教育的终极目的，二者之间有着紧密的联系。辽文明的兴盛与它所推行的教育、科举政策密不可分。

一

辽代学校的兴建，始于辽太祖时，其后各代君主都相继扩建或增设，学校的设置由京城向各地发展，最终形成了遍及全国的规模。

辽的中央教育机构包括国子监和五京学。辽太祖建国初就在上京设置了国子监，作为京城教育的管理机构；上京还设有国子学，负责对生员传道授业。[②] 辽太宗讨平幽州，又于燕都建南京太学。辽道宗即位伊始，于清宁元年（1055）下诏设学养士，中京、东京、西京国学即在这一时期内相继兴建。清宁六年（1060）道宗又诏建中京国子监，其建制全仿上京的规模，并命以春秋时祭祀孔子庙。[③] 这样，辽的中央官学机构就配备齐全了。辽代国子监官为升朝官，五京学学官为京官，国子监官属有祭酒、司

[①] 本文原载《四川大学学报》（哲学社会科学版）1999年第4期。
[②] 参见（元）脱脱等《辽史》卷四七《百官志》，中华书局1993年版，第788页。
[③] 参见（元）脱脱等《辽史》卷二一《道宗本纪》，第258页。

业、监丞、主簿，京学属官有博士、助教各一员。在辽统治相对安定的时期，五京学的规模得到较好的发展。圣宗时南京太学生员不断增多，到统和十三年（995）出现了供养不足的矛盾，辽圣宗特赐水硙庄一区，以便赡养。①

地方官学在辽初并未普遍设置，往往根据地方需要来权宜建立。辽圣宗开泰元年（1012），归州奏报朝廷说："居民本新罗所迁，未习文字、请设学以教之。"朝廷允准了归州的请求，设置归州州学。② 大规模建设地方学校是在辽道宗时。前面已述及辽道宗于清宁元年（1055）下诏设学养士，扩大学校规模，并颁赐《五经》传疏给地方学官。至此，辽在重要的府、州、县普遍设立了学校，委派博士、助教作为专任职官，形成了一套完整的地方教育体系。这套教育机构完全是按照中原地区学校的模式建立的。有关文献记载，大公鼎在咸雍（1065—1074年）时为良乡县令，建孔子庙学③；耶律孟简于大康（1075—1084年）时为高州观察使，修建学校，招纳生徒④。辽道宗时在奉圣、归化、云、德、宏、蔚、妫、儒八州，"各建孔子庙，颁赐《五经》诸家传疏，令博士、助教教之"⑤，辽的学校规模蔚然可观。

在学校师资配置上，辽朝廷主要任命一些汉学儒生充当学校教官，在师资匮乏的时候，甚至还任用一批投诚的敌国士人充当教官。如武白，原为宋朝国子博士，被俘入辽，被委任为上京国子博士。⑥ 辽圣宗统和七年（989），宋朝进士17人携家眷北来归顺，辽朝廷命有司考校，中第者补为国学教官，其余人授县主簿。⑦ 不难想象，这些学官培养出来的学生对于儒学的态度会与中原地区有什么区别。

除了中央、地方的各类学校以外，辽朝廷还专门为宗室子弟设置诸王文学馆，并安排老师授课，类似于历代皇朝的师、傅之职。东丹王耶律倍曾接受张谏的训导，"让国皇帝在储君，虽非拜师，一若顺焉"（赵衡

---

① 参见（元）脱脱等《辽史》卷四八《百官志》，第807页。
② 参见（元）脱脱等《辽史》卷一五《圣宗本纪》，第172页。
③ 参见（元）脱脱等《辽史》卷四八《百官志》，第821页。
④ 参见（元）脱脱等《辽史》卷一〇四《耶律孟简传》，第1457页。
⑤ （清）厉鹗：《辽史拾遗》卷一六《补选举志》引《宣府镇志》，文渊阁《四库全书》本。
⑥ 参见（元）脱脱等《辽史》卷八二《武白传》，第1294页。
⑦ （元）脱脱等：《辽史》卷一二《圣宗本纪》，第134页。

《张正嵩墓志》)①。辽圣宗太平八年（1028），长沙郡王耶律宗允等奏请遴选诸王伴读。重熙（1032—1054年）中又挑选进士姚景行为燕赵国王教授。② 这些教官保证了皇室成员接受良好的教育。辽代皇室子弟的文化水准往往高出时人，这与他们接受专门的贵族教育有很大的关系。像辽圣宗、兴宗、道宗、耶律倍、耶律隆先、萧孝穆、萧阳阿、萧柳、萧观音、萧瑟瑟，他们或为皇亲国戚，或为帝王后妃，都对汉文化表现出极大的兴趣，其文学、艺术方面的成就不仅在契丹人中首屈一指，即使在整个辽代也是出类拔萃的。

崇儒尊孔是辽代学校教育的主导思想。这一思想与辽代君主受儒家知识分子的影响密切关联。辽立国之后，一批汉族知识分子作为君主的高级顾问侍从于皇帝左右，受到重用，有名的像韩知古、康枚、王郁、韩延徽、张砺等人，在治国方略上都曾对辽君主产生了极大影响。受汉族士人的影响，儒学体系也就理所当然地移植于辽的教育中。史籍记载，辽太祖立国之初，修建孔庙、佛寺、道观，似乎对三教还存有不偏不倚的倾向。辽太祖询问左右侍臣说："受命之君，当事天敬神，有大功德者，朕欲祀之，何先？"大臣们都认为应敬奉佛祖，辽太祖却并不同意，回答说："佛非中国教。"太子耶律倍回答道："孔子大圣，万世所尊，礼宜先。"太祖大悦，诏令修建孔子庙，命耶律倍春秋二季行释奠礼。③ 对这则记载，我们尽管可以怀疑是史官的溢美之词，但是从辽太祖问答的话语中，大致可以揣测到辽太祖的心态，弃佛尊孔既是契丹民族吸收先进文明，促进本民族文明进步的需要，另一方面也是为了笼络北方汉族士人所作出的姿态，毕竟儒学在中国具有源远流长的影响，其影响绝非外来的佛教所能比拟。后来的辽代君主也沿袭辽太祖的做法，祭祀孔庙，亲临讲筵，翻译刊修儒学典籍，越来越表现出对传统儒学的偏倚。

在教学科目上，辽代也以儒学经典作为主要研习内容。辽道宗即位之初曾颁发《五经》传疏于学校，作为学校教材，后又诏令有司刊行《史记》《汉书》等史籍让学生学习，并诏谕学生要"穷经明道"④。而贵为皇

---

① 陈述辑校：《全辽文》卷四，中华书局1982年版，第89页。
② 参见（元）脱脱等《辽史》卷四七《百官志》，第795页。
③ （元）脱脱等：《辽史》卷七二《义宗倍传》，第1209页。
④ （元）脱脱等：《辽史》卷二一《道宗本纪》，第253页。

帝的辽道宗本人，也亲自临听儒学侍臣讲经论道，表示出对儒学的尊崇。大安二年（1086），辽道宗召翰林学士赵孝严、知制诰王师儒讲授五经大义；四年召枢密直学士耶律俨讲《尚书·洪范》；命燕国王耶律延禧书写《尚书·五子之歌》，以加强对皇子的儒学教育。①

二

辽代开进士科取士的创始时间，据文献记载，大概是在太宗时代。太祖朝未曾开科举。《契丹国志》称："太祖龙兴朔漠之区，倥偬干戈，未有科目，数世后，承平日久，始有开辟。"②《辽史》记载室昉于会同（938—946年）初登进士第③，太宗朝的科举仅见此一例。后来，景宗保宁八年（976）曾下诏恢复南京礼部贡院，既开贡院，就必然有科举之事。清人厉鹗也找到了保宁九年（977）易州进士魏璟登科的记载。④ 不过，这时的科举并非常制，有的研究者认为这一时期的科举是偶然为之，是为在出使、报聘、接送外国使者等对外交往活动中，为避免鄙陋无文，让人耻笑，而临时作出决策，吸收一批文化人才⑤，我们认为这种说法是有道理的。

辽代科举作为定制始于圣宗耶律隆绪。圣宗统和六年（988）诏开贡举，是年放进士一人及第。⑥ 此后科举延续不断，到圣宗太平十年（1030）下诏将于明年施行贡举法。次年圣宗驾崩，继位的兴宗具体实施了新的贡举法。辽圣宗所颁贡举法的内容在文献中没有记载，具体条文已无从得知。然而根据后来的考试情况推测，可能包括了科举考试年限、程文和及第人数等诸方面的规定。《辽史·兴宗赞》称兴宗"亲第进士，大修条

---

① 参见（元）脱脱等《辽史》卷二三、卷二四、卷二五《道宗本纪》，第276、291、296页。
② （宋）叶隆礼：《契丹国志》卷二三"试士科制"，上海古籍出版社1985年标点本，第226页。
③ 参见（元）脱脱等《辽史》卷七九《室昉传》，第1271页。
④ 参见（清）厉鹗《辽史拾遗》卷一六引《易水志》，文渊阁《四库全书》本。
⑤ 参见程方平《辽金元教育史》第四章"辽金元时期的科举制度"，重庆出版社1993年版，第56页。
⑥ 参见（元）脱脱等《辽史》卷一二《圣宗本纪》，第133页。

制","求治之志切矣",这一赞语当与他在科举方面实施其父教令的行为有关。辽道宗也对科举持积极态度,他贯彻了兴宗以来的科举条例,并有所发展。咸雍十年(1074),辽道宗亲自出题御试进士,并且增设贤良科目[1],这些做法在辽代都属首创。此后,辽的各代皇帝都坚持科举取士,即使到天祚皇帝末年,辽的统治已经处于风雨飘摇之中,宣宗耶律淳还于建福元年(保大二年,1122)开科举,放进士19人及第;皇后德妃执政,又开科举,放108人及第。

辽代科举经历了一个从随宜到有定制、由小范围到大规模的演变过程。辽初科举无定制,圣宗时考试时间起初订为每年举行一次。自圣宗统和六年至十八年(988—1000),连续进行了12次科举考试,其间仅统和十年(992)停考一次。这一段时间开科频繁,而及第人数极少,每科多则3人,少则1人,全部总计及第者仅23人而已。自统和二十年至兴宗景福元年间(1002—1031),大致实行的是每两年考试一次[2],共举行了18次考试,及第人数增多,每科最多可录取50余人,及第总人数达到548人。[3] 在这一期间内,有的考试是皇帝临时增开的恩科。如太平五年(1025)圣宗饮宴于内果园,宣召进士72人,试以诗赋,分出等第,任命前14人为太子校书郎,后58人为崇文馆校书郎。统和二十九年(1011),平定沈州宗室叛乱,对于协助节度使张杰坚守沈州的士人张人纪、赵睦等22人,召赴入朝,以诗赋考试,全部赐进士及第。[4] 自辽兴宗重熙元年(1032)开始,直至辽灭国,基本上实行四年一次的科考制度,其间共举行考试25次(包括耶律淳、德妃监国时的考试),录取人数更是大为增加,最多的一次有138人,总及第人数应超过1780人。[5]

辽代科举考试的科目,在圣宗时仅设了词赋、法律两科,以词赋为正科,法律为杂科(《契丹国志》卷二三),词赋科与唐宋的诗赋科相仿,

---

[1] 参见(元)脱脱等《辽史》卷二三《道宗本纪》,第275页。
[2] 按,这段时间也有例外的年份,如统和二十六年、二十七年,开泰元年、二年、三年就不间断地举行过科举考试。
[3] 按,以上数据摘录自清《续文献通考》卷三四《选举考》"辽登科总目",浙江古籍出版社1988年影印本,第3145—3146页。
[4] 参见(元)脱脱等《辽史》卷一七《圣宗本纪》,第205页。
[5] 《续文献通考》卷三四记载有重熙十九年、咸雍十年两次科举,却无及第人数的记载,故只能统计到23次,见该书3146页。

法律科当是为选拔精通法律条文的人才而开的科目,与宋代明法科相似。辽道宗咸雍六年(1070),又增设贤良科,诏应该科试者,首先进上所业十万言。辽代科举也分甲、乙科录取,按考试成绩区分出等第,如杜防中开泰五年(1016)进士甲科,杨皙中太平十一年(1031)进士乙科,赵徽中重熙五年(1036)进士甲科,姚景行、王观中当年乙科。① 对于及第的进士,直接除授不同职官,第一名授予奉直大夫、翰林应奉文字,其余人则授从事郎。

辽代科举考试的程序,有"乡、府、省三试之设。乡中曰乡荐,府中曰府解,省中曰及第"②,却没有提及廷试的情况。辽圣宗有两次御前引试的记录:统和二十七年(1009),御前引试刘二宜3人;二十九年(1011),又御试高承颜2人。③ 但是这时的御试还未形成定制,往往是临时的举措。辽兴宗重熙五年(1036)御元和殿试进士,以《日射三十六熊赋》《幸燕》诗作为考试题目,开了辽代御试进士的先例。④ 自此辽君主御试进士也就成了定制。

辽朝廷竭力鼓励士人参加科举考试。有的读书人不愿意赴考,州县还要"根刷遣之"(《契丹国志》卷二三)。这里特别需要提到的是,对于归顺契丹的敌国士人,辽皇帝也采取了不拘一格、取才异代的宽容态度。前述统和七年(989),宋朝进士17人归附辽朝后的安置事例即为明证。统和十二年(994),辽圣宗又下诏各部:"所俘宋人,有官吏、儒生抱器能者,诸道军有勇健者,具以名闻。"接着又下诏郡邑贡明经、茂材异等的人选。⑤ 可见辽代统治者对士人应举的态度是积极鼓励的。

然而,并非所有的人都有资格参加科举考试,国家对应试者的资格有种种限制。首先辽朝廷拒不允许契丹人参加科举考试。契丹人耶律蒲鲁曾于重熙中参加科举考试并且及第,主考官以没有允许契丹人参加科考的条文为由,禀报兴宗,以蒲鲁的父亲擅自让儿子参加考试,实属违法,处以

---

① 参见(元)脱脱等《辽史》卷八六《杜防传》、卷八九《杨皙传》、卷九六《姚景传》、卷九七《赵徽传》《王观传》,第1325、1351、1403、1410、1411页。
② 参见(宋)叶隆礼《契丹国志》卷二三《试士科制》,第227页。
③ 参见(元)脱脱等《辽史》卷一四、卷一五《百官志》,第164、166页。
④ 参见(元)脱脱等《辽史》卷一八《兴宗本纪》,第218页。
⑤ 参见(元)脱脱等《辽史》卷一四《圣宗本纪》,第145页。

鞭刑二百。① 这种限制是对契丹民族文明的进步具有阻碍作用的一种愚蠢至极的行为。我们从有关文献中查找到的契丹籍进士仅有耶律大石一人，为天庆五年（1115）进士，而他本人原是皇室成员，后来曾经建立西辽国，他能参加科举考试恐怕应当算是一个特例了。辽兴宗于重熙十九年（1050）下诏限制医卜、屠贩、奴隶及悖父母或犯事逃亡者不得举进士。天祚帝乾统五年（1105）又明令禁止商贾之家不得应进士举。② 这些条例包括了对应举者职业和所谓道德品质的限制，表现出辽统治者对医、贾等行业的轻视，同时也是对儒学士人科举专利的一种保护性措施。

有辽一代，科举成为读书人入仕的重要途径，由科举而成为辽代显要官吏的人为数不少，例如：张俭，统和十四年（996）为进士第一，官至南院枢密使、左丞相，封韩王；杨绩，太平十一年（1031）进士及第，官至南府宰相、南院枢密使；赵徽，重熙五年（1036）中进士甲科，官至同知枢密院事，兼南府宰相、门下侍郎、平章事；李俨，咸雍进士，官至枢密直学士、参知政事、知枢密院事，封漆水郡王，赐姓耶律；张孝杰，重熙二十四年（1055）进士第一，官至参知政事、同知枢密院事、北府宰相，赐名张仁杰，以比唐代名臣狄仁杰。刘二宜、刘三嘏、刘四端、刘六符兄弟都曾进士及第，三嘏、四端还娶辽公主为妻，刘氏家族成了辽的重臣世家。

三

关于辽代教育、科举方面的研究，历来未得到足够重视，有的研究著述或矢口不谈，有的则或贬之过甚。近年来这种局面有所改观，不少研究者对这一问题已经关注，并产生了一批研究成果，这是一种可喜的学术现象，但是总体来说研究还有待深入。我们也想就这方面的问题提出一点自己肤浅的看法，试图起到抛砖引玉的作用。

对辽代的教育科举制度持否定者有之。金代作家元好问就认为"辽以

---

① 参见（元）脱脱等《辽史》卷八九《蒲鲁传》，第1351页。
② 参见《续文献通考》卷三四《选举考》，第3145页。

科举为儒学之极致,假贷剽窃,牵合补缀,视五季又下衰"[1],后来有一些研究者也以此持论,以为辽代教育、科举一无是处。我们认为这种见解有失偏颇。契丹民族一旦从鞍马游猎的原始生活中走出来,能够迅速地吸收汉民族先进文化,改变过去那种依靠结绳记事的愚昧状态,这是一个很大的进步,我们不能因为它的仿效行为而加以指责。正如我们在文章开头所说的那样,封建时代科举是教育的终极目的,因而封建时代的教育(尤其是官方教育)就必然带有强烈的功利性,"以科举为儒学之极致"是封建时代教育的通病,在此我们就不能够苛责辽代所存在的缺陷了。至于说辽代科举"视五季又下衰",也有欠公允。辽代的科举应该说是颇有成效的。

首先,它改变了辽的统治构架,使其从最初的部族世选与地方豪族执掌朝政的模式,过渡到兼用科举入仕的制度,这显然是契丹社会文明的开放进步,符合历史发展的潮流。契丹统治者允许境内的汉人接受传统的儒学教育,以科举入仕,参与朝政,大批汉族士人得以进入官吏阶层,形成所谓的"儒吏"集团,这对于改变辽官吏的人员组成和文化素养,推行以儒家原则治国的方略(至少在北方汉人区域是如此),具有重大影响。

其次,契丹统治者所推行的文教政策,对于消弭契丹、汉民族间的隔阂,维护北方各民族的和谐共处,延续辽国的统治起到了积极的作用。从建国时代的阿保机开始,以至于后来的圣宗、道宗,他们都是深受北方汉族士人影响的帝王,在其治国方略中体现出的儒学思想,是汉族士人熏陶的结果;同时辽朝廷推行的科举制度又能保证汉族士人入仕,继续扩大其影响,这就形成了一种相互支持的良性循环。纵观辽立国的历史,其政权能够延续二百年之久,一套得当的文教政策是必不可少的条件之一。又,辽代通过教育、科举选拔了大量人才,既充实了自身的政权,在辽亡以后,这批人转而为嗣后的金代所用,其影响甚至还可以延续到金以后的元代。从积聚人才的角度来看,辽代教育、科举也是功不可没的。金代初年的卓有成就的文学家,除了一部分是由南而北的宋人以外,其余都是自辽入金的人才。金开国之初实行"借才异代"的政策,如果没有辽为其提供人才,也将只是一纸空文。元初著名政治家、作家耶律楚材,就是具有深

---

[1] (金)元好问:《闲闲公墓志铭》,《遗山先生文集》卷一七,《四部丛刊》初编本。又,(清)厉鹗《辽史拾遗》卷一六引,文渊阁《四库全书》本。

厚家学渊源的耶律氏家族的传人。

最后，辽代教育、科举所孕育的辽代文明，产生了一批辉煌的硕果，至今仍然是中华民族伟大的古文明的一部分。辽的契丹大、小字，被女真人吸收，成为女真人创制文字的蓝本，一直通行至金代中叶。辽代的建筑、音乐、雕刻、绘画、服饰等艺术，流传至今还是极其珍贵的历史瑰宝。

然而，倘若将辽代的教育、科举与金代、元代、清代作一纵向比较，我们又可以发现，辽代的成就确实远逊于后者，尽管金、元、清三代同样是少数民族建立的国家，而且金、元两代立国的时间也与辽大致相同，但辽代的差距还是显而易见的。

我们进一步研究辽代教育、科举的状况，还可以发现一些非常有趣的现象：辽代的最高统治者，如皇帝、宗族、亲王等，对于吸收汉文化大多具有浓厚的兴趣，往往还有较高的造诣，但是契丹统治者对于契丹族人，却从未像女真人、蒙古人那样设立女真学、蒙古学，或是开设女真、蒙古进士科考试，来真正、全面地提高整个民族的文化素养。兴办教育、开科举只是为契丹人所统治的北方汉民族而设。然而，辽代的契丹统治者对汉族士人既没有像清代那样实施残酷的文字狱，也没有组织人力去编纂《四库全书》那样浩大的文化工程。契丹统治者对实行文治抱着一种漠然的态度，因此导致了辽代文化发展的滞后。

产生这些现象的原因，我们认为主要是由于契丹统治者所采取的"北南分治"的政治理念所致。辽在立国之初，就从政治、官吏制度上划分了北、南的界限，《辽史·百官志》称："至于太宗，兼制中国，官分南、北，以国制治契丹，以汉制待汉人……辽国官制分北、南院，北面治宫帐、部族、属国之政，南面治汉人州县、租赋、军马之事。因俗而治，得其宜矣。"① 北、南分治，这对于两个文化传统、生活习俗迥然有异的民族在同一政权下相处，恐怕是不得已的权宜措施。北方的汉民族需要分治，是要避免落后民族的野蛮干扰，是一种消极的避难措施。辽太宗攻克汴京后，其智囊人物张砺就曾经向太宗建言："今大辽始得中国，宜以中国人治之，不可专用国人及左右近习。苟政令乖失，则人心不服，虽得之亦将

---

① （元）脱脱等：《辽史》卷四五《百官志》，第685页。

失之。"① 辽太宗没有采纳张砺的谏议，辽最终还是失去了中原。作为战胜者的契丹民族，在拥有中国北方的土地之后，辽统治者一方面对汉族文化需要大量吸收，对汉族士人需要大力接纳，以利于自身统治；然而另一方面对于契丹民族原来具有的鞍马游猎、崇尚武功的习俗却绝不能丢弃，不允许契丹的民族特性中融入汉民族文化的因素，对契丹族人的汉化过程始终怀着畏葸抵御的态度，"以国制治契丹"就显得非常必要了。"北南分治"正是基于此目的而产生的。北南分治的负面影响是加深了蕃、汉之间的对立。蕃、汉之别在辽代是极其严格的，即使是那些学习中原文化很突出的辽代君主，在他们的心目中也仍然存在着森严的壁垒。辽太宗第一次南征幽州失败，撤回上京时，太后告诫他说："使汉人为胡主，可乎？"太宗说："不可。"太后又说："然则汝何故欲为汉主？"辽太后明确地批判了辽太宗觊觎中原的做法。后来辽太宗攻入汴京，做了短暂的中原皇帝，在中原汉族百姓的反抗下被迫撤离，对大臣说："吾在上国，以射猎为乐，至此令人悒悒。今得归，死无恨矣。"② 这大概也是辽太宗畏惧汉民族文化习俗的真实心声吧。前面我们提及的禁止契丹人参加科举考试，也正是害怕文教扰乱了武功，反映出辽代统治者抱残守缺的态度。

另外，我们还要附带提及辽代严厉的书禁制度，这也是制约其文化发展的因素。宋人沈括在其《梦溪笔谈》中说："契丹书禁甚严，传入中国者法皆死。"③ 沈括曾经在熙宁年间出使辽进行边界谈判，他的话应当是可信的。当北宋的文化学术迅速发展的时候，辽的书禁制度却严重地阻隔了与北宋的交流。不过这种官方的书禁制度并未完全隔绝南北之间的文化交流，通过非官方渠道，仍有一些北宋作家的文集在辽境内传播。苏辙在宋哲宗元祐时出使辽，途经燕京，接待使与其谈及苏洵、苏轼文集流传的情况，对未能见到苏辙文集表示遗憾，苏辙在《神水馆寄子瞻兄四绝》诗中对此颇有感慨："谁将家集过幽都，逢见胡人问大苏。莫把文章动蛮貊，恐妨谈笑卧江湖。"出使回朝后又上奏章请求朝廷禁绝诏令文字流入北方。④ 民间的文

---

① （元）脱脱等：《辽史》卷七六《张砺传》，第1252页。
② 分见（宋）司马光《资治通鉴》卷二八四、卷二八六，中华书局1987年版，第9293、9350页。
③ （宋）沈括著，胡道静校正：《新校正梦溪笔谈》卷一五，中华书局香港分局1978年版，第160页。
④ 参见（宋）苏辙《北使还论北边事札子五道》之一，《栾城集》卷四二，曾枣庄、马德富校点，上海古籍出版社1987年版，第937页。

化交流毕竟比不上官方的规模，而且违禁的偷刻翻印大多以牟利为目的，书贾的兴趣只是集中在那些受时人欢迎的文集上，因此北宋学术著述大部分不能传入辽，辽的大部分典籍也始终未能传入中原，现存辽代书籍数量极少，大概是书禁制度带来的恶果。

对于先进的文明不能兼包并容，反而闭关自守加以封锁，辽的这种文化政策就历史地决定了辽代文明发展进程的缓慢，辽代的文化成就注定不及金、元、清等朝代。

综上所述，我们对辽的教育、科举制度可以概括得出以下结论：辽代的官方教育、科举制度上承唐、五代，仿效宋代，下启金、元时代，是中国古代少数民族在中原地域建国以来对传统文明的继承和推进，具有重要历史功绩。契丹统治者所推行的"以国制治契丹，以汉制待汉人"的政策，一方面是对北方汉民族文明的延续，另一方面却又禁止契丹民族接受先进的汉文化，严重制约了契丹文明的进程。

尊孔重教　以儒兴国[①]

——金代文教制度研究

　　金是中世纪时期，由女真部族在中国中原地域建立的国家，其建国的历史，从金太祖完颜阿骨打建国，称收国元年（1115）开始，至金哀宗天兴三年（1234）灭国止，延续了一百余年，基本上与中国南方的宋代政权相对峙。在这一百余年的时间内，女真统治者从一个不识孔子为何人的民族，发展到尊孔崇儒[②]，在其统治区域推行中国历代政权所采用的"文治"政策，而这一政策的核心即实施自汉代以来通行的以儒学理论治国的纲领，推行儒家倡导的文教思想。后世的很多学者在讨论金代政治制度的特点时都爱用"崇儒"来加以概括，对其褒贬也各执一词。早在元代初年，忽必烈召见金朝遗老张德辉时就以"辽以释废，金以儒亡"为话题，征询张德辉的看法，张氏对"辽以释废"不置可否，而对"金以儒亡"的说法却大不以为然，予以坚决的否定。[③]

　　我们通过对金代政治制度进行较为全面的细致考察，发现在金代政治制度中确实包含着大量传统儒家思想的成分，可以这样说，儒家思想成了金代"文治"制度的核心内容。金代不仅没有因儒而亡，而应该是因儒而"兴"。在维护女真民族统治，解决国内存在的诸多矛盾方面，儒学政治思

　　[①]　本文原载四川大学古籍整理研究所、四川大学宋代文化研究中心编《宋代文化研究》第18辑，四川出版集团、四川文艺出版社2010年版。
　　[②]　明代吕元善所撰的《圣门志》卷四记载了这样一件事：南宋建炎二年（金太宗天会六年，1128），金军统帅粘设喝率军队攻入袭庆府，进军至阙里，当时孔子后裔衍圣公孔端友已南逃而去，军士欲发掘孔子墓，粘设喝问通事，孔子为何人，通事回复说是古之大圣人。粘设喝曰："大圣人安可发？"于是阻止军士发墓，并诛杀发墓士兵，孔墓于是获存。
　　[③]　这一史实，在元代的文献中多有记载。参见《元朝名臣事略》卷十《宣慰张公德辉》，文渊阁《四库全书》本；《元史》卷一六三《张德辉传》，第3823页。

想具有极其重要的理论与实践的指导作用，对于金代立国来说其功不可没。同时，通过女真统治者对儒学的倡导，又使中国传统儒学不仅没有因为少数民族入主中原而遭到破坏毁灭，反而使其在特定历史时期得以弘扬，延续了儒学在北方的发展，并为此后儒学的发展奠定了良好的基础。

一

推尊孔子的崇高地位，对孔子及其后裔进行封赠褒祀，这是中国封建社会历代统治者推行儒学政治所进行的一项政治活动。从西汉时代高祖刘邦以来，历代都有册封孔子爵秩，加封孔氏后裔，主持孔子祀典的礼仪，对孔子的封赠也一代比一代更加隆重，从侯爵到公，一直到北宋时代封为文宣王，祭礼乐舞也从六佾增至八佾，冕旒从九加至十二，达到与帝王分庭抗礼的地步。

孔子在金代的境况也同历代王朝一样，受到至高无上的尊礼。如前所述，女真统治者从对孔子的毫不知情，到对之尊礼有加，其态度确实是发生了天翻地覆的变化。金立国以后，各个时期的统治者祭奠孔子、封赠后裔的活动屡屡见于各类文献的记载：金熙宗天眷三年（1140）十一月，晋封孔子四十九代孙孔璠为衍圣公，主持孔子的祭奠。皇统元年（1141）二月，金熙宗又亲自祭祀孔子庙，北面再拜。告诉侍臣说："孔子虽无位，其道可尊，使万世景仰。大凡为善，不可不勉。"由此而后金熙宗经常习读《尚书》《论语》以及五代、辽史诸书。[①]

海陵王天德二年（1150）十二月，制定袭封衍圣公的俸禄格令[②]，对孔子后裔的袭封制度化了。

金世宗大定十四年（1174），国子监上言，请定孔子释奠礼。礼官参酌唐代《开元礼》，确定仪数，礼行三献，乐用登歌。[③] 大定二十年（1180），特授孔子后裔孔总为曲阜令，封爵如故，主持孔庙祭祀。二十三

---

① 参见（元）脱脱等《金史》卷四《熙宗本纪》、卷三五《礼志》，中华书局1987年版，第77、815页。

② 参见（元）脱脱等《金史》卷五《海陵王纪》，第96页。

③ 参见（元）脱脱等《金史》卷三五《礼志》，第815—816页。

年（1183）二月，又委任尚书张汝弼摄太尉，致祭于至圣文宣王庙。①

在金的历朝帝王中，金章宗是一位最倾心于汉文化的君主，在他当政的一段时期，对孔子的尊崇至于顶峰。明昌年间（1190—1195），诏令增修曲阜孔庙，并于国内各地州县兴修孔子庙。明昌三年（1192）闰九月，章宗询问辅臣："孔子诸处庙如何？"平章政事完颜守贞奏告说，"诸县见议建立"。同年十月，有司奏报曲阜孔庙增修毕工，于是敕令翰林侍臣党怀英撰写碑文，宣布将亲行释奠礼。明昌六年（1195）四月，又诏敕有司，以增修宣圣庙工毕，赐衍圣公以下三献法服及登歌乐一部，仍遣太常乐工往教孔氏子弟，以备祭礼。承安二年（1197）春丁巳，金章宗亲自祭祀孔庙，以亲王摄亚、终献，皇族陪祀，文武群臣助奠，章宗撰写赞文祭奠。加封孔门先贤爵秩，原来封公的晋升为国公，封侯的晋升为国侯，鄘伯以下先儒皆封侯。②

金代各个帝王对儒学先圣的推尊，对孔子后裔的封赐，起到了一种身先士卒的表率作用，这对于提高儒学的政治地位，推动儒学在金代的发展无疑是一种强有力的保证。

二

金代推行文教方略的一大重要举措是大量设学养士，推广民众教育。关于开设学校养士，由于受教育的对象不同，可以分为两类：一是对所有人（包括汉人、女真人、色目人等）而设的官学；一是专为女真民族而设的女真学。以下我们先讨论前者。

作为金代中央官学的国子监始建于海陵王天德三年（1151），初无定额，其名额后来定为词赋、经义学生一百人，小学生一百人，而所招生员以"宗室及外戚皇后大功以上亲、诸功臣及三品以上官兄弟子孙年十五以上者入学，不及十五者入小学"。从其生员的来源情况来看，这类学校是为培养贵族子弟将来跻身仕途而设置，因此才有官阶资格的限定。金世宗

---

① 参见（元）脱脱等《金史》卷八《世宗本纪》，第183页。
② 参见（元）脱脱等《金史》卷九、卷十《章宗纪》，卷三五《礼志》，第214、218、235、817页。

大定六年（1166），又设置了太学，招收的学生除了贵族子弟以外，另外还有经过州府推荐或参加科考终场的一般儒生，学校总名额确定在四百人，五品官以上兄弟子孙占一百五十人，平民子弟二百五十人，仅从其招收各类学生人数的比例来看，学校贵族化的程度在逐渐减弱，有向寒门读书人开放的趋势。金世宗大定十六年（1176），又设置了府学，这是地方兴学之始。当年在全国府一级地区共设十七所府学，收录生员上千人，其学生来源也包括两类：一为曾经参与廷试及宗室袒免以上亲，一为得解举人①，这是学校规模的更进一步扩展。到金章宗时代，官方兴学更为盛行，除了将府学十七处增至二十四处外，又增加了节镇学三十九处、防御州学二十一处，在校生员达到一千八百余人。

无论中央官学还是地方州县学，其招收生员除了有一些出身资格的限制以外，并没有设置民族的限制，就是说女真人、色目人（女真族以外其他各少数民族）、汉人都可以进入这一类官学学习。

金代的很多地方官吏在兴办、扶持州县学校上，都采取了积极的态度来贯彻朝廷方略。这一类事例在金代文献中不乏记载：路伯达出使南宋，获得赏赐金银一千余两，奏表上进以襄助军费，未及上而卒亡，朝廷准其用所献金赞助冀州州学，购买学田以赡学。②胡励为定州观察判官，在任上大力兴办学校，"定之学校为河朔冠，士子聚居者尝以百数，励督教不倦"③。刘从益为叶县令，在任上"修学励学，有古良吏风"④。一些女真族官员也重视兴办学校，赤盏晖在宋州任上，"旧无学，晖为营建学舍，劝督生徒，肄业者复其身，人劝趋之"。有一位学生王夔因故沦为家奴，晖出钱赎之，让其进学卒业，后来考中进士，仕至显官。⑤

作为官方教育的辅助形式——私人办学，朝廷对其也持赞同、鼓励的态度。不过总体上看，北方私人办学的规模远远不如南方的宋，其实效也较南方差，尤其是不能与当时南宋兴起的私人书院相比。金代私人办学往往都是由一些科举失意或隐逸不仕的儒生所为。像王去非科举不第，弃而

---

① 参见（元）脱脱等《金史》卷五一《选举志》，第1131页。
② 参见（元）脱脱等《金史》卷九六《路伯达传》，第2139页。
③ （元）脱脱等：《金史》卷一二五《胡励传》，2721页。
④ （元）脱脱等：《金史》卷一二六《刘从益传》，第2733页。
⑤ 参见（元）脱脱等《金史》卷八〇《赤盏晖传》，第1807页。

以耕织为生,"家居教授";赵质为辽代旧相之裔,"隐居燕城南,教授为业";杜时升,博学知天文,"隐居嵩洛山中,从学者甚众,大抵以伊洛之学教人,自时升始";薛继先"南渡后隐居洛西山中,课童子读书";王汝梅,"通律学,始为伊阳主簿,后隐居不仕,生徒以法经就学者,兼授以经学"。①

金代的学校教育内容也实施了儒学教育的传统模式,注重经、史,兼顾文学的传授。据文献记载,当时朝廷开列了规定各级学校所用的教材,经部有:

《易》:王弼、韩康伯注　　《书》:孔安国注
《诗》:毛苌注,郑玄笺　　《左传》:杜预注
《礼记》:孔颖达疏　　　　《周礼》:郑玄注,贾公彦疏
《论语》:何晏集注,邢昺疏　《孟子》:赵岐注,孙奭疏
《孝经》:唐玄宗注

除了经部以外,史部的教材有包括新、旧《唐书》,新、旧《五代史》在内的前朝所有正史,子部有《老子》《荀子》《扬子》一类的典籍,并且规定"皆自国子监印之,授诸学校"②。明昌二年(1191)学士院又进上唐代杜甫、韩愈、柳宗元、杜牧、贾岛、王建、北宋欧阳修、王安石、苏轼、张耒、秦观等人集,共计二十六部。③

从上述所开列的文献来看,金基本上是吸收了唐、北宋时代儒学教育的模式,而且对于北宋人所作的经传注疏及撰著也都予以收录。这充分体现出金代教育的儒学特征。

在金代立国一百余年的历史时期,女真统治者始终坚持了大力办学、培育人才的文教政策,其国力强盛时期自不待言,即使是在金代后期,其政权已处于内外交困、风雨飘摇之时,也丝毫没有动摇。承安四年(1199),尚书省以经费缺欠,奏请减少亲军军额及太学生员,并削减太学小学教官与外路教授职数,金章宗只同意减少亲军军额,而诏令涉及学校

---

① 均见(元)脱脱等《金史》卷一二七《隐逸传》,第2748—2752页。
② (元)脱脱等:《金史》卷五一《选举志》,第1132页。
③ 参见(元)脱脱等《金史》卷九《章宗纪》,第218页。

者一律仍旧。① 金宣宗兴定年间（1217—1221）迫于北方蒙古的军事压力，金迁都至北宋京城开封，地域日蹙，经费困窘，尚书省以军储不继为由，请求减少除州府学生的廪给，宣宗断然否决，他说："自古文武并用，向在中都，设学养士犹未尝废，况今日乎！"② 这两件事例显示了金代统治者坚持兴办教育的决心。

金代的学校教育，无论是办学模式，还是其教学内容，都体现了中国儒学传统教育的特色，与中国历史上其他朝代相比并不逊色。

三

接下来，我们分析金代对女真族的民族教育。女真民族在建立金国之前还是一个没有文字的尚处于原始蒙昧状态的民族。在其伐辽、攻宋、入主中原之后，女真民族接触到先进的中原汉文化，很快结束了这种蒙昧混沌状态，使其民族文化素养得到迅速提升。其间最具有标志性意义的是创制了自己的民族文字——女真大、小字。据文献记载："女直初无文字，及破辽，获契丹、汉人，始通契丹、汉字，于是（始祖）诸子皆学之……而完颜希尹乃依仿契丹字制女直字。"③ 又云："太祖命（完颜）希尹撰本国字，备制度。希尹乃依仿汉人楷字，因契丹字制度，合本国语，制女直字。天辅三年八月，字书成，太祖大悦，命颁行之。……其后熙宗亦制女直字，与希尹新制字俱行用。希尹所撰谓之女直大字，熙宗所撰谓之小字。"④ 女真文字的创造完成给女真民族文化带来了一次飞跃性的巨变，是其文明进程中的一次重大事件。从现存女真文字实物来看，女真文字主要是借鉴了汉字、契丹字形体而创制的一种新型民族文字，它采用拼音形式，适合女真语的实际，又是单个的形体，以便于书写。后来女真文字被大量地用于官方文件及翻译汉文典籍。

金建国之后，尤其是在有了本民族文字以后，金统治者在进行民族教

---

① 参见（元）脱脱等《金史》卷一一《章宗纪》，第250页。
② （元）脱脱等：《金史》卷一五《宣宗纪》，第328页。
③ （元）脱脱等：《金史》卷六六《始祖以下诸子传》，第1558页。
④ （元）脱脱等：《金史》卷七三《完颜希尹传》，第1684页。

育，提高民族素养方面做了大量有实效的工作，具体而言，这一教育包括两个层面：一是专门设置女真国子学与开设策论科进士考试，这是专为选拔女真族知识分子进入仕途而设的应试教育；二是面向广大女真猛安谋克户进行普及教育。①

如前所述，金开国以来就设置了国子监、太学一类的中央官学，以及后来兴办的地方官学，为各类知识分子提供教育及入仕的途径，这类学校从理论上说是面向天下所有读书人，而不是专门为女真读书人而开设。由于女真民族文明进程起步较晚，文化积淀不深，因此在当时很难与中原的汉族学生以及接受了汉文化熏陶的色目人相争。在这一形势下，为了保证女真民族的权益，于是专门为女真子弟开设的学校就应运而生了。

女真学的设置始于金世宗大定四年（1164），当时在全国范围内选择猛安谋克子弟为学生，以女真文字所译经书教育之。至大定十三年（1173），由于要进行女真策论考试，为此正式在京城设立女真国子学，于诸路设女真府学，委派新科进士担任教授之职。其规模为国子学生员策论生一百人、小学生一百人，全国共设女真府州学二十二所，其具体生员数字不见文献记载，但当时规定每一谋克准许二人入学，以此推算应当是一个很大的数量。②此后，女真学就与金立国始终相伴随，长久兴办下去，从未间断。

女真学教授的内容仍然是中国传统的儒学，而与其他各类学校不同的是，这些汉籍文献都要先翻译为女真文字再加以传授，因此有金一代官方组织翻译汉籍文献成为实施女真教育的首项任务。朝廷最初设置译经所职司其事，至金章宗明昌五年（1194）又设置弘文院，以从五品官任知院，专掌"校译经史"③。委任官吏专司其事，显示出朝廷的重视。大定四年（1164），朝廷首次颁行了以女真文字翻译的经书，但所译经书的名目已经不可得知。次年，翰林侍讲学士徒单子温进奏所译《贞观政要》《白氏策林》，明年又奏进《史记》《汉书》的译本，朝廷都下诏颁行。④从这些记

---

① 猛安谋克是女真部族的基层行政单位。金建国前，"猛安"原指部落统军首长；"谋克"为氏族长。建国后，它成为女真社会的基层单位，既是行政组织，又是军事组织，所辖人户最初以三百户为一谋克，十谋克为一猛安，到后来减少为二十五户为一谋克，四谋克为一猛安。
② 参见（元）脱脱等《金史》卷五一《选举志》，第1133—1134页。
③ （元）脱脱等：《金史》卷九《章宗本纪》、卷五六《选举志》，第232、1279页。
④ 参见（元）脱脱等《金史》卷九九《徒单镒传》，第2185页。

载可见，所译经籍当以史部典籍为先。至大定二十三年（1183）九月，译经所进上所译《易》《书》《论语》《孟子》《老子》《扬子》《文中子》《刘子》及《新唐书》等多种。至大定二十八年（1188），经部典籍中就仅剩《诗》《礼》两种尚未译完了。①

金代统治者对汉学典籍的翻译似乎情有独钟，一直孜孜不倦地进行，其缘由主要是他们看中了这些文献中所蕴含的儒家修身、治国的思想，对于治理国家有着极其重要的理论指导作用与现实意义，尤其是以史书为教材更具有直接的鉴戒作用。天眷二年（1139）六月，平定吴十反叛后，金熙宗对侍臣曰："朕每阅《贞观政要》，见其君臣议论，大可规法。"大臣韩昉奏对说："皆由太宗温颜访问，房、杜辈竭忠尽诚。其书虽简，足以为法。"对于典籍中记载的周公辅佐成王的历史，熙宗也提出了自己独特的见解，认为"成王虽贤，亦周公辅佐之力。后世疑周公弑其兄，以朕观之，为社稷大计，亦不当非也"②，对周公辅佐成王治理国政表示赞赏，对周公弑兄一说的见解显然是有感于金王室内乱而发。后来的金世宗极为重视儒学经籍，他所谓"朕所以令译五经者，正欲女直人知仁义道德所在耳"，"朕于圣经不能深解，至于史传，开卷辄有所益"。在史籍中他特别看重司马光的《资治通鉴》，对侍臣说："近览《资治通鉴》，编次累代废兴，甚有鉴戒。司马光之心如此，古之良史无以加也。"③

对女真平民的教育是提升女真民族整体素质的重大关键，这一教育在金代也稳步地同时进行。除了前面提及的从猛安谋克户内选拔青年学生入府州学、国学学习以外，还常常由政府颁发一些儒学经籍给识字的女真平民，供其阅读学习。大定二十三年（1183），金世宗曾将女真文《孝经》一千部赐给护卫亲军。二十六年（1186）三月，亲军完颜乞奴建议，猛安谋克子弟必须先读女真文经史书籍，然后才能承袭世职，对此金世宗深表赞同，对这位亲军说："但令稍通古今，则不肯为非，尔一亲军粗人，乃能言此，审其有益，何惮而不从！"④ 金章宗泰和四年（1204），也诏令亲

---

① 参见（元）脱脱等《金史》卷八《世宗纪》，第184页。
② （元）脱脱等：《金史》卷四《熙宗纪》，第74页。
③ （元）脱脱等：《金史》卷八《世宗纪》，第184、195页。
④ （元）脱脱等：《金史》卷八《世宗纪》，第192页。

军年三十五以下者必须学习《孝经》《论语》。①

金的历代帝王秉承了儒家的治国理念,在鼓励百姓读书向善、修身养性时,往往把"忠孝"教育放在首位,向侍卫亲军颁赐《孝经》即其典型事例。金世宗常谓:"每见善人不忘忠孝,检身廉洁,皆出天性。至于常人,多喜为非,有天下者苟无以惩之,何由致治?"他对大臣们说:"朕委卿等以大政,无违道以自陷,无曲从以误朕,惟忠惟孝,匡救辅益,期致太平。"② 金章宗则明确告诫官吏说廉耻道缺,风俗偷薄,其根源在于"官吏不能奉宣教化",官员政绩多责近效,"有秉心宽厚,欲行德化者,辄谓之迂阔,故人人皆以教化为余事,此孝弟所以废也"。③ 显然,这些皇帝对儒家伦理的教化作用有较为深刻的认识,而且他们的做法也与中国封建社会历代开明君主的做法同出一辙。

和所有入主中原的少数民族一样,金代统治者在推进本民族文明进步的时候也遭遇了一个相同的难题,那就是女真民族学习汉文化,一方面固然是加速了女真民族的文明进程,但另一方面却会丧失女真民族原有的文化传统,大有数典忘祖之虞,尤其使金代统治者担忧的是其民族原来尚武习俗的丧失。而金立国之后所面临的严峻现实是北边有刚刚兴起的同样是游牧民族、习俗强悍的蒙古,南边有经济实力强盛、文化底蕴深厚的南宋,如果没有一支强大的军事力量与之抗衡,其国势也必将岌岌可危。这种形势,金代统治者中的有识君主有所警惕,金世宗就曾经为皇室子弟不了解女真民俗而担忧,在宴会上告诫皇太子和诸王说,"今之燕饮音乐,皆习汉风,盖以备礼也,非朕心所好","汝辈自幼惟习汉人风俗,不知女直纯实之风,至于语言,或不通晓,是忘本也"。④ 朝廷中的有识之士也察觉到了,早在金章宗即位之初,尚书省奏请允许猛安谋克户愿意习进士业者均许入太学,太尉徒单克宁就警告说:"承平日久,今之猛安谋克,其材武已不及前辈,万一有警,使谁御之?习辞艺,忘武备,于国弗便。"⑤ 甚至一些文人学士也对武备废弛表示担忧,像史旭的《早发骆驼堋》诗

---

① 参见(元)脱脱等《金史》卷一二《章宗纪》,第270页。
② (元)脱脱等:《金史》卷八《世宗纪》、卷八八《纥石烈良弼传》,第195、1951页。
③ (元)脱脱等:《金史》卷十《章宗纪》,第227页。
④ (元)脱脱等:《金史》卷七《世宗纪》,第159页。
⑤ (元)脱脱等:《金史》卷九二《徒单克宁传》,第2052页。

云:"郎君坐马臂雕弧,手撚一双金仆姑。毕竟太平何处用,只堪妆点早行图。"元好问在诗下加按语说:"景阳(史旭字景阳)大定中作此诗,已知国朝兵不可用,是则诗人之忧思深矣。"①

为了解决这一现实的困境,金代的统治者采取了一系列对策。一是禁止女真人改称汉姓,不准改服汉人衣冠;宫廷卫士,只能讲女真语,不许使用汉语,犯者抵罪。② 这种严格女真、汉人之防的举措,其目的显然是要保持女真民族原有的风俗习尚,而不至于完全汉化。二是对女真人采取限丁入学的政策,金章宗承安二年(1197)规定,"内外官员、诸局分承应人、武卫军、若猛安谋克女直及诸色人,户止一丁者不许应试,两丁者许一人,四丁二人,六丁以上者止许三人"③。这一举措显然是要遏制猛安谋克户(也包括中原地区的其他民族)过热的弃武从文的趋势,保证金国有足够的兵力资源,维护国家实力。至于后来的女真策论进士考试增加射箭、骑马功夫的测试,也在于要使女真进士不忘武功,当然其实际效果与设置的初衷未必能够一致。

四

作为中国 12 世纪时由少数民族执政的一段历史时期,金代统治者在其所辖的地域内所推行的教育活动,在中国古代教育史上是一次比较成功的范例,具有较为重要的历史意义。《金史·文艺传》序说:"金用武得国,无以异于辽,而一代制作能自树立唐宋之间,有非辽世所及,以文而不以武也。《传》曰:'言之不文,行之不远。'文治有补于人之家国,岂一日之效哉!"④ 这一段话语概括了金代文教方略的成就,并对"文治"的功效给予了充分的肯定,这一评价应该说是中肯的,可以为我们总结金代文教方略提供很好的借鉴。对于金代实施的文教制度的成就,我们可以

---

① (金)元好问:《中州集》卷二,《四部丛刊》初编本。
② 分见(元)脱脱等《金史》卷七、卷八《世宗纪》,卷九《章宗纪》,第 159、161、199、219 页。
③ (元)脱脱等:《金史》卷五一《选举志》,第 1142 页。
④ (元)脱脱等:《金史》卷一二五《文艺传》,第 2713 页。

从金立国的现实与对后世教育科举制度的影响两方面来进行考察。

首先,从金的政治制度来考察。自金立国伊始,金代统治者重视教育,选用儒学之士为官参与治国,而后又在女真民族中推行女真教育、策论考试,其目的就是要选拔信仰儒家思想的官吏来治理国家,以改善统治集团旧有的以宗戚、军将为主的结构成分,提高统治集团的整体素质。金代统治者也如同中国历史上其他封建统治者一样,已经很清楚地认识到儒学的道德价值观对于官吏品质所起的训导作用,认识到任用儒学官吏对于维护政权的重要性。金世宗曾经对比儒学入仕与习吏出身的官吏之间的差别,认为"儒者操行清洁,非礼不行。以吏出身者,自幼为吏,习其贪墨,习性不能迁改",强调"政道废兴,实由于此",褒奖女真进士出身的官吏像徒单镒、夹古阿里补、尼厖古鉴等人品德出众,为"可用之才",认为"起身刀笔者,虽才力可用,其廉介之节终不及进士"。[①] 这些言论都表现出金代皇帝们的远见卓识。事实也确实如此,这一批受到儒学熏陶的读书人,通过入学、科举而进入仕途,确保他们凭借个人才干而不是依靠门荫得官,以文治之效而不是专靠杀伐之功升迁,仅仅是在《金史》忠义传、循吏传中,我们就可找到许多这类人物的事迹,他们往往都能保持廉介之节,临难不惧,或仁爱亲民,惠施于人。这对改善有金一代统治阶层的整体素质,保持社会的稳定起了极大的作用,因此兴学养士、科举取人无疑是顺应中国历史潮流发展的英明举措。而使平民接受儒学"忠孝仁义"的基础教育,于潜移默化中提升素养,这对于安定社会、化解矛盾,也不失为一种行之有效的措施。

其次,从金代所创造的文化实绩来看,也显示出金代文教策略的成功。金代学者继承北宋儒家学术传统,对儒学原典进行阐释发挥,有不可忽略的成就,像被称为"斯文主盟"的赵秉文就撰有《易丛说》《中庸说》《扬子发微》《太玄笺赞》,并删集《论语》《孟子解》多种。杨云翼编校《大金集礼》,与赵秉文合著《君臣政要》《龟鉴万年录》等。他宣称"学以儒为正,不纯乎儒,非学也;文以理为主,不根于理,非文也。自魏晋而下,为学者不究孔孟之旨而溺异端,不本于仁义之说而尚夸词,

---

① (元) 脱脱等:《金史》卷八《世宗纪》,第 195 页。

君子病诸"①。杨云翼强调孔孟的正宗地位，指出仁义乃为文章之本，试图仿效唐代韩愈，充当儒学的卫道者。后来的王若虚也著有《五经辨惑》《论语辨惑》《孟子辨惑》《史记辨惑》《诸史辨惑》《新唐书辨惑》等书，高度赞扬宋代理学所取得的成就，认为其"使千古绝学一朝复续，开其致知格物之端而力明乎天理人欲之辨"②，指出"宋儒之议论不为无功，不为无罪焉"，他在《论语》的研读阐释方面，对宋人杨时、谢良佐、张九成、叶适、朱熹、张栻均一一加以评说，如谓朱熹"删取众说，最为简当"，然而有"妄为注释"，"过为曲说"之失③，都表现出他在儒学理论研究方面的真知灼见。至于金代文学创作的成就也是后世学者有目共睹的。金代文学创作沿袭了北宋文学创作的方向，主要受北宋"苏黄"为代表的文学家的影响甚深，创造了富有北方地域特色的有金一代的诗词文学，涌现一大批包括女真文学家在内的优秀作家，其中元好问（1190—1257 年）为金代文学家之佼佼者，他不仅自己创作了众多的反映社会现实的诗词作品，而且还编辑了金代诗歌总集《中州集》，以诗存史，保存了金代文人的文献资料。女真族皇室作家完颜璹的诗词清新婉丽、韵味悠长，完全可与汉族文人诗词媲美。金董解元的《西厢记》乃元代王实甫《西厢记》的蓝本。清代学者在对比金与南宋各自的文学成就时指出，"宋自南渡以后，议论多而事功少，道学盛而文章衰，中原文献，实并于金"④，这一评价尽管尚带有一些献媚清代统治者的成分（因为清代统治者自称为金的后裔），但它也比较确切地道出了南北文学发展的不同价值取向。在传统中医中药学研究上，金代的学者也成就卓著，他们重视中医中药学的研究，在脉理、伤寒、脾胃、痨疾、针灸、药物学方面都有重要成果，像刘完素的《素问玄机气宜保命集》《素问玄机原病式》《三消论》，张从正的《儒门事亲》，李杲的《内外伤辨惑论》《脾胃论》《雷公泡制药性赋》，闻人耆年的《备急灸法》，张元素的《珍珠囊》《藏府标本药式》，这些医药学文献一直到现代都还保存完好，是我国中医中药文献的珍贵宝藏，受到现代学人的重视。

---

① （金）杨云翼：《滏水集序》，《滏水集》卷首，文渊阁《四库全书》本。
② （金）王若虚：《滹南遗老集》卷四四《道学发源序》，《四部丛刊》初编本。
③ （金）王若虚：《滹南遗老集》卷三《论语辨惑序》，《四部丛刊》初编本。
④ （清）永瑢：《四库全书总目》卷一九〇《御选全金诗》提要，第 1725 页。

从历史发展的纵向角度来看，金代的儒学教育培养了一批实学之才，尽管这些人才可能没有在金代崭露头角，但是到了蒙古人入主中原之后，他们就都变成了元代初年事功显赫的知名人物。我们说金代教育为异代储备了人才，这是绝无置疑的。像耶律楚材（1190—1244年），原为辽国契丹皇族子弟，由金降元后辅助元太祖，筹划建国方略，随军西征，提出了"以儒治国，以佛治心"的主张，元初诸多政令都出自其手，成为元初重要开国功臣。许衡（1209—1281年）生于金末元初，刻苦研读儒学经典，身体力行，是将理学推广于北方的最早传播者。

自唐末五代以来，在中国历史上曾经有几次少数民族入主中原建立的朝代，它们分别是辽（契丹族）、金（女真族）、元（蒙古族）以及清（满族）。其中的辽、金只占有中国北方地域，其统治尚未及于长江以南的地域。如果我们将这四个朝代加以比较，我们就会发现，作为统治者的少数民族，却在文化传统方面处于明显的劣势，于是这些统治者不约而同地采取一些相应的应对策略，或相互有所借鉴，而这些策略有的是顺应时代发展的举措，有的则是阻碍文明进程的昏招。

在"以儒兴国"的方略上，金代的统治者显然要比辽代统治者高明得多。金与辽立国相继，辽代统治者往往采取文化的禁锢政策，比如严格的书禁，有传递图书出国境者将被处死。① 立法严禁契丹人参加科举考试，一旦有契丹族人违令参加考试，就将受到严厉的惩罚。契丹人耶律蒲鲁参加进士考试及第，朝廷以其擅自参加考试违法，对其父亲施行鞭刑二百，处罚其疏于管教之过。② 这些举措是辽代统治者畏惧先进文明的极不明智的举动，其后果也对辽的立国产生了极坏的影响，严重地阻碍了辽文化的发展，尤其是契丹民族文明的发展进程。至今现存的辽文明较为稀少，归咎其原因，与这种文化政策的实施有很大的关系。而金代统治者的文教措施则与之大相径庭，应当是对其文化政策的纠偏。

金代对女真人实施单独的民族教育，进行专门的科举考试，这一做法对后世的元、清两代产生了很大的影响。元代曾经仿效金代之制设立专门的蒙古国子学。元世祖至元八年（1271）在大都设立蒙古国子学，主要以

---

① 参见（宋）沈括著，胡道静校正《新校正梦溪笔谈》卷一五，中华书局香港分局1978年版，第160页。

② 参见（元）脱脱等《辽史》卷八九《耶律蒲鲁传》，第1351页。

蒙古族官员子弟为主,并选择部分汉人官员子弟随读,其课程以蒙古语翻译本《通鉴集要》教之,待其学有成效后出题考试,酌量授官。① 蒙古国子学的规模在后来的成宗、武宗、仁宗、顺帝时代都有所扩大。在科举考试中也分两榜进行,蒙古、色目人为一榜,南北汉人为一榜,两榜分别录取,如果蒙古、色目人愿试汉人榜,中选者加一等除官。② 这显然是考虑到了蒙古学生文化层次的差异而采取的保护措施。后来满族大军入主中原,建立清帝国,也采取过这种单独设置满学、分榜取士的做法。顺治年间(1644—1661),委任满族教官教习满文,当时的科举考试,也分满汉二榜,满人、蒙古人入"满洲"榜,汉人单为一榜。③ 这些举措显然都是受到金代女真学校、科举考试的影响,只是元、清两代统治者没有坚持这种单独设学、分榜取士的做法,经过短暂的实施,很快就废止了。

历史学家曾经说过:历史往往有惊人的相似处。今天我们探讨儒学在建设现代和谐社会的重要作用的时候,研究金代文教制度,寻找其顺应历史发展的合理的部分,从中学习到一些有用的东西,这对于我们进行现代化建设不无借鉴。教育是立国之本,现代文明建设的进程绝对离不开教育。要共谋发展,先进文化就必须肩负起帮助暂时处于相对落后的文化使之共同进步的责任,这时教育就成了极其重要的手段。同时,教育应该有阶段性,要照顾暂时处于落后地位的文化的特殊性,对其既不能漠视不管,也不能盲目追求高标准,应本着继承与创新的原则稳步前进。也许这就是我们研究金代文教制度为我们构建现代和谐社会提供的一些启迪。

---

① 参见《续文献通考》卷四七《学校考》一,浙江古籍出版社1988年影印本,第3212—3216页。
② 参见(明)宋濂等《元史》卷八一《选举志》,第2019页。
③ 参见《清朝文献通考》卷六三、卷六四《学校考》,浙江古籍出版社1988年影印本,第5436、5443页。邓嗣禹:《中国考试制度史》引《淡墨录》卷一,《民国丛书》第五辑,上海书店1996年影印本。

深袭大马歌悲风[①]

——金代诗词文学创作论略

一

金代（1115—1234）是我国古代北方的少数民族——女真族在北方土地上建立的政权，金代文学则是源远流长的中国古代文学在特定历史时期、特定地域的延续和发展。

距今一千多年以前，在我国东北松花江、黑龙江流域居住着一支尚武剽悍的女真部族。在中世纪时期，女真部族还处于原始社会阶段，他们逐水草而居，主要以渔猎为生，也从事农业生产，部族之间不统一，常常发生流血冲突。1113年，女真族杰出的部落首领完颜阿骨打担任了都勃极烈，成为女真部落联盟的首领，他逐渐统一了女真各部，使分散的女真部族开始走向强盛。1115年，完颜阿骨打采纳臣下的建议，正式建立大金国，从此掀开了金的文明史。

金立国以后，首先面对的强敌是压迫奴役女真人的辽国。辽是北方契丹人建立的国家，自唐代以来一直是统治中国北方的强大政权，金作为辽的属国而遭受残酷的奴役。金与辽展开了长期的激战，经过数次交锋，金天会三年（1125），辽的最末一位皇帝做了金军的俘虏，辽国灭亡。紧接着金军又挥戈南下，直捣北宋帝国，兵临汴京城下，俘虏了北宋的两位皇帝——徽宗、钦宗，并将他们押解到北方荒漠中安置，北宋宣告灭亡。在

[①] 本文原载《四川大学学报》（哲学社会科学版）2002年第4期。

这一段金戈铁马,以武力称雄的时期,金的统治者是金太祖完颜阿骨打及其继承人太宗。

金太宗之后,金又经历了熙宗、海陵王两朝(1135—1161),中国再次形成了南北对峙的局面。金连年发动大规模攻战,企图消灭赵宋,扫平江南,实现"勒马吴山第一峰"(海陵王语)的霸业,但在遭到南宋军民奋勇抵抗,侵略计划受挫以后,被迫放弃了吞并南方的野心,而发动战争的罪魁海陵王也被部将戕杀于军营中。

继海陵王为国君的是金世宗完颜雍。他在位期间,奉行"南北讲好,与民休息"的政策,结束了侵略南宋的战争,并着手巩固国内统治,致力于发展经济生产。在世宗时代(1161—1189),金达到了经济极盛的时期,政治、文化制度也臻于完备,因此金世宗在历史上博得了"小尧舜"的美名。

金世宗之后,金章宗完颜璟以皇嫡孙的身份继承帝位。在章宗时期,金还继续保持了强盛的局面,但是在其后期,已经开始显现出衰败的迹象。接续执政的卫绍王、宣宗、哀帝又是治国乏才的碌碌之辈,金国迅速走向衰亡。这一时期,宫廷腐败,权臣擅权,官吏贪墨,军兵冗懦,国家已经到了难以维持的地步。尤其是北方草原上兴起的蒙古人,对金构成了极大的威胁,金不得不投入极大的人力物力来对付蒙古军队的入侵。金宣宗贞祐二年(1214)被迫将都城迁往汴梁,放弃了黄河以北的大片土地,以躲避蒙古军队的攻击。但是这一举措并未能遏制蒙古军队的侵略,反而加速了金的覆亡。天兴三年(1234),蒙古与南宋合兵夹击,攻灭了金,出逃至蔡州的哀帝自杀,即位仅一天的末帝也死于乱军中。

金在立国后,采取了积极的保护固有汉民族文化,并从中汲取精华,推动金代文化(包括原有的汉文化与女真文化)发展的政策措施,正如元代脱脱等人在《金史·文艺传》序中所说,"金用武得国,无以异于辽,一代制作,能自树立"[①],使中华文化的发展脉络不仅没有断绝,而且在那一时代得以持续发展。金代统治者曾经采取了以下政令举措推动文化的发展。

创制女真文字。女真部族原本没有文字,金太祖在立国之初,即命令

---

① (元)脱脱等:《金史》卷一二五《文艺传》,第2713页。

希尹模仿汉字楷书形体,结合契丹文字,创制了女真文字,后来又发展为女真大字和小字,成为金的通行文字。这使女真部族结束了原始混沌状态而走向文明社会。

大量吸收辽、宋文化。在攻灭辽、北宋的战争中,金统治者不仅意在搜刮金银财宝,而且注重吸收两朝文化,他们曾经指名索要各类儒生、技师、艺人、工匠,还把辽、宋两朝收藏的图书文籍全数运送回国。延至世宗、章宗时代,还特意组织人力将一大批儒学典籍翻译为女真文字,供女真人学习。这一举措对女真民族迈入文明社会起了极大的促进作用。在世宗时代主要是翻译经部、诸子、史部典籍,像大定二十三年(1183)就有《易》《书》《孝经》《论语》《孟子》,以及《老子》《扬子》《文中子》《刘子》及《新唐书》等多种文籍翻译成书。到章宗时代又增加了文学典籍的刊刻,明昌二年(1191)奏进的文学书籍已经包括唐杜甫、韩愈、柳宗元、杜牧、贾岛、王建的作品,北宋欧阳修、王安石、苏轼、张耒、秦观等人的文集。[①] 翻译、刊刻书籍范围的扩大,显示了学习汉文化的多元化,体现了女真民族文化素养的提高。

开科举取士。金太宗为了招纳人才,仿照宋、辽科举制度,开设科举考试。最初设立诗赋、经义两科,后来逐步完善,增加律科、经童、宏词等科目,与唐、宋的科举考试相差无几,对应试中选的人委以重任,使一大批读书人进入仕途。为了使女真人尽快掌握文化,金世宗开设女真学校,让女真贵族子弟熟习翰墨,参加考试,更于大定年间设立女真进士科,用策、诗考试女真学子,定名为策论进士。金代的名臣文士很多都经由科举考试而进入仕途。以科举取士的政策,不仅对北方汉民族的文化起了延续推进的作用,而且对那些自幼娴熟弓矢骑射的女真人也有吸引力,促进了民族整体素质的改变。这对金代的"文治"产生了巨大的影响,也对金代的文学创作繁荣起了极大的推动作用。

尤其需要指出的是金的各代帝王,尽管其祖先拼杀疆场,戎马倥偬,以武功称雄,但他们本人却酷爱汉文化,并尽力按照中国传统的儒家规范来塑造自己的形象。从金熙宗、海陵王到后来的金章宗,几乎无一不谙熟汉文化,并具有很高的素养。像金熙宗自少年时起"赋诗染翰,雅歌儒

[①] 参见(元)脱脱等《金史》卷八《世宗本纪》、卷九《章宗本纪》,第184、218页。

服,分茶焚香,弈棋象戏,尽失女真故态","宛然一汉户少年"。[①] 海陵王也是饱学的帝王,他精研史书,诗词造诣臻于纯备。其后的金章宗艺术修养在金代诸帝王中更是佼佼者,能书善画,其书法学宋徽宗瘦金体,潇洒俊逸,风韵卓然,诗词作品妍丽纤奇,独具特色。在他们统治的时代,一批文学词臣受到重用,儒风盛行,从而带动了整个金代文化的繁荣。金统治者的躬亲奖率之功不可磨灭。

二

在这样的政治、文化氛围之下,伴随着中国北方的风沙霜雪,金代文学就应运而生了。

金代文学的发展,大致经历了以下几个时期,在不同的时期呈现出较大的差别。

金初文学。这一时期从金开国持续到海陵王时代,其中成就卓著的时期为熙宗、海陵王两朝。在这一时期,金代文学在吸取辽、北宋文学的基础上渐具规模。作家群体的构成主要是由辽、北宋入金的文士,像辽人韩昉、张通古、王枢,北宋的宇文虚中、吴激、蔡松年、张斛、张中孚等。这一批文士,不管他们是以何种事由来到金国,也不论他们在金国是地位显赫还是郁郁不得志,他们要么是所事之国已经灭亡,要么是远离了养育自己的故土,因此在其作品中总是流露出一种去国怀乡的忧思。这种情结尤其是在那些被金朝廷强迫留下来的宋朝使者,像宇文虚中、吴激等人的作品中,表现得特别突出。这一时期的金文学可以说是北宋文学在异代的延续(辽代作家也大多受北宋文学创作影响),创作风格仍然步趋以苏轼、黄庭坚为代表的北宋文学模式,江西诗派创作对金代初年文学的影响非常明显。

宇文虚中是金代前期文学作家中颇有代表性的人物。他原是宋朝大臣,因出使金国而被强留做官,后来又以谋叛罪被杀。他的作品往往表现

[①] (宋)宇文懋昭撰,崔文印校证:《大金国志校证》卷一二,《熙宗孝成皇帝纪年》,中华书局1986年版,第179页。

出对南方故国的思恋。我们来看他的《己酉岁书怀》诗：

> 去国匆匆遂隔年，公私无益两茫然。当时议论不能固，今日穷愁何足怜。生死已从前世定，是非留与后人传。孤臣不为沉湘恨，怅望三韩别有天。①

"己酉岁"为金太宗天会七年（1129），是时宇文虚中已被迫仕于金。他在宣和间曾因为力谏伐辽而受到贬责，在诗中对自己"议论不固"以及后来仕金的"是非"而深感无奈，最终以"孤臣"自居，犹如自沉湘水的屈原，遥望故乡而怅恨不已。宇文虚中留下的诗词，大多带有这种抑郁的有家不能归，思念故土的基调。

吴激原来也是江南名士，其岳父为北宋著名书法家米芾，南宋初出使北方被强留仕于金。他的代表作品有《人月圆》词：

> 南朝千古伤心事，犹唱后庭花。旧时王谢堂前燕子，飞向谁家？恍然一梦，仙肌胜雪，宫髻堆鸦。江州司马，青衫泪湿，同是天涯。②

这首词是吴激在北方张侍御家中宴饮所作。张侍御家有一侍儿，原为北宋宣和殿宫姬，后被掳掠入金，酒席上被叫出来侑酒，风韵依旧。吴激对她的遭遇感愤不已，在席上撰成此词。词中俨然以"天涯沦落人"自况，表达了自己与宫姬同病相怜的悲恸之情。这首词对后代影响极大，黄昇称其"精妙凄惋"，刘祁也说"思致含蓄甚远，不露圭角"，到清代甚至被一些词人奉为"中州乐府之冠"。③

在金前期文学作家中，蔡松年是比较特殊的一人。他出生于宋，但无仕宋的经历，后随其父入金，在北方官运畅达，官至礼部尚书、右丞相。

---

① （金）元好问：《中州集》卷四，《四部丛刊》初编本。
② （金）元好问：《中州集·中州乐府》，《四部丛刊》初编本。
③ 分见（宋）黄昇《中兴绝妙词选》卷二，《四部丛刊》初编本；（金）刘祁《归潜志》卷八，中华书局1983年标点本，第84页；（清）吴衡照《莲子居词话》卷一，载唐圭璋编《词话丛编》，中华书局1986年版，第3册，第2419页。

他虽然官居高位，但在他的作品中却常常表露出追求休官致仕、闲适隐逸的意趣。如他最为得意的《念奴娇》词：

>《离骚》痛饮，笑人生佳处，能消何物？夷甫当年成底事，空想岩岩玉璧。五亩苍烟，一丘寒碧，岁晚忧风雪。西州扶病，至今悲感前杰。
>
>我梦卜筑萧闲，觉来岩桂，十里幽香发。蒉隗胸中冰与炭，一酌春风都灭。胜日神交，悠然得意，遗恨无毫发。古今同致，永和徒记年月。①

这首词是他随金军南征，返回京师而作。在词中他追求的还是那种诗酒流觞的闲适生活。究其所以，这一情绪的产生固然有金代朝廷的政治风险的因素，同时也与他欲同女真统治者保持距离的倾向有关。

金中叶文学。这一时期包括了世宗、章宗两朝。在这一时期内"国朝文派"脱颖而出，活跃于文坛。"国朝文派"的说法见于元好问《中州集》卷一：

>国初文士如宇文太学、蔡丞相、吴深州等，不可不谓之豪杰之士，然皆宋儒，难以国朝文派论之。故断自正甫为正传之宗，党竹溪次之，礼部闲闲公又次之。②

所谓"国朝文派"是指在金立国后出生于中原地域的一批文人，他们一般都有较高的门第，自幼受到良好的儒学教育，加上北国风情的熏陶，使他们的作品表现出与前期文学不同的创作风格。其代表人物有蔡珪（正甫）、刘迎、刘汲、王寂、党怀英（竹溪）、王庭筠等人，他们犹如突起的异军，在文坛上崭露头角。

这时的金代文学已经与金初文学不同，形成了独特的风貌，或雄奇豪放，或清新俊逸，或旷达闲逸，表现出五彩纷呈的多元化特征。我们选择

---

① （金）元好问：《中州集·中州乐府》，《四部丛刊》初编本。
② "国朝文派"的首倡者应为萧贡，元好问只是引用了萧贡的观点，见《中州集》卷一"蔡太常珪"条，《四部丛刊》初编本。

了这一时期的部分作品,从中可以看出当时文学创作的主流。

  南山有奇鹰,置穴千仞山。网罗虽欲施,藤石不可攀。鹰朝飞,竦肩下视平鞠低,健狐跃兔藏何迟!鹰暮来,腹肉一饱精神开,招呼不上刘表台。锦衣少年莫留意,饥饱不能随尔辈。(蔡珪《野鹰来》)
  扇底无残暑,西风日夕佳。云山藏客路,烟树记人家。小渡一声橹,断霞千点鸦。诗成鞍马上,不觉在天涯。(蔡珪《雷川道中》)
  淮安城郭真虚设,父老年前向予说。筑时但用鸡粪土,风雨即摧干更裂。只今高低如堵墙,举头四野青茫茫。不知地势实冲要,东边鄂渚西襄阳。谁能一劳谋永逸,四壁依前护砖石。免令三岁二岁间,费尽千人万人力。(刘迎《修城行》)
  吾爱吾庐事事幽,此生随分得优游。穷冬夜话蒲团暖,长夏朝眠竹簟秋。一榻蠹书闲处看,两盂薄粥饱时休。红旗黄纸非吾事,未羡元龙百尺楼。(王寂《易足斋》)
  种竹六七个,结茅三四间。稍通溪上路,不碍屋头山。黄叶水清浅,白云风往还。(任询《山居》)
  重山复峻岭,溪路宛盘盘。流水滑无声,暗泻溪石间。岸草凄以碧,鲜葩耀红丹。高云映朝日,流景青林端。我行属朱夏,欲憩不得闲。山中有佳人,风生松桂寒。(党怀英《穆陵道中》)
  沙麓百战场,卤卤不敏树。况复幽圄中,万古结愁雾。寸根不择地,于此生意具。婆娑绿云杪,金风擎未去。晚雨沾濡之,向我泣如诉。忘忧定漫说,相对清泪雨。(王庭筠《狱中赋萱》)①

  蔡珪的两首诗歌代表了他创作的不同风格:《野鹰来》塑造了野鹰傲世独立的形象,全诗句式参差变化,语言质朴峭健,洋溢着慷慨激荡之气。《雷川道中》诗则写得清新蕴藉,犹如一幅优美的山水画卷。刘迎的诗以七言歌行见长,《修城行》无论从立意到表达形式,显然是继承了唐代元、白新乐府诗的风格,以反映现实、针砭时弊为旨归,语言不着意修饰,一气呵成。清人陶玉禾在评论其诗时说:"迎七古尤擅场,苍莽朴直中语,

---

  ① 按,上引诸诗分见《中州集》卷一至卷三,《四部丛刊》初编本。

皆有关系，不为苟作，其气骨固绝高也。"① 王寂、任询、党怀英、王庭筠均为这一时代诗人之佼佼者，其作品大都清新俊秀，表现出诗情画意。王庭筠的《狱中赋萱》诗以萱草的意象表达自己被囚于狱中的凄楚怨愁的心态，更是哀婉动人。元好问后来曾选录柳宗元、苏轼、党怀英的咏物诗，加上这首《赋萱》诗共九首，请赵秉文书作一轴，在题跋中称："王内翰无意追配古人，而偶与之合，遂为集中第一。"② 可见元好问的推崇之意。

这一时代的词创作在文学创作中也占有极高的地位。金词大多是沿着豪放风格发展的，邓千江《望海潮》代表了这一时期词的特点。邓千江其人生平不详，据词本事称他到过兰州，向军帅张六太尉进献此词，张赠其白金百星。词曰：

  云雷天堑，金汤地险，名藩自古皋兰。营屯绣错，山形米聚，襟喉百二秦关。鏖战血犹殷。见阵云冷落，时有雕盘。静塞楼头，晓月依旧弓弯。 看看，定远西还。有元戎阃命，上将斋坛。区脱昼空，兜零夕解，甘泉又报平安，吹笛虎牙闲，且宴陪珠履，歌按云鬟。招取英灵毅魂，长绕贺兰山。③

这首词描写西北山川形势的险峻，表现军营生活的艰苦，士兵的骁勇善战，淋漓尽致，末尾寄托对战死者的哀悼之情，气势雄奇，跌宕起伏，深受后人称赏。明人杨慎最为推崇这首词，谓"金人乐府称邓千江《望海潮》第一"④。

其余如党怀英的《青玉案》（红莎绿蒻春风饼）、王庭筠《谒金门》（双喜鹊）、景覃《天香》（市远人稀），都堪称脍炙人口之作。

这一时期文学创作的另一个倾向是滋生了"浮艳尖新"的诗风。金末人刘祁在描述这一时期诗歌创作时曾说：

---

① （清）顾奎光辑：《金诗选》卷一，清乾隆十六年刻本。
② （金）元好问：《中州集》卷三《赋萱》诗下评注，《四部丛刊》初编本。
③ （金）元好问：《中州集·中州乐府》，《四部丛刊》初编本。
④ （明）杨慎：《词品》卷五，载曾枣庄、李文泽等编《中华大典文学典·宋辽金元分典·金文学部》，江苏古籍出版社1999年版，第1070页。

明昌、承安间作诗者尚尖新，故张耆仲扬由布衣有名，召用，其诗大抵皆浮艳语，如"矮园小户寒不到，一炉香火四围书"，又"西风了却黄花事，不管安仁两鬓秋"。人号"张了却"。刘少宣尝题其诗集后云："枫落吴江真好句，不须多示郑参军。"盖讥之也。①

"尖新浮艳"诗风不仅表现于刘祁所说的张耆，在章宗时代的一些执掌宫教的文人，如张建、毛麾、朱澜等人的作品都体现了这一特色。张建论诗云："作诗不论长篇短韵，须要词理具足，不欠不余，如荷上洒水，散为露珠，大者为豆，小者如粟，细者如尘，一一看之，无不圆成，始为尽善。"② 这种"词理具足""无不圆成"的理论，曾受到清代诗评家的批评，潘德舆谓："若徒取圆成而已，则台阁旧体，平适无奇。"③ 他们的主张对后世的文学创作影响不大，"尖新浮艳"诗风在金代末年即已不存在了。

金末文学。从卫绍王登基至哀宗亡国，这是金立国以来的惨痛时期，然而这一时期的文学创作却进入了一个极其活跃的时期，正如前人所云"国家不幸诗家幸"，那种兵连祸结的惨烈社会现实，激发了文学家创作的激情，纷纷用自己的笔书写战乱现实，像赵秉文、李纯甫、赵元、李献能、雷琯、李汾、宋九嘉、王元粹等都是当时成就卓然的作家。他们在创作题材上拓展了现实主义的创作道路，积极地反映社会现实；在创作风格上金中叶那种"尖新浮艳"的文风也一扫而空，而代之以任气尚奇与平易自然的风格的追寻，"以唐人为指归"成为当时的文学时尚。

元好问在为金人杨宏道（叔能）之《小亨集》所作序中尝多次论及"以唐人为指归"一语，意即以唐人诗歌之精华为典范，其所描述唐诗之精粹则云：

唐人之诗，其知本乎！何温柔敦厚蔼然仁义之言之多也？幽忧憔悴寒饥困惫一寓于诗，而其阨穷而不悯、遗佚而不怨者故在也。至于

---

① （金）刘祁撰：《归潜志》卷八，崔文印点校，中华书局1983年版，第85页。
② （金）元好问：《中州集》卷七"张建"，《四部丛刊》初编本。
③ （清）潘德舆：《养一斋诗话》卷十，郭绍虞编《清诗话续编》，上海古籍出版社1983年版，第4册，第2158页。

伤谗疾恶不平之气不能自掩,责之愈深,其旨愈婉;怨之愈深,其辞愈缓。优柔厌饫,使人涵泳于先王之泽,情性之外,不知有文字。幸矣,学者之得唐人为指归也。①

显然元好问所夸赞的唐诗精华,正是其仰慕的诗歌创作的理想国,因而要以唐人为"指归"。

刘祁在描述当时的文风时也说:

南渡后,文风一变,文多学奇古,诗多学风雅,由赵闲闲、李屏山倡之。屏山幼无师传,为文下笔,便喜左氏、庄周,故能一扫辽宋余习。……赵闲闲晚年诗多法唐人李、杜诸公,然未尝语于人。已而麻知几、李长源、元裕之辈鼎出,故后进作诗者争以唐人为法也。②

无独有偶,元人李恽对这一时期的文学创作也表达了相同的看法:

金自南渡后,诗学为盛,其格律精严,辞语清壮,度越前宋,直以唐人为指归。③

我们选录了这一时代的几位诗人的诗作,来观照这一时代的诗歌风格:

月晕晓围城,风高夜斫营。角声寒水动,弓势断鸿惊。利镞穿吴甲,长戈断楚缨。回看经战处,惨淡暮寒生。(赵秉文《庐州城下》)

丰镐无由问故基,三章只见《黍离》诗。而今多少华清石,都与行人刻艳辞。(陈规《过骊山》)

草树萧条故苑秋,山川惨淡客魂伤。玉光照夜新开塚,剑气沉沙古战场。金谷更谁夸富丽,铜驼无处问兴亡。一尊且对春风饮,万事

---

① (金)元好问:《小亨集序》,《遗山先生文集》卷三六,《四部丛刊》初编本。
② (金)刘祁撰:《归潜志》卷八,崔文印点校,第85页。
③ (元)李恽:《西严赵君文集序》,《秋涧集》卷四三,文渊阁《四库全书》本。

从来毂与臧。(庞铸《洛阳怀古》)①

这一时期的诗人或亲历战乱,或凭吊古迹,抚今追昔,往往抒发浓厚的家国感慨,诗风显得沉挚凝重。《金元诗选》评赵秉文《庐州城下》诗云"起得警拔,即在唐人中亦是高调。结处兜裹,有法有力",评陈规《过骊山》诗亦云"有议论有气魄,而深浑不露,金诗中所重"。②

这一时期诗歌创作的最大成就是在文坛上出现了一位照耀后世的文学巨星——元好问,他以自己卓著的实绩成就为整个金代文学作了辉煌的结束。

元好问(1190—1257年),出生于金末,曾在战乱频仍的地区做过几任亲民官,目睹金代亡国的不幸,并于金亡以后做过元军的俘虏。这一段经历促使作者用诗歌抒写自己所遭遇的苦难。他的丧乱诗艺术地再现了金末战乱的社会现实,就其感情真挚和艺术表现力而言,足以和唐代伟大诗人杜甫媲美,成为反映那一历史时代的"诗史"。像他著名的《岐阳三首》之二:

百二关河草不横,十年戎马暗秦京。岐阳西望无来信,陇水东流闻哭声。野蔓有情萦战骨,残阳何意照空城。从谁细向苍苍问,争遣蚩尤作五兵!③

这一组诗是诗人听到陕西军事重地凤翔失陷,并获知蒙古军队在攻陷城池后屠城,老幼妇孺不留的噩耗时所作。诗人面对残酷的现实,震惊悲愤,抚问苍天,何以令生灵遭此不幸?其余像《壬辰十二月车驾东狩后即事五首》《癸巳五月三日北渡》等诗章,都记载了当时的重要史实,无不充溢着国破家亡的悲愤之感。

除了这类丧乱诗外,元好问还用他热情奔放的笔触描绘壮丽的北方山川,表现出他对祖国山河的一往情深。像《游黄华山》诗:

---

① 按,上引诗分见《中州集》卷三、卷五,《四部丛刊》初编本。
② 分见曾枣庄、李文泽等编《中华大典文学典·宋辽金元分典·金文学部》,第1123、1149页。
③ (金)元好问:《遗山先生文集》卷八,《四部丛刊》初编本。

涛声汹汹转绝壑，雪气凛凛随阴风。悬流千丈忽当眼，芥蒂一洗平生胸。雷公怒击散飞霓，日脚倒射垂长虹。骊珠百斛供一泻，海藏翻倒愁龙公。①

这种雄奇壮丽的奇景，读之令人振起，催人奋进，酷似唐代诗人雄浑的山水诗篇。

元好问《论诗》三十首还以绝句的形式评论历代诗歌流派、作家风格，开创了以组诗评论诗歌的形式。例如：

曹刘坐啸虎生风，四海无人角两雄。可惜并州刘越石，不教横槊建安中。

古雅难将子美亲，精纯全失义山真。论诗宁下涪翁拜，未作江西社里人。②

元好问推崇汉魏诗歌，对建安诗人刚劲古直、沉雄苍茫的"风骨"推崇不已；对宋代诗歌，他推崇欧阳修、梅尧臣、黄庭坚等人的创作，而对江西诗派的创作颇有微词。他的论诗主张，尽管在后来也受到一些诗评论家的非议，但对于金末元初的诗歌创作影响很大，一直受到后人的关注。

与元好问同时或稍后的"河汾诸老"，包括麻革、张宇、房皓、陈赓、陈庚、曹之谦、段成己、段克己八人，他们均与元好问交游，深受元好问影响，金亡后都以金源遗老自居，入元不仕，诗文超然拔俗，成为金代文学的殿军。

三

在金代文学家群体中，还有一支不可忽视的力量，那就是女真族作家的创作。我们在本节将对女真作家的文学成就作一扼要的论述。

---

① （金）元好问：《遗山先生文集》卷三，《四部丛刊》初编本。
② （金）元好问：《遗山先生文集》卷一一，《四部丛刊》初编本。

女真民族在立国之前还没有文字,因此那时的文学创作仅仅处于原始文化状态。金建国之后,创造了文字,加上各民族文化的融合,女真文化取得了巨大的发展,一些受汉民族文化熏陶的女真作者(主要是女真皇室、贵族)脱颖而出,涌现出不少杰出的作家,他们运用传统的汉语文学形式创作了许多优秀的文学作品。

在金代女真族作家中,皇帝及宗室子弟是重要组成部分,他们的汉文水平极高,在文学创作上往往有很大的成就。

海陵王完颜亮,由于他性格暴戾和倒行逆施的行为,在史书、笔记中往往多被骂名,但他却是一个颇具雄才大略的人物,在政治上他实行改革官制、迁都中京等措施,对于巩固金的统治具有卓越的贡献,他的文学成就在金代帝王中也算是佼佼者。他有一首《题软屏》诗:

> 万里车书盍混同,中原岂有别疆封?提兵百万西湖上,立马吴山第一峰。①

据说这首诗是完颜亮在观看金朝归国使臣所画的江南美景图后所作,诗中抒发了要统一中国,建立千秋大业的雄心壮志。诗歌意气风发,音律铿锵,活脱脱表现出一位颐指天下的帝王形象。后人谓"求之唐以后,正不多得"②。而他的《昭君》词吟咏雪景却又是另一种风格:

> 昨日樵村渔浦,今日琼川银渚。山色卷帘看,老峰峦。 锦帐美人贪睡,不觉天孙剪水。惊问是杨花,是芦花。③

全词以白描的手法描写银装素裹的山川景象,风格秀丽俊逸,尤其是后阕以美人的惊讶口吻,将漫天飞舞的雪花比作杨花、芦花,活画出青年女子的天真,以至于后代的一些词评家也称其"和平奇俊""诡而有致"。④

---

① (宋)岳珂撰:《桯史》卷八"逆亮辞怪",吴企明点校,中华书局1981年版,第95页。
② (清)郭兆麟:《梅岩诗话》卷下,载曾枣庄、李文泽等编《中华大典文学典·宋辽金元分典·金文学部》,第1068页。
③ (宋)岳珂撰:《桯史》卷八"逆亮辞怪",吴企明点校,第95页。
④ 分见《渚山堂词话》卷二、(清)沈雄《古今词话》卷下引《艺苑雌黄》,《中华大典文学典·宋辽金元分典·金文学部》,第1068页。

金章宗完颜璟是金代文学成就最高的一位帝王。据说其母亲原为宋徽宗公主的女儿①,因此他自幼酷好文学,工书画,精通音律。前面已述及,在他统治的时期推行了一套文治政策,使当时的文学创作趋于鼎盛,而他本人的文学成绩也斐然可观。像他的《宫中》绝句:

五云金碧拱朝霞,楼阁峥嵘帝子家。三十六宫帘尽卷,东风无处不扬花。

"金碧""峥嵘"极写宫廷的繁华景象,被时人誉为"真帝王诗"。②

完颜璹是金章宗时的宗室,受封为密国公。由于受到皇帝的猜疑,有才干而无所施展,郁郁不得志,然而风流蕴藉,好贤乐交,被誉为"百年以来宗室中第一流人"③。著有诗集《如庵小稿》,已佚,现存词七首。清代沈雄谓其"小词可歌,非比南宋之有伥气"④。像他的《朝中措》词:

襄阳古道灞陵桥,诗兴与秋高。千古风流人物,一时多少雄豪。霜清玉塞,云飞陇首,风落江皋。梦到凤凰台上,山围故国周遭。⑤

这是登临怀古的杰作。作者面对萧瑟的秋风,讴歌英雄业绩,抒发千古兴衰之感,全词善于剪裁前人佳句入词而不露痕迹,具有极其娴熟的技巧。

一些女真贵族在文学上造诣颇深,他们的作品构成了金代女真文学园林中的瑰丽奇葩。

仆散汝弼,古齐人,曾官近侍副使,博学能文,率兵过陕西华清池,赋有《风流子》词:

三郎年少客,风流梦、绣岭盎瑶环。看浴酒发春,海棠睡暖,笑波生媚,荔子浆寒。况此际、曲江人不见,偃月事无端。羯鼓数声,

---

① 参见(宋)周密《癸辛杂识》续集卷下,中华书局1983年版,第212页。
② (金)刘祁撰:《归潜志》卷一,崔文印点校,中华书局1983年版,第3页。
③ (金)元好问:《中州集》卷五《密国公璹》,《四部丛刊》初编本。
④ (清)沈雄:《古今词话·词评》卷下,载唐圭璋编《词话丛编》,第1册,第1015页。
⑤ (金)元好问:《中州集·中州乐府》,《四部丛刊》初编本。

打开蜀道，霓裳一曲，舞破潼关。　马嵬西去路、愁来无会处，但泪满关山。赖有紫囊来进，锦袜传看。叹玉笛声沉，楼头月下，金钗信杳，天上人间。几度秋风渭水，落叶满长安。①

作者以华清池为背景，述说了唐玄宗耽乐误国的一段史实，上阕怀古，下阕抒怀，"词笔藻耀高翔，极慷慨低徊之致"②，成为一首绝佳的咏史之作。

术虎邃为女真猛安，刻意问学，以吟咏为事，尝从辛愿、刘祁问学。他有《睢阳道中》诗：

又渡澱江二月时，淮阳东下思依依。邱园寂寞生春草，城阙荒凉对落晖。去国十年初避乱，投荒万里正思归。临岐却羡春来雁，乱逐东风向北飞。③

术虎邃生活的时代，国势已经不复强盛，北方蒙古军队挥戈南侵，金军则处于被动的守势。诗人将遭战乱后乡村的破落与自己避乱思乡的惆怅哀怨结合起来描述，表现出诗人对国家民生的忧虑之情。刘祁称其诗"甚有唐人风致"。

文学创作需要丰富的文化积淀，有一个长久的培育过程。由于历史的原因，金代女真作家无论在作家人数和创作数量上都远不能与汉族作家相比，我们今天所见到的女真族作家的文学作品就更为稀少，这不能不说是一件憾事。

四

金在历史上是立国时间不久的朝代，这就注定了金代文学不可能像汉、唐、宋那样成就卓著，但是这并不意味着金代文学无足轻重，它在中国文学史上仍占有重要地位，它所取得的成就令后世瞩目。清人张金吾在

---

① 唐圭璋：《全金元词》，中华书局1979年版，第158页。
② （清）况周颐：《蕙风词话》卷四，载唐圭璋编《词话丛编》，第5册，第4506页。
③ （金）刘祁撰：《归潜志》卷三，崔文印点校，第26页。

其《金文最序》中曾作如是说："金有天下之半，五岳居其四，四渎有其三，山岳炳灵，文学之士，后先相望，唯时士大夫禀雄伟浑厚之气，习峻厉严肃之俗，风教固殊，气象亦异，故发为文章，类皆华实相扶，骨力遒上。"① 所谓"华实相扶，骨力遒上"，就是内容和形式的完美结合，刚健有力。统观金代文学作品，在他的序中除了一些过分强调地域、风物对作家影响的不当之处以外，其所言金代文学的特点仍不为过论。

倘若我们将金代文学置于中国文学史长河中作一次横向、纵向的立体比较，它的文学成就也毫不逊色。

金与辽的立国情形相近，都是少数民族建立的国家，而且立国时间、地域都相近似。但是辽代文学却远逊于金，从现存的辽代文学作品来看，无论其数量还是质量都不如金代。早在元代就已经有人注意到了这一事实，《金史》编者脱脱等曾说："金用武得国，无异于辽，而一代制作，能自列于唐、宋之间，有非辽所及者，以文不以武也。"② 他们将金代文学的蔚兴归结为"以文不以武"的结果，这是符合历史事实的。我们参考上节所论金统治者采用的鼓励文治的措施，再对比辽统治者施行的南北分治、书禁、禁止契丹族人应科举考试等举措，就不难明白为何辽代的文学滞后于金的缘由了。③

金又是与南宋对峙相始终的国家。他们的渊源都出自北宋文学传统，金与南宋却走着不同的文学发展之路。就传统的诗、词创作来看，它们都呈现出独立发展的痕迹。

金诗在清代颇受重视，清乾隆皇帝时曾下诏编定金诗，定名为《御定全金诗》。《四库提要》说"宋自南渡以后，议论多而事功少，道学盛而文章衰，中原文献实并入金"，又说"金人奄有中原，故诗格多沿元祐，迨其末造，国运与宋同衰，诗道乃较宋为独盛"。④ 我们当然不同意这种南宋诗不如金诗的说法，这其中自有取媚清统治者的阿谀之嫌，但说金代文学继承北宋传统，诗歌承袭苏、黄一脉，表现出与南宋文学不同的取向，

---

① （清）张金吾：《金文最序》，《金文最》卷首，中华书局1990年版，第9页。
② （元）脱脱等：《金史·文艺传序》，《金史》卷一二五，第2713页。
③ 参见李文泽《辽代官方教育科举考试制度研究》，《四川大学学报》（哲学社会科学版）1999年第3期。
④ （清）永瑢：《四库全书总目》卷一九〇《御定全金诗》、《御定四朝诗》提要，第1725—1726页。

倒还是比较得当的说法。不过金诗总体特点在于豪放有余，但诗风趋于单一，其末流则近于粗率。这确是逊于南宋诗歌之处。

就词的创作而言，清代词评论家况周颐曾对比金与南宋词的特点，作过如下评说："南宋佳词能浑至，金源佳词近刚方。宋词深致能入骨，如清真、梦窗是。金词清劲能树骨，如萧闲、遁庵是。南人得江山之秀，北人以冰霜为清。南或失之绮靡，近于雕文刻镂之技；北或失之荒率，无解深裘大马之讥。善读者抉择其精华，能知其并皆佳妙。而其佳妙之所以然，不难于合勘，而难于分观。"[①] 况氏的评议大致能道中肯綮，金词以豪放为主，南宋词则豪放、婉约并重，各具特色。南宋曾经产生了辛弃疾、姜夔、吴文英那样名垂千古的卓越词人，而金代词人纵使前有吴激、蔡松年，后有邓千江、二段（成己、克己）诸家，但其总体成就仍然不及南宋。

---

① （清）况周颐：《蕙风词话》卷三《宋金词不同》，载唐圭璋编《词话丛编》，第 5 册，第 4456 页。

巴蜀文化学术研究

宋代巴蜀、湖湘地域的书院教育评述[①]

书院是国家官方教育的辅佐补充形式，是一种私家办学（或官私合办）的主要模式，起于唐，兴盛于宋，尤其是在南宋时代，理学高度发展成为时代学术主流，书院教育也随之蓬勃兴盛，以至于发展到与官方教育分庭抗礼的地步，在宋代社会教育中发挥着重要的作用。

宋代的巴蜀地域含四路：利州路、成都府路、潼川府路、夔州路，包括今四川、重庆的主要地域以及部分陕西、甘肃、贵州等省地域。湖湘地域在宋代含荆湖南、北路，宋高宗绍兴初曾划出荆湖东、西路，很快即废止，仍以荆湖南、北路为称，其地域包括了今湖北、湖南的主要区域。本文中涉及的"巴蜀"指今四川省、重庆市，"湖湘"包括宋代的荆湖南路，也包括原荆湖北路，今属湖南的部分县市。

巴蜀、湖湘两地的书院教育在宋代成就卓著，颇具特色，尤其是在南宋时代，在张栻、朱熹、真德秀、魏了翁等一批理学大家的努力倡率下，更是名扬四海，成为宋代书院教育的典范，以至于到现代还具有巨大影响力，还对现代教育有着重要的启迪作用。

一 巴蜀地域的书院概况

宋代巴蜀地域的书院教育非常发达，关于这一问题，当代学术界讨论

[①] 本文原载湖南大学岳麓书院编《湖湘文化与巴蜀文化》，湖南大学出版社2012年版。

得较多，结论趋向一致，四川大学胡昭曦先生的《四川书院史》是其中研究最为深透的专著之一①，设有专章详尽地记载了宋代巴蜀地域书院的分布情况。本文下面的记述主要根据该书的资料记载，略有补充。胡先生统计宋代巴蜀地域的书院总量为27所②，我们择要作一简述。

沧江书院，在成都合江③，南宋时仁寿人虞刚简创建。虞刚简是南宋名臣虞允文之孙，以恩荫入仕，淳熙十六年（1189）任华阳县丞。蜀人魏了翁在《虞公墓志铭》中称："公自上华阳，即筑室成都之合江……秀才范公（按：即范荪）为榜曰沧江书院"，"知与不知皆曰沧江先生"，"卒之日，蜀之士民途泣巷吊，学于成都者二百余人聚哭于沧江"。④魏了翁与虞刚简交往密切，除上文以外，魏了翁还有与虞刚简吟唱沧江书院的诗歌若干首，载于《鹤山先生大全集》卷七。

鹤山书院，在邛州蒲江县𪸩支山（在今蒲江县城鹤山镇东南10公里），宋宁宗嘉定三年（1210）魏了翁建。魏了翁撰有《书鹤山书院始末》自述其事，称"嘉定三年春，诏郡国聘士，邛之预宾贡者比屋相望，未有讲肄之所，会鹤山书院落成，乃授之馆"，书院建有尊经阁，储书十万卷。又有堂，摘取邵雍语名曰"事心堂"。⑤后了翁致政，宋理宗赐御书"鹤山书院"四大字予以褒奖。⑥

云山书院，在潼川府郪县（今三台县），县人杨子谟建。杨子谟之父杨知章（号云山老人），为张栻门人，子谟则为张栻学术再传。魏了翁撰杨子谟墓志，称"公于县之南山筑室聚友，号云山书院"⑦。

张九宗书院，在潼川府遂宁县（今遂宁市）西南书台山下。其地原为

---

① 参见胡昭曦《四川书院史》，巴蜀书社2000年版。
② 邓洪波《中国书院史》统计巴蜀书院数为22所，北宋4所、南宋及兴办时间未详者18所，与胡先生统计数略有出入。见《中国书院史》，中国出版集团、东方出版中心2004年版，第66、114页。
③ 胡先生估计合江书院的具体位置在今成都市锦江区合江亭一带，从其取名及地理位置来看，应该是可信的。
④ （宋）魏了翁：《鹤山先生大全集》卷七六《虞公墓志铭》，《四部丛刊》初编本。
⑤ 参见（宋）魏了翁《鹤山先生大全集》卷四一《书鹤山书院始末》，《四部丛刊》初编本。
⑥ 参见（宋）魏了翁《鹤山先生大全集》卷六五《跋御书鹤山书院四大字》，《四部丛刊》初编本。
⑦ （宋）魏了翁：《鹤山先生大全集》卷七四《杨公墓志铭》，《四部丛刊》初编本。

唐张九宗读书地，唐贞元九年（793）建为书院。入宋时书院仍存，南宋嘉泰二年（1202）改为遂宁府学，原书院即由书院变为官方学宫。张九宗书院是文献记载的我国古代最早的书院之一。

岳阳书院（又名凤山书院），在普州安岳县（今安岳县）南门龙泉山麓。宋仁宗时州守彭乘、何援先后修葺讲堂。又于南宋庆元二年（1196）重建。《宋史》称，彭乘知普州时，"普人鲜知学，乘为兴学，召其子弟为生员教育之"，"聚书万余卷，皆手自刊校，蜀中所传书多出于乘"。①

同人书院，在嘉州夹江县（今夹江县）城。高定子知县事时所建。高定子，蒲江人，魏了翁弟，博通《六经》②，进士及第，历仕州县，大约于嘉定间（1208—1224年）知夹江县。《宋史·高定子传》云："定子作同人书院于夹江，修长兴学，创六先生祠，盖以教化为先务。"③

云庄书院，在眉州州治（今眉山市），史少弼建。史少弼眉州人，嘉定四年（1211）进士，尝"考十室于城南，榜曰'云庄书院'，自号云庄叟"，著有《云庄集》。④

五峰书院，在泸州（今泸州市）州治北小市五峰山。宋宁宗庆元间（1195—1200年），知州杨汝明建为士友讲会之所。魏了翁知泸州时尝举荐文复之、王应辰、潘允恭主持书院学事，其奏疏有"本司泸州有五峰书院，俾以所学训导生徒，经明行修，多士归向"云云。⑤

江阳书院，在泸州州治小厅西隅。原为宸章阁，收藏御书，南宋嘉定八年（1215）范子长改建为书院，魏了翁为篆书院额，薛绂撰书院记。

穆清书院，在泸州州治南。魏了翁知泸州时修建。后于清乾隆间由知州刘辰骏改名为鹤山书院。

瑞应山房，在合州（今重庆市合川区）州学侧。原为祭祀周敦颐之祠宇，宋理宗绍定时（1228—1233年）增设养学堂，以馆学生。魏了翁撰文记载此事，称"周子故有绘像于学西偏，地下濒江，屡圮于水。乡进士罗良十余人尝以请于予，予为移书太府少卿，得官屋于州冈前……扁曰

---

① （元）脱脱等：《宋史》卷二九八《彭乘传》，第9899页。
② 参见（清）黄宗羲等《宋元学案》卷八〇《鹤山学案·高定子传》，中华书局1986年版，第2673页。
③ （元）脱脱等：《宋史》卷四〇九《高定子传》，第12322页。
④ （宋）魏了翁：《鹤山先生大全集》卷五二《史少弼云庄集序》，《四部丛刊》初编本。
⑤ （宋）魏了翁：《鹤山先生大全集》卷二四《荐三省元奏》，《四部丛刊》初编本。

'瑞应山房',以祠先生,配以二程子。郡少府又余法用,即张氏故址为养心堂,以馆学徒"①。

北岩书院,在涪州州治(今重庆市涪陵区)大江北岸。原为普净院,元祐中程颐贬谪涪州,辟堂居住以注《易》,黄庭坚为题堂额曰"钩深堂"。南宋嘉定十年(1217)范仲武为知州,建为北岩书院,简州刘光祖撰有《北岩书院记》。

玉渊书院,在黎州(今雅安市汉源县)城内。宋开禧元年(1205)知县薛绂建于崇德祠之西,绍定二年(1229)黎州通判高崇增修。魏了翁撰高崇行状称"薛仲章绂尝仕于彼,建玉渊书院,以来学者讲习,久废不治,公(高崇)修其墙屋轩户,将与郡之秀彦肄业其间"云。②

巴蜀地区的书院数量众多③,创建时间各有先后,其功能更是参差不一,据胡昭曦先生统计,有的书院仅仅是个人读书故处,或由后人依旧址建为讲习之所,而其性质并未改变;有的则开门授徒,确实具有面向社会的教育功能,后一类书院在宋代巴蜀的书院中占了绝大多数,有19所之多。④

从书院的地域分布情况来看,巴蜀四路中成都府路书院数量最多,其次为潼川府路,然后方为利州路、夔州路。造成这一状况的因素是多方面的,主要还是与宋时各路的经济、学术文化发达与否有密切关系,受其制约,因而各书院的成就也有差异。

二 湖湘地域的书院概况

湖湘地域书院的兴盛,体现在无论是书院的总体数量,抑或书院教学

---

① (宋)魏了翁:《鹤山先生大全集》卷四四《合州建濂溪先生祠堂记》,《四部丛刊》初编本。

② (宋)魏了翁:《鹤山先生大全集》卷八八《知黎州兼管内安抚高公行状》,《四部丛刊》初编本。

③ 按:《四川书院史》记述宋代巴蜀一地的书院还有:果山书院、东台书院、太玄书院、修文书院、巽崖书院、栅头书院、蟠龙书院、龙门书院、山阴书院、东馆书院、宏文书院、静晖书院、少陵书院等,巴蜀书社2000年版,第7—23页。

④ 参见胡昭曦《四川书院史》,第27页。

成就都有值得称许之处。据邓洪波统计，湖湘地域总计有书院 52 所，北宋时代有书院 9 所，南宋及未详修建年代者为 43 所①，在宋代各地域书院统计数中名列前茅。我们也根据该书及一些史书、地志文献的记载，概要叙述一些重要书院的情况。

岳麓书院，在潭州长沙善化县（今长沙市）。这是一所享有盛名、历史久远的书院。宋开宝九年（976），郡守朱洞于潭州岳麓山创建书院，度基创宇，以待四方学者②，当时与嵩阳、睢阳、白鹿书院合称为宋初天下"四大书院"。咸平四年（1001），李允则为知州，请于朝乞颁赐国子监书收藏于学。大中祥符八年（1015），宋真宗召见书院山长周式于便殿，拜国子监主簿，使归教授，敕赐"岳麓书院"匾额，并增赐中秘书以庋藏。宋廷南渡，岳麓书院亦荒废。乾道元年（1165），建安刘珙（共甫）为湖南安抚、知潭州，重建书院，为屋五十楹，设礼殿、藏书阁、山斋，建风雩亭，悉还旧规，定养士额二十人，延请张栻主持学事。张栻有《潭州重修岳麓书院记》记载此事。乾道三年（1167）朱熹至长沙访栻，与其辩论"中庸"之义，"三日夜不能合"，并手书"忠孝廉节"四字于讲堂。淳熙十五年（1188），帅臣潘畤又增广二斋，增益学生名额十人。③ 绍熙五年（1194），朱熹安抚湖南、知潭州，更建书院于爽垲之地，前建礼殿、泮池，后有百乐轩，兴建房舍百余间，临江建湘西精舍，更为置田五十顷，供生员廪膳之费。聘醴陵贡生黎贵臣、郑贡士为讲书执事。又另置学额十员，专用于接待四方游学之士。④ 其时书院达到鼎盛，学生学问质疑，论说不倦，俗语云"道林三百众，书院一千徒"，更有"舆坐马之众，饮池水立涸"的说法。淳祐六年（1246），宋理宗赐御书"岳麓书院"四字榜额。⑤ 经过宋代历朝学人苦心经营，岳麓书院成为我国历史上最著名的书院之一，并流芳于后世。⑥

---

① 参见邓洪波《中国书院史》，第 66、114 页。
② 参见（宋）王禹偁《小畜集》卷一七《潭州岳麓山书院记》，文渊阁《四库全书》本。
③ 参见（宋）陈傅良《止斋集》卷三九《潭州重修岳麓书院记》，文渊阁《四库全书》本。
④ 参见（宋）朱熹《朱熹集》卷一〇〇《潭州委教授措置岳麓书院牒》，郭齐、尹波点校，四川教育出版社 2001 年版，第 5110 页。
⑤ 参见（宋）王应麟《玉海》卷一六七，台北：大化书局 1977 年影印元刻本，第 3173 页。
⑥ 按：总体叙述参见（清）赵宁纂《长沙府岳麓志》，康熙二十六年刊本。又，朱汉明、郑明星编《岳麓书院》，湖南大学出版社 2005 年版。

城南书院，在潭州善化县，张栻随侍其父张浚家潭州时，建此为讲学地。朱熹有跋张栻题城南书院题诗文。①

湘西书院，在长沙岳麓山下。宋刘辅之建，后朱熹重建。理宗淳祐六年（1246），敕善化县别建湘西书院。②

碧泉书院，在湘潭县（今湘潭市）西七十里。绍兴间胡安国落职奉祠，建书院以授徒，以其地近碧泉，故名。其子胡宏与张栻讲学于此。胡宏有诗文咏吟碧泉书院花木及撰上梁文。③张栻于乾道三年（1167）也有再访碧泉书堂诗，称"念我昔来此，及今七寒暄"④。

东莱书院，在醴陵县（今醴陵市）北四十里（或云县三十里），吕祖谦尝读书讲学于此，因建书院。⑤

笙竹书院，在湘阴县。宋仁宗天禧间（1017—1021年），县人邓咸建，以训族中子弟及四方游学之士。元祐六年（1091），王定民知湘阴县，以"州县无学，肄业之士惟归书院"，遂改书院为县学。书院由此罢去。⑥自仁宗至哲宗凡七十年间，笙竹书院实际上起到了官学作训学生的功能。

涟溪书院，在湘乡县（今湘乡市），宋嘉定间真德秀帅潭州，命知县徐质夫建，并聘周奭主书院教事。⑦

文靖书院，在浏阳县（今浏阳市）东，北宋末杨时尝宰县，与邑士讲学。后人因建书院，以杨时之谥名之。⑧至元时荒废已久，欧阳玄为山长，又重建书堂学舍。⑨

---

① 参见（宋）朱熹《朱熹集》卷八一《跋张敬夫所书城南书院诗》，郭齐、尹波点校，第4163页。又，参见（清）余正焕《城南书院志》卷四，清道光五年刊本。
② 参见《明一统志》卷六三，文渊阁《四库全书》本；《湖广通志》卷二三，文渊阁《四库全书》本；《续文献通考》卷五〇，浙江古籍出版社1988年影印本。
③ 参见（宋）胡宏《五峰集》卷一、卷三，文渊阁《四库全书》本。
④ （宋）胡宗楙：《张宣公年谱》卷上，《宋人年谱丛刊》，四川大学出版社2003年版，第6277页。
⑤ 参见《明一统志》卷六三，文渊阁《四库全书》本；《湖广通志》卷二三，文渊阁《四库全书》本。
⑥ 参见《大清一统志》卷二七七，文渊阁《四库全书》本；《湖广通志》卷二三，文渊阁《四库全书》本。
⑦ 参见《大清一统志》卷二七七，文渊阁《四库全书》本。
⑧ 参见《明一统志》卷六三，文渊阁《四库全书》本；《湖广通志》卷二三，文渊阁《四库全书》本。
⑨ 参见（元）张起岩《欧阳公神道碑铭》，《圭斋文集》附录，文渊阁《四库全书》本。

云峰书院，在宁乡县东，胡宏建。①

石鼓书院，在衡州府（今衡阳市）石鼓山。旧为寻真观，唐元和间李宽于山上结庐读书。宋至道三年（997）郡人李士真即故址创书院以居衡地学者。景祐二年（1035）刘沆守衡，请于朝赐学额并学田。宋廷南渡，毁于兵火。淳熙中（1174—1188年）部使者潘畤捐金修之，因书院旧址建屋数间，榜以旧额，未几复毁。提刑宋若水鼎新之，连帅林栗等捐俸助成之，朱熹撰有《衡州石鼓书院记》记载其事。开庆己未年（1259）毁于兵燹，提刑俞琰复新之。提学使黄幹命出公帑易茶陵没入官田三百五十亩以赡生徒。②

南轩书院，在衡山县南岳后。③ 张栻奉父张浚居永州，往省视，受学于五峰胡宏之门，又与诸子同游讲学，置书院于衡山后。

龙津书院，在常德府龙阳县（今汉寿县）西南七十里梅溪畔，邑人周德元建。德元隐居乐善，屡征不起，以行义闻于时。书院设置博文、笃行、怀忠、守信四斋，分斋训导教育学生。④

东洲书院，在泸溪县（今泸溪县）武口洲上。绍兴中胡铨因反对与金和议被斥，编管辰州，茶陵县丞王庭珪以诗送行，有"痴儿不了公家事，男子要为天下奇"之句，被告发而遭贬谪居泸溪之上，邑士多从之学，邑令为建书院。⑤

濂溪书院，在道州（今道县）儒学西，原为周敦颐故居。嘉定十二年（1219）建书院。景定间州守杨允恭请于朝，景定四年（1263）宋理宗御书"道州濂溪书院"六大字以赐。⑥

---

① 参见《湖广通志》卷二三，文渊阁《四库全书》本。
② 参见（宋）王应麟《玉海》卷一六七，江苏古籍出版社1987年影印光绪刊本；（明）李安仁重修《石鼓书院志》，明万历十七年刊本。
③ 参见《明一统志》卷六四，文渊阁《四库全书》本；《湖广通志》卷二三，文渊阁《四库全书》本。按：宋代以"南轩"命名的书院分布于今江苏、江西、湖北、四川等处，均为其经历之处，后建书院纪念张栻。
④ 参见《明一统志》卷六四，文渊阁《四库全书》本；《湖广通志》卷二三、五八，文渊阁《四库全书》本。
⑤ 参见《明一统志》卷六四，文渊阁《四库全书》本；《湖广通志》卷二三，文渊阁《四库全书》本。
⑥ 参见（宋）周敦颐《周元公集》卷五附录，文渊阁《四库全书》本；又，《明一统志》卷六五，文渊阁《四库全书》本。

鹤山书院，在靖州（今靖州苗族侗族自治县）州治北，为魏了翁贬谪讲学处。魏了翁有记云"城之东得隙地，为屋数间，亭沼华木略具，号鹤山书院。距寓馆不数十步，时时携友往来其间"①。

作新书院，在靖州。嘉定十年（1217）郡守黄榮建于郡学旁，取《尚书》"作新民"之义，政暇授学，成就学生甚多。②

湖湘地域的书院，其创建、兴办情况均与巴蜀的书院相仿，以其数量众多、成就显著名闻于时③，在宋代书院教育史上占有极为重要的地位。

在各类书院中，纪念理学家活动踪迹而建的书院，或直接由理学家兴办的书院，其成就尤为显著，其中岳麓书院、石鼓书院最为知名。

三　巴蜀、湖湘两地书院的"三大事业"

书院作为一种教学机构，历来有"三大事业"的说法，即讲学、奉祀、藏书三大功能。书院的日常教育活动，基本上是围绕"三大事业"而展开的。宋代巴蜀、湖湘地域的书院教育也不例外，"三大事业"开展极为活跃，而且颇具时代及地域特色，我们下面以书院的教学与编刊、藏书两大问题进行讨论。

1. 教学

书院的教学设置与官方学校有所区别，书院教育一般只是作为官方教育的一种辅助。官方教育（中央太学、地方府州县学）都是为科举而设，宋代设置的科举有进士、诸科（包括九经、开元礼、三史、三传、明经等名目）、武举、制科、童子试等名目，官学尽管其教材是取自儒家经籍，

---

① （宋）魏了翁：《鹤山大全集》卷三六《答苏伯起》、卷四七《靖州鹤山书院记》，《四部丛刊》初编本。

② 参见《明一统志》卷六六，文渊阁《四库全书》本；《湖广通志》卷四六，文渊阁《四库全书》本。

③ 我们在宋元人文集、明清一统志、方志中还查到有记载以下书院的文献资料：岳阳石鼓书院、湘潭主一书院、平江阳坪书院、醴陵东莱书院、安仁清溪书院、衡山南岳赵抃书院、炎陵台山书院、常德石坛精舍、桂阳军石林书院、武冈军谏议书院、黔阳宝山书院、兴宁观澜书院等。此处限于篇幅，不作一一介绍。

但其教学宗旨则是专为科举考试培养人才,教学的重点是诗赋、策论、经义一类的应试科目,而研习儒学经典反而成了官学弟子次要的需求。

书院教育则一反官学的做法,将学习儒家"九经"作为学生首要的任务,尽管书院也会培养学生应对科举考试,但其本意还是要求学生钻研儒学典籍,在修身养性上努力完善,以达到"修齐治平"的目的。尤其是理学兴盛,出于对官学近乎功利的教育极为不满,理学家们提出的补救措施就是要以书院教育来正其阙失。比如朱熹的《学校贡举私议》就对南宋时代官学的生存状态提出批评,强烈抨击了它所具有的功利弊端:

> 所谓太学者,但为声利之场,而掌其教事者不过取其善为科举之文,而尝得隽于场屋者耳。士之有志于义理者,既无所求于学,其奔趋辐凑而来者,不过为解额之滥、舍选之私而已。师生相视漠然如行路之人,间相与言,亦未尝开之以德行道义之实。而月书季考者,又只以促其嗜利苟得、冒昧无耻之心,殊非国家所以立学教人之本意也。①

教者敷衍塞责,学者嗜利苟得,完全违背了立学教人之本意,此即为当时官学的现状。南宋的理学家们一方面谴责官学的弊端,另一方面也对书院教育作了设计构想,并付诸实际行动,其中最有建设性意见的即朱熹白鹿洞书院学规的拟订,可以说朱熹提出的关于兴学模式的构想成了理学家们兴办书院的最高憧憬,在诸多理学家中得到积极响应,成为他们高扬的一面旗帜。我们在巴蜀、湖湘学者群中可以找到不少相关论述,他们高度赞扬朱熹制定的学规,并以此作为教学的终极目标。

与朱熹交谊甚深的张栻说:

> 侯(按:指刘珙)之为是举也,岂特使子群居族谈,但为决科利禄计乎?抑岂使子习为言语文辞之工而已乎?盖欲成就人才,以传道而济斯民也。……是以二帝三王之政莫不以教学为先务,至于孔子述作大备,遂启万世无穷之传。其教果何与?曰:仁也。仁,人心也,

---

① (宋)朱熹:《朱熹集》卷六九,郭齐、尹波校点,第3641页。

率性、立命、知天下而宰万物者也。……天理人欲，同行异情，毫厘之差，霄壤之缪，此所以求仁之难，必贵于学以明之。①

张栻所构想的书院教育既不是仅仅为"决科利禄"，也不是"习为言语文辞之工"，而是要"成就人才，以传道而济斯民"，这一"道"就是孔子所倡导的"仁"，"率性立命"，要辨别"天理人欲"，而要做到这些，其途径则必须是"贵于学以明之"。

作为朱熹、张栻私淑门人的魏了翁则曰：

嘉定三年春，诏郡国聘士，邛之预宾贡者比屋相望，未有讲肄之所，会鹤山书院落成，乃授之馆。其秋试于有司，士自首选而下，拔十而得八，书室俄空焉，人竞传为美谈。了翁曰："是不过务记览为文词，以规取利禄云尔。学云学云，记览文词云乎哉？"则又取友于四方，与之共学。②

鹤山书院尽管肇始于为科举考试之需而建，且其实绩惊人，"自首选而下，拔十而得八，书室俄空焉"，但却自有其最终目标，也是反对那种"务记览为文词"，"规取利禄"的功利意图。魏了翁的教育理念完全与其理学前辈相吻合，故后来叶适称赞鹤山书院，对其有"韩吕之相以类聚，程张之师以道俱"的称赏之语。③

除了理学家们所强调的办学纲领以外，在书院的具体教学活动中，我们通过文献的记载也可以了解到书院教育的一些特色。

刘清之知衡州，筑临蒸精舍以居处学生，"其所讲先正经，次训诂音释，次疏先儒议论，次述今所紬绎之说，然后各指其所宜用，人君治天下，诸侯治一国，学者治心治身治家治人，确然皆有可举而措之之实"④。《宋元学案》将清之归为朱熹、张栻、吕祖谦的"同调"、陆九渊

---

① （宋）张栻：《南轩集》卷十《潭州重修岳麓书院记》，宋淳熙十一年刊本。
② （宋）魏了翁：《鹤山先生大全集》卷四一《书鹤山书院始末》，《四部丛刊》初编本。
③ （宋）叶适：《水心集》卷七《魏华甫鹤山书院》，中华书局《四部备要》本。
④ （元）脱脱等：《宋史》卷四三七《刘清之传》，第12956页。

"学侣"。① "训诂音释"是理学家极不重视的短板，而清之教学则将其置于"正经"之后，与朱熹的见解有相同之处。

蜀中郪县云山书院，邑人杨子谟建，"即云山书院讲授后进，吉月月半诵《论》《孟》《中庸》《大学》语至日旰，听之者皆充然有得"②。研习"四书"成为云山书院的必修课程，与理学家的办学意趣全相一致。

宝祐初年（1253），欧阳守道为岳麓书院副山长，守道初升堂讲《孟子》，发明孟子"正人心、承三圣"之说，学者悦服。其时有宗室赵新（字仲齐）及子必泰寓居于长沙，闻守道至，往访之，二人初未识面，交谈晤语相契合，守道请于吴子良，礼聘赵新为岳麓书院讲书。赵新讲《礼记》"天降时雨，山川出云"一章，欧阳守道起曰："长沙自有仲齐，吾何为至此？"③ 欧阳守道表现出一种不拘门派、尊重学术的宽容风度。

朱熹至岳麓书院讲学，"抽签子请两士人讲《大学》，语意皆不分明。先生遽止之，乃谕诸生曰：'前人建书院，本以待四方士友，相与讲学，非止为科举计。某自到官，甚欲与诸公相与讲明，一江之隔，又多不暇，意谓诸公必皆留意。今日所说，反不如州学，又安用此赘疣？明日烦教授诸职事共商量一规程，将来参定，发下两学，共讲磨此事。……且学问自是人合理会底事，只如'明明德'一句，若理会得，自提省人多少？明德不是外面将来，安在身上，自是本来固有底物事，只把此切己做功夫，有甚限量！此是圣贤紧要警策人处，如何不去理会？不理会学问，与蚩蚩横目之氓何异？'"④

史绳祖，眉山人，尝从学于魏了翁之门，听了翁讲授《易》学。其自记与魏了翁讨论《易》学之事："余昔侍坐于鹤山魏先生。先生方与诸生讲《易》，至上《系》首章，忽掩卷曰：'天尊地卑，乾坤定矣；卑高以陈，贵贱位矣。何不曰高卑，而曰卑高？诸家之解莫有及者，其各思之。'余退而精思终夕，翌早复于先生曰……先生曰：'子之说得之矣。'"⑤

---

① 分别见（清）黄宗羲等《宋元学案》卷四九《晦翁学案》、卷五〇《南轩学案》、卷五九《象山学案》，中华书局1986年版，第1590、1637、1920页。
② （宋）魏了翁：《鹤山先生大全集》卷七四《中大夫秘阁修撰致仕杨公墓志铭》，《四部丛刊》初编本。
③ （元）脱脱等：《宋史》卷四一一《欧阳守道传》，第12364页。
④ （宋）黎靖德编：《朱子语类》卷一〇六，王星贤点校，中华书局1986年版，第2655页。
⑤ （宋）史绳祖：《学斋占毕》卷一，文渊阁《四库全书》本。

魏了翁在泸州江阳书院与诸生讲论《周礼》，向学生发问说："某初起家赴镇时过叙南，诣学教授，合阳赵运臣者升讲堂说《周礼》，以时相方拜少师，遂陈说冢宰兼三公甚详。某为说《周礼》一书，止说三老、二卿、公一人，无冢宰兼三公事。……前辈虽云三公官不必备，六卿中有道德者可以上兼三公，无事则一相处内而论道，有事则出将六军而征伐。审如此，则六卿之兼三公者为司马，其他五官并听命乎？无所经见，某终疑之。……诸友以为此事何如？"［税］与权因曰："窃尝讨究此事，亦有经见，亦有传注在康成前者言之。"鹤山喜曰："愿闻之。"与权曰……鹤山再三称善。①

从以上几段记载，我们可以看出两地书院教育的特色：首先，教师注重学生对儒家经籍的研习贯通，重视理学的教育，而不特别强调应试科举的学习。其次，在教学方法上，也反对官学那种墨括记诵的功夫，重视启发学生积极思考，提倡自由讲学的学术精神，以孔子所说的"不愤不启，不悱不发"为教学模式，循循善诱，引导精研，收到了极好的教学效果。

在两地的书院教育中，还有一事值得特别称许，就是提倡不同学派间学术的辩论，允许儒学各派在书院宣讲学术，这样的事例像朱熹、张栻在岳麓书院辩论《中庸》之义，开学术论辩之先河，以后发展到朱熹、陆九渊鹅湖讲会，更是成为中国书院教育史上的里程碑。这种学术自由辩论的风气，为学术的发展带来了很好的契机。

为了调动学生为学的积极性，湖湘的岳麓书院、湘西书院、岳麓精舍作为毗邻的三大书院，学生还可以通过考试而逐级升迁，《宋史》记载："潭士初以居学肄业为重，州学生月试积分高等，升湘西、岳麓书院生，又积分高等，升岳麓精舍生，潭人号为'三学生'。"② 这种升级制度促使学生为获取更高的学级而精研苦学，其结果就是培养出了一批精神崇高、学业专精的学子，在蒙古兵攻克长沙时，三学生"聚居州学，犹不废业"，"多感激死义者"，表现出临危不惧、孜孜以学业为重的境界。

2. 收藏与编刊书籍

前面述及，藏书为中国古代书院"三大事业"之一，一个书院兴办的

---

① （宋）魏了翁：《鹤山先生大全集》卷一〇九《师友雅言》下，《四部丛刊》初编本。
② （元）脱脱等：《宋史》卷四五〇《尹谷传》，第13257页。

好坏，其藏书的质量与数量是重要的衡量标准。我们从收藏与编刊两方面来加以讨论。

书院兴办伊始，藏书应该是书院的基础建设之一。巴蜀、湖湘诸书院都关注到了这一问题，往往尽最大的力量来收藏书籍，以供教学之用。

岳麓书院。真宗咸平四年（1001），知州李允则请于朝，乞请朝廷颁赐国子监书籍收藏于学，朝廷允准，赐给诸经释文义疏，《史记》《玉篇》《唐韵》等典籍，供学生研习。① 至大中祥符八年（1015），宋真宗又召见书院山长周式，诏赐中秘书籍以藏。②

蒲江鹤山书院。在嘉定间始建之初，即有书10万卷，其中包括魏了翁"家故有书"，"又得秘书之副而传录焉"，"访寻于公私所板行者，修建尊经阁以储存之"。③ 当代有学者称鹤山书院藏书，"其规模之宏富，实为宋代各书院之首，亦使当年国家藏书瞠乎其后"④。

第二个问题，书院编刊书籍。在巴蜀、湖湘两地书院中有文献明确记载曾经刊刻过书籍的不多。

岳麓书院，曾刊刻过朱熹《中庸章句》《或问》《辑略》《大学章句》《或问》。赵希弁曾藏有岳麓书院、白鹿书院所刊上述典籍的两种版本。⑤

石鼓书院也曾刊刻过书籍。朱熹《衡州石鼓书院记》云"成都宋侯若水子渊又因其（按：潘畤）故迹以益广之，别建重屋以奉至圣先师之像，且摹国子监及本道诸州印书若干种若干卷，俾郡县择遣修士以充之"⑥。按，宋若水兴复石鼓书院是在淳熙十四年（1187），同时又摹印了国子监及各州所刻本作为书院藏书，至于其所刊书目及卷帙，则不可得知了。

北宋时闽人林之奇撰有《尚书全解》，坊间多有刻本流传，然而舛谬脱讹甚多。宋理宗淳祐间，之奇五世孙林畊（字耕叟）为衡州教授兼石鼓书院山长，"会书院新租岁入之积，因郡庠宪台拨锱之羡，搏学厅清俸公给之余"，重新刊刻《尚书全解》为定本。此事起于淳祐九年（1249），

---

① 参见（宋）王应麟《玉海》卷一六七《岳麓书院》，台北：大化书局1977年影印元刻本，第3173页。
② 参见（宋）张栻《南轩集》卷一〇《潭州重修岳麓书院记》，宋淳熙十一年刊本。
③ （宋）魏了翁：《鹤山先生大全集》卷四一《书鹤山书院始末》，《四部丛刊》初编本。
④ 胡昭曦：《四川书院史》，第34页。
⑤ 参见（宋）晁公武《郡斋读书志》，上海古籍出版社1990年版，第1095页。
⑥ （宋）朱熹：《朱熹集》卷七九，郭齐、尹波校点，第4123页。

次年迄工。①

在书院中针对学生的教学，由山长撰写各类教材，或由学生抄录整理老师上课问答的记录，这是针对书院教育专门编纂的著述。从这些教材、问答录中也体现出书院教育所具有的理学特征。

乾道间，张栻在岳麓书院教授学生，"尝读《书》，遇解释，属君（按：张庶）笔之，题曰《南轩书说》，君亦记南轩语，题曰《诚敬心法》"②。

宋孝宗淳熙丙午、丁未间（1186、1187年），戴溪在衡州石鼓书院为学生讲授《论语》《孟子》，会同诸生集所讲授撰为《石鼓论语答问》三卷、《孟子答问》三卷。朱熹尝见之，称赏其"近道"。③《石鼓论语答问》一书今尚存于世。

魏了翁在靖州鹤山书院，为讲学需求，撰写了《九经要义》，包括《易》《书》《诗》《仪礼》《礼记》《周礼》《春秋》《论语》《孟子》要义凡九种。《宋史》本传称："了翁至靖，湖湘江浙之士，不远千里负书从学，乃著《九经要义》百卷，订定精密，先儒所未有。"④绍定间魏了翁再知泸州，在任上建江阳书院，与学生讲授《周礼》，学生税与权听讲，记录整理编成《江阳周礼纪闻》，后更名为《周礼折衷》。在《师友雅言》中记载有魏了翁与书院学生讨论礼的事迹，称"江阳书院夜坐，与诸友"云云。⑤按，魏了翁知泸州是在绍定五年至端平二年（1232—1235），《周礼折衷》大概是在此一时间所论撰。

四　蜀、湘学者对书院建设的贡献

宋代巴蜀、湖湘两地书院建设蓬勃发展，究其原因是多方面的，既有

---

① （宋）林畊：《尚书全解序》，《尚书全解》卷首，文渊阁《四库全书》本。
② （宋）魏了翁：《鹤山先生大全集》卷七九《张晞颜墓志铭》，《四部丛刊》初编本。
③ 参见（宋）陈振孙《直斋书录解题》卷三，第77页；（清）永瑢《四库全书总目》卷三五，第295页。
④ （元）脱脱等：《宋史》卷四三七《魏了翁传》，第12968页。按，《皇朝通志》卷一一一、朱彝尊《经义考》卷二四四所载《九经要义》均署作263卷，与《宋史》所载有异。
⑤ （宋）魏了翁：《鹤山先生大全集》卷一〇九《师友雅言》下，《四部丛刊》初编本。

宋代政治、经济、地域的影响，也与当时一批有识之士关注教育，以复兴学术为己任的厚重责任感不可分离。其间巴蜀、湖湘籍学者对乡土书院的贡献则显得格外耀眼。我们将于本节对此加以讨论。

1. 张栻、魏了翁的书院情结

宋代书院教育的发展，理学家在其中发挥了巨大的作用，他们依靠书院传布理学，理学也凭借书院讲学而得到长足发展，两者之间存在着良好的互动关系。巴蜀、湖湘两地书院的发展，张栻、魏了翁无疑是功绩最为卓著的人物。倘要论及两地书院教育，两位先贤是应当首先称誉的人物。在他们从政、治学的人生历程中，书院教育在其心目中无疑具有至高无上的地位，他们身体力行，为创建书院起到了重要的表率作用。

张栻（1133—1180年），其政治、学术生涯主要是在湖湘之地度过的。他早年跟随父亲张浚贬徙于湖南，在此地生活多年。张浚曾经著有《易》学著作，家学渊源湛深，张栻接受家学，同时又师从胡宏（五峰），而胡宏的学术则得于其父胡安国，胡安国的学术溯其源流则来自北宋末之杨时，因而张栻的学术则应该是蜀学与理学精髓的汇聚。魏了翁记录张栻的求学历程，云："南轩先生受学于五峰胡子，久而后得见，犹未与之言也，泣涕而请，仅令思'忠清未得为仁'之理，盖往返数四而后予之。前辈所以成就后学，不肯易其言如此。故得其说者，启发于愤悱之余，知则真知，行则笃行，有非俗儒四寸口耳之比。"[1] 张栻最初建起的长沙城南书院、衡山南轩书院，都是随侍父亲时的读书之所。至宋孝宗乾道年间，刘珙重建岳麓书院，又聘请张栻主持学事。乾道三年（1167）朱熹尝至长沙访问张栻，与其辩论"中庸"之义，"辩三日夜不能合"，在我国理学发展史上留下了一段嘉话。

在此后的仕宦生涯中，张栻也一直关注地方教育与百姓教化，"所为郡必葺其学"，"暇日召诸生告语不倦"，百姓至官府，亦"随事告诫，而于孝弟忠信睦姻任恤之意尤孜孜焉"[2]，表现出热衷地方教育事业的执着精神。张栻在湖湘的学术活动，弘扬了湖湘学术，纠正了湖湘学术原有的一

---

[1] （宋）魏了翁：《鹤山先生大全集》卷六一《跋南轩所与李季允帖》，《四部丛刊》初编本。

[2] （宋）朱熹：《朱熹集》卷八九《右文殿修撰张公神道碑》，郭齐、尹波校点，第4544页。

些弊端，同时其主持书院教育，也造就了大批学子，包括一批巴蜀地域的学子，他们负笈求学，跟从张栻研习理学，学成之后又回到蜀中，将所学（主要是理学）带回巴蜀，为南宋蜀学注入了新的元素，促成了理学与蜀学的融会，并推动了"蜀学再盛"。有近代学者评论说"南轩之学，盛行于湖湘，流衍于西蜀"①。这一论断非常确切。

魏了翁（1178—1237年），其创办书院教育的活动则更为广泛，所建书院遍布于所到之地：宋宁宗嘉定三年（1210），他在家乡蒲江建鹤山书院，储书十万卷，以教育生徒。《宋史》称了翁在蒲江鹤山书院，开门授徒，"以所闻于辅广、李燔者开门授徒，士争负笈从之，由是蜀人尽知义理之学"②。在知泸州任上又建穆清书院，并亲自为泸州江阳书院篆书院额，政暇之余为书院生员讲习学业。在知合州任上，应诸生之请建设瑞应山房，教授生徒。即便是在贬官靖州之时，他热衷书院教育的志向也不动摇，修建书院，命名为"鹤山书院"，以志其不忘家乡之意。③ 前来书院学习的有二三十人，不仅有湖湘地域的学生，也有远自巴蜀、江浙、两广慕名而来的学子。

魏了翁一生历官多处，在各地都兴办过书院，现今在巴蜀、湖湘、江西、江苏等地都留下了了翁创办书院的遗迹，彰示着这位先贤在书院教育中的丰功伟绩。

张栻、魏了翁以书院教育培养了巴蜀、湖湘两地的学生，其后这些学生中不少人成为南宋政界、学界的中坚人物（详情见后），从而奠定了程朱理学在南宋学术中的主导地位，他们在书院教育方面的功绩是不可忽略的，瞻望前贤，高山仰止，不禁令后人肃然起敬。

2. 师资选择

巴蜀、湖湘两地书院尽管有民办、官民合办的区别，但是在聘请山长（或讲书执事）方面都具有较为自由的选择，往往是聘请有名望的士绅耆长或致仕归乡的文臣担任山长，而不是像官学教官那样需要由朝廷委任。

---

① 杨东莼：《中国学术史讲话》，转引自胡昭曦《四川书院史》，第218页。
② （元）脱脱等：《宋史》卷四三七《魏了翁传》，第12966页。
③ 参见（宋）魏了翁《鹤山先生大全集》卷四七《靖州鹤山书院记》，《四部丛刊》初编本。

这种聘任方式，杜绝了一些官府衙门气，而多了几分讲求实学的学术氛围，对于书院弘扬学术探索之风颇有裨益。

这些书院山长、教授们以身作则，训导弟子，学生在其训育之下迅速成长，在习学修业方面大有长进。不过，各地书院对山长事迹的记载详略不一，要全面分析评价这些山长有相当的难度，仅有少数书院（如岳麓书院）留下了较为详细的记载，我们择其要简述之。

周式，于宋真宗大中祥符五年（1012）任岳麓书院山长，这是有文献记载的岳麓书院的第一位山长，以行义著称于时。大中祥符八年（1015），宋真宗召见周式于便殿，拜国子监主簿，使归书院教授。

孙胄，于宋仁宗天圣八年（1030）前后任书院山长，被朝廷特授进士①，孙胄是岳麓书院早期的山长。

彪居正、张栻，乾道元年（1165），刘珙重建书院，延请彪居正、张栻主持学事。彪居正师承胡安国，是湖湘学术的重要传人。而张栻主持岳麓书院学事，应当是岳麓书院发展历程中最重要的事件，除了张栻本人学识超群，对学生孜孜训导以外，同时还有朱熹等学人共同参与书院的教学活动，倡导学术论辩，开书院"会讲"的先河，给岳麓书院的发展创造了最好的契机。

顾杞，于淳熙十五年（1188）前后，为长沙府学教授兼岳麓书院山长，其时还有吴猎任堂长。② 吴猎原为岳麓书院学生，其后参加科举考试成为进士，进入仕途，在川湘两地颇有值得称道的政绩，我们在后面还将论及。

欧阳守道，宝祐初年（1253）湖南运使吴子良聘其为岳麓书院副山长，同时他还受江万里之聘，兼任江西白鹭洲书院讲教一职。守道在岳麓书院升讲，发明孟氏正人心、承三圣之说，学者悦服。其时有宗人赵新及子必泰先寓居长沙，前往访之，初犹未识面，晤语相契，守道即请吴子良礼聘新为岳麓书院讲书。赵新讲《礼记》"天降时雨，山川出云"一章，守道起曰："长沙自有仲齐，吾何为至此？"欧阳守道的教学表现出不分门派，以学术为先的包容态度。③ 守道所培养的学生中最著名者当为白鹭书

---

① 参见（宋）胡宏《五峰集》卷二《与秦会之书》，文渊阁《四库全书》本。
② 参见（宋）陈傅良《止斋集》卷三九《潭州重修岳麓书院记》，文渊阁《四库全书》本。
③ 参见（元）脱脱等《宋史》卷四一一《欧阳守道传》，第12364页。

院学生文天祥。

周奭,字允升,湘乡人,尝从张栻问学,为张门高第。南宋嘉定间(1208—1224年)真德秀帅潭州,命知县徐质夫建湘乡书院,聘周奭主书院教事。① 《朱子语类》记载,"湘乡旧有从南轩游者","允升藏修之所正枕江上,南轩题曰'涟溪书室',乡曲后学讲习其间"。② 周奭撰著有《经世节要》《鬼神说》,对南轩学术颇有发明。③

戴溪,于淳熙丙午、丁未间(淳熙十三、十四年,1186—1187年)领石鼓书院山长,与湘中诸生集所闻而撰为《石鼓论语答问》三卷、《孟子答问》三卷。朱熹尝见之,称为"近道"。④

林畊,字耕叟,侯官(今福建闽侯)人。淳祐十年(1250)以迪功郎、衡州州学教授兼石鼓书院山长,节缩费用刊刻其祖父《尚书全解》。⑤

钟如愚,字师颜,湘潭人。年十六时向张栻问仁,因留受业。进士及第,刻意学问而不求仕。晚年官岭海,引年致仕归,任南岳书院山长,监南岳庙。⑥

李坤臣,字中父,邛州(今四川邛崃市)人。绍熙四年(1193)进士,任普州州学教授,后以大父母亡而哭泣丧明,学长于三《礼》《周易》。嘉定十二年(1219)魏了翁建鹤山书院,尝聘请坤臣及从弟魏文翁共同订正《礼》,教授学生。"士无远近,负笈来观,各有相长之益",宋末名臣高斯得即于其时执经其座下。⑦

范荪,字季才,成都人,张栻弟子。虞刚简在成都创建沧江书院,礼聘范荪于书院讲学,魏了翁尝向其请教问学,范荪以"敛华就实"之语教

---

① 参见《大清一统志》卷二七七,文渊阁《四库全书》本。
② (宋)黎靖德编:《朱子语类》卷一二〇,王星贤点校,第2916页。
③ 参见(宋)王应麟《玉海》卷五五,江苏古籍出版社1987年影印光绪九年刊本,第1053页;(宋)张栻《南轩集》卷三三《题周奭所编〈鬼神说〉后》,宋淳熙十一年刊本。
④ 参见(宋)陈振孙《直斋书录解题》卷三,第77页;(清)永瑢《四库全书总目》卷三五,第295页。
⑤ 参见(宋)林畊《尚书全解序》,《(林之奇)尚书全解》卷首,文渊阁《四库全书》本。
⑥ 参见(清)黄宗羲等《宋元学案》卷七一《岳麓诸儒学案》,中华书局1986年版,第2383页。
⑦ (宋)魏了翁:《鹤山先生大全集》卷七七《李中父墓志铭》、卷八一《朝议大夫知叙州魏公墓志铭》,《四部丛刊》初编本;(宋)高斯得:《耻堂类稿》卷四《秀岩先生三礼辨后序》,《丛书集成初编》本。

宋代巴蜀、湖湘地域的书院教育评述 | 273

导之，魏了翁称赞其"学本诚一，论不蹊莜，自浩气养心以求道腴，不茹刚吐柔而求声利"云云。①

阳昉，合州巴川县（今重庆市合川区）后觉里人。从朱熹门人晏渊讲求理学，又为魏了翁私淑弟子。淳祐十一年（1251）致仕归至涪州，知州李震午礼聘为北岩书院堂长，昉以北岩书院为程颐传《易》之地，又为渊受业之所，为之留，订立堂规，一本白鹿洞书院学规为准的。② 阳昉有北岩书院祭祀程颐、尹焞、黄庭坚、晏渊诸文，并有送别友人诸诗。③

总体而论，上述蜀、湘两地书院的山长（堂长），他们大多是经纶满腹的学者，在山长任上兢兢业业，为地方书院教育的兴盛发挥了重要作用。

在宋代，学者勇于承担教化重任，常常表现出不愿出仕为官，却愿意为人师表的节概。绍兴间，胡安国之子胡宏隐居山中，安贫乐道，布衣藜杖，躬勤农桑，以供衣食，其父胡安国生前与宰相秦桧交好，欲其出仕，胡宏致书婉辞为官，却欲自荐担任岳麓书院山长，以求"崇儒广教"之美，后因秦桧阻止而未获成功。④ 嘉定间潭州知州卫泾又举荐胡宏之子胡大壮为岳麓书院山长，大壮也以才识不足而力辞不就⑤，父子两辈都表现出甘贫乐道的胸襟。

对两地书院山长的选择也很严格，虽不由官府任命（其实由官府任命学校教官正是教育凋敝的原因），也须"酌之乡论，出自使府"，有一些自谓才学出众的人物欲谋求书院山长职务，却未必能够如愿。像王炎论周愚即为一例：周愚长于为诗，欲自荐谋为岳麓书院山长，王炎以其"颇能为诗"，"至于学问之浅深，行义之优劣，实未能知之"，"士之制行固非一端，而去就进退之间亦可以观其大略"，而周愚"其人薄有生理，久处山林，不宜一旦自荐，求为职事"为由，拒绝了周愚的请求。⑥ 可见地方官吏对于书院山长的选择所持的慎重态度。也正是因为如此，南宋时代的书

---

① （清）黄宗羲等《宋元学案》卷七二《二江诸儒学案》，中华书局1986年版，第2413页。
② 参见（宋）阳少箕、阳炎卯《字溪集》卷一二附录《字溪阳先生纪年录》，文渊阁《四库全书》本。
③ 参见（宋）阳昉《字溪集》卷九、一一、一二，文渊阁《四库全书》本。
④ 参见（宋）胡宏《五峰集》卷二《与秦会之书》，文渊阁《四库全书》本。
⑤ 参见（宋）卫泾《后乐集》卷一二《奏举布衣胡大壮乞赐襃录状》，文渊阁《四库全书》本。
⑥ （宋）王炎：《双溪类稿》卷二二《论请岳麓书院堂长札子》，文渊阁《四库全书》本。

院教育才不至于沦落到官方教育那样成为那种追逐功名利禄场所的尴尬境地。①

3. 川、湘籍学生对书院教育的反哺

巴蜀、湖湘书院实施的是开放式教育，它与官学通过考试招收学生，并且将学生名额分配限于本地府州县生员为对象不同，书院往往本着"有教无类"的原则，既招收本地籍贯的学生，也招收各地慕名而来的学子。书院对他们一视同仁，提供良好的教育，这些士子最终学成归乡，成为宣扬本派学术的中坚力量，有的学生还通过科举考试入仕，担任各级官员，呈现出卓越的才干，在地方吏治、教化诸方面都表现得非同凡响。

我们在前文所提及的张栻门人如杨知章、周奭、钟如愚，魏了翁门人高定子、程公许、范子长，他们都是书院教育培养出来的学生，在后来他们或兴办书院，或主持书院教学，以其所学回馈书院，为两地建设书院作出了贡献，延续了两地书院教育的发展。

据《宋元学案》记载，跟从张栻的学生有张庶、张忠恕（族人），胡大时、吴猎、赵方、宇文绍节、陈槩、杨知章、李修己、张仕佺、范仲黼、范子长、范子该、范荪、宋德之、曾集、陈孔硕、袭盖卿、吴必大、王遇、吕胜己、舒璘、曾梦泉、詹阜民、詹仪之等，并有若干私淑弟子。②

魏了翁的学生则有郭黄中、吴泳、游似、牟子才、王万、程掌、史守道、蒋公顺、税与权、滕处厚、蒋重珍、虞梵、唐季乙、蒋山、许月卿、史绳祖、叶元老、许玠、严植、张荃翁。③

在众多学生中有不少人属籍蜀、湘，不乏知名之士，政、教实绩优异，虽然很多人没有直接主持书院教育，但也从各自的立场对乡邦教育卓有贡献。我们择其要简述之。

吴猎（1143—1213），字德夫，醴陵人，后徙善化。二十三岁时跟从

---

① 按，这种不由朝廷任命山长的制度至宋理宗时有所改变，景定四年（1263），"诏吏部，诸授书院山长者，并视州学教授"，成为官府职任。见欧阳守道《巽斋文集》卷一四《白鹭洲书院山长厅记》，文渊阁《四库全书》本。

② 参见（清）黄宗羲等《宋元学案》卷五〇《南轩学案》，《宋元学案》卷七二《二江诸儒学案》，中华书局1986年版，第1642—1644、2405—2407页。

③ 参见（清）黄宗羲等《宋元学案》卷八〇《鹤山学案》，中华书局1986年版，第2678—2688页。

张栻受学。试于礼部不中式，岳麓书院建成，选为书院学生。乾道三年（1167）朱熹来长沙访张栻，吴猎陪侍其间，聆听朱、张二人辩论。淳熙二年（1175）应试，进士及第，跟随张栻官于广西。潘畤为湖南安抚，聘顾杞为岳麓山长，聘猎入幕府，兼书院堂长。嘉定间吴猎为四川安抚制置使，又在蜀中兴办学校，以朱熹《白鹿洞学规》训育学生，在学校设祭周敦颐、张载、二程子，以朱熹、张栻二人配祀。吴猎是南宋末年的名臣，也是弘扬朱张理学的重要人物，倡率兴办地方学校教育极为有力。①

赵方，字彦直，衡山人。其父赵棠尝从学于胡宏，为张浚所赏识。赵方从张栻学，淳熙八年（1181）进士及第。任大宁监教授，兴学校，挑选地方子弟俊秀者教授之，俗陋为之一变。守边十年，历知鄂、江陵、襄阳诸州府，屡次重挫入侵金军，为南宋著名儒将。后病卒于襄阳，谥忠肃。②

张庶，字晞颜，绵竹人，张栻再从子。张浚逝世后，尝陪侍张栻护丧回长沙，留长沙九年，跟从张栻学于岳麓书院。张栻在书院为学生讲授《尚书》，张庶笔记之，编为《南轩书说》，其私记还有《诚敬心法》。③

张忠恕，字行父，张枃之子，为栻从子，从学于张栻。以祖荫入官，历仕州县，升朝为户部郎官。上疏论政事侃切，魏了翁称赞为"张氏子有真传矣"。后以朋党中人罢归，讲学于岳麓书院，讨求为学为己之功，湖湘之士多从其游。④

范仲黼（文叔），成都双流（今属成都市）人，北宋著名史学家范祖禹之后。早年跟从张栻学，杜门十年，不汲汲于进取，晚年致仕后讲学于成都。同时还有仲黼从子范子长（少才）、范子该（少约），另有成都人范荪（季才），都曾求学于湖湘，从学于张栻，并称张氏嫡传，时人谓之"四范"。"四范"归蜀，在蜀中宣扬理学，并将湖湘学术带回巴蜀，对南宋蜀学的转型起了重要的促进作用。《宋元学案》称，"初，南轩虽蜀产，而居湖湘，其学未甚通于蜀"，"[仲黼]讲学二江之上，南轩之教遂大行于蜀中"。"四范"是将张栻学术推介回川的重要人物。⑤

---

① 参见（宋）魏了翁《鹤山先生大全集》卷八九《吴猎行状》，《四部丛刊》初编本。
② 参见（元）脱脱等《宋史》卷四〇三《赵方传》，第 12203—12207 页。
③ 参见（宋）魏了翁《鹤山先生大全集》卷七九《张晞颜墓志铭》，《四部丛刊》初编本。
④ 参见（元）脱脱等《宋史》卷四〇九《张忠恕传》，第 12329—12331 页。
⑤ 参见（清）黄宗羲等《宋元学案》卷五〇《南轩学案》，《宋元学案》卷七二《二江学案》，中华书局 1986 年版，第 1643、2411—2412 页。

程公说字伯刚,程公硕字仲逊,程公许字季与,眉山(今属四川)人。三人为同室兄弟,从学于双流宇文绍节。宇文绍节的祖父即北宋宇文虚中,虚中死于金国,朝廷悯之,命绍节继其后。绍节进士及第,历官颇著政绩,又亲聆张栻讲学,也是张学在蜀中的重要传人。程公说弟兄三人即为张栻的再传弟子,三人学术成就卓著,声名显于蜀:公说长于《春秋》,有《春秋分纪》《左氏始终》《通例》《比事》《语录》《士训》等书传世,《春秋精义》未成而卒。公硕尝为学官,掌教益昌。公许由进士积官至权礼部尚书,其知袁州时,建周敦颐祠,修复南轩书院,聘请宿儒胡安之主教书院。召还朝,又奏请恢复京学类申之法,以培育士气。著有《沧州尘缶集》传世。①

税与权,字巽甫,临邛(今四川邛崃市)人,久从魏了翁学,在泸州江阳书院记录魏了翁与学生讲习礼学所闻为《周礼折衷》,又跟从了翁至京师,笔撰《师友雅言》。著有《易学启蒙小传》一卷、《古易经》一卷,今存。②

史绳祖(1192—1274年),字庆长,眉山(今属四川)人,世称学斋先生。尝就读于蒲江鹤山书院,跟从了翁学《易》。于鹤山书院遇一赵姓老人,为之解说《易》鼎卦之义。绳祖进士及第,历任朝议大夫、四川京湖宣抚副使、直宝章阁,主管成都玉局观。在其为官之暇,热心教育,曾于叙州、泸州讲学,寓居湖北公安时,又兴建书院,"蜀士之寓于竹林(按,为湖北公安之书院,安抚使孟珙建,以安置四方流寓之士)、南士之仕于渚宫者,踵门求为讲切"③。史绳祖经学著述甚为丰富,有《孝经集解》《易断》《学斋占毕》《讲义》《学斋类稿》等。

在讨论蜀、湘书院培育的学生时,我们还应关注这样一批川、湘籍学人,他们尽管不曾在两地书院就读,而师从于别的儒学大师,如师从朱熹、吕祖谦、真德秀等人,他们学有成就,并且在成名之后也以书院所授学而反哺书院教育,为弘扬蜀、湘两地书院教育卓有建树。我们也将他们纳入此进行讨论。

吴雄,字伯英,岳州平江县(今湖南平江县)人。通过蔡元定而受学于朱熹,学术贯通。庆元年间(1195—1200)党禁事严,学者多遭贬斥,

---

① 参见(元)脱脱等《宋史》卷四一五《程公许传》,第12454—12459页。
② 参见(清)永瑢《四库全书总目》卷三《易学启蒙小传》提要,第18页。
③ (宋)史绳祖:《学斋占毕》卷四,文渊阁《四库全书》本。

或死或徙，雄徒步随从，为之料理后事。在乡里从游者甚众，吴雄创建阳坪书院以居之。①

钟震，字春伯，湘潭人，为朱熹门人，《朱子语类》中收录有钟震所录朱子讲学语。庆元二年（1196）进士及第，历仕为著作郎、秘书丞、广西经略安抚，官至吏部侍郎。于家乡建主一书院，乡人咸宗之，称为主一先生。②

吴昌裔，字季永，中江（今四川中江县）人。嘉定七年（1214）进士，师从朱熹弟子黄榦学，尽得朱熹之学。任眉州州学教授，眉州人士原本崇尚苏轼之学，昌裔取诸经为学生讲说，揭示《白鹿洞学规》以约束学生，又仿照潭州所行释奠仪推行于眉，在学校崇祀周、张、二程子，士风为之一变。后改知华阳县，修复学宫，招徕四方来学之士。昌裔学综义理，兼习典章，著有《四书讲义》《乡约口义》《容台议礼》《奏议》《苦言》《储鉴》《蜀鉴》等。③

晏渊，字亚夫，号莲荡（或作莲塘），涪州（今重庆市涪城区）人。跟从朱熹学，深湛于《春秋》。程端礼《春秋或问》卷一记载有其与门人阳岊论《春秋》记夏、周岁时不同之条。渊著有《孟子注》，今不存。④晏渊有学生阳昉（或作阳枋），号字溪；阳岊，字存斋，学者称大、小阳先生，著有《易说》，为南宋末蜀中理学大儒。阳昉尝被聘为涪州北岩书院堂长，以北岩书院为程颐传《易》之地，又为渊受业之所，为之留任，订立堂规，一本《白鹿洞书院学规》为准的。⑤

五　对宋代巴蜀、湖湘地域书院教育的几点认识

巴蜀、湖湘地域的书院是在宋代特有的政治、学术氛围下的产物，这

---

① 参见《湖广通志》卷二三、五七，文渊阁《四库全书》本。
② 参见（明）凌迪知《万姓统谱》卷二，文渊阁《四库全书》本；《儒林宗派》卷一〇，《四明丛书》本。
③ 参见（元）脱脱等《宋史》卷四〇八《吴昌裔传》，第12301—12309页。
④ 参见（明）曹学佺《蜀中广记》卷九一，文渊阁《四库全书》本。
⑤ 参见（宋）阳少箕、阳炎卯《字溪集》卷一二附录《字溪阳先生纪年录》，文渊阁《四库全书》本。

些书院也与其他地域的书院一样，在诸多方面反映出浓厚的宋代政治、学术的时代特征。对其进行分析研究，有助于现代社会对古代书院教育进行反思总结，并以此作为借鉴推动建设现代教育事业。

就两地书院教育的实绩而言，应该承认宋代湖湘地域的书院比巴蜀书院成就更大，对后世学术的影响力更甚，这应该是一个不争的事实。何以会产生这样的差距呢？我们认为可以从三个方面来总结。

地域的因素。巴蜀地域处于长江上游，而湖湘地域处于长江中游。就南宋时代的疆域而言，巴蜀地域一直都是对外战争的前沿，南北宋之交与金军的争战，南宋末年与蒙古大军的激战，巴蜀地域始终首当其冲；而湖南地域却不同，除了南宋初年金军的短时入侵之外，大部分时期内都处于第二线区域，相对来说较为安宁。巴蜀本土的学者往往因躲避战乱而外迁至长江中下游，尤其是在南宋末年蜀中学者往往沿江外迁，却很少有人从湖湘地域逆流上溯至巴蜀，学者的流失形成了学术迁徙的不均衡性，从而也造成了学术发展的不平衡。像《宋史》卷四一五《程公许传》记载，程公许为官湖州，"蜀有兵难，族姻奔东南者多依公许以居"，其后公许卒葬于湖州，其亲族不再返蜀，程氏家族学术也就随之迁徙至江南了。

学术的因素。宋代理学的发展促进了书院教育的发展。而理学的大本营，在南宋时期基本上集中于湖湘、福建、江西一带。理学大师在这些地域著书讲学，培养生徒，理学在他们的倡导之下得到迅猛发展，而理学发展的标志即书院的兴盛，同时书院的建立又为这些理学家弘扬学术提供了极好的学术舞台。巴蜀学术的情况却略有差异。蜀学在北宋时代主要以史学、文学、传统经学为学术主流，虽然有"三苏"作为蜀学的领军人物，但却无开门授徒之例。南宋时代的巴蜀本土学者仍然是以史学擅长，而其代表人物却大部分时间游学、仕宦于外，如李焘、李心传等人，很少有在本土教授生徒的情况，这也就造成了巴蜀地域学术的繁荣不如下江的状况。至于蜀中的理学人物像张栻、魏了翁，他们虽隶籍于蜀，却是在外的时间多于在巴蜀的时间，张栻更是出蜀之后未曾返回家乡，他们在书院教育方面的建树当以在巴蜀以外地域为多，因而蜀中书院教育的影响力自然会稍逊于湖湘一等。

现代办学有一个很好的理念："名校成就于名师。"一个学校兴办的水准如何、成就高下，往往取决于其学校有多少"名师"，名师带动了学校的建设。其实这一道理同样也适用于古代的书院教育。就宋代巴蜀与湖湘书院教育的现实来看，两地"名师"的数量也是有差别的。湖湘地域的书院主讲名师，自北宋末胡安国以来，其后的张栻、朱熹、真德秀、魏了翁，其数量显然多于巴蜀地域的书院，从前文所列举的书院师资即可证实。正是由于"名师"的数量偏少，致使巴蜀地域的书院教育成就显得逊色不少。

地方官吏的关注度也是书院能否延续与发展的关键因素。书院尽管是一种不同于官学的教育机构，但仍然必须得到官方的支持，尤其是地方官吏的扶持，才能生存发展。像岳麓书院那样，自其建立伊始即得到朝廷的重视，由国家拨赐学田，山长被委以官职，因而有良好的发展势头。其他书院显然没有如此显赫的地位，但大多数书院也是在地方官吏的扶持下发展起来的。考察两地的书院，任职巴蜀、湖湘两地的地方长官创建了不少书院，如蜀中普州知州彭乘、果州通判王旦、夹江知县高定子、泸州知州杨汝明；湘中知潭州朱洞、李允则、刘珙，知衡州刘沆，荆湖转运使潘畤、吴子良，提刑宋若水，都有创建书院的政绩。而有理学背景的地方官员们更是倾尽全力扶持地方书院，除了前面已述及的张栻、魏了翁两巨子之外，像朱熹、吕祖谦、叶适、真德秀等人都曾在湖湘为官，发展书院就成了他们从政的夙愿，都不遗余力地扶持书院建设，也正是在这些地方官吏的呵护下，两地的书院才得以迅速发展。不过相对而言，湖湘地域的书院比蜀中书院似乎更有得天独厚的优势，热衷书院教育的地方官员更多，因而湖湘书院的数量更多，发展也要好于巴蜀。

以上我们对宋代巴蜀、湖湘地域书院教育状况作了一些简略的分析。早在九百多年前，我们的先贤在蜀、湘地域的书院教育事业中大有所为，创造了如此显赫的成就，这不仅令人为之振奋感动，同时也赋予当代人一种强烈的使命感，让我们意识到在建设社会主义现代化强国的同时，必须搞好现代化教育，用以作为提升民族素质的强大推动力。因此从历史发展的角度总结宋代书院教育的得失，为我们兴办现代教育事业提供重要的历史借鉴，乃是本文的价值所在。

四川的客家人与客家方言[①]

客家方言又称客家话、新民话、麻介话、厓话（涯话），是我国汉语七大方言之一，习惯上又把使用客家话的人称为客家人。客家人是古代中原地区南迁的移民。据史籍记载，西晋永嘉之乱以后，由于胡人入侵，战争频仍，灾荒连年，中原地区的人民迫于生计，大规模地向南方迁移，成为占籍南方的移民。现在的客家人主要居住在东南沿海一带，客家话也以广东梅县为中心，通行于客家人居住的区域，如广东东、北部，广西南部，福建西部，江西南部。然而在远隔东南数千公里之遥的四川却也有客家人，客家话也在四川的一些地区通行，形成所谓的"方言岛"。四川的客家人通常被称作"土广东"，客家话被称作"土广东话"，以示与"真广东"的区别，大概表示土著广东人的意思。这部分"土广东"人实际上就是东南客家人移民的后裔，虽然离开本土已经几百年，但是他们大多仍然保持着祖辈的文化传统，有着独特的方言体系，与西南官话（普通话的西南方言）迥然有异，形成了一个个特殊的文化群体。

四川客家人大多是在清代初年迁徙而来的。明末清初的战乱给四川带来了巨大灾难，兵祸与饥荒使百姓"不死于兵，则死于饿"，到处是一派"僵尸横路，白骨遍野"的惨景。蜀地成了一个地广人稀的区域。顺治十七年（1660），四川巡抚李国英召集流民垦荒，成效甚微，当时返回故居的仅有千分之一二，大片肥田沃土无人耕种，劳动力的缺乏阻碍了经济的恢复和发展。在这种情势下，清政府采取优惠政策鼓励移民，特许各省贫民携带妻、子入蜀开垦，听其入籍。康熙四年（1665）李国英又派人前往

[①] 本文原载《中国典籍与文化》1995年第1期。

两湖、两广、闽、赣等地募人入川。而东南地区的情况却与四川恰好相反，那里山多地少，人烟稠密，劳力过剩，加上连年旱荒，百姓早已难以维持生活。当他们听说在西部有一个如此美好的淘金之地，拼着身家性命也要出去闯一闯，于是他们举家，甚至举族向西迁徙。在西迁的移民中，两湖、两广的移民占了将近一半，因此人们常常把清初的这次大移民称为"湖广填四川"。

客家人迁徙四川，初始动机是为生活所逼迫，为谋求家族的发展，而他们来川以及到四川以后开创家业都付出了极其艰辛的劳苦。这种强烈的生存意识正体现了中华民族吃苦耐劳、勤奋创业的优良传统。在四川大学图书馆收藏的一份名为《廖氏族谱》的文献，记载了"廖广东"家族的创业史。族谱记载，廖氏原籍广东兴宁。康熙十五年（1676），廖以敏应募出征台湾，一去多年无音信，家中上有老母，下有幼子，妻子彭氏派13岁的长子去台湾寻访父亲。儿子在台湾找到了父亲，也就留在了台湾。家中衣食艰难，全靠彭氏纺纱织布、为人佣工来维持生计。二儿子廖明达长大成人，以卖盐为业，日子也过得不宽裕。雍正年间，连遭旱灾，生活更是困苦。有族人私自将祖宗坟园出卖，分钱与他，明达拒不接受，并与族人结成仇恨，族人暗中商议要把他沉入水中来泄愤。明达得知了这一消息，原籍是不能再居住了，决定举家迁徙避难。雍正四年（1726）元日，廖明达全家五口带着仅有的400文钱，拜别了祖宗，踏上了入川的路程。一路跋涉，风餐露宿，辗转到了湖北荆门，与先期来川的儿子会合，继续西行。经过一年，才抵达绵竹新市镇。这天天时已晚，全家借宿在一郑姓人家的墙下。第二天郑姓人开门看见了他们，对他们的境况十分同情，借给他们一处破碾坊住下，又借给一口破锅，算是安下了家。廖氏全家来蜀后，经过20余年的艰苦创业，终于发了家，人丁兴盛，置下田产6000亩，产业分布于成都附近7个县。中华民国时期，廖氏家族已经传至第九代，人口达数千人，遍及成都周围14县。到现在，廖广东的后裔已发展至第十二代。近年来，寻根热高涨，有人专程从台湾来到成都寻访廖广东后人，准备再续族谱。海峡两岸的同胞以其源远流长的血缘关系联结起来。

四川民间直至现在还流传着一个与移民有关的说法，说当时的移民是被清兵捆绑着押解来的，清兵防范很严，移民的一举一动都要报告。当移民要大小便的时候，也需要报告，让清兵为他们解开绑着的手，于是"解手"成了大小便的代称。这一称谓一直延续下来，到今天仍在使用。当然这种说法仅仅是民间传闻，使用"解手"这一词语的也不限于四川，它实际上是一种"俗词源"，但是却反映了移民后裔对先祖的怀念。

客家人迁徙到四川以后，就分散到各地，开始了他们的创业生涯，他们的踪迹几乎遍及四川全境。近年有学者经过艰苦细致的调查，查明四川境内有客家人居住的县、市达46个，而其中客家人比较集中的区域有：成都市东郊、内江地区的隆昌威远、川北的仪陇、川西南的西昌。这一状况意味着四川有近一半的地区居住有客家人。这些客家人的后裔，尽管经历了几百年的变迁，但是仍然或多或少地保有祖先的文化特征，尤其是保留着客家方言，在客家人中传布着这样一句俗语："宁卖祖宗田，不卖祖宗言。"表现出强烈的不忘祖宗的意识。这种客家话往往保持了较多的中古汉语的特征，因此常常受到汉语史研究者的重视，被看作古代汉语的活化石。

成都东郊的客家人聚居区，包括了今成都市成华区的龙潭寺，新都区的石板滩、木兰，龙泉区的洛带镇为中心的区域，即从前俗称为"东山"的一带地方。

成都东郊的客家话，把"二"念作[ni]，把"泥"念作[nai]，把"儿子"呼作[nai zi]，把"日头"（太阳）称作[ni tiu]。这一语音现象证实了音韵学家所说的"娘日二母归泥"的论断。一些字如"我、傲、岸、挨、爱"，在现代语音为零声母，在客家话中，无一例外地读作[ŋ-]，显示了中古音声母疑母影母的音值应为[ŋ]，只是在以后才演变为零声母。在韵母方面，客家话没有撮口呼介音[ü]，因此他们将"雨"念作[yi]，"全"念作[jian]，"云"念作[yin]，这也是符合中古语音的。在声调方面，成都东郊客家话还保存了入声调类，在念"一、七、八、石、食"这些字时都会明显地感觉到韵尾带有一种塞音，音韵学上标记作塞音符号[ʔ]，与其他的舒音韵尾不同。在构词方面，客家话常在称谓前加词缀"阿"，比如称妈妈为"阿咪"，父亲为"阿爷"，小儿子为"阿么子"，姐姐为"阿姐"。在名物词方面，客家人称锅为"镬"[vo]，称衣服为"衫"，称腿为"大髀"[tai bi]，都与中古词语相同。由于客家话与西南官话差别很大，所以在非客家人听起来确实怪声怪调，几乎是在听天书，无法听懂。因此在旧时大凡能够操客家话和西南官话的人家，在一般交往的时候使用西南官话,而在商量秘密事情,不想让别人知道的时候,就改用客家话了。不过随着社会的发展,客家人与其他非客家人相互交往日益增多,语言交际也更加频繁,方言之间的渗透、影响、融合势在难免,这就使客家话逐渐向普通话靠拢,呈现出方言特征减弱的趋势。在一些地方,客家后裔已经不再使用客家话,而改用西南官话了。

移居四川的客家人在当时为振兴四川经济作出了巨大贡献,在极短的时间内蜀地就恢复了元气,又成为富甲天下的天府之国。像廖广东一家那样艰苦创业的家族还不在少数。值得一提的是,在中国近现代史上更有一些客家人后裔创下了丰功伟绩,他们的英名千秋永存,成为整个中华民族的骄傲。这些人中最杰出的有朱德同志、邓小平同志和郭沫若同志。

朱德同志出生于仪陇县马鞍乡,而他的祖辈则是由广东迁徙来的客家人。据说朱德同志可以和叶剑英用各自的家乡话交谈毫无障碍,朱德同志用的就是仪陇客家话,而叶剑英同志则使用正宗的梅县客家语。1983年,我们曾到朱德同志的家乡作方言调查,参观过朱德同志故居、朱氏家族祠堂,听年长的人摆谈朱老总少年时的逸闻趣事。那里的居民至今仍然普遍使用客家话。

改革开放的总设计师邓小平也是客家人的后裔。邓小平同志出生于广安县。他的祖籍是江西吉安庐陵县。明代洪武十三年(1380),有邓鹤轩仕宦于蜀,于是占籍广安姚平。这是邓氏家族入川的始祖。明末清初,第九世祖邓防携带妻子和二子同赴广东,中途遇到贼难,其子嗣祖、绍祖幸免于难。他们在广东流落28年,后于康熙十年(1671)返回广安,重兴家业。邓嗣祖是邓氏家族清代的第一世祖,到邓小平同志一辈,已经是第十代了。

现代文学巨匠郭沫若同志原名郭开贞,出生于乐山沙湾。他的祖籍是福建汀州宁化。郭氏的祖辈在清乾隆间由闽来川,做苎麻生意,跟着入川的马帮,一路来到乐山牛华镇。那时,牛华镇是生产井盐的地方,正需要苎麻来捆扎卤水筒,于是他就在牛华落了户。到郭沫若这一辈,郭氏家族已经发展到第六代了。

从以上简略的叙述中我们可以看到,客家人由广东迁徙入川,对我国西部的开发作出了多么大的贡献!由此我们还可以想到,为了开拓人类生存的空间,人们不惮劳烦地进行迁徙,这在当时来说可能是一件痛苦的事业,但在人类发展史上却是一次伟大的举动。

历代巴蜀学人的文字学研究[①]

——以汉、唐宋、明代巴蜀学人为例

巴蜀地域的文字学研究，追溯其历史应有两千余年之久，肇始于西汉时代，在后来的各个朝代绵延不断，成为传统巴蜀学术的重要组成部分。研究巴蜀文字学的发展历史，有助于更深刻地探讨巴蜀学术的内涵及其演变历史。笔者即从这一思路出发，对历代巴蜀学人的文字学进行一些粗略的梳理研究。

一 两汉时代的文字学

巴蜀地域的文字学起源于汉代，而其源流却应追溯至秦代，在撰著内容上也是模仿秦代之著。在秦始皇统一六国之后，曾由李斯主持进行过一次文字革新，即"书同文"的改革运动，对纷繁混乱的六国文字作了改造统一。先秦时代的文字学著作，除了周代所撰的《史籀篇》以外，当数李斯、赵高、胡毋敬的著述为最早。《汉书·艺文志》载："《苍颉》七章者，秦丞相李斯所作也；《爰历》六章者，车府令赵高所作也；《博学》七章者，太史令胡毋敬所作也。文字多取《史籀篇》，而篆体复颇异，所谓秦篆者也。"[②] 李斯等人所撰写的著作是使用秦时的小篆写成，用于学生诵读。后来有人将这三篇著作的文字合并为一，以60字断为一章，共计55章，也取名为《苍颉篇》，新编成的《苍颉篇》，其总字数为3300。

---

① 本文原载中共湖南省委党校主办《湖湘论坛》2013年第4期。
② （汉）班固：《汉书》卷三〇《艺文志》，中华书局1983年版，第1721页。

巴蜀学人的文字学著作，以汉武帝时司马相如所撰写的《凡将篇》为最早。司马相如（公元前179—前118年），字长卿，成都（今四川成都）人，汉武帝时为郎，是汉代著名文学家，以辞赋著称于时。

《汉书》卷三〇《艺文志》记载："武帝时司马相如作《凡将篇》，无复字。"这是见于文献的最早记载。相如《凡将篇》在宋代以前即已佚亡，宋代程大昌《演繁露》卷一五称："《凡将》今不可见矣，《艺文类聚》载《凡将》一语"，"率皆立语总事，以便小学，即《急就》也者正规模《凡将》也"。

我们可以从清人辑佚书中寻找到一些残篇零句，如马国翰《玉涵山房辑佚书》尝辑出《凡将篇》残句：

黄润纤美宜制禅。（《文选》卷四左思《蜀都赋》刘渊林注引）

淮南宋蔡歌舞嗙喻也。（许慎《说文解字》二上口部"嗙"字引）

钟磬竽笙筑坎侯。（《艺文类聚》卷四四"箜篌"引）

乌喙桔梗芫华，款东贝母木蘗萎，芩草芍药桂漏芦，蜚廉雚菌荈诧，白敛白芷菖蒲，芒硝莞椒茱萸。（唐陆羽《茶经》卷下引）

从马氏所辑录的零句来判断，《凡将篇》应是模仿《苍颉篇》句式而编成的六字或七字短语，串释一些相关联的事物名称，便于记诵，用以训练童蒙诵读。至于马国翰所辑录的另一部分内容则是对字形的辨析、字义的训释，类似于《尔雅》《说文》一类的文字词义专书：

芎：司马相如说"营"或从弓。臣锴曰：司马相如续李斯《苍颉篇》，作《凡将》一篇，解说文字，许慎所采，故云司马相如说。（徐锴《说文解字系传》卷二"草部"）①

蘧：司马相如说"菠"从遴。臣锴按：《汉书》司马相如续《苍颉篇》，作《凡将》一篇，亦解说文字，许慎采其异者著于此也。（徐锴《说文解字系传》卷二"草部"）

---

① 按此条又见《说文解字》卷一下"草"部，无"徐锴曰"以下文字。

  虪：司马相如说"虪，封豕之属"，一曰虎两足举。（徐锴《说文解字系传》卷一八"豕部"）①

徐锴按语认为《说文解字》中所引用的"司相如说"是摘自《凡将篇》的文字，为许慎采集于书中，这一说法应该是可信的。我们分析其中的条目可以发现，有的是分析文字字形，有的则是诠释文字字义。
  汉代蜀人接续而成的文字学著作是扬雄撰著的《训纂篇》。扬雄（公元前53—公元18年），出生于蜀郡成都（今四川成都），是西汉末年著名的经学家、文学家、语言学家，多识古文奇字，撰有《方言》一书，为我国传统方言学著作的开山之著，又撰有《训纂篇》，讲求文字学。《汉书·艺文志》记载：

  元始中，征天下通小学者以百数，各令记字于庭中，扬雄取其有用者以作《训纂篇》，顺续《仓颉》，又易《仓颉》中重复之字，凡八十九章。②

东汉人许慎《说文解字序》亦云：

  孝平时，征（爰）礼等百余人，令说文字于未央廷中，以礼为小学元士。黄门侍郎扬雄采以作《训纂篇》，凡《仓颉》以下十四篇，凡五千三百四十字，群书所载，略存之矣。③

两则文献的记载相同，都说扬雄采集当时学者的论说，汇集前代文字书所载，而撰成了《训纂篇》，共89章，5340字。是书已佚，其散佚程度较之司马相如《凡将篇》更盛，清人马国翰辑有佚文14条：

---

  ① （清）马国翰：《玉函山房辑佚书》，台北：文海出版社1974年影印本，第4册，第2227页。
  ② （汉）班固：《汉书》卷三〇《艺文志》，第1720页。
  ③ （汉）许慎：《说文解字序》，载段玉裁《说文解字注》卷一五上，成都古籍书店1981年影印本，第805页。

户扈鄠，三字一也，古今字不同耳。(《史记·夏本纪》，张守节《正义》引《训纂》)

人面頯。(《说文解字》卷九上页部"頯"字引)

臐，无骨腊也。扬雄说鸟腊也。(《说文解字》卷四下肉部"臐"字引)

曡，扬雄说古理官决罪，三日得其宜乃行之。从晶从宜。亡新以三日大盛，改为三田。(《说文解字》卷七上晶部"曡"字引)①

上述例句所引基本上是属于分析文字、解释字义的内容，而没有完整的句子保留下来，从而无法判断它的完整句式，不过《汉书·艺文志》称其"顺续《苍颉》"，由此可以猜测其行文句式也应是模仿《苍颉篇》一类的六七字短语。

总体而言，两汉时代的文字学著作都是教育童蒙的内容，其学术路径基本沿袭了秦代李斯以来《三苍》的传统。

二　唐五代两宋时代的文字学

自唐五代以降至宋代，近六百余年的时间，巴蜀地域的学术发展都较为顺畅，学者们接受中原学术影响，表现出与中原学术相衔接，迅速发展的良好势头。这与那一时期巴蜀地区的政治、经济、文化学术氛围密切相关。由于五代时蜀地较为安定，受战争波及甚少，使学术有较好的发展空间，加上前、后蜀的统治者又较为重视文化事业，曾经组织学者从事儒学经籍的刊刻，五代时期巴蜀的学术发展明显好于中原。两宋时代，朝廷积极推行文治政策，地区经济发展迅速，"蜀学"在北宋时蓬勃兴起，都给巴蜀学术带来了极好的发展契机。正是在这种氛围下巴蜀学术才有了长足的发展，文字学也随之成就较著。

唐、五代时期巴蜀的学者，主要精力在刊刻石经碑文、考订《说文解字》等方面用功，有一些颇具影响力的著作。

---

① (清)马国翰：《玉函山房辑佚书》，第4册，第2228页。

唐代颜元孙编著有《干禄字书》，这是一种辨别正体、俗体、通行文字的专门著述，曾于大历九年（774）由颜真卿书丹并勒石，刊行于湖州。同时又于唐文宗开成四年（839），由杨汉公摹刻于蜀中①，石刻至清代尚存。

五代时有前蜀僧人贯休编著的《重集许氏说文》、后蜀林罕编著的《说文字源偏旁小说》两种著述。

释贯休（832—912年），俗姓姜氏，本为婺州兰溪（今浙江金华市婺城区）人，自幼长于歌诗，出家为僧，入蜀，前蜀主王建深器之，封为禅月大师，守西川僧箓大师。永平二年（912）卒，年八十一，葬于成都北门外。贯休工篆隶文字，撰有《重集许氏说文》《宝月集》等。② 唐人李阳冰曾于大历年间整理刊定《说文解字》，对许慎的著作进行了首次整理。贯休此著应当是继阳冰之后对《说文解字》的第二次整理，其功绩应与南唐"二徐"相当，只可惜其书不传，未能探究其详细内容。

林罕撰有《字源偏旁小说》。《十国春秋》本传称，林罕，字仲缄，西江人，博通经史，初为温江主簿，稍迁太子洗马，擅长文字之学，著有《字源偏旁小说》。③《宋史》卷四四一《句中正传》云，林罕"善文字之学，尝著说文二十篇，目曰《林氏小说》，刻石蜀中"。

林罕自撰序文称：

> 罕今所篆者，则取李阳冰重定《说文》，所隶者则取《开元文字》。虽知鲁钝，未识源流，所贵讲说，皆有依凭，点画且无差误。……罕以隶书解于篆字之下，故效之亦曰"集解"。今以《说文》浩大，备载群言，卷轴烦多，卒难寻究，翻致懵乱，莫知指归，是以剪截浮辞，撮其机要，于偏旁五百四十一字，各随字训释。或有事关造字者、省而难辨者、须见篆方晓隶者，虽在注中，亦先篆后隶，各随所部，载而明之。其余形声易会不关造字者，则略而不论，其篆文

---

① 杨汉公，字用义，弘农人，进士及第，历仕湖、亳、苏州，为桂管观察使，召为户部郎中、工部尚书。善书法，称于世。参见《六艺之一录》卷三三一，文渊阁《四库全书》本。

② 见《唐才子传》卷八，文渊阁《四库全书》本；（清）吴任臣《十国春秋》卷四七《贯休传》，文渊阁《四库全书》本。

③ （清）吴任臣：《十国春秋》卷四三《林罕传》，文渊阁《四库全书》本。

下及注中易字便以隶书为音，如稍难者则纽以四声，四声不足乃加切韵，使学者简而易从，涣然冰释，于《说文》中已十得八九矣，名之曰《林氏字源偏旁小说》。①

林罕撰著《字源偏旁小说》是在后蜀明德二年至四年（935—937），其书分别偏旁（部首）为541部，排列字形先篆后隶，分析字形，诠释意义，并加注音。是书与《说文解字》相较增加了偏旁1部，对字义的解释也不全同于《说文解字》。宋祁《宋景文笔记》卷中称其书"狭于徐（锴）、郭（忠恕）"，赵希弁亦云"其说与许慎不同，而互有得失"，晁公武更谓其解字有"殊可骇笑者"。《字源偏旁小说》曾刻石于成都，南宋初时晁公武尚及见之。②

宋人著述中常见征引林罕《小说》者③，如蔡卞《毛诗名物解》卷一"月"字下引林罕云"象其未有蟾桂之状也"；卷八"乌"字下亦云"林罕以谓全象鸟形，但不注其目睛。万类目睛皆黑，乌体全黑，远而不分别其睛也"。④

后蜀主孟昶曾敕令史馆编纂《书林韵会》100卷上进。杨慎《丹铅总录》称孟昶作《书林韵会》，后来元儒黄公绍作《韵会举要》，"实祖之，然博洽不及也，故以'举要'为名"⑤。按，杨慎所言乃为误记，元代黄公绍所著称《古今韵会》，后来熊忠仿照黄公绍所著凡例举其要，方称为《韵会举要》。《古今韵会》是据宋代韵书《礼部韵略》体例而编成的一部韵书，而后蜀孟昶敕令编撰的《书林韵会》是另一种不同类型的著作，二者风马牛不相及，后来清四库全书馆臣已对之有所辨驳。⑥

两宋时代，巴蜀学人对文字学的研究有所转型，呈现一种多元化的学

---

① （宋）朱长文：《墨池编》卷一；（宋）陈思《书苑菁华》卷一六；（清）倪涛《六艺之一录》卷二六八。均载文渊阁《四库全书》本。
② 参见（宋）晁公武《郡斋读书志》卷四，上海古籍出版社1990年版，第155页。
③ 参见（宋）郭忠恕《汗简》在字形下标注云"林罕集字"，（宋）夏竦《古文四声韵》在字形下标注"林罕集"，元戴侗《六书故》多处引林罕释文条目。
④ （宋）蔡卞：《毛诗名物解》，文渊阁《四库全书》本。又，（宋）陆佃《埤雅》卷二〇"月"字条、卷六"乌"字条有相同的解释。
⑤ （明）杨慎：《丹铅总录》卷一五，文渊阁《四库全书》本。
⑥ 参见（清）永瑢《四库全书总目》卷四二《古今韵会举要》提要，第362页。

术导向。北宋初年，一批蜀中学者精通篆籀文字，名显于当时，有著述传于世。

勾中正，字坦然，华阳（今属成都市）人。后蜀时为官，进士及第。仕宋，宋太宗诏令其与徐铉同编定《说文解字》。太宗曾询问中正文字中有声无字者数几何，中正退朝，编列为一卷上之，太宗增补21字，谓可补入其中。又尝奉诏同编纂《广韵》。勾中正能辨识古文字，乾州进献出土古铜鼎，镌刻有古文二十一字，众人皆不识，诏中正识读之，皆援据精确。① 勾中正工于篆隶文字，曾以大篆、小篆、八分三体书写《孝经》，刻于石，用时凡十五年。其自序称："旁求遗逸，稍析沦胥，乃得旧传古文《孝经》，以诸家所传古文，比类会同，依开元刘子玄、司马贞考详今文十八章，小有异同，亦以不取，约秦许斯蔡篆文及汉魏刻石隶字，相配而成。"②

李建中，字得中，原籍京兆（今陕西境）人，五代前蜀时其祖李稠迁居蜀成都。建中于太平兴国八年（983）进士及第，仕于朝，判太府寺。史书称其"善书札，行笔尤工，多构新体，草隶篆籀八分亦妙，人多摹习"，尝用科斗文字书写郭忠恕《汗简》以献，得诏嘉奖。③

也有学人搜集古石经残字刻于石碑，供时人观摩研习。胡宗愈，字完夫，胡宿从子，常州晋陵（今常州市）人。以荫补官，元祐时为中书舍人、御史中丞，尝知成都府。在蜀中时，宗愈以汉石经虽已无完碑，但是其残石文字遗留民间尚多，学者欲学而不易得，于是"旁搜博访，合诸家所得蔡中郎石经四千二百七十字有奇，以楷书释之；又得古文篆隶三体石经遗字八百一十九，并镌诸石"④。石碑被安置于成都城之锦官西楼。⑤ 胡宗愈所摹刻的是东汉末年蔡邕所书石经及后来的"熹平"三体石经，其用意虽在规范儒学经籍的文字，但同时也是篆隶文字的珍贵实物。

---

① 参见（元）脱脱等《宋史》卷四四一《勾中正传》，中华书局1977年版，第13049—13050页。

② （宋）朱长文：《墨池编》卷一，（清）倪涛《六艺之一录》卷二六八。均见文渊阁《四库全书》本。

③ （元）脱脱等：《宋史》卷四四一《李建中传》，第13055—13057页。

④ （宋）宇文绍奕：《石经跋》，载（明）曹学佺《蜀中广记》卷九一，文渊阁《四库全书》本。

⑤ 参见（清）顾蔼吉《隶辨》卷七，文渊阁《四库全书》本。

北宋神宗以来，新学学派以其政治影响力，在当时的诸多学派中占据首位，王安石领导撰写的《新经义》盛行于时，王安石亲自撰写的《字说》一书乃成为学者必读的教材，庠序教育及科举考试都以其为准的，而仿效、诠释之著层出不穷，据陆游《老学庵笔记》卷二载录，这类著作有近十种之多。其中唐耜撰有《唐氏字说解》120卷①，是其知邛州（今四川成都邛崃市）时所进。晁公武称"绍圣以来用《字说》程试诸生，解者甚众。耜集成此书，颇注其用事所出书，一时称之"②。唐耜所撰《字说解》应是趋于学术时尚的一种著述，其长处应当是为《字说》诠注用事出处，功用与类书相仿。是书今已不存。

南宋人李焘撰有《说文解字五音韵谱》12卷。李焘，字仁甫，眉州丹棱（今四川丹棱）人，是蜀中著名学者、史学家，主要著作有《续资治通鉴长编》等。《说文解字五音韵谱》是他为检索《说文解字》而作。其初稿与终定稿编次截然有异：最初李焘在湖南武陵为官时撰写成初稿，采录《说文解字》所收字，按《类篇》部首笔画编次，后来又听从虞仲房的建议，摒弃初稿编次，改为按《集韵》韵目次序编排，撰成终定稿。

今本《五音韵谱》仿照南唐徐锴《说文解字篆韵谱》的体例，完全脱开《说文解字》部首体系，按韵目编排，起于东韵"东"字，终于狎韵"甲"字，于每字下全录《说文解字》说解，别无新意，其说解又时有错误，故在文字学上价值不高。四库馆臣批评它"颠倒错乱，全乖其本义本音，尤为疏舛，顾其书易于省览，故流俗盛行"③。近代文字学家胡朴安也称"《五音韵谱》一书，在文字学上殊无价值，在文字学史上则颇有关系也"④，即指该书对后世影响甚大，然其学术价值甚小。明代杨慎所撰著的若干讨论文字的著述，就都按106韵编排，应是受其影响。

南宋时代，蜀中学人宇文绍奕撰有《原隶》，李从周撰有《字通》，二书均为讨论隶体文字的著述。

宇文绍奕，字卷臣，或作衮臣，成都双流（今成都市双流区）人。双

---

① 按，（明）曹学佺《蜀中广记》卷九四著录为100卷，卷次略有不同，大概曹氏是举其成数而言。
② （宋）晁公武：《郡斋读书志》卷四，孙猛校证，第166页。
③ （清）永瑢：《四库全书总目》卷四三《说文解字五音韵谱》提要，第371页。
④ 胡朴安：《中国文字学史》第二编《文字学前期时代唐宋元明》，商务印书馆1998年重印本，第146页。

流宇文氏为当地名族，其最著名者为宇文虚中，是宇文绍奕从祖。宇文绍奕尝官剑州通判，历知资州、临邛、广汉等州，与陆游交好，后卒于家。绍奕撰有《原隶》，见于陆游跋语的记载。① 明曹学佺《蜀中广记》卷八载其《博雅堂记》云："宇文绍奕为资守，风清事简……尝见前汉文字之奥、篆隶之工，镂金石而传后世，尚有可考，乃其在中原者沦于草泽，后生不可复见。吾家故所贮，吾幸得之，不欲擅而有也，盍传之是邦，以与学士夫共之！于是摹刻汉石及他碑凡五十四卷，覆以石柱大厦，名其堂曰博雅堂。"曹氏所载"汉石及他碑五十四卷"者，应即《原隶》之著。

南宋人林光朝有《资中行奉寄临邛守宇文郎中》诗纪其事，诗曰：

> 欲将奇字问何人，所守一家如小篆。是中变幻随形模，钟镈鼎鬲匜盘盂。如何西京到魏晋，搜尽苍崖惟此书。即今《原隶》见颠末，仍于画上分锱铢。燕然有年固可纪，气势岂得先黄初？……幸哉一见俱抵掌，翩翩如反古石渠。且说金陵佛室何年灯，晋分隋张犹青荧。忽听荒鸡还自起，资中之刻不徒尔。②

据上述诗文所言，《原隶》曾刻石于资州，遗憾的是石刻现在已经佚亡不存了。

李从周，字肩吾，彭山（今四川彭山）人，与魏了翁为学友，其生平事迹记载不详。精通隶书文字，撰有《字通》2卷，从周撰自序称："字而有隶，盖已降矣。每降而辄下，不可不推之本也。此编以世俗笔势质以《说文解字》，作楷隶者于此而推之，思过半矣。"魏了翁亦云：此书"大较取俗之所易谕而不察焉者，以点画偏旁粹类为目，而质以古文，名曰《字通》。"③

《字通》一书是辨析隶体文字的著述，按隶书笔画多少分部编排，分89部，凡收601字。每字以篆文标目，其下以小字夹注署楷书文字形体，标注音切，训释字义，按"六书"分析字形，并讨论由此而衍生的文字。

---

① 参见（宋）陆游《渭南文集》卷二八，《四部丛刊》初编本。
② （宋）林光朝：《艾轩集》卷一，文渊阁《四库全书》本。
③ （宋）李从周：《字通序》，《字通》卷首，文渊阁《四库全书》本；（宋）魏了翁：《彭山李从周字通序》，《鹤山先生大全集》卷五三，《四部丛刊》初编本。

举例以说明之：

　　二，古文上，时掌切，"辛、旁、示、帝"等字从此。（卷上·上一点类）

　　朿，来，落埃切，周所受瑞麦来年，象芒刺之形，"参、啬"等字从此。（卷下·夹字类）

其书卷末还附录了82字，辨正俗书借用之误，所谓"衣裳"当作"衣常"，"芝草"当作"之草"，"负荷"当作"负何"，四库馆臣批评其"于古虽有据，而今断断不能施行"①。

三　元明时代的文字学

元蒙军队在攻占四川的时候曾经过一场异常残酷的争战，民众死伤惨烈，巴蜀学术家族四散逃离故土，致使巴蜀学术在这一时期遭受重挫，元气大伤。巴蜀地域的文字学研究也与其他学术一样陷入了一种一蹶不振的状态之中。

元代陈瑛撰有《篆书》。陈瑛，字伯英，青神（今四川青神）人，尝官广德路教授。吴澄《篆书序》称："宋人能篆书者颇多于唐，蜀文靖公（按，魏了翁）至今为人所称。陈伯英，魏公乡人也，游艺之暇及此，所书《千文》，字体整洁，其可上晞文靖者夫！"②据序文所述，这是一本以篆字书写《千字文》的著述。是书今已佚。

延至明代，巴蜀的传统学术成就也颇逊于其他地域，蜀中学者于小学不甚留意，除了杨慎一枝独秀以外，在文字学方面无甚建树，研究者寥寥无几，著述更是屈指可数，成为巴蜀小学发展史的低落时期。

明姜玉洁著有《正字训蒙》。姜玉洁剑州（今广元、剑阁一带）人，其生平事迹不详。③是书今已佚，从其书名来看，应该是教育童蒙识字的

---

① （清）永瑢：《四库全书总目》卷四一《字通》提要，第351页。
② （元）吴澄：《吴文正集》卷二一，文渊阁《四库全书》本。
③ 见清乾隆《四川通志》卷一〇上，文渊阁《四库全书》本。

课本。

李阳春撰有《难字智灯》①。李阳春为渠县（今四川渠县）人，弘治中进士，任行人，出使时拒收外藩馈赠。后官至太常少卿致仕，居乡恂恂如书生。②此书久已佚亡，据其书名推测，应当是讨论古书疑难文字的著述。

有明一代，蜀中学人唯有杨慎著述最多，成就最大。杨慎（1488—1559年），字用修，号升庵，新都（今成都市新都区）人，少师杨廷和之子，正德六年（1511）进士第一，授翰林院编修。嘉靖三年（1524）因疏谏纳桂萼、张璁获罪，遭廷杖削籍，谪戍云南永昌卫（今云南保山市），辗转于云南、四川之间多年，颠沛流离而卒。明何宇度《益部谈资》卷中称，杨慎有著作多达140种，清李调元《升庵著述总目序》则称有200种③，其内容遍及经、史、子、集，号称明代著书第一人。

我们梳理杨慎所撰有关文字学的著述，按其内容有诸种：

论《说文解字》及"六书"：《六书练证》5卷、《六书索隐》5卷、《转注古音略》5卷（以上《明史》卷九六《艺文志》）《说文先训》阙卷（《千顷堂书目》卷三）。

论金石古文字：《金石古文》14卷（《千顷堂书目》卷三一、《四库全书总目》卷一九二）《石鼓文音释》3卷、《附录》1卷（《千顷堂书目》卷三、《四库全书总目》卷四三）。

论经籍文献文字：《古音复字》5卷、《杂字韵宝》7卷（以上《千顷堂书目》卷三）《古音骈字》5卷（《千顷堂书目》卷三、《四库全书总目》卷四一）《奇字韵》5卷（《明史》卷九六《艺文志》）《经子难字》2卷（《千顷堂书目》卷三、《四库全书总目》卷四三）。④

---

① 参见《淡生堂书目》卷二，《明代书目题跋丛刊》，书目文献出版社1994年影印本。
② 参见清乾隆《四川通志》卷八，文渊阁《四库全书》本。
③ 参见王文才《杨慎学谱》，四川人民出版社2018年版，第93—95页。
④ 现存杨慎著述大多收入清李调元所刊《函海》本，计有《古音骈字》《古音复字》《转注古音略》《奇字韵》《石鼓文音释》《金石古文》6种。另外《四库存目丛书》还收有《六书索隐》《经子难字》2种。

我们于下文分别讨论。

《六书索隐》是杨慎在贬谪滇中时所撰，其自序称"谪居多暇，乃取《说文》所遗、诸家所长、师友所闻、心思所得，汇梓成编。以古文籀为主，若小篆则旧籍已著，予得而略也。若形之同、解之复而不删者，必有刊补也。书成，名之曰《六书索隐》。以韵收者，俾易繙耳"①。此书为辨析古文字形体的著述，按106韵编排，专收《说文解字》所未收之古字，字形分析以古文、籀文形体为主，而不以小篆形体为据，并标注音切，训释字义。举一例以明之：

工，古红切〇一在上犹天也，一在下犹地也，｜在中犹人。工字从一从一从｜，犹人戴天履地，参三才而代天工也。〇《礼记解》云……郑氏《六书证篇》曰……〇以上于工字义有相发而旁及诸字，不欲分之，书其全文。后多此例。（卷一《东韵》）

《转注古音略》也是杨慎贬谪滇中时所著，顾应祥撰《转注古音略序》云："升庵子谪居于滇，慨古学之旨弗明，而六书之义日晦，于是乎有《古音略》之作焉。凡五卷，上自经史，下及诸子百家之书，靡不究极，而所取以为证据者，五经之外，惟汉以前文字则录，晋以下则略焉，盖本于复古而不欲以后世之音杂之也。"②杨慎认为"叶韵"实乃"六书"中之"转注"一类，因而此书讨论古文"叶音"，却使用了"转注"之名。全书按106韵编排，以平上去入四声分卷，卷中正文收字以正音为准，小注署其"叶音"用法，并征引文献用例为证。四库馆臣批评杨慎论"叶韵"而加上"转注"的说法，谓"叶韵"与"六书之转注则渺不相涉，而慎书仍用叶韵之说而移易其名于转注，是朝三暮四改为朝四暮三也"，而又称其所论虽多昧于古音，然"以其引证颇博，亦有足供考证者，故顾炎武作《唐韵正》犹有取焉"③，对其毁誉参半。

"六书"学的起源可追溯至南宋时代，郑樵《通志·六书略》为其开山之著，在后来元明时代形成了文字学研究的一大支派，他们借助于《说

---

① （明）杨慎：《六书索隐序》，《升庵全集》卷二，李调元刊《函海》本。
② （明）顾应祥：《转注古音略序》，《转注古音略》卷首，李调元刊《函海》本。
③ （清）永瑢：《四库全书总目》卷四二《转注古音略》提要，第365页。

文解字》中的"六书"概念,并加入新的内涵,用以对文字形体结构进行新的诠释。继郑樵之后,宋元明学者如王柏、戴侗、周伯琦、赵撝谦等都有所论述,创见颇多,而杨慎在"六书"学研究方面也有独到的创见。

关于"六书"的归类。南宋郑樵把传统"六书"分为三类,在《六书略·六书序》中说:"象形、指事,文也;会意、谐声、转注,字也;假借,文字俱也。"① 郑樵所分包括了"文、字、文字俱"三类,而将"会意、谐声、转注"划为一类,"假借"另为一类。这是文字学史上首次对传统"六书"进行划分归类,尽管所分标准及所分类别未必准确。

元代周伯琦也在《说文字原序》中将"六书"划分为三类,云"象形、指事者,文也;会意、谐声者,字也;转注、假借者,文字之变也"②。其所分也包括了"文、字、文字之变"三类,但是把转注、假借单独划归为一类,称作"文字之变",承认转注、假借与象形、指事、会意、谐声在性质上有着明显的不同。

杨慎将"六书"区分出"经"与"纬"两类:"六书,象形居其一,象事居其二,象意居其三,象声居其四。假借,借此四者也。转注,注此四者也。四象以为经,假借、转注以为纬。四象之书有限,假借、转注无穷也。"③

杨慎的"六书"经、纬说,是对郑、周之说的更新拓展,从《说文解字》"六书"的造字功能上加以区分。这一分类即后来盛行的"四体二用说"的滥觞,对后世学者有所启迪。清人万光泰在《转注序言》指出"六书四为体,二为用,体不可离乎用,用不可离乎体。昔之论转注者,俱欲于事、形、声、意外别立一体,故其说多谬"。而戴震《答江慎修先生论小学书》亦云"四者(象形、指事、会意、谐声),字之体止此也,由是之于用。数字共一用者,如'初哉首基'之皆为始,'卬吾台予'之皆为我,其义转相为注,曰转注。一字具数用者,依于义以引申,依于声而旁寄,假此以施于彼曰假借"④。后来段玉裁《说文解字注》、朱骏声《说文通训定声》、王筠《说文释例》都采用了这一说法。

---

① (宋)郑樵:《通志》卷三一《六书略》,中华书局1987年影印本,第487—488页。
② (元)周伯琦:《说文字原序》,《说文字原》卷首,文渊阁《四库全书》本。
③ (明)杨慎:《古音后语》,《转注古音略》后附,清李调元刊《函海》本。
④ 张岱年主编:《戴震全书》,黄山书社2010年版,第3册,第334页。

杨慎还专门讨论了"六书"中转注、假借的问题,杨慎曰:

> 原转注之义,最为难明。《周礼》注云"一字数义,展转注释而后可通,后人不得其说,遂以反此作彼为转注。"① 许慎云,"转注'考''老'是也"。毛晃云"'老'字下从匕,音化;'考'字下从丂,音巧。各自成文,非反'考'为'老'也"。王柏《正始之音》亦以"考""老"之训为非。萧楚谓"一字转其声而读,是为转注"。程端礼谓"假借借声,转注转声"。皆合《周礼》注展转注释之说,可正"考""老"之谬妄矣。……或问:"假借、转注将无同乎?"曰:假借借义不借音,如兵甲之甲,借为天干之甲,鱼肠之乙借为天干之乙,义虽借而音不变,故曰假借。转注转音而注义,如敦本敦大之敦,既转音顿,而为《尔雅》敦丘之敦,又转音为对,《周礼》玉敦之敦。所谓一字数音也。假借如假物于邻,或宋或吴,各从主人;转注如注水行地,为浦为澉,各有名字矣。是奚可同哉?②

关于"六书"之转注,历代的文字学家对此解说纷纭,莫衷一是,较具影响者有声转说、形变说、词义引申说、互训说诸种。③ 其中的声转说,早在南宋时代张有的《复古编》中即发其端,张有谓"转注者,展转其声注释他字之用也","假借者,因其声借其义;转注者,转其声注其义"。④ 这一说的核心是将文字的转注与字音联结起来,二者之间的关系是义转而音转、音转而义转,而假借与其不同处则在于音转而义不转。杨慎之说应是张有"声转说"的继承发展,即"转注转音而注义""假借因其声借其义"。

明人赵撝谦在《六书本义纲领·转注论》中将"转注"划分为五类,即:因义转注、无义转注、因转而转、假借而转、方音叶音。从现代语言

---

① 按:这段文字非《周礼》注原文,而实为宋《增修互注礼部韵略》卷三"考"字下毛晃之语,杨慎记作郑玄注文,当误。
② (明)杨慎:《古音后语》,《转注古音略》卷末附,清李调元刊《函海》本。
③ 参见裘锡圭《文字学概要》六《汉字基本类型的划分》,商务印书馆 2003 年版,第 101 页。
④ 参见清《钦定续通志》卷九〇《六书略·转注》、卷九一《六书略·假借》,浙江古籍出版社 1988 年影印本,第 3801、3807 页。

文字学的角度来看，赵氏的因义转注、因转而转是指词义引申而导致声音发生变化，无义转注、假借而转是指本无其字的假借并且产生了音变。同时，赵氏又认为"双音并义不为转注""方音叶音不在转注之例"。

杨慎赞同赵撝谦的转注分类，却不认可赵氏"双音并义不为转注""方音叶音不在转注之例"的说法，将此两类也归属于转注的变例，云："然其云双音并义不为转注者，又云方音叶音不在转注例者，又非也。双音并义、方音叶音皆转注之极也。极则穷，穷则变，变则通。盖转注为六书之变，而双音、方音叶音又转注之变也。"杨慎是把"六书"转注的范畴更为扩大了，然而这一说法却未必得到学者的认可。

杨慎讨论金石文字的著述有：《石鼓文音释》3卷，用以解释周代石鼓文字，是书卷一记录石鼓原文，卷二为今文，卷三为音释。杨慎于书序记其撰著缘由，称尝学于李东阳（文正先生），李东阳告知其藏有宋苏轼之本，"篆籀特全，音释兼具"，较之宋人潘（迪）、薛（尚功）、郑（樵）诸家更全，将为手书上石，未竟而卒。杨慎因其旧本录而藏之。① 全书共收录石鼓文字700余，除了有今文对释，还对文中出现的部分生僻字、通假字作了音释，于释读周代石鼓文字颇有裨益。然而四库馆臣考察，谓现存石鼓文字剥蚀泐落甚多，而慎所称苏轼、李东阳之全本亦系伪托，其中有较多文字（包括古文原字）为杨慎所附益，实不足为据。②

《金石古文》14卷，亦为诠释两周至两汉时代钟鼎铭器、碑刻石阙文字的著述。全书不录原文，仅载今文，亦无音释，间有按语考证史实、器物存佚状况等。其搜集实物数量较多，然遗漏亦不少，释文甚至有任意增益之文，故四库馆臣称其"真伪错杂，殊多疏漏"③。

杨慎讨论经籍中文字的著述有《古音骈字》5卷④、《古音复字》5卷、《奇字韵》5卷。此三种著作都是讨论经籍中词语用字的问题："骈字"指经籍中的骈语，即现代所称为连绵词语者，如"凯风、飘风"，"端蒙、旃蒙"，"郁隆、封隆"，"匍匐、薄服、扶服"之类。"复字"指

---

① 参见（明）杨慎《录石鼓文音释序》，《石鼓文音释》卷首，李调元刊《函海》本。
② （清）永瑢：《四库全书总目》卷四三《石鼓文音释》提要，第373页。
③ （清）永瑢：《四库全书总目》卷一九二《金石古文》提要，第1745页。
④ 按，《古音骈字》有不同版本，《函海》本为5卷，《四库全书》本作2卷，然仅分卷有异，而文字无别。

经籍中的叠音词语，如"湛湛、童童、戎戎、容容"，"甲甲、姎姎、霎霎"之类。"奇字"本指汉代文字"六体"之一①，是书所收为经籍中出现的笔画有异于通行文字的形体，多为古体字、异体字、通假字之类，如《易》"丰其屋"，《说文解字》引作"薲其屋"；"芎藭"，《说文解字》引作"营藭"；"惧"，《说文解字》引作"愳"；"岸"，《文选》注引古体作"矸"等。

此三书均按 106 韵编排，以平上去入四声分卷，收罗各类经籍中使用的不同文字形体，标注其音切，辨析字形，诠释字义，除了具有标记古音的功能以外，还记录了某一文字的不同字形，可以解决识读文献时认字的难题，其功用类似于现代的连绵字字典、异体字字典。《四库全书总目》评介《古音骈字》云："是书取古字通用者以韵分之，各注引用书名于其下。由字体之通，求字音之通。于秦汉以前古音颇有考证，但遗阙过多，牵合亦复时有"，"大势征引赅洽，足资考证，古字之见于载籍者，十已得其四五，亦可云小学之善本矣"。② 这一评语同样也适用于另两种著述，书中虽不无疏误漏略，然而却自有其价值。

杨慎还撰有《经子难字》2 卷，也是讨论经籍中用字的著述，《四库全书总目》评介此书云："上卷乃读诸经注疏所记，凡《易》《诗》《书》《三传》《三礼》《尔雅》十书；下卷乃读《老子》《庄子》《列子》《荀子》《法言》《中说》《管子》《十洲记》《战国策》《太玄经》《逸周书》《楚词》《文选》十三书。或摘其字音，或摘其文句，绝无异闻，盖随手杂录之文，本非著书。"③ 该书应当是抄录经、子典籍中的一些疑难字词而成，虽时有按断引证，然而非专门著述。举两例以说明其内容：

> 桎梏，音质骨，在足曰桎，在手曰梏。《小尔雅》曰：扭谓之桎，械谓之梏。（卷上《易经》）
> 学鸠，崔曰：学音滑。滑鸠一名滑雕。司马彪曰：本又作鷽，音仝。陆玑曰：班鸠也。（卷下《庄子·逍遥游》）

---

① 按，《汉书》卷三〇《艺文志》载"六体"，曰古文、奇字、篆书、隶书、缪篆、虫书。颜师古注曰：奇字，即古文而异者。中华书局 1983 年版，第 1721 页。
② （清）永瑢：《四库全书总目》卷四一《古音骈字》提要，第 354 页。
③ （清）永瑢：《四库全书总目》卷四三《经子难字》提要，第 373—374 页。

从上面的讨论，我们可以归纳明代巴蜀文字学的概况：杨慎极为重视文字学研究，著述众多，着眼点广泛，既有对古文字、古音韵理论的探索，也有对经籍文献用字的讨论，在明代巴蜀学者中确属少见，其研究也具有值得称道的成就。而与之相较，其余学者反而显得无足轻重。这种一枝独秀的状况显然是明代巴蜀学术的一大缺失。

巴蜀方言学史概要[①]

——历代巴蜀学人的方言学研究评述[②]

方言学是中国传统小学的重要组成部分，历史悠久，成就卓著。从巴蜀学术史的角度来看，巴蜀地域历代学人的方言学研究，无论是在学术理念，抑或学术实绩上，都有值得大书特书之处，其贡献巨大，成为巴蜀学术，乃至中国传统学术研究的重镇，其影响历经千年而不衰，至今仍然对当代学术研究有着重要的作用。本文讨论自秦汉时代至清代末年巴蜀地域学人的方言学研究的概况，对他们所做的工作及取得的成就作一简略论述。

一　周秦时代文献对蜀地方言的记载

从历史语言学的角度考察，远在商周先秦时代，在辽阔的华夏地域就应该有一种通行于各方地域的语言，它基本上覆盖了现代所指称的中国地域，成为当时的"共同语"，因为只有如此，王朝政令才得以颁行，人们才能够相互交流，不会产生语言的障碍。《论语·述而》篇记载说："子所雅言，《诗》《书》、执礼皆雅言。"文中提及的孔子所操执的"雅言"，据现代学者理解诠释，应该是与"口头俗语"相对立的"书面语"，而从方

[①] 本文原载《汉语历史语言学的传承与发展——张永言先生从教六十五周年纪念文集》，复旦大学出版社2016年版。

[②] 按：本文所及的"巴蜀学人"，既指籍贯为巴蜀的文人学士，同时也包括原非巴蜀籍，但是曾在该地域仕宦、游历、生活多年的文人，如唐代李商隐、宋代宋祁、黄庭坚、陆游等学人，还有长期在四川地区活动的外籍人士。

言学的角度来看，它还应当是与当时存在的"方言"相对立的概念，是指一种使用范围较广的"通用语"。孔子是春秋时鲁国人，他平时所使用的自然是本人习得的"齐鲁语"，而在进行教学活动或阅读的时候，就会使用"雅言"来进行。

周秦时代朝廷对于方言的搜集整理极为重视，形成了一套制度，在固定的时期内会派遣使者到国内各地搜集方言资料，将其汇集起来，储藏于金匮石室中。西汉时的扬雄云：

(1) 尝闻先代輶轩之使奏籍之书，皆藏于周秦之室。及其破也，遗弃无见之者也。(扬雄《与刘歆书》)

东汉时的应邵亦云：

(2) 周秦尝以岁八月遣輶轩之使求异代方言，还奏籍之，藏于密室。及嬴氏之亡，遗脱漏弃，无见之者。(应邵《风俗通义序》)

这两段记述的内容如出一辙。如果结合中国古代实施的采风、采诗制度来考察，这一记载应该是可信的。使者们搜集汇聚的方言资料，在遭受秦末兵燹之后，荡然无存，这是古代文献记载周秦时代汉语方言的一大阙失。

考察先秦文献中所保留的方言材料，我们发现它们只有一些只言片语的记载，远未形成系统，我们要利用这些材料来探讨秦以前方言的概况，大有"文献不足征"的慨叹。即使是《尔雅》这一号称"训诂渊薮"的小学著作，仍然也只是记载了一些零散的资料，讨论到具体方言的条目极为罕见，如：

(3) 果蓏之实，栝楼。郭注："今齐人呼之为天瓜。"(《尔雅·释草》)

(4) 伊洛而南，素质、五采皆备成章曰翚。江淮而南，青质，五采皆备成章曰鹞，南方曰鸼，东方曰鶛，北方曰鵫，西方曰鶾。(《尔雅·释鸟》)

(5) 鼶，鼠身长须而贼，秦人谓之小驴。(《尔雅·释兽》)

而有关巴蜀方言语汇的记载，我们通过电脑检索也只发现两条：

（6）不律谓之笔。郭注："蜀人呼笔为不律也，语之变转。"（《尔雅·释器》）

（7）槚，苦荼。郭注："树小如栀子，冬生叶，可煮作羹饮。今呼早采者为荼，晚取者为茗。一名荈。蜀人名之苦荼。"（《尔雅·释木》）

《尔雅》的成书，现代学者大多认定是在战国时代，它是上古语言训诂材料的汇编，而在《尔雅》一书中，对方言内容的描述极不详密，也不具规模。像上述例中的各条所论及的华夏地域的方言，《尔雅》的描写有两种形态：一种是没有说明其词语为方言词，而借助于郭璞的注释才能明确其为方言词的身份，如例3、例6、例7；另一种情况则是在原书中就明确指出其为方言词语，如例4、例5，原书即对词语的区域性质作了分辨，但是这种分析仍然还是属于粗线条的区分，与方言学所说的分区概念还有区别，因此《尔雅》不能算是真正意义的方言学著作。

从方言学史的角度来看，先秦时代只能算是中国传统方言学的萌芽时期，其成果仅仅限于对方言材料的搜集汇聚，而这些材料既零碎又稀见，只能算是汉语方言研究的"原料化石"。

二　西汉时代：方言学的开创

我国传统方言学是由西汉末年蜀中学者扬雄所开创的，其标志为扬雄撰写的首部方言学论著《輶轩使者绝代语释别国方言》（后世简称《方言》）。

扬雄（公元前53—公元18年），出生于蜀郡成都（今四川成都），是西汉末年著名的经学家、文学家、语言学家。于汉成帝时，以乡人杨庄举荐，得入仕于朝，为黄门侍郎。也有记载说扬雄四十岁时游历京师，一年后奏上《羽猎赋》，因而得仕为郎。他博通群籍，多识古文奇字，尝模仿《易经》《论语》，作《太玄》《法言》，又编著小学书《训纂篇》《方言》，讲求文字、方言之学。扬雄文集久已散佚，明代人辑出文集《扬侍郎集》。《汉书》载有其传。

扬雄曾自述其求学历程云：

（1）雄少不师章句，亦于五经之训所不解。尝闻先代輶轩之使奏籍皆藏于周秦之室。及其破也，遗弃无见之者，独蜀人有严君平、临邛林闾翁孺者，深好训诂，犹见輶轩之使所奏言。翁孺与雄外家牵连之亲。又君平过误，有以私遇，少而与雄也，君平财有千言耳，翁孺梗概之法略有。翁孺往数岁死，妇蜀郡掌氏子，无子而去。（扬雄《与刘歆书》）

根据这段记载，在扬雄之前，蜀郡对方言研究有过关注的学者为严遵（字君平）与林闾翁孺二人，他们或与扬雄有外家之亲，或有从学之谊，扬雄的方言研究应当是启蒙受教于此二人。

扬雄在担任郎官期间，曾向皇帝申请辞免俸禄而读书于石室，并开始了《方言》的撰著：

（2）雄为郎之岁，自奏少不得学而心好沈博绝丽之文，愿不受三岁之奉，且休直事之縣，得肆心广意，以自克就。诏可，不夺奉，令尚书赐笔墨钱六万，得观书于石室。如是后一岁，作《绣补》《灵节》《龙骨》之铭诗三章，成帝好之，遂得尽意，故天下上计孝廉及内郡卫卒会者，雄常把三寸弱翰，赍油素四尺，以问其异语，归即以铅摘次之于椠。二十七岁于今矣，而语言或交错相反，方覆论思详悉，集之燕其疑。（扬雄《与刘歆书》）

扬雄花费了27年工夫，勤勤寻访"天下上计孝廉及内郡卫卒"，撰成《方言》一书，应该说是倾注了极大的精力。《方言》是我国首部研究西汉之际汉语方言的著作，开系统研究我国方言之先河，在中国方言学史上具有极为崇高的地位。[①] 以下简略讨论其学术价值。

[①] 关于《方言》的卷帙，西汉刘歆在《与扬雄书》中称其"采集先代绝言异国殊语以为十五卷"，而现存《隋书·经籍志》《唐书·艺文志》、宋代官私书目均记载作"《方言》十三卷"。现存《方言》亦为十三卷。有学者推测在南北朝时期进行过合并，减少了卷次。可参周祖谟校、吴晓铃编《方言校笺及通检》，科学出版社1956年版。

第一，《方言》具有学术开创意义。如前所述，在扬雄之前，虽然也有一些典籍记载了各种方言资料，但都是零散而不成系统的点滴记录，自扬雄《方言》之后，才诞生了系统描述汉语方言的专门论著，其后在《方言》的启迪下，才有了各种仿效《方言》的著述，甚至才有了"方言"的称名。从这一意义上看，《方言》一书具有重要的首创之功。

第二，扬雄在书中阐述了自己的方言学观念，其中不乏许多精辟的论断，为中国传统方言学奠定了理论基础，其科学性与现代方言学理论若合符节。扬雄的方言学理念大致包括了以下内容：他论述了汉语方言的形成过程、方言学的功用，他在书中说：

(3) 初别国不相往来之言也，今或同，而旧书雅记，故俗语不失其方，而后人不知，故为之作释也。(《方言》卷一"敦、丰、庞……大也"条)

扬雄认为，各个地域的初民在"不相往来"的情况下，产生了不同的"方言"，只是到后来才变"异"为"同"，"雅记""俗语"反映了当时方言的状况，均"不失其方"，有共同的基础。而后人对前代方言的意义不能知晓，从而为之诠释，于是有了注释，注释的功用就在于能疏通对前代方言词语的理解。

《方言》一书划分出了秦汉时代的各个方言区域，确立了华夏"通用语"的地位。扬雄在《方言》中大量使用诸如"燕北朝鲜洌水""自关而东赵魏之间""东齐海岱之间"一类的术语来区分秦汉时代的方言区域，将所讨论的词语分别归入上述方言区域内。有现代学者对《方言》的分区进行过综合统计，对书中涉及的秦汉时代的汉语方言分区进行归类，共划分出八个方言区域，它们分别是：北燕朝鲜洌水、赵魏、东齐海岱、关东周洛、吴越、楚、秦晋、梁益。[1]

对比现代汉语方言的分区[2]，我们发现，《方言》对汉代方言的分区，除了没有现代岭南的各类方言，如闽语、粤语、客家语以外，现代汉语的

---

[1] 参见丁启阵《秦汉方言》之"方言区划"，东方出版社1991年版，第28页。
[2] 参见《中国大百科全书·语言文字卷》，中国大百科全书出版社1988年版，第140页。

各大方言区似乎都可以从书中找到痕迹。这就有力地证明了现代汉语方言区域格局的形成可以追溯到秦汉时代,而扬雄《方言》为现代方言学的分区研究提供了一种可靠的参照体系。

扬雄所云"通用语",是指在当时全国或大部分地域通行的语言,是当时的主导语言。在秦统一中国后,大致以"长安语"为中心,形成了具有"垄断"地位的通用语。厘清各地方言对于通用语的从属地位,探讨它们之间的关系,这也是扬雄《方言》一书着力探讨的命题。

扬雄在书中大量使用"凡语""通语"一类的术语来指称秦汉时代的通用语,并分析这类词语与各区域的方言词在意义、读音方面的差异与联系,如:

(4) 嫁、逝、徂、适,往也。……逝,秦晋语也。徂,齐语也。适,宋鲁语也。往,凡语也。(卷一)

(5) 嚜哴、譠谩,欺也。东齐周晋之鄙曰嚜哴,嚜哴亦通语也。南楚曰譠谩,或谓之支注,或谓之詁䛂,转语也。(卷十)

上述例中所谓的"凡语""通语"都是"通用语"的概念,其余各类则是相对应的各地域方言词,在意义层面上均为相同的表达,只是通行的地域有所差异,因而它们应该是从属于通用语下的方言的同义词组合。扬雄详尽地描写了这些词语,记录了它们的音义联系,尤其在例5所记的方言词系列,在书中被称为"转语",更是揭示了它们在语音上所具有的转换关系。我们可以借助这类"转语"来探讨上古汉语的音韵,这些记录成了研究上古汉语音韵学的重要语料。

从巴蜀方言学的角度考察,《方言》还对古代巴蜀及其相邻地域的方言进行了分析。作为出生于蜀地的学者,扬雄在《方言》中有大量对巴蜀地域的方言词语的描述,"雍梁""梁益""梁楚""蜀汉""西南蜀汉"一类区域属下的词语在书中屡屡出现,可以肯定这一类词语都应该是秦汉时代巴蜀地域的方言词语:

(6) 抵、傲,会也。雍梁之间曰抵,秦晋亦曰抵。凡会物谓之傲。(卷一)

(7) 倚、踦，奇也。自关而西秦晋之间，凡全物而体不具谓之倚，梁楚之间谓之踦，雍梁之西郊凡兽支体不具者谓之踦。（卷二）

(8) 襦，西南蜀汉谓之曲领，或谓之襦。（卷四）

(9) 悔、恧，惭也。荆扬青徐之间曰悔，若梁益秦晋之间言心内惭矣。（卷六）

上述例句中所提到的"雍梁""梁益""西南蜀汉"的词语，即为不折不扣的巴蜀方言词，它们不仅为现代人研究汉代巴蜀方言的词汇提供了最直接的语料，也为现代蜀语的溯源提供了极好的参照，因为一些词语至今仍留存在现代四川话中，成为我们研究巴蜀方言源流演变的参照系。同时我们还发现，《方言》在论及巴蜀方言词语时，常常会牵连"秦晋""西楚"之类的周边地域，由此我们可以推测，上述地域的用语在古代与巴蜀可能是比较接近的，这一方面是因为巴蜀与这些区域在地域上土接境连，方言的交互影响、融汇不可避免，另一方面从古代移民的历史来看，巴蜀的居民很多是由秦、楚之地迁徙而来的，方言的相通也可以作为移民迁徙的佐证。

第三，《方言》的研究方法具有科学开创性。其研究方法正是现代方言学所遵行的田野调查模式，这种方法需要研究者对持某一方言的个体群进行实地考察，作出系统研究。而扬雄的方言调查方法，如其《与刘歆书》中所述，是以"天下上计孝廉及内郡卫卒会者"为调查对象，亦即使用各种方言的直接群体，直接记录他们的口头话语，"雄常把三寸弱翰，赍油素四尺，以问其异语，归即以铅擿次之于椠"。应该说这正是现代方言学的科学研究方法，而早在两千年前的汉代，扬雄就已经创造，并实践了这一方法，将之运用于方言研究中。这是扬雄的高明之处，在方言学史上，是值得大书特书的创造。只可惜，扬雄所创造的方言调查模式，没有在后来的学者中得到继承，这一方法几乎被后世的学人摈弃，他们都一味地从古籍文献中去寻根刨底，欲为方言词语找到文献的祖宗，这种方法实在是偏离了扬雄的研究路子，因而注定了他们的方言研究永远无法超越扬雄。而现代方言学研究回归正确之路，那已是20世纪30年代，现代语言学诞生以后的事了。

三 唐宋元明时代：巴蜀方言学的中继

汉代以后，在相当长久的历史时期，扬雄开创的方言学研究嗣响乏人，再也没有人来从事这种大规模、系统的方言研究了。只是有一些学者或在文章中（主要是笔记、文集之类的作品）偶尔涉及方言的问题，随手记录下来，而其出发点大多是出于一种好奇，目的不过是想要证明"俗语不俗"，"方言于古有征"而已，成就自然不会突出。

唐五代时期，收集巴蜀地域词语的著作有唐李商隐的《蜀尔雅》3卷。按：此书见于宋代诸家目录书，如《通志》卷六三、陈振孙《直斋书录解题》卷三、《宋史》卷二〇二《艺文志一》都有著录。但是各家均未见原书，只是转引自《李邯郸书目》，云"唐李商隐采蜀语为之"。陈振孙更是猜测云"当必有据"。此李商隐是否即晚唐诗人李商隐，也未知存疑。[①] 是书已经亡佚，从书名大致可判断为记录蜀地词语的著作，但其所记载的"蜀语"，是文献"雅语"，抑或口语方言，已不可得知。

至宋代，由于其学术氛围已有异于汉唐，宋人不甚重视"小学"，而乐意于"义理"之探讨，在传统小学领域内重视音韵、文字之学，对训诂较为忽略，这方面的成就甚微。从蜀中学者来看，以"三苏"为代表的"蜀学"学派群体，也擅长经学、史学、文学，而无小学类著述，更无方言学论著。不过，关于蜀地方言的存在，蜀方言与中土语的差异，也曾被一些文人学士发现，留心记载，将其闻见记录在各类文献中。我们今天仍然能在部分文献中寻找到一些零散的记录，吉金片羽，也可算是记录宋代蜀语的"化石"，给后来的研究者提供了翔实的语料。以下我们摘录几条记载：

(1) 宋祁《红蕉赞序》：蕉中盖自有一种，叶小，其花鲜明可喜。

[①] 根据史传记载，李商隐曾于大中五年（851）受西川节度使柳仲郢之邀，至梓州（今四川三台）节度使幕府任职。大中九年柳仲郢被召回京师后，李仍担任西川盐铁推官。由此推测，李商隐是有可能撰著《蜀尔雅》的。如果情况属实，那么《蜀尔雅》应当是官于蜀地的外地籍作者所撰有关蜀语的著作。

蜀人语染红者谓之蕉红，盖欲仿其殷丽云。(《宋景文集》卷四七)①

（2）陆游《老学庵笔记》卷二：鲁直在戎州作乐府曰："老子平生，江南江北，爱听临风笛。孙郎微笑坐来，声喷霜竹。"予在蜀见其稿。今俗本改"笛"为"曲"以协韵，非也，然亦疑"笛"字太不入韵。及居蜀久，习其语音，乃知泸戎间谓"笛"为"曲"，故鲁直得借用。②

（3）又同书卷六：四方之音有讹者，则一韵尽讹。……蜀人讹"登"字，则一韵皆合口。③

（4）又同书卷八：东坡《牡丹》诗云"一朵妖红翠欲流"，初不晓"翠欲流"为何语。及游成都，过木行街，有大署市肆曰"郭家鲜翠红紫铺"，问土人，乃知蜀语"鲜翠"犹言鲜明也。东坡盖用乡语云。蜀人又谓糊窗曰"泥窗"，花蕊夫人《宫词》云"红锦泥窗绕四廊"。非曾游蜀，亦所不解。

宋代宋祁、黄庭坚、陆游虽然非蜀籍人士，但都有长期居处蜀地的经历，在他们各自的著作中，作了如上述零星的记录，为我们研究宋代蜀语语音、词汇提供了宝贵的语料。

元代时的巴蜀，由于蒙古军队在攻占蜀地时曾进行残酷的杀戮，战火历年，蜀地残破，蜀中人士伤亡大半，其余生者也散佚于江南各地，其时蜀中学术萎靡不振，遑论方言学了！

明代蜀中学术亦不甚彰显，与中原或江南地域形成了较为明显的差距，而且明代学术的主流，也与此前的时代已大不相同，"其学各抒心得"，"空谈臆断，考证必疏"④，特别是在宋代程朱理学成为钦定的科举考试内容的影响之下，学者们的兴趣大多集中于理学的研究方面。巴蜀学

---

① 按：考察"蕉红"的构词方式为偏正式结构"蕉/红"，"蕉"作为"红"的修饰限定语，表示程度深。"蕉红"一词在现代汉语已不见使用，但相类似结构的词语却有"蕉黄""蕉（焦）咸""焦湿"等。

② 按《广韵》，"笛"为徒历切，为锡韵字；"竹"为张六切，为屋韵字；"曲"为丘玉切，亦为屋韵字。"笛""曲"韵尾相同 [-k]，主要元音有异。又，"泸戎"即指今四川泸州、宜宾市一带地域。

③ 按韵书，登韵无合口韵，只有开口韵字。将"登"字读为合口，应是蜀地语音使然。

④ （清）永瑢：《四库全书总目》卷一"经部总叙"语，第1页。

者也不例外，像赵贞吉、来之德、熊过、任翰等蜀中知名学人都表现出与明代学术主流合拍的情形，而方言学研究在明代绝不是主流学术，自然也就少人问津了。只是至明代中、晚期，蜀中学者杨慎、李实继起，才有所改变，他们致力于研究俗语、方言，在明代巴蜀学术中另辟蹊径，才使沉寂已久的巴蜀方言学研究得以改观。

杨慎（1488—1559年），四川新都（今属成都市新都区）人，字用修，号升庵，嘉靖间首辅杨廷和之子。正德六年（1511）为进士第一，充经筵讲官。后以议大礼事谪戍云南多年。杨慎好学穷理，博及群书，记忆超群，其为学异于主流学术，论经学诋斥郑玄，论理学极诋陆九渊、王守仁。史书称有明一代，"记诵之博，著作之富，推慎为第一"①。著有文集、《丹铅总录》及其他杂著多种。《明史》卷一九二有传。

杨慎著有《俗言》一书，是专门讨论俗语的著作，在书中记录了俗词语共计五十一条。② 杨慎撰著此书的目的是探求这些俗语的本源，其本意还是要论证"俗言"在文献中乃"信而有征"，而这些俗词语往往又与方言的问题紧密联系，因此本书也可以视作讨论方言的著作。他在书中强调"凡观一代书，须晓一代语；观一方书，须通一方之言，不尔不得也"（"阿堵"条），表明了他看重词语在时间、空间范畴的演变，倡导从方言的角度把握词语的必要。他在是书多个条目论及了方言的问题。

（1）《文字指归》云"支财货契曰賟"，今仓库收帖曰串子，省贝字。披袖口曰柯袖，滇云之称用之，或曰鹤袖。绺，音傍，吴人谓缦（音离）絮曰绺袄，今北方行此音。襟衩，今讹作一撒。（"俗字有本"条）

（2）吴楚谓帆上风曰抢，谓借左右使向前也。《扬都赋》："艇子抢风，榜人逸浪。"今舟人曰掉抢是也。或作舱，又作抢。（"掉抢"条）

（3）南宋孔觊《铸钱议》曰"五铢钱周郭其上下，令不可磨取镕"。镕，音裕。《五音谱》："磨䃺渐销曰镕。"今俗谓磨光曰镕是

---

① （清）张廷玉等：《明史》卷一九二《杨慎传》，中华书局1984年版，第5083页。
② 按：杨慎《俗言》，载于清李调元刊《函海》丛书。

也。往年中官问于外庭曰："牙（碑）［牌］磨镕，镕字何如写？"予举此答之。（"磨镕"条）

（4）《集韵》："缝衣曰絵。"今俗云穿针絵线是也。杜诗"褥絵绣芙蓉"，而字借絵。（"线绵"条）

在上述条目中，杨慎从方言的角度对所涉词语加以讨论，其所论不限于"巴蜀方言"，其中或云"滇云"（今云南、贵州），或云"吴楚"，或云"北方"，尽管所涉地域尚嫌粗略，但是也提供了这些词语当属于方言语汇的信息。从方言词语研究的角度来看，也是弥足珍贵的语料。其所论及的一些词语与当时的"巴蜀方言"有关，例如例3论"镕"字，表示东西磨损厉害，既是明代方言词，同时也还保留于现代四川话中，读作［yu²¹³］。例4论"絵线"字，今天在四川话中还能找到相同的说法，只不过现代写作"引线"。

李实，字如石，遂宁（今四川遂宁市）人，明崇祯九年（1636）举于乡，十六年（1643）成进士，曾任长洲县令。明亡后寓居苏州，著作有《蜀语》《吴语》等。[①] 明亡后，李实在居住长洲时，凭着自己早年的语言习得，撰写成了《蜀语》一书。作为蜀人描写蜀地方言，自身即具有很多的便利条件，加之他又多方搜罗质诸文献记载，所谓"虽儓儗臧甬，骤疑方音嚻哔，而皆有典据如此"[②]，本书所记录的蜀方言词语大多出自撰者亲见亲闻，因而真实可靠，是研究明代巴蜀方言的翔实语料。

李实的方言学观念具有朴素的科学性。他认为词语无论古今、雅俗，其功用地位都应该是相同的，没有贵贱之别，即所谓"字无雅俗，一也"，而学士大夫"竞避俗摭雅，故贱今而贵古，入越而话燕，遂至混掇名品，倒易方代"[③]，在他看来都是极不妥当的行为。《蜀语》一书不分卷，也不分类，罗列条目显得有点随意。我们根据条目内容，大致归纳为四类。

[①] （清）张鹏翮撰有《李实传》，载光绪三年重修《遂宁县志》四《艺文》上之上。校注本李实《蜀语》卷末附录有此传。见黄仁寿、刘家和校注《蜀语》，巴蜀书社1990年版，第181—183页。
[②] 李实：《蜀语序》，载黄仁寿、刘家和校注《蜀语》卷首，第3页。
[③] 李实：《蜀语序》，载黄仁寿、刘家和校注《蜀语》卷首，第3页。

1. 人名称谓

（1）呼母曰姐。姐读作平声，如呼女兄作上声。

（2）母之父母曰外公、外婆。外音位。

（3）亲家。亲读去声，音浸。

（4）谓子曰崽。崽，子改切，音宰。扬子《方言》："江湘之间，凡言是子谓之崽。"则（欢）[劝]人饮，或推物与人，恐不受，则誓曰崽崽，或曰万崽，言若相辞，则我当为子也。又，自高侮人则称人曰崽。郦道元《水经注》曰："弱年崽子。"

（5）嫂与弟妇曰先后。先音羡。《史记》："见神于先后宛若。"

2. 地名、名物称谓

（6）平原曰坝。坝从贝，音霸，与从具不同。从具，水堤也。

（7）曲木可挂物曰鐏钩。俗作搭钩。

（8）仓上作楼曰矗。矗，作去声，音铳。凡高出皆曰矗。

（9）蒸糯米揉为饼为餈巴。即《礼记》"粉餈"，注云："以豆为粉，糁餈饼上也。"凡饼块为巴，蜀之通称也。

（10）夏日暴雨曰偏涷雨。○涷曰东，从水。《尔雅》曰："暴雨谓之涷。"《楚词》："使涷雨兮洒尘。"其曰"偏"者，或不逾墙，或不过畦也。江东谓之阵头雨。

（11）细苗及细毛皆谓之蘘茅。○蘘，汝阳切，音穰。扬子《方言》："苏、芥，草也。"

（12）桃李核曰核。○核音忽，核同，亦音忽。

3. 动作行为

（13）言语忤人曰触人。触音杵。

（14）谓看曰渻。渻，桑何切，锁平声。

（15）物朽而断曰剸。剸音尊上声。

（16）磨之渐销曰铹。铹音育。《说文》："磨取铜屑也。"又见《汉书》。杨升庵在朝，一中官问曰："牙牌磨铹，铹字何如写？"升庵以"铹"字答之。今俗读作遇。凡牙齿老，木石诸物磨销，皆曰铹。

（17）散物曰掞，掞音艳。

（18）以毒药药人曰瘼。瘼音涝。扬子《方言》："凡药而毒，北燕、朝鲜之间谓之瘼。"

（19）鸡伏卵曰菢。菢音抱。

（20）浇花木菜蔬曰饮水。饮，引去声，音荫。饮马于河，凡牛马曰饮水，今花木亦曰饮水，语奇而雅。

4. 形容状貌

（21）宛转生动曰蚴。蚴，音牛去声。

（22）老曰老革革。〇扬子《方言》："恉、鲲、干、革、耇、都，老也。"《三国志》彭羕骂先主曰："老革荒悖，可复道耶？"

（23）人快敏曰剑利。〇剑，俗用伶，误。字书云：伶，孤独也，使也，乐工也，弄臣也。

（24）凡苗实聚多曰纂纂。〇古曲曰："枣下纂纂，朱实离离。"

（25）谓人形短曰矮矬矬。〇矬，七禾切，音搓。《唐书》"王伾形容逶陋"，逶，行貌，当用"矬"字为是。

（26）曲谓之蜎。〇《考工记》曰："庐人，刺兵欲无蜎。"注云："蜎，挠也。"蜎虫行必腰曲，故腰曲谓之腰蜎，凡物曲挠皆谓之蜎。

（27）不脆曰臑，身困倦曰臑懒，亦曰酸臑。臑音如。

（28）不鲜曰蔫。〇蔫音焉，殗同。《广雅》："蔫、烟、矮，蔫也。"烟音同蔫。蔫，音远，败也。

按：以上四种分类显然不能完全包含《蜀语》的所有词语类别，只是一种大概的归纳。李实以自己的语言习得来撰写此书，其遴选的词目尽管有一些词语也不限于蜀地使用，但那只是方言覆盖地域大小的问题，或者是方言之间（包括通用语与方言）相互影响的结果。以现代四川话语汇的标准来考察，书中所载的词条有相当一部分还保留在当代四川人口语中，给人以一种生动、亲切的"蜀人声口"的感觉：如称以毒药毒杀人或动物作"瘼"，现代四川话还念作 [lao²¹³]，仅有声调的差别；称"老"作"老革革"，"革"字在现代四川话中读作 [jue²¹³]，那是语音演变的结果。有的则改换了书写形式,如将"篡篡"改写成"串串",文字更为形象。例26中的"䖟",在现代记作"蜷",不仅用于形容动物腰脊弯曲的状态,进而引申指称人的腰弯,或是物体形状弯曲,这就勾勒出了"䖟"的意义引申线索。

比较杨慎《俗言》、李实《蜀语》这两种讨论方言俗语的专著,我们可以发现,李实的《蜀语》能较好地关注巴蜀方言的实际,较多地反映了明代巴蜀语的现状;而杨慎的《俗言》,则更多关注文献中的一些特定词语,主要是从古文献中寻找其"源",从而证明它们"俗语不俗""信而有征"的特征。两位学人研究理念的分歧,造成了他们在方言学研究领域的差异,后代学者在论及其成就的时候,往往对他们持高下有别的评价,这也正是出于对他们学术理念的认同与否所致。

四　清代时期:非主流"蜀学"学人的方言学研究

清代学术自"乾嘉"以后有了很大的改变,崇尚朴学,学术研究朝着细密化、多元化发展。就方言学而言,这一时期也颇有成效,在全国范围内出现了许多有关方言学研究的论著。总体而言,这一时期堪称传统学术研究的辉煌时期。我们以其论著的内容为标准,大致可以将清代方言学论著划分为以下几类:一类是续补扬雄《方言》的著作,主要有杭世骏《续方言》(雍正、乾隆间)、程际盛《续方言补》(乾隆间)、程先甲《广续方言》、张慎仪《方言别录》;一类是研究某地方言的专著,主要有胡文英的《吴下方言考》、张慎仪《蜀方言》;一类是专门训释诗词使用的方言词语,像李调元的《方言藻》;一类是研究俗语、谚语、成语的著述,有翟灏《通俗编》、钱大昕《恒言录》、钱大昭《迩言》、郝懿行《证俗文》、王有光《胡下谚联》、平步青《释谚》、郑志鸿《常语寻源》等。第四类著作的内容不完全是属于方言,介乎方言、俗语之间,二者可以互相补足。

这些著述有一个共同的特点,与历代方言学著述相仿,从选目到论说,主要还是钩稽古籍文献中所记载的方言资料,为其寻找久远的语源,以此来证明方言自古有之、俗语不俗这一命题。

　　清代蜀学在经学方面有显著的成就，像《易》、三《礼》《春秋》三传都有值得称誉之著，蜚声清代学坛，唯有小学研究成就不甚彰显，在这一时期，能够称得上对方言学有研究的，是清代中晚期的一些学人，如李调元、张慎仪等人，他们关注清代巴蜀方言的现状，各自撰有研究性论著，颇具成就。本文以下对此略作论说。

　　李调元，字羹堂，号雨村，绵州罗江（今四川德阳罗江县）人，乾隆十八年（1753）举人，乾隆二十八年（1763）进士，历仕为吏部文选司主事、考功司员外郎，尝因事遣发伊犁效力，后自赎返家，潜心读书著作，著述极富。尝刊刻自汉代至明代蜀人著述之罕传者为《函海》一书，于保存乡邦文献极有贡献。

　　李调元著有《方言藻》2卷①，凡108条，专门用于诠释古代文学作品（也包括史学著述）中的方言俗语。他非常看重方言词语与文学作品的关系，故而将所著书命名为《方言藻》，他说：

　　　　（1）方言不可以言文，而文非方言则又不能曲折以尽意，故不知方言者，不可以言文也。……扬子《方言》炳于世矣。而兹复从诗词中求所谓"方言藻"者，何也？方者鄙俗之谓，方言而适于文之用，则谓之藻也固宜。因于暇摘离而汇之，使人知昔人词章，虽杂之里巷鄙俚之言，亦未尝无所本也。（《自序》）

李调元认为"方言"本身是一种"里巷鄙俚之言"，不能称为"文"，但是文学作品却离不开"方言"，"适于文之用"的方言可以称为"藻"，而这些方言词语也应该是有所本。显然，他的本意还是要从沟通方言词语与文学作品语汇的关系入手来讨论词汇问题，故在书中摘录了古代文史作品中的用语，从方言俗语的角度加以解读，如下面的例句：

　　　　（2）"阿"者，助语之辞。愚按："阿"本收歌韵，不载入声。然方言多作我合切。南人称"阿"，犹北人称"老"。（卷上"阿"

---

① 按，李调元《方言藻》今有《函海》本（乾隆、道光、光绪刻），《丛书集成》初编本。

条)

　　(3) 合,应也。《史记·司马相如传》:"然则受命之符合在于此矣。"杜子美诗"褊性合幽栖","应合总成龙",陆游诗"此身合是诗人未,细雨骑驴入剑门",则"合是"二字,亦唐人方言矣。(卷上"合"条)

　　(4) 包何诗:"莫是上迷楼。""莫"是方言,犹云恐是也。(卷上"莫是"条)

　　(5) 簇新。花蕊夫人《宫词》"厨船进食簇时新",方言以极新为簇新。(卷上"簇新"条)

　　(6) 能。……又韩退之诗"杏花两枝能白红",皮袭美诗"桧身浑个矮,石面得能颟",唐子西诗"桃花能红李能白",此"能"字与"恁"同,亦可作去声。方言"个样"也,"得能"即"个样",吴人语也。(卷下"可能"条)

　　(7) 白乐天诗:"未能抛得杭州去,一半勾留是此湖。"方言物援之使止也。(卷下"勾留"条)

　　(8) 恁,方言此也。姜夔《疏影》词"等恁时重觅幽香,已入窗横幅"。又黄机《水龙吟》词"恨荼蘼吹尽,樱桃过了,便只恁成辜负"。(卷下"恁"条)

李调元摘取文学(史学)作品中的词语从方言角度对其进行诠释,其学术路径还是不错的,值得称道,这与近代一些学者所采取的学术取向是一致的,如学者张相的《诗词曲语辞汇释》即如此。只是其取材范围太窄,仅限于文学(史学)作品中的词语,论及词语的方言性质也不深透,而且所论也时有疏失,比如引《宫词》"厨船进食簇时新"句,破句摘录"簇新"为词,谓"簇新"为"极新",显然是不恰当的,这就大大降低了它的学术价值。

张慎仪(1846—1921年),字淑威,成都人,清末民初学者,著有《续方言新校补》《方言别录》《蜀方言》①。《蜀方言》原名《今蜀俚语类

---

① 张慎仪《续方言新校补》是对清杭世骏《续方言》、程际盛《续方言补证》的订补本,作者自谓"是正杭书者十之七八,芟补者十之四五",而《方言别录》则又是对《续方言新校补》的续编或补编。本文只讨论其作为专论蜀地方言的代表著作《蜀方言》。

录》，是专门记载清代四川之地方言词语的著述①，张慎仪在《凡例》中云：

> （1）断域为书，始于明李实《蜀语》。至清而毛奇龄著《越语肯綮录》、胡文英著《吴下方言考》，张澍著《秦音》，王树枏著《畿辅方言》，皆胜于李。予纂《蜀方言》二卷，窃欲步其后尘。蜀地三千十六万八千余方里，蜀人七千余万。音以地殊，语随时变，援古证今，动多舛忤。兹就所知，部别取录，不过存十一于千百，挂漏诚所不免。通俗之书，以翟氏灏为详赡，就中择其与今蜀语合者节附于编，以便省览。是编每条备注来历，明非臆造。其俗字，如"入穴曰阚""水坑曰氹"之类，俗语如"谈天曰摆龙门阵"，"诱骗曰扮门头"之类，不见记载，概从屏弃。(《蜀方言》卷首)

张慎仪生活于晚清时代，清代学人所撰的几种记录各地方言的论著都已面世，他对比了这些著述后认为，清人的方言著述胜于明人，所谓"后出转精"，当是必然之事，于是他也"步其后尘"，以描写蜀中方言词语为旨归。在成书的过程中，他还借鉴了翟灏的《通俗编》，选取其中与蜀地方言有关的俗词语编入书中。这就使"蜀方言"也包含了"蜀俗语"的内容。

张氏在凡例中叙及他对方言演变的认识，所谓"音以地殊，语随时变"，强调方言词语主要表现在语音、语义上的差异。要对方言进行研究，其困难是显而易见的，"援古证今，动多舛忤"。然而他的方言学观念仍然未能脱出古代方言研究的窠臼，还是将重点置于文献的搜集整理上，竭力要证明方言俗语不俗，乃"古已有之""信而有征"。反映在书中，其方法依然是"每条备注来历，明非臆造"，"不见记载，概从屏弃"。而现代方言学的研究却认为，正是这种文献中"不见记载"的俗词语，才是后来新起的方言词语，对于研究当代方言最具价值，也正因为如此，现代方言学首先关注的正是这一类词语，然而却被张氏"概从屏弃"，这不能不说

---

① 《蜀方言》存有《薆园丛书》本。今人校注整理本有张永言校点本，四川人民出版社1987年版；纪国泰《蜀方言疏证补》，四川巴蜀书社2007年版。

是该书的一大先天性学术缺失。

《蜀方言》2卷，不分类，我们考察它的内容，大致可以划分为以下类别：上卷包含天、地、火、水、人、商贸、居处、衣饰、食品及相关的内容；下卷包括农具、航船、器用、读书、动植物、行为动作、情貌等内容。

与李实《蜀语》相比较，《蜀方言》补充了较大数量的条目，其信息容量度应高于李实，书中有相当数量的词语是《蜀语》一书所没有收录的：

（2）电曰霍闪。 注：顾云诗："金蛇飞状霍闪过，白日倒挂金绳长。"

（3）藏火以备复然曰煏。 注：《集韵》："煏，遏合切，藏火也。"《正字通》："今人谓藏火使复然曰煏，读若遏。"

（4）计人之数曰几块。 注：丁筠《鸿泥琐记》："嘉定方言，计人之数不曰几个，而曰几块。"……古既谓"我"为"块"，亦可谓人为"块"。

（5）体长曰躴躿。 注：《玉篇》曰："躴躿，身长貌。"《集韵》：躴，卢当切，音郎；躿，丘冈切，音穅。

（6）踞地曰蹲，曰跍。 注：《说文》："蹲，踞也。"音存，今读如敦。《集韵》："跍，蹲貌。"音枯，今转为枯入声。

以上为原书卷上

（7）耕田曰䅺。 注：《广雅》："䅺，种也。"字亦作"䅺"。《广韵》："䅺，重耕田也。"又作"畩"，《字汇》："俗谓耕田曰畩田。音钞。"

（8）饭筥曰籔箕。 注：《说文》曰："籔，饭筥也。"古曰筥，今曰箕，音之转也。徐铉曰："今言籔箕，字亦作筲。"《广雅》："筲，筥也。"又："筲，籔也。"

（9）以篾束物曰箍。 注：《广韵》："箍，以篾束物。"出《异字苑》。宋儒语录有"箍桶者精《易》"。旧音孤，今音枯。

（10）引火纸卷曰捻子。 注：《正韵》："捻，读若年上声。"

（11）烧过之木曰麸炭。 注：白居易诗："日暮半炉麸炭火。"

《北梦琐言》："李茂贞烧京阙，优人安辔新言：'京城近日但卖麸炭，便足一生。'"

（12）蛙曰田鸡。 注：《说文》段注："蛙，今南人所谓水鸡，亦曰田鸡。"

（13）依次曰挨。 注：《六书故》："挨，旁排也。"《正字通》："今俗凡物相近谓之挨。"

以上为原书卷下

有的条目所收的词语虽已载于李实《蜀语》，又收入《蜀方言》中，但张慎仪也并非完全照抄，而是增加了申说补充，使其解释更加完备。试比较下面的条目：

（14）A 捻鼻涕曰擤。擤，亨上声，读如狠。（《蜀语》）

B 手去鼻液曰擤。注：《类篇》："擤，呼梗切。手捻鼻脓曰擤。"焦竑《俗用杂字》音省。（《蜀方言》卷上）

（15）A 讳其丑曰护短。《三国志·汉寿亭侯传》"护前。"（《蜀语》）

B 掩饰其过曰护短。注：嵇康《与山涛书》："仲尼不假盖于子夏，护其短也。"（《蜀方言》卷下）

例14"擤"字，李实读作"狠"，张氏补充了"省"［xǐng］的读音，这一读音更切合于今天四川话的语音。例15"护短"，李实所引书证却为"护前"，也不如张氏所引确切。

《蜀方言》作为研讨巴蜀方言的著作，有着较高的学术价值，张永言先生曾称赞其有助于求考方言本字，有助于探讨古今方言词语，有助于研究语音演变，有助于考证古代民族语言的作用[①]，这一评价应该是颇为中肯的。

当然，《蜀方言》的缺失也是显而易见的，除了我们前面论及的选择

[①] 参见张永言《蜀方言校点前言》，校点本《蜀方言》卷首，四川人民出版社1987年版，第1页。

词目时重文献轻口语的偏颇而外，在词语的诠释词义、征引书证方面都存在不少疏失，这是研究者所应知晓的。

比较李调元、张慎仪二人的著作，后者的成就显然大于前者，更接近于反映清代巴蜀方言的一些实际。这可以从两方面来加以申论。（1）选目。李书的选目数量少，而且有很大的随意性，主要关注的是前代文学（史学）作品中的词语，基本不涉及当代的方言词语。从这一意义上讲，它还不能算是真正的方言学著作；张慎仪虽然也有"不见记载，概从屏弃"之语，但他对当时的巴蜀方言词语的关注度较高，较之明代李实也不逊色，书中讨论的词语数量超过《蜀语》，选择了较多当时通行的方言词语进行讨论。（2）论说。李书的论说简略，笼统地判定所论词语为"方言"，分析也较粗率；张氏则不同，他除了征引大量文献对所论词语进行溯源外，同时在部分条目中用当时的口语读音来加以举证，证实了它们的存在，显得周密细致，更具说服力。正因如此，后世学者在讨论晚清巴蜀方言问题时，更为看重《蜀方言》一书。

在清代末年，还出现了一种由外国传教士钟秀芝（之）编纂的《西蜀方言》，它是一部汉英字典，同时也是清末巴蜀方言学研究的重要著作。

钟秀芝为英籍传教士，加入中国内地会，于1889年到中国，自上海赴成都传教。后来一直居住于成都，在此期间编写成《西蜀方言》，1900年由美国长老会在上海刊印。《西蜀方言》的本意是为帮助外国人掌握汉语会话而编写的一种读本，它采用汉字、罗马字相对照的方式记录字、词及其读音。全书共收集3786个汉字，13484个单词和句子，402条谚语，每一字旁边都加注了中国内地会制定的罗马字母拼音，每条例文都配译了英文。关于《西蜀方言》所记录的方言词语，钟氏有这样的表述："所有的例文都出自中国人之口"，"宗教用语或是其它译自外文的句子一律不予采录"，"学者常用的句子大半被排除了，因为它们过于书面化。反之最俗的句也被收录其中。"由此可知《西蜀方言》采集的主要是口语化词语，因此它反映了当时方言的实际。

现代学者对该书所记录的语音作了深入的研究，认为它确切地反映了中国19世纪末通行于中国西部地区，主要是成都周边地区的官话口语语音。与现代成都话相比较，反映出一百年来成都话的沿革变迁。其基本情况是：是书记录的旧成都话的声母为二十三个（有卷舌的"知系"声母，疑、影母读作［ŋ］，尖、团音尚有区别）；韵母为五十四个（部分韵母带有喉塞音［ʔ］，如韵母［ueʔ］［yeʔ］等都带有塞音韵尾）；声调为五个（阴平、阳平、上、去四声以外，还多出入声一调，调值记作［11］或［331］）。① 总体来看，西蜀方言在一百余年的历史演变中，在语音、词汇、语法方面都有一些变化，而本书所记录的方音的现实演变，应是对清末方言学研究极有价值的文献资料。②

在清代中晚期，有一些蜀人编撰的韵书，虽然没有明白声说是关于蜀地方言的著作，然而分析其书中的声韵体系，仍然可以看出它们反映了当时四川方言语音的状况。对于这些著作，虽无方言学著述之名，却有反映方言语音之实，现代的一些方言学研究者也将其归为方言学研究论著，这一观念应该说是科学、合理的。

我们以下摘录周赛华《清代几种巴蜀方言韵书（图）概述》一文的要点③，作为这一时期的方言学著作的代表加以概述。周文共讨论了骆成骧《四音辨要》、杨志体《音韵画一》、汪朝恩《五音集字》三种清代蜀人所编韵书的情况，分析了其中所包含的方言学元素。

骆成骧（1865—1926年），资州（今四川资中）人，清光绪二十一年（1895）状元，曾任四川高等学校（今四川大学前身）校长。著有《清漪楼遗稿》《礼记丧服会通浅释》《左传五十凡例》《四音辨要》。

《四音辨要》4卷（该书有清光绪三十四年清明纪念会刊本），是一部反映20世纪初成都及其周边地区语音的一部韵书。骆成骧自言"谓之'四音'者，校入声之位次而便观察也；谓之'辨要'者。解通行之字义而便应用也"。是书的声韵系统是：划分声母为十九，韵母为十四、

---

① 按：以上概述采自［日］千叶谦悟《西蜀方言与一百年前的四川方言音系》，载百度贴吧—四川话吧（网址：https://tieba.baidu.com/p/1181986237）。

② 《西蜀方言》一书在20世纪80年代以后，逐渐受到方言学研究者的关注，众多学者参与到讨论之中，发表多篇研究论著，如甄尚灵《〈西蜀方言〉与成都语音》，《方言》1988年第3期。［日］佐藤昭《清末民国初期官话方言的音韵：以欧文字典资料为对象》，《日本北九州岛大学外国语学部纪要》，1989年。唐莉《清末以来成都话双音节重叠词的变调》，新加坡南洋理工大学中华语言文化中心《南大语言文化报》1999年4-1。黄灵燕《再论钟秀芝〈西蜀方言〉的入声和基础音系问题》，《语言科学》1999年第4期。另外一些语言文学专业的研究生也在学位论文中讨论到该书各方面的问题，像郭莉莎《〈西蜀方言〉词汇研究》，硕士学位论文，四川师范大学，2006年；马止玲《〈西蜀方言〉句法研究》，硕士学位论文，南京大学，2012年。

③ 参见周赛华《清代几种巴蜀方言韵书（图）概述》，《长江学术》2013年第2期。

声调为四。声母的方言特征较为明显：声母"泥娘来"在洪音前合为一母念作［l］，而在细音前则有区别，如"0 了廖寮""0 鸟尿 0"各有所属。晓、匣母字在与合口呼韵母相拼时念作非母［f］。影、微、喻、疑母合流，成为零声母。声调为四，包括阴平、阳平、上声、去声，无入声，入声派入了阳平。周赛华认为该韵书的语音特征与《西蜀方言》基本相同。①

《音韵画一》是射洪人杨志体所撰，成书于清甲申年（按：周赛华认为可能是1884年）。《音韵画一》的特点是将书中的入声字分为三十六宫，并为所有韵部都加配了入声。其云："审之既久，得三十三字。又有单入有双入，盖入声有三，上二声逐字变易，惟第三声可合为一，因定为宫。凡十二韵之字，各入其宫，无一毫差错。虽有音无字，按入声呼之即出，庶几画一之法也。"

《音韵画一》设立声母二十三个，而除去重复，实际只有十九个。其声母的特点是："泥娘来"字母在洪音前同为一母［l］，在细音前则有分别；晓匣母字在合口呼韵母前也读同非母［f］。"知章庄"组字与"精"组字对立，如"思""尸"、"三""山"不同音。"见"组、"精"组字分尖团，"江""蒋"、"九""酒"不同音。其韵母有十二部，其中有附录两韵，故实际上有十四部："支齐"韵后附有"儿"韵；"麻"韵后附有"叶"韵。其韵目有"真侵"韵、"元咸"韵，而韵尾都是［n］。声调有五：先平（阴平）、后平（阳平）、上、去、入声。周赛华的分析结论是该韵书基本反映了一百年前射洪方言的实际。

《五音集字》10卷，附《集字系声》2卷，是莲池人汪朝恩所撰（按周赛华云，莲池未晓具体为四川何地，待考），汪朝恩生卒年不详，是书成于道光间，光绪戊申（1908）由渝城圣家书局刊印。② 汪氏称"自庚申以来，托耕砚田，稍有余力，仍用二十五字母，因类以推，合成三十三字音，概将文字一切按照五音条式纂集成篇，以便检阅，名曰《五音集

---

① 参见罗妮《〈四音辨要〉语音研究》，硕士学位论文，重庆师范大学，2018年，指导教师葛佳才。

② 据孔夫子旧书网载：《五音集字》十卷，清汪朝恩编著；《集字系声》2卷，渝城圣家书局藏版。网址：http://www. kongfz. cn/30986614/。又《中国古籍总目》（中华书局、上海古籍出版社2009年版）著录：《五音集字》一卷，清汪朝恩编著；《集字系声》一卷，汪朝恩著。道光刊光绪印本，中科院图书馆藏，第2册，第1160页。按，两处著录略异。

字》"。

《五音集字》设声母二十五个，按天干分为10卷，有的卷仅有一个声母，如辛（笞）、癸（衣），有的则多达五个，如戊（木乃恩尼窝）。其声母特点是：分别尖团，如"希""西"、"香""相"、"休""修"不同音；"泥"母与"乃"母对立，"泥"母二分，洪音与"娘来"无别，细音则有异；卷舌音与平舌音有异，如"山""三"、"之""兹"、"超""操"有异。韵母分三十三部。声调五：阴平、阳平、上声、去声、入声，"入声犹言声一出而复吞入也"。

周赛华分析了三种韵书后的总体结论是：它们都是当时巴蜀方言的反映，分析其音系特点，有助于我们了解清代巴蜀方言的语音概貌。

五　结语

我国真正意义上的方言学研究是由西汉蜀中学者扬雄开始的，他身体力行，耗费巨大的精力撰写成了方言学巨著《方言》，从此有了方言学这一门重要的小学学科。这应该是巴蜀学者对中国传统学术的巨大贡献。巴蜀学者在后来的方言研究中，尽管他们的成就已不如扬雄那样显赫，但是在各自时代的学术领地仍然具有重要的地位。将方言学研究定位为历代巴蜀学术的一大特色，应不过分。

扬雄采用了实地调查方言的方式进行方言研究，具有方法学的开创意义，这一方法完全符合现代方言学的"田野调查"程式，是一种非常科学的方法。尽管后世的学者没有继承下来，然而扬雄亲身倡率的研究方法却意义重大，受到现代方言学研究者的高度重视。

留存至今的巴蜀学人的方言学著作是我们考察、研究我国历代方言，尤其是巴蜀方言极其重要的语料荟萃。现代学者依靠这些文献的记载来获得对古代方言的认知，并通过这些语料来探讨古代方言的内容，因而这些方言学著作具有极重要的语料学价值，"对于我们今天研究汉语方言和语言历史都能有所裨益"[①]。

[①] 张永言：《蜀方言校点前言》，校点本《蜀方言》卷首，第1页。

现代学人对巴蜀方言学史的研究已经颇有成就，对其中的诸多问题都有所涉及，厘清了许多悬而未决的疑难，然而尚有许多有待深入探讨的空间，例如对晚清时代方言学的研究，由于文献资料搜集的困难，往往有所阙遗，亟须我们进一步发掘文献资料，拓宽研究视野。

苏辙《诗集传》评述[1]

苏辙《诗集传》是他精研数十年撰著的关于《诗经》的一部学术论著，它全面地代表了苏辙的《诗经》学思想，不仅于有宋一代的《诗经》学研究影响甚大，甚至在传统中国《诗经》学研究中也有着较为重要的地位。

一

《诗经》学是宋代的显学。宋代在中国传统《诗经》学史上处于鼎盛时期，研究者及著作数量众多，其研究广度与深度也明显高于前人。考察中国传统的《诗经》学研究历史，自唐代官方颁行的《诗经》毛传、郑笺、孔疏盛行以来，在北宋庆历之前，官方注疏遂成为学术的主流，学者说解《诗经》基本上都沿袭了汉、唐时代经、疏的内容，不敢逾越雷池一步。而至宋仁宗庆历以降，学风大变，治经者对传统经典注疏进行重新审视，自标新说，疑传疑经，逐渐成为时代的学术风尚。在《诗经》研究方面，出现了相当数量的怀疑毛传、郑笺，以至于对《诗经》进行重新诠释的研究论著，像欧阳修《诗本义》、王安石《诗经新义》等书，都开了《诗经》学研究的新风。

在这种时代学术氛围下，苏辙撰著了《诗集传》。关于《诗集传》的撰写情况，苏辙自己记述了撰写《诗集传》的经过，其云："子瞻以诗得

---

[1] 按，本文原载舒大刚、李文泽主编《三苏经解集校》，四川大学出版社2017年版，下册，第629—635页。经修改部分文字后收入本集。

罪，辙从坐谪监筠州盐酒税，五年不得调。平生好读《诗》《春秋》，病先儒多失其旨，欲更为之传。……功未及就，移知歙绩溪。"①

苏轼以诗文得罪，其时为宋神宗元丰二年（1079），苏辙上疏论救从坐被贬，则是在三年（1080）。上述文字显示，苏辙在被贬官期间，开始了《诗集传》《春秋集解》的撰著，其写作动机是"病先儒多失其旨，欲更为之传"。

苏辙又云："凡居筠、雷、循七年，居许六年，杜门复理旧学，于是《诗》、《春秋》传、《老子解》、《古史》四书皆成，尝抚卷而叹，自谓得圣贤之遗意，缮而藏之。"② 苏辙所说的徙居筠州、雷州、循州、许昌，是其宦海浮沉，贬官漂泊之所。他作为元祐旧党的重要人物，曾多次遭受贬斥，但是他始终把修订书稿作为其人生旨趣，一直没有停止修改，最后在许昌，完成了四种学术著作，"自谓得圣贤之遗意，缮而藏之"，大有藏之深山、留待后世评价之深意。

而孙汝听《颖滨年表》亦言，"及归颖昌，时方诏天下焚灭元祐学术，辙敕诸子录所为《诗》、《春秋》传、《古史》，子瞻《易》、《书》传、《论语说》，以待后之君子"③。据《年表》记载，苏辙自广南移颖昌，是在宋徽宗崇宁三年（1104）。这里的记载与苏辙所言吻合。

如果按从元丰三年开笔，崇宁三年杀青誊录推算，苏辙前后耗用了二十余年的时间完成其《诗集解》，真可谓殚精竭虑了！

二

在《诗集传》中，苏辙主要采用毛传、郑笺等旧注的说解来对《诗经》进行注释，或诸家有矛盾处则多择善而从，不过他也并非完全沿袭旧说，而是在书中较全面地阐述了自己关于《诗经》的见解，往往提出一些

---

① （宋）苏辙：《颖滨遗老传》上，《栾城后集》卷一二，曾枣庄、马德富校点，上海古籍出版社1987年版，第1280页。

② （宋）苏辙：《颖滨遗老传》下，《栾城后集》卷一二，曾枣庄、马德富校点，第1297页。

③ （宋）孙汝听：《苏颖滨年表》，《栾城集》附录，第1815页。

新解，其中不乏真知灼见，对当时或后世的研究者具有重要的启迪作用，颇具学术影响力。其学术见解，大致可以概括三点。

(一) 论《诗序》

苏辙对于《诗序》的态度在宋代《诗经》学研究中算得上独树一帜，他抱着疑信相参的态度，既不同于宋代学者中的尊序一派，也不同于弃序一派，在其为《关雎》序所作的注释中，苏辙认为《诗序》并非全由孔子或子夏一人所作。《诗序》的行文繁复，与孔子作《书》序、《易》序形成了差异，现存《诗序》时有"反覆烦重，类非一人之词"，而从《诗经》已经亡佚的六篇诗所存留的诗序来看，这六篇诗的序文仅只一句，正好反映了《诗序》的原貌。苏辙于是论定《诗序》只有首句是孔子或子夏所作，其余的文字则是汉代以后学《诗》者，如毛公及卫宏之类学人所增益。基于这一观念，苏辙对《诗序》文字作了分割，在《集解》中只保留了《诗序》的首句，确定这是孔子、子夏所言，而其后的文字则是汉儒所增，于是统通删略，并对序中"尤不可者，皆明著其失"[1]。

从《诗经》学研究的历史来看，在宋代之前，一些学人即已对《诗序》产生了疑问，进行过争辩，包括大小序之分、作者为谁之争，然而却无一家如苏氏那样明确地将《序》文区分为两部分之说。苏辙的论说无疑是对《诗经》学研究提出的一大挑战，开启了后代《诗经》学研究的新思路。在宋代学者中对《诗序》存在着两大对立的学术派别：废序、尊序两派。苏辙对《诗序》的处理可以看作废序派之发轫，后来的一些《诗经》研究者像郑樵、朱熹、程大昌等，都沿着这一路径前行，在质疑或废弃《诗序》的路上走得更远。

苏辙将《诗序》一分为二，只保留《诗序》的首句，同时在书中他还对那些自认为"尤不可者"的序文进行辨驳、删改，表现出宋人不惮"疑经"的学术态度。如《鲁颂》之四篇，《毛诗》原序分别记作"《駉》，颂僖公也"，"《有駜》，颂僖公君臣之有道也"，"《泮水》，颂僖公能修泮宫也"，"《閟宫》，颂僖公能复周公之疆宇也"。苏辙认为后"三诗之序皆后世之所增，而《駉》之序方为孔氏之旧也"，于是将其全部改作"颂僖公

---

[1] (宋) 苏辙：《诗集传》卷一《周南·关雎》，《三苏经解集校》，第427—428页。

也"一句。①

(二) 论《诗经》之体制

苏辙在《诗集传》书中还多次论及《诗经》的内容体制，包括对《诗经》的《风》《雅》《颂》，以及毛传、郑笺问题的探讨，全面阐述了自己的学术见解，其中不乏发人深省之处。

苏辙对于《国风》诗的排列顺序，有不同于诸家的见解。在《国风》总叙中论述了自己的看法，他认为除二《南》及《豳风》之外，其余各国之诗应以国灭先后为序，即"后亡者《诗》之所先，先亡者《诗》之所后"。他逐一陈述了各国灭亡的历史，辨析这一说法：二《南》之为正风，理应排在卷首，自不待言；《邶》《鄘》《卫》《王》《郑》《齐》《魏》《唐》等，灭国有先后，故诗的次序亦有先后，而秦在最后灭，故更在其后；而陈是将亡之国，孔子通过"读其诗，听其声，观其国之厚薄"，而能预先推知其将灭之时日；桧、曹则属已亡之国；《豳风》为周公及周大夫之作，与其他十四国有别，为"风之特异者"，故列于最后之次。②

关于《诗经》中《国风》诗的排列顺序，是历代《诗经》学研究关注的论题。《左传·襄公二十九年》即记载春秋时代季札观乐所及之次第，其后在汉代毛亨《传》、郑玄《诗谱》中均有所论述，宋代学人也多有论说，历来存在较多歧见，论说纷纭，或言以正变和四始，或言以时代先后，或言以国之大小，或言以采诗之时间先后，或言以美恶而分，不一而足，莫衷一是，苏辙提出的《风》诗以其国灭之先后为序排列，"后亡者《诗》之所先，先亡者《诗》之所后"，这一论题颇具新意，在之前尚无学者论及。苏辙之所以有此一说，应当与其作为史学家有密切关系。苏辙撰有《古史》一书，也曾注释《春秋》，研讨上古春秋战国时代的史学问题，他以史学家的眼光来讨论《诗经》的这一论题，着重于春秋时代各国兴衰灭亡的历史及其对诗歌创作的影响，乃肇开此说，首辟一途，发人深思。不过其中也存在一些不能自圆其说之处，为后人所诟病。③

---

① （宋）苏辙：《诗集传》卷二〇《鲁颂·閟宫》，《三苏经解集校》，第 620 页。
② （宋）苏辙：《诗集传》卷一《国风》，《三苏经解集校》，第 427 页。
③ 具体论述参见李冬梅《苏辙〈诗集传〉新探》第二章"《诗集传》的经学成就"第九节之一"国风次第说"，四川大学出版社 2006 年版，第 155—163 页。

关于《雅》诗分大、小的问题，苏辙也有所论说，其云："《小雅》之所以为小，《大雅》之所以为大，何也？《小雅》言政事之得失，而《大雅》言道德之存亡。政事虽大，形也；道德虽小，不可以形尽也。盖其所谓小者，谓其可得而知量，尽于所知而无余也；其所谓大者，谓其不可得而知，沛然其无涯者也。"① 苏辙以"道德""政事"为标准来划分大、小《雅》，在他看来，"道德"显然重于"政事"，政事即使大至征伐、爵命，虽为国之大事，然于"道德"关系甚微，故应归入"小雅"；而宴乐、娶妻，虽为小事，然而事关"道德"，故可归入"大雅"。同时，他还批评了毛序以为"二《雅》皆政事，而政事有大、小"的说法。苏辙运用这一原则，对若干相类似的篇章在《诗经》中分别归入大、小《雅》的现象予以解释，以申述其说。如在《大雅·常武》注中谓："《六月》歌尹吉甫，《采芑》歌方叔，而在《小雅》；《崧高》歌申伯，《烝民》歌仲山甫，《韩奕》歌韩侯，《江汉》歌召虎，《常武》歌皇父，而在《大雅》。概言之，则七诗若无以异，精言之，则在《小雅》者征伐政事而已，在《大雅》者皆君臣同德，有不知其所以然而致者，此其所以异也。"② 苏辙认为它们的分别正完全在于是否关乎"政事""道德"而已。

历代研究者对《诗经》中的大、小《雅》诗分类也有过激烈的争论，一直存在分歧，在历史上形成了政事说（毛传）、道德说、辞体说、音乐说诸家。其中道德说见于西汉司马迁，其云"《大雅》言王公大人，而德逮黎庶；《小雅》讥小己之得失，其流及上"③，以德逮于众或流及于上来区分大、小《雅》。苏辙更为具象化，将其与是否关乎"道德""政事"为大、《小雅》之别，这一见解源于司马迁而有所发展。

对于《诗经》中的"颂"诗，苏辙也有自己的理解。苏辙认为，《周颂》是礼祀周之先祖、文王、武王的乐歌，必然伴有音乐演奏，施之于庙堂，其作应始于周公、成王，"文、武之世，天下未平，礼乐未备，则颂有所未暇。至周公、成王，天下既平，制礼作乐而为诗以歌之，于是颂声始作"④。《周颂》的篇章，既不以年序次，也不以事系诗，苏辙从而猜测

---

① （宋）苏辙：《诗集传》卷九《小雅·鹿鸣》，《三苏经解集校》，第509页。
② （宋）苏辙：《诗集传》卷一八《大雅·常武》，《三苏经解集校》，第598页。
③ （汉）司马迁：《史记》卷一一七《司马相如列传》，中华书局1982年版，第3073页。
④ （宋）苏辙：《诗集传》卷一九《周颂·清庙》，《三苏经解集校》，第602页。

它们大概是以"其声之相从"①，提出了音乐在《周颂》分章中的作用，但是具体情况如何，则不可得知，看来苏辙对此亦无定论，不过他的这一思路为后世研究音乐在《诗经》中的功用提供了一种启示。

苏辙认为《周颂》是周公、成王所著，用以追述周先祖、文王、武王的功绩，因而在诗文中屡次咏及的"成王"，是指"成王之业"（动宾结构），而非专指"周成王"；"成康"也不是成王、康王，而是两个动词的组合："成"（成就）、"康"（在不同的诗文中可以训释为安乐、昭显）。谓《昊天有成命》中的"成王不敢康"，是"将成其王业，不敢安矣"；《执竞》中的"不显成康，上帝是皇。自彼成康，奄有四方"，是"周之兴也远矣，至于武王，成而安之，然后能奄有四方"；《噫嘻》中的"噫嘻成王"，是"天之所以成我王业者既昭至矣"。这种词义训释，自为一说，颠覆了历来对《周颂》内容的解释，并进而涉及对诗篇创作年代的重新论定。不过，苏辙的这一解说并不被后来的学人汲取，例如朱熹《诗集传》就训释"成王"为周成王，训"成康"为成王、康王。

关于《鲁颂》，自汉代以来即有"颂"乃美盛德之形容，为天子之诗的说法，而鲁国仅为诸侯，《诗经》中无"鲁风"，然而却有《鲁颂》，与《诗经》总的体例不符，于是往往遭到后世非议，谓"鲁之为《颂》，诸侯之僭也"。② 也有不少学人从维护《诗经》体例完美的角度，寻求各种理由加以辩解，如郑玄云："宋王者之后，鲁圣人之后也，是以天子巡守不陈其诗，盖所以礼之也。"孔疏则云："此虽僭为颂，而体实国风，非告神之歌，故有章句也。"③

苏辙对此也有论说。他认为，周成王封周公之子伯禽于鲁，十九世传至僖公，鲁僖公没后，其大夫季孙行父请于朝而史克作"颂"诗，故而才

---

① 苏辙不仅在"颂"诗中强调音乐的作用，在其论《小雅》之《鹿鸣》《四牡》《皇皇者华》三篇的先后次第时也谈到"以其声为先后"的认识。见《诗集传》卷九《四牡》注，《三苏经解集校》，第510页。

② （宋）苏辙：《诗集传》卷二〇《鲁颂·駉》引，《三苏经解集校》，第616页。

③ 在宋代研究《诗经》的学人中，有不少人也涉及这一问题，如欧阳修就认为《鲁颂》"非颂也，不得已而名之也"，孔子之所以列鲁诗为"颂"，有贬与劝之深意：贬鲁之挟天子以令诸侯，强请颂；褒鲁僖公之善，以劝诸侯（《诗本义》卷一五《鲁颂解》，《四部丛刊》三编本）。朱熹则赞同郑玄的说解，以为鲁虽名为诸侯之国，但其先祖有大功于王室，"故赐伯禽以天子之礼乐，鲁于是乎有颂，以为庙乐，其后又自作诗以美其君，亦谓之颂"（《诗集传》卷二〇《鲁颂》，上海古籍出版社1980年版）。

有《鲁颂》。苏辙认为"颂"诗与"雅"诗不同,"雅"诗非天子不作,而"颂"诗则有两类:天子之颂、诸侯之颂。有德者皆可以有颂,《周颂》是颂扬周天子之诗,而《鲁颂》只是鲁国人赞颂其君之诗,二"颂"之诗有所区别,从而否定了诸侯有"颂"为僭的说法。他还认为"颂"诗与"风"诗只有内容的差别,而天子、诸侯都应该既有"风"诗,也有"颂"诗。① 由此他论证了鲁国有《鲁颂》的合理性。

苏辙的说解分辨"颂"诗的功用,分"颂"诗为天子之"颂"与诸侯之"颂"两类,解决了《鲁颂》不为僭的问题,似乎也有一定的道理,但是其说却始终无法回应另一重要的问题:为何在《诗经》中唯鲁国有"颂"诗而无"风"诗,其余诸侯国却仅有"风"诗而无"颂"诗的现实。

(三) 纠正毛传、郑笺之失

总体而言,苏辙《诗集传》是以《毛诗》为蓝本的,故其注释大多遵从毛传、郑笺,以及汉晋学者的诠释,以之作为"集传"的基础,但是这并不意味着苏辙只是沿袭旧说,无出新意,而是在不少地方有独立的思考,尤其是对他们的疏失作了大量纠谬是正。苏辙撰著《诗集传》的初衷是"病先儒之失",欲更立新解,庶几"得圣贤之遗意",因此对汉晋以来的旧注,采用了既尊重旧说,又不惮改为的原则,择善而从,表现出一种"不激不随,务持其平"的学风。②

在《诗集传》中,苏辙对毛传、郑笺对《诗序》的解说,有一总体的认识,他说:"变《风》之作而至于汉,其间远矣。儒者之传《诗》,容有不知其世者矣,然犹欲必知焉,故从而加之。其出于毛氏者其传之也,其出于郑氏者其意之也,传之犹可信也,意之疏矣。是以独载毛氏之说,不敢传疑也。"③ 苏辙在这里把汉代学人对《诗序》的说解归纳为两类,毛氏是"传",郑氏则是"意","传"的内容还可信从,而"意"的内容

---

① 参见(宋)苏辙《诗集传》卷二〇《鲁颂》,《三苏经解集校》,第616页。
② (清)永瑢:《四库全书总目》卷一五《诗集传》提要,第121页。
③ (宋)苏辙:《诗集传》卷二《邶风·柏舟》,《三苏经解集校》,第441页。

则距离原文较为疏远了。① 事实上，正是出于对毛传的倚重，苏辙对《诗序》的论说主要都是针对毛传的说解而展开的，仅仅是附带涉及郑笺，郑笺显然处于一种次要从属的地位。

在书中，苏辙只保留《诗序》的首句，而将其余文字视作毛氏的说解，对其中那些"尤不可者"，予以批评是正。例如《周南·卷耳》篇，毛序云："后妃之志也，又当辅佐君子，求贤审官，知臣下之勤劳，内有进贤之志，而无险诐私谒之心，朝夕思念，至于忧勤也。"苏辙批评说："妇人知勉其君子求贤以自助，有其志可耳。若夫求贤审官，则君子之事也。"② 他认为妇人于政事，"有其志可耳"，不必亲自操持，毛序衍生出"求贤审官"，与妇人无关，所言枝漫无据。③ 又如《大雅·召旻》，毛序云："凡伯刺幽王大坏也。旻，悯也。闵天下无如召公之臣也。"郑笺亦云："闵，病也。"苏辙针对毛传、郑笺对诗篇篇名的解说作了驳论，曰："因首章称'旻天'，卒章称'召公'，故谓之'召旻'，以别《小旻》而已。毛氏之《序》曰'旻，闵也。闵天下无如召公之臣'，盖亦衍说矣。"④

至于对毛传、郑笺对《诗经》文字内容训释的疏误，苏辙也作了是正，往往不拘一家，择善而从。如《召南·甘棠》"勿翦勿拜"，毛传以常义释"拜"，郑笺云"拜之言拔也"，苏辙采用了郑玄之说曰："拜，拔也。"（卷一）《邶风·终风》"愿言则怀"，毛传"怀，伤也"，郑笺"怀，安也。女思我心如是，我则安也"，苏辙则取郑说，云："怀，安也。安于其所，不欲往也。"（卷二）这是弃毛从郑之说。《邶风·击鼓》："死生契阔，与子成说。执子之手，与子偕老。"毛传对此句无说，郑笺释云

---

① 苏辙把对经籍的注释分为"传""意"两类，特别重视"传"的作用。这一观念是与苏氏作为史学家的身份密不可分的。例如他在《春秋集解》中即云："故凡《春秋》之事当从史，《左氏》史也，《公羊》《穀梁》皆意之也。盖孔子之作《春秋》，事亦略矣，非以为史也，有待乎史而后足，以意传《春秋》而不信史，失孔子之意也。"见苏辙《春秋集解》卷一"隐公元年七月"条，《三苏经解集校》，第646页。

② （宋）苏辙：《诗集传》卷一《周南·卷耳》，《三苏经解集校》，第430页。

③ 关于"君子、妇人职分不同，妇人不可干预外事"这一论题，在宋代诸多讨论《诗经》的著作中都可以找到与苏辙大致相同的说法，如欧阳修云"妇人无外事，求贤审官，非后妃之职"，"序言'知臣下之勤劳'，以诗三章考之，如毛郑之说，则文意乖离而不相属"。见《诗本义》卷一，《四部丛刊》三编本。

④ （宋）苏辙：《诗集传》卷一八《大雅·召旻》，《三苏经解集校》，第600页。

"从军之士与其伍约：死也生也，相与处勤苦之中，我与子成相说爱之恩，志在相存救也"，苏辙不取两家之说，注释曰："民将征行，与其室家诀别。"（卷二）将诗句中的"子"释为"室家之人"。这一解释最早出于晋人王肃，后来宋代欧阳修也主张此说，欧阳修在《诗本义》卷二曰："自'爰居'而下三章，王肃以为卫人与其室家诀别之辞，而毛氏无说，郑氏以为士伍相约誓之言。今以义考之，当从王肃之论为是，则郑于此诗一篇之失大半矣。"后来南宋朱熹《诗集传》卷二亦因之，云："从役者念其室家，因言始为室家之时，期以死生契阔，不相忘弃，又相与执手，而期以偕者也。"从王肃至欧阳修、苏辙，再到朱熹，这一解释形成了定论。

三

苏辙完成《诗集传》时，正值北宋末年禁毁元祐学术之际，故未能刊刻流布。然而随着苏氏家族所遭受的政治厄运被解除，"蜀学"学术得到正名，苏门三杰的文章学术重新复苏。至南宋时代，苏氏学术即得到恢廓发展，苏辙的《诗经》之学也越来越受到当时学人的关注，《诗集传》在这时被传钞刊刻，流布于世。

《诗集传》一书屡见于宋元时代目录书的著录。如晁公武《郡斋读书志》卷二云："《苏氏诗解》二十卷，右皇朝苏辙子由撰。"陈振孙《直斋书录解题》卷二亦云："《诗解集传》二十卷。门下侍郎眉山苏辙子由撰。于《序》止存其一言，余皆删去。"《玉海》卷三八："苏辙《诗解》二十卷。"《宋史·艺文志》一："苏辙《诗解集传》二十卷。"

在这些宋元目录著述中，于本书有称"解"者，亦有称"传"者，至于苏辙则自称"诗传"。

明清时代暨以后的目录书之称名往往据其所藏刊本而定，故名称多有不同。如《国史经籍志》卷二云："《颍滨诗传》二十卷，苏辙。"《世善堂藏书目录》上："《诗解》二十卷，苏子由。"《淡生堂书目》卷一："《苏文定公诗集传》四册，十九卷。"《善本书室藏书志》卷二："《颍滨先生诗集传》十九卷，明焦竑刊本。……世行二十卷，此十九卷，为明焦氏竑刊《两苏经解》本。"《爱日精庐藏书志》卷三："《颍滨先生诗集传》

十九卷。先君子手钞本。宋苏辙撰。"

至于是书的卷帙，在宋元时代目录著作中均署作"二十卷"，当以"二十卷"为定数。至明代中叶，有刊刻者将其缩编为十九卷，此后即成为通行本，多数刊本改从十九卷。像明万历二十五年（1597）毕氏刊《两苏经解》，其后于万历三十九年（1611）重刻《两苏经解》，其中所收《颍滨先生诗集传》均为十九卷。将现存南宋淳熙刊本与《两苏经解》本相比勘，我们发现，南宋淳熙刊本于《小雅·小旻之什》以下十篇分为卷第十二，而《两苏经解》本则将此十篇并于前卷十一，故较淳熙本减少了一卷。清乾隆间编《四库全书》，文渊阁所收录《诗集传》，《四库全书总目》虽也署作"二十卷"，然其实际卷帙仍为十九卷，二者不相符。

《诗集传》现存的最早刊本是南宋淳熙七年（1180）苏诩筠州公使库刊本。苏诩为苏辙曾孙，南宋孝宗时权知筠州。在该刊本卷末有一行题词，云"庚子淳熙七年四月十九日，曾孙、朝奉大夫、权知筠州军州事兼管内劝农营田事诩重校证刊于本州公使库"[①]。其版式为每半叶十行，行十九字，白口，左右双阑，版心上记字数，下记刻工名姓。又，这一刊本凡涉及宋历代皇帝名讳都采取阙末笔方式予以避讳，直至南宋孝宗赵慎止，像"殷商"之"殷"字、"匡"字（包括"筐"字）、"胤"、"完"、"恒"、"慎"等字，在书中均阙末笔。

舒大刚、李文泽主编《三苏经解集校》所收《诗集传》底本即据宋淳熙刊本，同时参校了明代毕刻焦序之《两苏经解》本、重刻《两苏经解》本，文渊阁《四库全书》本，并于部分诗篇参考阮元刊《十三经注疏》本《诗经》、朱熹《诗集传》等典籍。

[①]（宋）淳熙七年刊本《诗集传》今藏国家图书馆。另有四川大学《巴蜀全书》编委会善本再造本。

苏辙《春秋集解》评述[1]

《春秋集解》是苏辙耗费二十年时间撰写的注释《春秋》的一部学术著作。

一

苏辙撰写该书的用意，在其所撰的《春秋集解引》中有明确的自述：其少年时代即攻治《春秋》，后来与兄长苏轼同年科举及第，进入仕途。北宋元丰二年（1079），言者弹劾苏轼在《湖州谢上表》中有讥刺时事之语，苏轼因此而下御史狱。苏辙尝上表营救，也受到牵连，次年被贬官监筠州盐酒税，职务清闲无事，遂着手撰写《诗集传》《春秋传》二书。此后无论其仕途畅达或蹇滞，对本书的撰写修改都从未停止。至宋哲宗绍圣初年（1094），随着新旧党争的加剧，作为元祐旧党重要人物的苏辙被贬官，谪居广南，至元符元年（1098）时，已三易其地。最后迁居至龙川（今广东龙川）白云桥，"杜门无事"，潜心修改书稿，最终写定于元符二年（1099）闰九月。其前后耗时二十年，方撰成此书，"自谓无复遗憾"，而南荒士人无可与论说者。遂传书稿于其子苏逊等，庶几能流传于后世，完成其心愿。

苏辙在其《颍滨遗老传》中记载："居二年，子瞻以诗得罪，辙从坐，

---

[1] 本文原载舒大刚、李文泽主编《三苏经解集校》，四川大学出版社2017年版，下册，第726—741页。经修改后收入本集。

谪监筠州盐酒税，五年不得调。平生好读《诗》《春秋》，病先儒多失其旨，欲更为之传。……功未及究，移知歙绩溪。……凡居筠、雷、循七年，居许六年，杜门复理旧学，于是《诗》《春秋传》《老子解》《古史》四书皆成，尝抚卷而叹，自谓得圣贤之遗意，缮而藏之。"① 这与其在《春秋集解引》中陈述的内容完全一致，至此时完成的一共有四种著作，即其学术著作之全部。

孙汝听《颍滨年表》也有记载，云："及归颍昌，时方诏天下焚灭元祐学术，辙敕诸子录所为《诗》《春秋传》《古史》，子瞻《易》《书传》《论语说》，以待后之君子。"② 苏辙自广南还归颍昌，是在宋徽宗崇宁三年（1104）。其时，他要诸子将自己与兄长苏轼的各种学术著述誊录抄写殆遍，密藏于家，未能刊行。

苏辙撰著《春秋集解》的动因，在很大程度上是对宋代《春秋》学研究主流思潮的一种反思与批判。这一态度在他所撰的《春秋集解引》中有明确的表述：北宋时代，学者们疑传疑经的学术思潮盛行，在《春秋》学研究上曾有两次重大的变动，一次是庆历时代孙复所倡导的"尊经疑传"的思潮，一次是熙宁时代王安石所代表的舍弃《春秋》的学术思潮。

孙复（992—1057年），著有《春秋尊王发微》十二篇，"大约本于陆淳而增新意"③，他对儒家经典，包括对《春秋》一经，主张独尊经文，舍弃传注，认为传注往往不能很好地表达经文的原意，反而容易诱导后人错误地理解经文。他说："数子（按：指儒学六经的注家）之说不能尽圣人之经者多矣。……专主王弼、韩康伯之说而求于大《易》，吾未见其能尽于大《易》者也。专守左氏、公羊、谷梁、杜预、何休、范宁之说而求于《春秋》，吾未见其能尽于《春秋》者也。专守毛苌、郑康成之说而求于《诗》，吾未见其能尽于《诗》者也。专守孔安国之说而求于《书》者，吾未见其能尽于《书》者也。彼数子之说既不能尽于圣人之经，而可藏于太学，行于天下哉？又后之作疏者无所发明，但委曲踵于旧之注说

---

① （宋）苏辙：《颍滨遗老传》上，《栾城后集》卷一二，曾枣庄、马德富校点，上海古籍出版社1984年版，第1280页。
② （宋）孙汝听：《苏颍滨年表》，《栾城集》附录，第1815页。
③ （元）脱脱等：《宋史》卷四三二《儒林传》，中华书局1977年版，第12832页。

而已。"①

显然，孙复认为专守传注不能穷尽经籍的精髓，既然他们不能穷尽圣人之经，而将它们珍藏于学校，行之于天下就没有意义了。

孙复舍传求经的经学思想是宋代疑传派的典型代表。孙复的学术深刻地影响着当时的学者，正如苏辙《春秋集解引》所说，自宋仁宗庆历时代起，"时人多师孙明复，谓孔子作《春秋》，略尽一时之事，不复信史，故尽弃三《传》，无所复取"②。其时著名的《春秋》学家，如刘敞的《春秋传》《春秋权衡》也是这一路数，多出新说，异于前代诸儒。

王安石废弃《春秋》经。北宋神宗熙宁以来，王安石执掌国政，开始了其变法之路，在学术上也以撰写《新经义》为契机，力图以改写后的儒学经籍的传注来"一道德"，构建新的经学体系，为其变法张目。由于学术的原因，王安石不喜欢《春秋》，故而对《春秋》学置而不问，在当时不仅终止了其作为科举考试的科目，而且各级学校也不再教授《春秋》之学，《春秋》在新学系统中绝无立足之地。苏辙对此也深感不满，称"近岁王介甫以宰相解经，行之于世。至《春秋》漫不能通，则诋以为断烂朝报，使天下士不得复学"，深切感慨"孔子之遗言而凌灭至此，非独安石之妄，亦诸儒讲解不明之过"。③

对于《春秋》之学在当时的学术困境，苏辙有其不同的思考。他自幼熟读《春秋》及三《传》，深谙《春秋》及三《传》在传统学术中的重要价值，在对孙复、王安石的学术导向提出批评的同时，遂欲另辟一条不同的学术路径，提出自己的学术主张，于是撰写了《春秋集解》等一系列解经之作。

二

《春秋集解》作为苏辙倾尽多年心力而撰写的著作，蕴含了许多他对历代《春秋》学研究的思考，其中不乏一些独立特出的真知灼见，这些见解在中国传统《春秋》学史上也是具有重要价值的，值得研究者关注的重

---

① （宋）孙复：《寄范天章书二》，《孙明复小集》，文渊阁《四库全书》本。
② （宋）苏辙：《春秋集解引》，《三苏经解集校》，第643页。
③ （宋）苏辙：《春秋集解引》，《三苏经解集校》，第643页。

要内容，以下我们择要分别论之。

我们首先就该书所涉《春秋》经与三《传》的问题作一些粗略的探讨。

对《春秋》是经还是史，三《传》与《春秋》的关系，三《传》在诠释经文方面所具有的作用孰轻孰重，苏辙在书中有一个总体的定位，这是他最为关注的问题。苏辙认为，《春秋》一书是孔子依据春秋时代鲁国旧史，经过亲自笔削删改而成的，其与三《传》构建了一套互相关联的完整的经、传体系。三《传》为解经而生，而三《传》的注释原则与方法又各自有别，因而它们在诠释《春秋》的功用与地位时亦有差异。关于这一问题，他在书中有多处论及：

(1) 予以为左丘明鲁史也，孔子本所据依以作《春秋》，故事必以丘明为本。……至于孔子之所予夺，则丘明容不明尽，故当参以公、榖、啖、赵诸人。(《春秋集解引》)

(2)《公羊》《榖梁》以为诸侯之事尽于《春秋》也，而事为之说，则过矣。(卷一"隐公元年五月")

(3) 故凡《春秋》之事当从史，《左氏》史也，《公羊》《榖梁》皆意之也。盖孔子之作《春秋》，事亦略矣，非以为史也，有待乎史而后足也，以意传《春秋》而不信史，失孔子之意矣。(卷一"隐公元年七月")

(4)《公羊》曰"御廪灾，不如勿尝而已矣"。灾而为害则不尝，若灾而不害，而可以勿尝乎？事之不可意推者，当从史。《左氏》史也。(卷二"桓公十四年秋八月")

(5) 故《春秋》者，有待于史而后足，非自以为史也，世之为《春秋》而不信史，则过矣。(卷九"襄公七年")

苏辙将《春秋》一经置于特殊的定位，认为《春秋》是经而非史，它代表了孔子的"平治"理想及施政纲领，是为后世垂法的经，然而它的文字又过于简略，必须"有待乎史而后足"。三《传》解经的宗旨及方法各有不同：《左传》解经重在记述史实，能提供足够的史料，故而在三《传》中，地位最为崇高；而《公羊》《榖梁》解经则往往是"以意推"，罔顾史实，会"失孔子之意"。《左传》解经也时有不当之处，对孔子所述的褒贬予夺不能彻底明彻，于是当"参以公、穀、啖、赵诸人"，故《公羊》《穀梁》只能作为解经的辅助，显然是处于一种次要的地位。

苏辙重视三《传》，在三《传》中重《左传》，轻《公》《穀》，有选择地利用三《传》，这一态度与当时以孙复为代表的舍传尊经，完全抛弃三《传》的学术趋向是有较大的区别的。而之所以如此，应该是与苏辙既重经学，同时又重史学，从古史的角度来释经的学术路径有密切的关联。从其家学渊源来看，与他受其父兄苏洵、苏轼的经史学观影响也有密切关系。①

苏辙的这一见解颇有见地，也得到后来很多《春秋》学研究者的认同，例如清代四库馆臣即称赞云，"说经去传，为舍近而求诸远"，"今以《左传》经文与二《传》校勘，皆《左氏》义长，知手录之本确于口授之本也"，"《左氏》之义明而后二百四十二年内善恶之迹一一有征。后儒妄作聪明，以私臆谈褒贬者，犹得据传文以知其谬，则汉晋以来借《左氏》以知经义，宋元以后更借《左氏》以杜臆说矣"。②四库馆臣的说法应该与苏辙之说相吻合。

苏辙基于其重《左传》，轻《公羊》《穀梁》的总体学术观念，在《春秋集解》中对《公》《穀》二传涉及"臆说"之处，往往批评其疏误，据理予以驳正。这类批评在全书中多达数十处③，我们选择一些较为典型的例子加以讨论：

（1）隐公"元年春，王正月"。　苏辙云："隐立而以奉桓，其志

---

① 苏洵的经史学观可参考苏洵的三篇《史论》文字，他在文中称"经以道法胜，史以事词胜。经不得史无以证其褒贬，史不得经无以酌其轻重。经非一代之实录，史非万世之常法"，又云"仲尼惧后世以是为圣人之私言，故因赴告策书以修《春秋》，旌善而惩恶，此经之道也；犹惧后世以为己之臆断，故本周礼以为凡，此经之法也。至于事则举其略，词则务于简"。按，苏洵《史论》上、中、下三篇，见《苏洵集》卷一六，载曾枣庄、舒大刚主编《三苏全书》集部，语文出版社2001年版，第6册，第213页。

② （清）永瑢：《四库全书总目》卷二六《左传正义》提要，第216页。

③ 我们大略统计了本书中明确标署批评二《传》疏误的各条，其具体分布在各卷的条目如下：卷一，8条；卷二，6条；卷三，7条；卷四，1条；卷五，5条；卷六，4条；卷七，1条；卷八，1条；卷九，1条；卷十，2条；卷一二，1条。另外在书中还有一些没有明确标署批评《公》《穀》的例子，未能一一核对，暂时从略。

可也，而礼则不可。《公羊》曰：'立嫡以长不以贤，立子以贵不以长。隐于是焉而辞立，则未知桓之将必得立也。且如桓立，则恐诸大夫之不能相幼君也。'然则自立而以奉桓，礼欤？《穀梁》曰：'《春秋》贵义而不贵惠，信道而不信邪。''兄弟天伦也，为人子受之父，为人臣受之君，已废大伦而忘君父以行小惠，可谓轻千乘之国矣，蹈道则未也。'然则废桓而自立，礼欤？兄弟之不加适庶，古之道也。诸侯再娶之非礼，惠公尸之矣。……立桓而己为政，及其成人而授之，于是可谓礼矣。"（卷一"隐公元年"）

（2）庄公四年，"纪侯大去其国"。苏辙曰："大去者，不反之词也。以国与季，季奉社稷，故不言灭。虽失地之君，而原其行事，则周亶父也，故贤之而不名。《公羊》曰：'何以不言灭？为齐襄讳也。'《春秋》为贤者讳，何贤乎襄公复仇也？齐哀公烹于周，纪侯谮之，于是九世矣。世盖有复九世之仇者乎？且襄公非志于复仇者也，虽或以是为名，《春秋》从而信之，可乎？"（卷三"庄公四年"）

（3）僖公二十二年，"冬十一月己巳朔，宋公及楚人战于泓，宋师败绩"。苏辙曰："宋公被执见释而争诸侯，楚以夷狄而干诸夏，故泓之战虽曲在宋，而《春秋》辞无所予。《公羊》曰'言日言朔，正也。《春秋》辞繁而不杀者，正也'，'虽文王之战不过此也'。夫文王岂以一日不鼓不成列而为文王哉！其所以服人者远矣，以宋之德而为是，则亦不知战而已，《春秋》何善焉？"（卷五"僖公二十二年"）

按：以上三例均为苏辙批驳《公羊》《穀梁》对《春秋》的说解。例1论嫡长子继位的伦理。其史实是，鲁隐公年长而为庶子，桓公年幼而为嫡子，鲁惠公去世，理应桓公继位，隐公却自立即位而非桓公。《春秋》记载此事，历代注家对此各有论说，《公羊》以"立嫡不以长"，桓公年幼不能成君，诸大夫无能辅佐为说；《穀梁》则以隐公"废大伦而忘君父以行小惠"，轻国家而弃大道为说。苏辙对此二说均予以反驳，谓隐公自立为君而不立桓公，其志则可，于礼则不当。他提出最好的解决方案是仿效周公辅佐成王之史实，立桓公而自己代为行政，"及其成人而授之"，最为得礼之正。例2论"诸侯九世复仇"。其史实是，纪侯尝谮齐哀公而致其被烹于周王，后来齐襄公讨伐纪国，纪侯让位于弟而自己去国，以图保存其社稷。《春秋》不记载纪国之灭，而书"大去其国"，《公羊》谓《春秋》为齐襄公讳，而不记纪国之"灭"。苏辙对《公羊》"九世复仇"之说持不同看法，认为纪侯让位于其弟，以保存旧国，其国实未曾灭，齐襄公侵犯纪国也并非"复九世之仇"，《春秋》不必为齐襄讳。例3记载宋、楚泓之战的史实，宋军大败丧师，然而《公羊》却对宋襄公大加赞赏，以为"临大事而不忘大礼，有君而无臣，虽文王之战亦不过此也"①，苏辙对此大不以为然，认为文王、武王之战乃以德服人，而宋襄公德不如文王，所为"亦不知战"（按：苏辙之说与《左传》记载史鱼语相同），《春秋》怎会称赏宋襄公之作为呢？

在《春秋集解》一书中，类似的例子还有很多，苏辙往往对《公羊》《穀梁》所作的说解予以批驳，指斥它们不符合《春秋》义例，臆说《春秋》，像桓公六年九月"子同生"，桓公十五年九月"郑伯突入于栎"（卷二），僖公七年"禘于太庙，用致夫人"，宣公十年"齐崔氏出奔卫"（卷七），哀公十三年"公会晋侯及吴子于黄池"（卷一二）诸条，苏辙都对二《传》的说解提出了质疑。

在有的地方，苏辙还直接批评《公羊》《穀梁》记载史实的错误，认为史实记载的疏误，是导致二《传》产生臆说的原因。

（4）庄公十三年冬，"公会齐侯，盟于柯"。苏辙云："《公羊》于此言曹沫手剑劫桓公求汶阳之田，管仲许之，'要盟可犯而桓公不欺，曹子可仇而桓公不怨，桓公之信由此著乎天下'。予以为此春秋之后好事者之浮说而非其实也。"（卷三"庄公十三年"）

（5）昭公九年四月，"陈灾"。苏辙云："楚虽灭陈，五年而复陈，天未绝陈，陈未亡故也。《公羊》《穀梁》曰：'陈灭而书陈，存陈也。'《春秋》非能存陈，陈则未亡耳。"（卷一〇"昭公九年"）

按：例4记载齐桓公与鲁庄公会盟，作为《春秋》所载的大事，《左传》

---

① （汉）何休注，（唐）徐彦疏：《春秋公羊传注疏》卷一二"僖公二十二年"，载阮元刻《十三经注疏》，中华书局1982年版，第2259页。

仅记作"盟于柯，始及齐平"，《公羊》添了一段曹沫手剑挟持齐桓公，邀盟于齐，讨还齐国侵田的记载。《穀梁》的记载与《公羊》略同，云："冬，公会齐侯盟于柯，曹刿之盟也，信齐侯也。桓盟虽内与，不日，信也。"① 对于二《传》的记载，苏辙从两方面加以驳正：其一有违《春秋》之体例，齐鲁之怨不在齐桓公，曹沫无以发其怒；《春秋》要盟不书，此处书"盟"，与《春秋》书之体例相背；其二，史实不确，鲁庄公于长勺之战始用曹沫败齐师，此后并无三战皆败之事，不存在以兵劫齐桓公而求侵地的史实。例5《春秋》书"陈灾"，而《公羊》《穀梁》称陈已灭国，《春秋》书"陈"，是欲存灭国也。苏辙认为二《传》于此记载史实有误，楚虽然灭陈，然而数年即已恢复其国，故陈国其实未亡，《春秋》只是据史直书，而无"存陈"的深意。

类似的例子也非仅见，像闵公元年"齐仲孙来"（卷四），僖公三十一年"夏四月，四卜郊"（卷五），哀公十三年"公会晋侯及吴子于黄池"（卷一二）诸条，苏辙都对二《传》所载史实进行了辨驳。

与苏辙对《公羊》《穀梁》的激烈批评相比较，他对《左传》的批评则少了很多。在书中直接言及《左传》的疏误之处，不过数条而已，这也反映出他对《左传》的推尊：

（1）隐公二年十二月乙卯，"夫人子氏薨"。 苏辙云："左氏曰：'不赴于诸侯，不反哭于寝。不祔于姑，故不曰薨。不称夫人，故不言葬。'考之以事，皆不合，失之矣。"（卷一"隐公二年十二月"）

（2）桓公五年，"大雩"。 苏辙曰："曷为以'大'言之？雩上帝也。……鲁以周公得祭上帝，谓之大雩，言大于诸侯也。《左氏》曰：'凡祀，启蛰而郊，龙见而雩，始杀而尝，闭蛰而烝，过则书。'秋大雩，书，不时也。夫龙见而雩，常祀也。旱雩而以常祀言之，失之矣。"（卷二"桓公五年"）

（3）［庄公］"元年春，王正月"。 苏辙云："不书即位，继故

---

① （晋）范宁集解，（唐）杨士勋疏：《春秋穀梁传注疏》卷五"庄公十三年"，载（清）阮元刻《十三经注疏》，第2383页。

也。《左氏》曰：'文姜出故也。'文姜之出，孰与桓公之薨？且出在三月，舍其大而言其细，失之也。"（卷三"庄公元年正月"）

从上述例句可以看出，苏辙对《左传》的质疑大多聚集于其对记载史实疏误的是正，如例1记载夫人子氏薨而不记其葬，例2记大雩为常祀，例3记元年不书即位，均是如此。

三

苏辙在《春秋集解》中系统地表达了他对《春秋》一经的认识，对《春秋》经文中所蕴含的深意进行了较详尽的阐发，体现出苏辙《春秋》学研究的成就与特色。推而广之，其学术不仅反映了苏氏"蜀学"的经学体系，也代表了宋代《春秋》学的一些重要观念，具有时代学术的典型意义。以下我们择其要者作一简要论说。

（一）论《春秋》纪事之起讫

《春秋》所记录的时代为何要从鲁隐公纪年始而终于哀公，苏辙对这一问题作了阐述。其云：

> 麟，仁兽。出非其时，孔子以自况也，故《春秋》终焉。然则《春秋》始于隐公而终于哀公，何也？自周之衰，天下三变，而《春秋》举其中焉耳。其始也，虽幽、厉失道，王室昏乱，而礼乐征伐犹出于天子，诸侯畏周之威，不敢肆也。虽《春秋》将何施焉？及其中也，平王东迁，而周室不竞，诸侯自为政，周道陵迟，夷于列国。迨隐之世，习以成俗，不可改矣。然而文、武、成、康之德犹在，民未忘周也，故齐桓、晋文相继而起，莫不秉大义以尊周室，会盟征伐以王命为首。诸侯顺之者存，逆之者亡，虽齐、晋、秦、楚之强，义之所在，天下予之，义之所去，天下叛之，世虽无王而其法犹在也。故孔子作《春秋》，推王法以绳不义，知其犹可以此治也。及其终也，定、哀以来，齐、晋既衰，政出于大夫，继之以吴、越，夷狄之众横行于中国，以势力相吞灭，礼义无所复施，刑政无所复加。虽欲举王法以绳之，而诸侯习于凶乱，不可告语，风俗靡然，日于战国，是以

《春秋》终焉。由此观之,则《春秋》起于五伯之始,而止于战国之初,隐、哀适其时耳。(卷一二"哀公十四年")

苏辙认为周王朝的衰变经历了三个过程:礼乐征伐出于天子,出于诸侯,出于大夫。《春秋》则重点记录了演变的第二个时期。在其初时,礼乐征伐出于诸侯,五伯继起,诸侯会盟征伐尚以尊王室为名义,虽无王而王法尚存,与这一时代相对应的正是鲁隐公时期。至春秋末期,政出于大夫,夷狄之众横行,礼崩乐坏,刑政无所复加,天下变得不可复治,与这一时代相对应的是鲁定公、哀公时代。《春秋》正是记录了这一渐变的历程,其中贯注了孔子对理想圣政的追求——"推王法以绳不义"。

《春秋》纪事分阶段说最早起于《公羊》家,《公羊传》以孔子生平为界,分为"所见异辞、所闻异辞、所传闻异辞"三阶段,后来又经过董仲舒、何休的阐释,演变为"三世"之说,历代对此均有补充订正。而宋代学者对"三世说"予以批判地继承,形成了不同的说解。在苏辙之前的孙复,就明确地将《春秋》之世划分为"诸侯分裂之""大夫专执之""夷狄迭制之"三个阶段,逐段递衰,而《春秋》纪事又在各个时期各有侧重,"尊天子黜诸侯始于隐公是也,贵中国贱夷狄,终于获麟是也"[①]。我们可以看出苏辙的见解与孙复是大致相吻合的。

在书中,苏辙还继承孟子之说,认为《春秋》是继《诗经》以后的著作,其曰:"孟子曰'王者之迹熄而《诗》亡,《诗》亡然后《春秋》作'。夫二《雅》终于幽王,而《春秋》作于平王,盖与变《风》止于陈灵,陈灵之后六十余年而获麟,变《风》之所不刺,则《春秋》之所不书也。"(卷一二"哀公十四年")

(二)论《春秋》之"尊王说"

出于维护封建社会中央集权的需要,在宋代,"尊王"一说是诸多《春秋》学家的强烈共识。像孙复的《春秋尊王发微》,仅从标题即集中体现了这一主题。苏辙在《集解》中也是坚定不移地赞成"尊王"。正如

[①] (宋)孙复:《春秋尊王发微》卷一二"哀公十四年"。本段论述参见张尚英《宋代春秋学专题研究》,吉林人民出版社2011年版,第173页。

前段文字所论，苏辙以为《春秋》既然撰于"周室中衰，天下三变"之时，"孔子作《春秋》，推王法以绳不义"，因而在《春秋》中"尊王"应当是其核心内容。苏辙在书中对这一论题作了阐述：

(1) 春秋之际，王室衰矣，然而周礼犹在，天命未改，虽有汤、武，未能取而代之也。诸侯之乱，舍此何以治之？要之以盟会，成之以征伐，小国恃焉，大国畏焉，犹可以少安也。（卷一"隐公元年"）

(2) 齐晋之盛，天子之大夫会而不盟，尊周也。柯陵之会，尹子、单子始与诸侯之盟，自是习以为常，非礼也。（卷八"成公十七年"）

(3) 平王东迁，而周室不竞，诸侯自为政，周道陵迟，夷于列国。迨隐之世，习以成俗，不可改矣。然而文、武、成、康之德犹在，民未忘周也，故齐桓、晋文相继而起，莫不秉大义以尊周室，会盟征伐以王命为首。诸侯顺之者存，逆之者亡，虽齐、晋、秦、楚之强，义之所在，天下予之，义之所去，天下叛之，世虽无王而其法犹在也。（卷一二"哀公十四年"）

在上述例子中，苏辙表达了其"尊王"的见解，天命未改，先王的德泽犹在，民不忘周，"世虽无王而法犹在"，齐桓、晋文虽为诸侯盟主，仍以"尊王室为号召"。即便是天子之大夫出外与诸侯之盟会，也别有记载，不与诸侯同盟（例2），只有如此方能维系天下。

如果说上面数例是正面阐述《春秋》"尊王"之说，那么对《春秋》中异常的记载，苏辙也从"尊王"的观念出发予以申说，强调了《春秋》载录的合理性。

(4)《春秋》僖公二十八年，"天王狩于河阳"。（卷五"僖公二十八年"）

本条记录的史实是晋文公率诸侯盟会，欲自为盟主，于是召周王于河阳，而率诸侯觐见。以臣召君，本来不合封建礼仪，《春秋》于此作了变通记载。苏辙在本条下注云："其情则顺，而礼则逆也。仲尼曰'以臣召君，不可以训'，然而其情不可不察也，故书曰'天王狩于河阳'，使若巡狩然，尊周，且以全晋也。"① 从"尊王"观念出发，对"以臣召君"的事作了回护记载，这也是孔子撰《春秋》的笔法，苏辙在这里对之进行了诠释。

（三）论《春秋》记载之"弑君"

在《春秋》一书中有多条"弑君"的记载，尤其是在春秋中叶，案例增多，《春秋》记录了这些事件，然而各处所用的文字却大有异同，往往看似杂乱零碎，但后来的注疏家却从中看出了《春秋》所蕴含的褒贬意义，因而《左传·传例》云："凡弑君称君，君无道也；称臣，臣之罪也。"晋杜预注释曰："称君谓惟书君名，而称'国以弑'，言众所共绝也。称臣者，谓书弑者之名以示来世，终为不义。"② 苏辙在其《春秋集解》中赞同杜预的说解，并在不同的地方加以申说：

(1)《春秋》文公十六年"宋人弑其君杵臼"。 苏辙云："书曰'宋人弑其君'，君无道也。"（卷六"文公十六年"）

(2)《春秋》文公十八年"齐人弑其君商人"。 苏辙云："不称'盗'，而称'人'，见君之无道也。"（卷七"文公十八年"）

(3)《春秋》成公十八年"晋弑其君州蒲"。 苏辙云："栾书、中行偃实弑厉公，然而厉公凌虐其臣民，以及于祸，故称国以弑，罪在君也。"（卷八"成公十八年"）

显然，这些例子都是标准的符合所谓《春秋》"凡例"的典范例子，或称人，或称国以杀，都在于表明"君有罪"。

在有的地方记载"弑君"事件，既"书君"，又"书臣"或"书人"。按《春秋》"凡例"推演，就应该是"君既有罪"，"臣亦无道"，君臣二者各任其责；或是君之罪较轻，不足以当杀罪，臣弑之过矣。例如：

---

① （宋）苏辙：《春秋集解》卷五，《三苏经解集校》，第677页。
② （晋）杜预注，（唐）孔颖达疏：《春秋左传正义》"宣公四年"，载（清）阮元刻《十三经注疏》，第1869页。

(4)《春秋》宣公十年"陈夏征舒弑其君平国"。 苏辙云:"灵公之恶甚矣,其称臣以弑,何也?罪不及民也。……失民而后不称臣子,以民为重也。"(卷七"宣公十年")

(5)《春秋》襄公三十年"蔡世子般弑其君固"。 苏辙云:"君虽无道而不及民,故称臣以弑。"(卷九"襄公三十年")

(6)《春秋》襄公二十五年"齐崔杼弑其君光"。 苏辙云:"齐侯背晋与楚,且乱崔杼之室,虽无道,而崔杼立光杀光,无君之心不可忍也,故称崔杼。"(卷九"襄公二十五年")

上述三例,例4、例5都是在论说君虽"无道而不及民",君之罪轻,不足以当弑;例6则强调"君既有罪""臣亦无道",臣之恶尤甚。

苏辙在描述《春秋》有关"弑君"这一书例时,曾列举了六处"君无道"而称"臣以弑"的例子,并从中总结其规律。其曰:

(7)凡弑君称君,君无道也。然《春秋》所书无道而称臣者六:齐诸儿虽无道,而无知以其私弑之,故称无知;晋夷皋、楚虔虽无道,而赵盾、公子比疑于无罪,故称盾及比;陈平国、蔡固虽无道,而罪不加于国人,故称征舒及般;齐光虽无道,而崔杼之恶甚于光,故称杼。言各有所当已,不必同也。(卷三"庄公八年")

此六处(包括我们前面所举二例)都是《春秋》记载"君无道"而"称臣"的例子,用凡例来规拟,即属例外。苏辙以"言各有所当,不必同也"来弥合其异同,来阐发自己对《春秋》的理解。这一说解"既维护了《左传》的凡例,又使例外之处得到了合理的解释"[①],乃是一种通融的说解。

(四)论《春秋》记载之"杀大夫"

与"弑君"之事相类似,《春秋》还在多处记载了国君诛杀大臣,或大臣诛杀大臣的史实。在这些事件中,被诛杀者情况各异,有的被诛戮者

---

① 张尚英:《宋代春秋学专题研究》,吉林人民出版社2011年版,第231页。

是罪有应得，有的则是无辜的，属于滥杀之例；有时诛戮大臣是正常政务，有时则会造成严重后果。《春秋》记录这些事件，往往会采用不同的辞例，以此来表达孔子对事件的态度。自《穀梁传》提出"称国以杀大夫，杀无罪也"（僖公七年），"称国以杀，罪累上也"（僖公十年），"称人以杀，杀有罪也"（隐公四年）的义例以后①，后来的注疏家也往往见仁见智，各有申说，但总体不离这一原则。宋代孙复著《春秋尊王发微》亦云"称国以杀，不以其罪也"（是书卷三"庄公二十六年"、卷五"僖公七年"等），"称人以杀，讨贼乱也"（卷一"隐公四年"、卷二"桓公六年"等），表达了相同的见解。

苏辙在其《春秋集解》中也有相同的表述。他在书中曰："称人以杀，杀有罪也，以为国人杀之也；称国以杀，杀无罪也，以为国君杀之也。其曰'杀其大夫'云者，虽杀有罪，犹以杀大夫为恶也，杀其公子则又甚矣。"② 类似的例子如：

（1）《春秋》庄公二十六年，"曹杀其大夫"。 苏辙云："称国以杀，而大夫不名，杀无罪也。"（卷三"庄公二十六年"）

（2）《春秋》宣公十三年，"晋杀其大夫先縠"。 苏辙云："晋人诛縠而尽灭其族，称国以杀，言刑之过也。"（卷七"宣公十三年"）

（3）《春秋》成公十五年，"宋杀其大夫山"。 苏辙云："山实有罪，而称国以杀，何也？杀一大夫而国几于乱，非外也。"（卷八"成公十五年"）

（4）《春秋》成公十六年，"楚杀其大夫公子侧"。 苏辙云："鄢陵之败也，楚以一败杀之，故称国以杀。"（卷八"成公十六年"）

（5）《春秋》成公十七年十二月，"晋杀其大夫郤锜"。 苏辙云："郤氏虽多怨于民，而公杀之不以其罪，故称国以杀，言刑之过也。"（卷八"成公十七年"）

（6）《春秋》成公十八年正月，"晋杀其大夫胥童"。 苏辙云：

---

① 按，分见（清）阮元刻《十三经注疏》，第 2395、2396、2369 页。
② （宋）苏辙：《春秋集解》卷三"庄公二十二年"，《三苏经解集校》，第 661 页。

"童虽道君为乱,然书、偃自是以弑君,故称国以杀。"(卷八"成公十八年")

按:在上述例中,苏辙都是从"称国以杀,杀无罪"这一理念出发陈说《春秋》的辞例,同时还针对其具体情况作解,或称刑之过当,或言杀之几于乱国,分别作出解释。

至于诛戮有罪之大夫称人,就相对比较简单了,如:

(7)《春秋》文公八年,"宋人杀其大夫司马"。苏辙谓:"书曰'宋人杀其大夫',非君命也。"(卷六"文公八年")

(8)《春秋》文公九年,"晋人杀其大夫先都"。苏辙谓:"书曰'晋人杀其大夫',杀有罪也。"(卷六"文公九年")

(五)论《春秋》所载之"征伐""会盟"

《春秋》记录了各诸侯国之间的战争、会盟,其事例可谓比比皆是,而在记述这些史实的时候,往往会采用不同的称名方式,以表明孔子的主观态度,赞同或是谴责,都是通过这一方式予以表达。

苏辙在《春秋集解》中论及这些征伐、会盟事件,其总体理念是从"尊周""尊王"出发,予以评判、说解,其云:

(1)追隐之世,习以成俗,不可改矣。然而文、武、成、康之德犹在,民未忘周也,故齐桓、晋文相继而起,莫不秉大义以尊周室,会盟征伐以王命为首。诸侯顺之者存,逆之者亡,虽齐、晋、秦、楚之强,义之所在,天下予之,义之所去,天下叛之,世虽无王而其法犹在也。故孔子作《春秋》,推王法以绳不义,知其犹可以此治也。(卷一二"哀公十四年")

"义之所在,天下予之,义之所去,天下叛之","推王法以绳不义",这是苏辙对《春秋》以不同的方式记述会盟、征伐事件的理解。出于这一理念,苏辙认为诸侯间的征伐,有称爵、称人的不同,称爵表示赞赏,称人则对其战之不义表示谴责。以下是苏辙所释的"称爵"之例:

(2) 文公四年，"晋侯伐秦"。苏辙云："称晋侯，不复罪之，何也？见伐而报，非得罪于法也，而有德者则不然，故将一讥而已。"（卷六"文公四年"）

(3) 成公十五年，"晋侯执曹伯，归于京师"。苏辙云："称侯以执，执有罪也。……《春秋》之书执诸侯者多矣，惟是为得礼。"（卷八"成公十五年"）

与此相反，若其战为不义，或屈在己，或数数而战，或无功而返，《春秋》例皆称人，予以谴责：

(4) 文公二年，"晋人、宋人、陈人、郑人伐秦"。苏辙云："卿称人（按：诸侯军帅为各国卿），以其不务德而力争，罪之也。"（卷六"文公二年"）

(5) 文公三年，"秦人伐晋"。苏辙云："书曰'秦人伐晋'而不称秦伯，何也？亦不善其争也。"（卷六"文公三年"）

(6) 文公十二年，"晋人、秦人战于河曲"。苏辙云："皆称人，以其亟战，罪之也。"（卷六"文公十二年"）

(7) 文公十七年，"晋人、卫人、陈人、郑人伐宋"。苏辙云："将讨宋之弑君，不克而还，故皆称人。"（卷六"文公十七年"）

更有甚者，如果战争一方其罪过深重，称人也不足以形容，故采用特书的方式，直书其国，以表示"深罪之"：

(8) 昭公十二年，"楚子伐徐，晋伐鲜虞"。苏辙云："[晋]今伐鲜虞，称'人'若'师'可也，特书'晋'，深罪之也。"（卷一〇"昭公十二年"）

(9) 哀公十年，"公会吴伐齐"。苏辙云："会夷狄以伐中国，恶莫甚焉。"（卷一二"哀公十年"）

"会盟"亦为《春秋》所载之大事，苏辙认为，与"征伐"的记载相同，《春秋》有称爵、称人之例，同样也昭示了孔子对此类事件的主观态度：

(10) 哀公十三年，"公会晋侯及吴子于黄池"。苏辙谓："晋方主会而曰'吴主会'，吴方凌虐小国而曰'进之'，可乎！"（卷一二"哀公十三年"）

按本条记载鲁、晋、楚三国国君黄池之会盟。《公羊传》注曰："吴称子，吴主会也。"《穀梁传》注曰："进之也。"苏辙对《公》《穀》二家的注释予以坚决批驳，谓《公羊》"吴主会"的说法不合史实，《穀梁》"进之"之说不合传例。诸侯会盟，盟主称爵，故称"晋侯"，而《春秋》书写"吴子"应是特书。

(11) 成公二年，"公及楚人、秦人、宋人、陈人、郑人、齐人、曹人、邾人、薛人、鄫人盟于蜀"。苏辙云："皆称人，盖诸侯背晋而窃以楚盟，是以略之也。"（卷八"成公二年"）

(12) 襄公八年"会……齐人、宋人、卫人、邾人于邢丘"。苏辙云："大夫称人，众词也。"（卷九"襄公八年"）

按：以上两例，要么是诸侯背旧盟而另立新盟，如例11，要么即会盟者众，如例12。在这些地方都称人以盟，则不无贬刺意味。

(六) 论《春秋》之"内中国而外夷狄"

这是宋代《春秋》学者的又一重要共识。他们认为在《春秋》中往往对楚、吴、越这类的非中原地域的国家，采取不同的称谓，由此而凸显这一特点。苏辙在《春秋集解》中站在这一立场，也明确地宣示了这一主张。

(1) 《春秋》襄公二十九年，"吴子使札来聘"。苏辙云：《春秋》一书记载多只称"吴"，"终于《春秋》无加焉"，间或有称"吴人""吴子"，均特书，"皆非进之也"。而书"吴子使札来聘"，"书子书名，进之也。以札之贤而修礼于中国，不可不进也。然终《春秋》曰吴，盖犹以夷终也"。（卷九"襄公二十九年"）①

（2）《春秋》僖公十七年春，"齐人、徐人伐英氏"。苏辙谓：徐之称"人"何也？与齐人序，称"齐人"，不可不称"徐人"也。（卷五"僖公十七年"）

（3）《春秋》昭公五年，"楚子、蔡侯、陈侯、许男、顿子、沈子、徐人、越人伐吴"。苏辙云："越于是始见。徐、吴、越虽与中国会盟，皆以夷故不得称'人'。"（卷一〇"昭公五年"）

（4）《春秋》定公四年十一月庚午，"蔡侯以吴子及楚人战于柏举，楚师败绩，楚囊瓦出奔郑"。苏辙云："吴称'子'而囊瓦称'人'，何也？吴以夷故不得称'人'，又不可以言'吴'，特称'吴子'，书实也。囊瓦以贪致寇，不能死而出奔，称'人'，贱之也。"（卷一一"定公四年"）②

（5）《春秋》哀公十年，"公会吴伐齐"。苏辙云："会夷狄以伐中国，恶莫甚焉。"（卷一二"哀公十年"）

按苏辙的理解，在《春秋》书中，徐、吴、楚、越诸国，因为是夷狄之国，故不能称国，亦不能称人，更不能称爵，这是《春秋》"外夷狄而内中国"的原则。在书中个别之处称子、称人，那是因为"特书"的原因。例1是因为使者季札为贤，例2、例3、例4则是行文不得不如此而已。例5对鲁国"会夷狄以伐中国"予以强烈的谴责，同样也是在宣示其"攘夷狄"的态度。

四

《春秋》既然是"经"，那么其文字则不可更易，即便是有所质疑，后

---

① 按：苏辙这一解说，本于《公羊》《穀梁》之说。《公羊传·襄公二十九年》曰："贤季子，则吴何以有君有大夫，以季子为臣，则宜有君者也。札者何？吴季子之名也。《春秋》贤者不名，此何以名？许夷狄者，不一而足也。"《穀梁传·襄公二十九年》亦曰："吴其称子，何也？善使延陵季子，故进之也。身贤，贤也；使贤，亦贤也。"

② 按：《公羊》于此无说。《穀梁》则曰"吴何以称'子'，夷狄也而忧中国"。苏辙所解与《穀梁》不同。

世为作注疏时也大多竭力辩说回护。到晋代杜预作《左传》注时，采用"史阙文""阙文"之说来解释经文中不可通解之处，唐代孔颖达疏更对此加以明确申说。如：

（1）《春秋》桓公四年，"夏，天王使宰渠伯纠来聘"。杜预注："《春秋》有空时而无事者，今不书秋、冬首月，史阙文。"孔颖达疏："《春秋》编年之书，四时毕具乃得为年，此无秋、冬，知是史阙文也。旧史先阙，故仲尼因之。"

（2）《春秋》桓公十四年"夏五"。杜预注："不书月，阙文。"

杜预、孔颖达都是从孔子"依旧史撰《春秋》"这一观念出发，以为"旧史"原有阙文，孔子因之，故《春秋》不得不阙其文，以此来回答对《春秋》经中出现的文字讹误的质疑，从而维护了"经"文不可更易的权威性。

后世的学人大都有条件地赞同杜氏之说，并有所发挥。而伴随着宋代学者疑古思潮的兴盛，一些学者对经书文字的错讹阙漏也有所质疑，并对此进行大胆的校勘，如孙复《春秋经解》。延至南宋时代，学者对经籍文字权威性的认识更加被动摇，改经、删经、移易经文的行为更为增多，这些行为是此前的注释家绝对不敢做的。

苏辙的《春秋集解》也有一些地方提出了对《春秋》经文阙、羡的质疑，他往往是从《春秋》一书的"书例"来加以判定，因而这类校勘实际上是一种"理校"，要高出一般所谓的文字版本校勘，不过其数量不太多，与宋代后来的学人（尤其是南宋学者）动辄改易经籍的态度还不完全相同。下面是我们检索到的一些例子：

（1）《春秋》庄公元年，"王使荣叔来锡桓公命"。苏辙云："不称'天王'，阙文也。"（卷三"庄公元年"）

（2）《春秋》庄公二十四年，"郭公"。苏辙云："阙文也。"（卷三"庄公二十四年"）

（3）《春秋》文公十年，"秦伐晋"。苏辙云："秦晋相攻久矣，无他得失，而独书'秦伐晋'，遂以戎狄书之。理不然也。或者书

'秦伯',阙文也。"(卷六"文公十年")

(4)《春秋》宣公元年,"晋赵盾帅师救陈"。 苏辙云:"《左传》曰'救陈宋',独称'救陈',阙文也。"(卷七"宣公元年")

(5)《春秋》成公三年,"郑伐许"。 苏辙云:"书曰'郑伐许',狄之也,罪未至此。或者书'郑人伐许',而阙文耳。"(卷八"成公三年")

(6)《春秋》哀公四年夏,"蔡杀其大夫公孙姓、公孙霍"。 苏辙云:"当书'蔡人杀其大夫',不言'人',阙文也。"(卷一二"哀公四年")

(7)《春秋》僖公三年,"徐人取舒"。 苏辙云:"《春秋》书'徐',皆不称'人',以其夷狄故也,称'徐人',羡文也。"(卷五"僖公三年")

(8)《春秋》成公十七年,"十一月壬申,十二月丁巳朔"。 苏辙云:"案下十二月丁巳朔,则壬申非十一月,失之矣。"(卷八"成公十七年")

按:在上述引例中,苏辙主要是从《春秋》一书行文的书例作为依据来判定《春秋》文字的阙、羡:例1至例6都是讨论《春秋》经中的阙文;例7是讨论《春秋》经中的羡文;例8则是以长历的干支推算其记载时日之误,纠正了经文的错讹。

五

苏辙的《春秋集解》编定于北宋徽宗时代,由于政治和学术的原因,在相当长的时间内都未能刊行。不过,可以肯定的是至南宋初,随着党禁的解除,"三苏"学术逐渐得到重视,对他们著作的禁令也随之解除。在这一时期内,苏辙的《春秋集解》曾被多次刊印流行,正如其《诗集传》即于宋孝宗淳熙间由其裔孙苏翊刊刻。宋元两代的目录书对苏辙《春秋集解》多有记录。

晁公武《郡斋读书志》卷三《春秋》类:"《颍滨春秋集传》十二卷。右,苏辙子由撰。大意以世人多师孙复,不复信史,故尽弃二《传》,全以《左氏》为本，至其不能通者，始取二《传》、啖、赵。自熙宁谪居高安，至元符初，十数年矣，暇日辄有改定，卜居龙川，而书始成。"

陈振孙《直斋书录解题》卷三《春秋》类："《春秋集传》十二卷，苏辙撰。专本《左氏》，不得已乃取二《传》、啖、赵，盖以一时谈经者不复信史，或失事实故也。"

《宋史》卷二〇二《艺文志一》：《春秋集传》十二卷，苏辙撰。

马端临《文献通考》卷一八三《经籍考十》：《颍滨春秋集解》十二卷。

按：苏辙自称其著作为《春秋传》，见其《栾城后集·颍滨遗老传》，宋元两代目录书亦多署作"集传"，与其自称名相同，而其版刻情况则未见诸家著录，故宋元刊刻情况不详。

至明、清两代，诸家著录此书，有"集传""集解"两种称名，并行于世。

《文渊阁书目》卷二：《春秋苏颍滨集解》十二卷。

《秘阁书目·春秋类》：《苏颍滨集解》三①。

《内阁藏书目录》卷二八："《春秋集传》三册，全，宋苏辙著。时人治《春秋》多师孙明复，尽弃三《传》。后王安石解经，至《春秋》漫不能通，则诋为断烂朝报，致学者不能复明《春秋》。故辙著此书，集诸家之说，而裁之以义。凡十二卷。"

《万卷堂书目》：《苏颍滨春秋集解》十二卷。

焦竑《刻两苏经解序》："闻宋两苏分释经、子，甚慕之，未获也。弱冠，得子由《老子解》，奇之。寻于荆溪唐中丞得子瞻《易》《书》二解。己丑检书，始获《论语拾遗》。壬辰，奉使大梁，于中尉西亭所获子由《诗》与《春秋解》。丁酉，侍御毕公哀而刻之，而子瞻《论语解》卒轶不传。刻成，而予为之序。"

《四库全书总目》卷二六："《春秋集解》十二卷，宋苏辙撰。先是，刘敞作《春秋意林》，多出新意；孙复作《春秋尊王发微》，更舍传以求经，古说于是渐废。后王安石诋《春秋》为断烂朝报，废之，不列于学宫。辙以其时经传并荒，乃作此书以矫之。其说以《左氏》为主，《左

---

① 按："三"下当有脱文，应为"三册"。

氏》之说不可通，乃取公、穀、啖、赵诸家以足之。盖以《左氏》有国史之可据，而《公》《穀》以下则皆意测者也。自序称，自熙宁间谪居高安，为是书，暇辄改之。至元符元年卜居龙川，凡所改定，览之自谓无憾，盖积十余年而书始成，其用心勤恳，愈于奋臆遽谈者远矣。朱彝尊《经义考》载陈宏绪《跋》曰：'《左氏》纪事粲然具备，而亦间有悖于道者。《公》《穀》虽以臆度解经，然亦得失互见。如"戎伐凡伯于楚丘"，《穀梁》以"戎"为"卫"；"齐仲孙来"，《公》《穀》皆以为鲁庆父；"鲁灭项"，又皆以为齐实灭之，显然与经谬戾，其失固不待言。至如隐四年秋，"翚帅师会宋公、陈侯、蔡人、卫人伐郑"；桓十有四年秋八月"壬申，御廪灾。乙亥，尝"；庄二十有四年夏，"公如齐逆女"，诸如此类，以《公》《穀》之说，妙合圣人精微，而颍滨一概以深文诋之。因噎废食，读者掩其短而取其长可也。'其论是书颇允，此本不载，盖刻在宏绪前也。《宋史·艺文志》称是书为《春秋集传》，《文献通考》则作'集解'，与今本合，知《宋志》为传写误矣。"①

《四库全书简明目录》卷三："《苏辙春秋集解》十二卷，宋苏辙撰。孙复以后，说《春秋》者多废三《传》，至王安石罢《春秋》，乃并废经。辙以其时经传并荒，乃作此书以矫之。其说以《左氏》为主，《左氏》有不可通，乃取公、穀及啖、赵以佐之。"

现存苏辙《春秋集解》的版本以明代刻本为最早。明万历二十五年（1597），毕氏刻《两苏经解》，延焦竑撰序，该丛书包括了苏辙现存的《诗集传》《春秋集解》《老子解》《古史》及苏轼《易解》《书解》等学术著作。后来又于万历三十九年（1611）重刻《两苏经解》。故在明代两种刊本较为盛行。在清代，也有多种钞本和刻本。《四库全书》收有是书，署作"苏辙《春秋集解》十二卷"。清嘉庆间也有《春秋集解》刊本；后又有钱仪吉辑，道光咸丰间大梁书院刊，同治七年（1868）王儒行印行之《经苑丛书》本。中华民国间《丛书集成初编》据《经苑丛书》本排印收录。

舒大刚、李文泽主编《三苏经解集校》所收苏辙之《春秋集解》，其

---

① 按：四库馆臣谓《宋史》称该书作《春秋集传》为"传写误"，不知宋元目录著作大多均作"集传"，乃以不误为误。

底本为明万历二十五年毕氏刊本,并以明万历三十九年重刻本(简称"重刻本")、清同治七年之《经苑丛书》本(简称"《经苑》本")、文渊阁《四库全书》本(简称"《四库》本")为参校,并部分参校了清阮元刻《十三经注疏》之《春秋》及三《传》,纠正了原底本的一些文字讹脱。原底本署作"颍滨先生春秋集解",今仍沿其旧称不改。

山川毓秀　文章汇萃[①]

——历代巴蜀作家文学总集编纂评述（上）

自古以来，巴蜀地域山川秀美，人杰地灵，在数千年的历史长河中涌现出无数文学精英，尤其是自西汉文翁办学兴蜀以来，更是出现了大量文学才子，他们以其卓越的文学创作成就傲视中原，成为时代精英中之翘楚，像汉代的司马相如、扬雄、王褒，唐代的陈子昂、李白，五代的花间词人，宋代的三苏，乃至明代的杨慎，清代的费密、彭端淑、张问陶等，都是各自时代的佼佼者，虽然已经过去了漫长的历史岁月，却至今仍为人们所称道，成为现代巴蜀人引以为自豪的典范。

本文所讨论的"巴蜀文学总集"，其内涵是指历代编纂的收载巴蜀地域作家文学著作的总集。我们发现这类总集编纂的实际情况，也各有不同，在此略作一说明：从其各类总集所收录的内容来看，一些文学总集完全载录巴蜀籍作家的文学作品，这自然是属于巴蜀文学总集的正宗，如宋代所编《成都文类》、明代所编《全蜀艺文志》；一些文学总集其面对的是中国地域范围的作家，虽然其中包括了部分巴蜀地域作家的作品，但同时又兼及其他地域的作家，这类总集我们则需要区别对待，如果主要以巴蜀作家为主，如五代时的《花间集》，宋代时的《三家宫词》《潼川唱和集》，我们也考虑归入巴蜀文学总集；至于那种以全国范围的作家为采集对象，川籍作家只是在其中占有部分份额的文学总集，如清末徐世昌所编《晚晴簃诗汇》，则不计算在内。

其次，就总集编纂者的籍贯身份而言，也存在不同的情况：一些总集的编纂者原籍即为巴蜀的学人，这类总集属于"蜀人编蜀集"；而有一些

[①] 本文原载《湖南行政学院学报》2017年第6期。

总集并非原籍为蜀人所编,他们或是仕宦,或是游历于巴蜀的吏员、学人,如五代时的赵崇祚,宋代的赵抃、章楶、袁说友,明代的曹学佺、傅振商,清代的朱云焕,均属于此类;也有一些编者甚至与巴蜀地域毫无关系,如宋代吕祖谦编《东莱标注三苏文集》。在讨论巴蜀文学总集的时候,我们一般不考虑编纂者的籍贯,只关注总集所收录的作品对象。总之,本文所讨论的"巴蜀文学总集",可包含两方面的内容:一是巴蜀地域作家(含久宦或游历于蜀的作家)的文章总集,这是从作家群体角度的考察;二是以吟咏巴蜀地域山川景物、人文历史为对象的文学总集,这是基于作品内容范畴的考察。以下我们即从这两大观念出发予以讨论。

以地域为限断来编纂文学总集,溯其渊源,应该肇始于《诗经》的十五国风以及《楚辞》这一类总集。在以后的各个历史时代都有这类反映不同地域作家的作品总集,以《汉书·艺文志》的著录为例,我们可以在其"总集类"中找到《吴楚汝南歌诗》《燕代讴》《雁门云中陇西歌诗》《邯郸河南歌诗》《左冯翊秦歌诗》《齐郑歌诗》《雒阳歌诗》一类的名目,尽管人们现在无从看到这些总集的原貌,但从其书名来判断,显然是汇集各种地域作家诗文的总集,然而很遗憾的是我们在其中却没有发现巴蜀文学总集的记载。

至后来的《隋书》一类的正史志文,关于巴蜀文学总集的名目仍不见记载,令后世的研究者多少有些惶惑。分析这种现象产生的原因,显然要么是巴蜀作家作品太少,达不到结集成编的程度,抑或是即使有巴蜀文学总集,然而其影响甚微,因而未被史家关注采集,故而阙如。

一

巴蜀地域文学总集的产生,现有的记载应该追溯至唐、五代时期。自唐代开发西川以来,巴蜀地域经济得到极大的发展,其经济、文化地位得到迅速提升,涌现出许多蜀籍作家及作品,尤其是经历了中唐以后的"安史之乱"及后来的多次战乱,战争虽然祸及全国,然而却很少波及四川,因而保留下了唐代文化发展的一脉。五代时期的巴蜀,相对于中原地域而言,战乱不多,经济繁荣。在这一时期内,巴蜀的文化事业发展良好,尤其是两蜀的统治者喜好文学，除了重赏文学侍臣以外，他们自己往往也附庸风雅，闲暇时赋诗著文，与文人相唱和，这无疑会大大推动巴蜀文化事业的发展。在当时的华夏大地，巴蜀地域应当是一块文学创作的肥田沃土。

在唐、五代时期编纂的巴蜀文学总集有：岑参编《嘉定诗》。宋王象之《舆地碑记目》卷四《嘉定府碑记》云："《嘉定诗》，岑参编。"曹学佺《蜀中广记》卷九七收有《嘉定诗》条，引《舆地碑记目》云"岑参为嘉州时编"。杨慎《全蜀艺文志》卷五二亦据《舆地碑记目》著录。

按，岑参（715—770 年），江陵（今湖北荆州）人，唐初功臣岑文本之后。天宝二年（743）进士，尝仕右补阙，出为嘉州刺史。大历五年（770）卒于成都。工诗，长于歌行，边塞诗尤多佳作，与高适齐名。《唐才子传》卷二有传。

《嘉定诗》碑今已佚。从文献的记载考量，应是岑参官嘉州（今四川乐山）时编纂的诗人吟咏嘉定之诗，刻录上石。诗碑在明代时即已不存，故杨慎、曹学佺均未见此实物，而仅据《舆地碑记目》著录。

刘赞编纂《蜀国文英》8 卷，见《崇文总目》卷一一、《宋史》卷二〇九《艺文志》八、《蜀中广记》卷九七。

刘赞，蜀人，前蜀乾德时官嘉州司马，时后主王衍荒乐，刘赞尝作歌讽谏，并献《陈后主三阁图》。后迁学士。刘赞长于绘画，工花竹翎毛，著有《玉堂集》，编有《蜀国文英》等。清吴任臣《十国春秋》卷四三有传。由于文集久已佚亡，我们只能根据其书名判定它是采录巴蜀地域文人作品的一部总集。

前蜀后主王衍编《烟花集》5 卷，集艳诗 200 篇。见《直斋书录解题》卷一五、《唐音癸签》卷三一、《蜀中广记》卷九五。

前蜀后主王衍，童年时即能属文，甚有才思，《蜀中广记》卷四尝记载其赋《宴宣华苑宫词》云："辉辉赫赫浮五云，宣华池上月华新。月华如水浸宫殿，有酒不醉真痴人。"他酷好靡丽之词，尝集艳体诗二百篇，号《烟花集》。《烟花集》久已佚亡，只能从目录书的著录知道其曾存世。

赵崇祚编《花间集》5 卷，见陈振孙《直斋书录解题》卷二一，这是现存蜀人所编最早的一部词总集，收录了唐五代以来蜀中诸作家的词作。

赵崇祚事迹，文献记录不详，欧阳炯称其字宏基，为孟蜀（后蜀）卫尉少卿，四库馆臣疑其为赵崇韬兄弟行辈。[①]

考察《花间集》内容，是集收录唐末诸家词作，凡 18 家，其中巴蜀籍或占仕于蜀地的作家有 15 人之多，只有 3 人与蜀地无关。

涉及蜀地的作家（包括蜀籍或非蜀人而仕于蜀者）有：韦庄 47 首，薛昭蕴 19 首，牛峤 31 首，毛文锡 31 首，牛希济 11 首，欧阳炯 17 首，顾敻 55 首，孙光宪 60 首，魏承班 15 首，鹿虔扆 6 首，阎选 8 首，尹鹗 6 首，毛熙震 29 首，李珣 37 首，温庭筠 66 首。

其中李珣是一个较特殊的人物，为前蜀梓州（今三台县）人，一说其先人为波斯人，故其友人尹鹗尝戏称他为"李波斯"，著有《琼瑶集》。其妹李舜弦亦有诗才，为前蜀后主王衍昭仪。

与蜀地无关涉的作家有 3 人：皇甫松 11 首，张泌 27 首[②]，和凝 20 首。《花间集》所收集的词作品艺术高妙，远超唐代诸家之作，自宋代以来的作家都对此集称道不已。南宋陆游《跋花间集》即云："《花间集》者，皆唐末五代时人作，方斯时天下岌岌，生民救死不暇，士大夫乃流宕如此，可叹也哉！或者亦出于无聊故耶？"[③] 陈振孙亦云"此近世倚声填词之祖也。诗至晚唐五季气格卑陋，千人一律，而长短句独精巧高丽，后世莫及。此事之不可晓者"[④]。既对其无视国事不满，又对其体制精巧大加赞赏。清四库馆臣亦谓"诗余体变自唐，而盛行于五代，自宋以后体制益繁，选录益众，溯源星宿，当以此集为最古，唐末名家词曲，俱赖以仅存"，"五季人诗不及唐，词乃独胜"[⑤]。

在《通志》卷七〇《艺文略》八还著录有两种总集：《西蜀贤良文类》20 卷，《青城山丈人观诗》2 卷。《通志》将此二集编排于宋人总集之前，既不署作者名，也无法肯定其产生年代。据《蜀中广记》记载，唐开元中明皇感梦，下诏将蜀中丈人观自天国山移于青城山今所[⑥]，而五代前蜀时也兴修青城山丈人观，于真君殿绘事五岳四渎十二溪女神像。由此

---

① 参见（清）永瑢《四库全书总目》卷一九九《花间集》提要，第 1823 页。
② 张泌仕于南唐，明代杨慎编《全蜀艺文志》收录其《河渎神》《江城子》两首，见该书卷二五。按：此二词亦载于《花间集》卷五。
③ （宋）陆游：《跋花间集》，《渭南文集》卷三〇，《四部丛刊》初编本。
④ （宋）陈振孙：《直斋书录解题》卷二一《花间集》，第 614 页。
⑤ （清）永瑢：《四库全书总目》卷一九九《花间集》提要，第 1823 页。
⑥ 参见（明）曹学佺《蜀中广记》卷七七，文渊阁《四库全书》本。

记述推测，大致可以判定二集的编纂也应该在唐五代时期。

上述唐、五代巴蜀地域文人的总集除《花间集》尚存于世以外，其余各集均已不存。

二

宋代是历史上巴蜀文学创作辉煌的时代，以"三苏"为代表，蜀中名家辈出，成绩斐然，不仅在宋代时产生了巨大影响，甚至在此后的各个时代也声誉卓著，以汇集蜀地作家为收录对象而编纂的文学总集也层出不穷，数量繁多。

张逸、杨谔《潼川唱和集》1卷，见《通志》卷七〇《艺文略》八、《宋史》卷二〇九《艺文志》八。

张逸，字大隐，郑州荥阳（今属河南）人，进士及第，尝知青神县，后以龙图阁待制知梓州（今四川三台），又以枢密直学士知益州，凡四至蜀，为政循良。《宋史》卷四二六有传。杨谔，梓州人，景祐元年（1034）进士。以擅长科场程试诗著称。事迹略见司马光《续诗话》。二人时代接近，又都有在潼川（即宋代梓州）交集的经历，故此诗集应为二人在潼川时唱和之诗的汇纂。

宋璋《锦里玉堂编》5卷，见《宋史》卷二〇九《艺文志》八"总集类"。

清雍正《四川通志》卷三三载有宋璋，称其为成都府人，宋宝元进士。嘉庆《四川通志》卷一八八亦云"璋，成都人"。从《宋史》所载类目来看，宋璋所编应当是有关成都的文学总集。

章楶《成都古今诗集》6卷，见《宋史》卷二〇九《艺文志》八。《蜀中广记》卷九七亦著录是书。

按：章楶，字质夫，建州浦城（今福建南平）人，治平二年（1065）进士，尝为成都府路转运使。多年镇守西北，累立边功。宋徽宗建中靖国时擢同知枢密院事。其事迹见《宋史》卷三二八本传。据《宋史》记载，我们可以确认，章氏编《成都古今诗集》是其在成都府路转运使任内。又据李焘《续资治通鉴长编》卷三七六记载，章楶任成都府路转运副使，是在宋哲宗元祐初，次年即移职。此集应该是在宋哲宗元祐初编成，其内容应是历代作家吟咏成都的诗文。此集在明代时当已佚亡，曹学佺已未见全编，故称"人代均不详"云。

刘禹卿编《清才集》10卷。晁公武《郡斋读书志》卷二〇著录云："皇朝刘禹卿编辑古今题剑门诗什铭赋，蒲逢为之序。"按：刘禹卿为北宋元祐时人。康熙《岷州志》卷一九收录其诗一首。其余生平事迹均无考。蒲逢，蜀人，宋景祐时进士，其余生平事迹亦不详。据晁公武语，此集当为汇纂吟咏蜀中剑门遗迹的诗赋总集。

费士戣，编《固陵集》20卷。明曹学佺《蜀中广记》卷九七载：费士戣，字达可，广都（今成都市双流区）人，"嘉定中为夔守，编集管内山川建置碑文记诵为二十卷，多半夔门之书，在旁县者十之二三"。

而明代杨慎在其《全蜀艺文志》序中则称："先君子在馆阁日，尝取袁说友所著《成都文类》，李光所编《固陵文类》及《成都》丙、丁两记、《舆地纪胜》一书，上下旁搜，左右采获，欲纂为《蜀文献志》而未果也。"

固陵，即夔州的古称，《固陵集》与《固陵文类》应该是同书而异名，而两处著录其编者却非同一人。校点本《全蜀艺文志》的整理者刘琳、王晓波先生在其校点前言中亦尝论及这一问题，他们非常赞同四川师范大学已故教授王文才的论断，认为费士戣为此集的领衔者，而实际编者则是李光，因而后来才会出现这种不同署录的情况。[①]

以上诸总集，仅仅见于各种目录书的著录，原书则久已亡佚，故无从详尽讨论其内容，而现在还存世的宋代蜀人总集，尚有数种，以下予以讨论。

《三家宫词》3卷，不署编纂人名。《通志》卷二四八、《直斋书录解题》卷一五标署云"唐王建、蜀花蕊夫人、本朝丞相王珪所著"。《蜀中广记》卷九七著录相同。

王建，唐代颍州（今安徽阜阳）人，大历十年（775）进士，尝仕为陕州司马。与韩愈、张籍同时，相友善。工为诗，思致幽远。

花蕊夫人，本姓费氏，青城（今属成都都江堰）人，以才色入宫，后

[①] 参见刘琳、王晓波校点《全蜀艺文志》卷首，线装书局2003年版，"前言"第4页。

蜀主孟昶嬖之,号花蕊夫人,仿效唐王建《宫词》体作宫词一百首。费氏后来随后蜀主入宋,其词亦散落不传。宋熙宁五年(1072),王安国在馆阁奉诏勘定蜀、楚、秦三地所献图书,以备收入馆中。于其中发现有敝纸二张,抄录宫词数十首,乃费氏手迹,其诗奇丽,与王建宫词无异。王安国于是让令史郭祥抄录入馆,并在其兄王安石处数数称颂,同官王珪、冯京都愿意传于世,费氏宫词乃得大行于世。①

王珪,成都华阳(今属成都市)人,早年有才学,进士及第,历仕集贤院、知制诰、翰林学士。神宗熙宁时为参知政事,升为宰相,执政凡十六年。王珪善诗文,语言瑰丽,自成一家。有《华阳集》传世。事迹见《宋史》卷三一二本传。

宋人编此集是因为三人诗内容奇巧艳丽,诗风相近,又都是七言绝句,体裁相同,尽管王建非蜀人,而花蕊夫人诗又有此特殊经历,故而汇集为一编,此集也可视作蜀人总集。其编集时间,据《直斋书录解题》称王珪为"本朝丞相",当为王珪任宰相时,即在北宋哲宗时期。

《三家宫词》旧有刻本,然"颠舛殊甚",有将唐代诗人王昌龄、白居易、张籍、杜牧诗窜入王珪诗中者,有将花蕊夫人诗与王珪诗互混者,不一而足。明末毛晋取流传之本,参考其他文籍,一一厘正,故《四库全书》收录此集,署作"明毛晋编"。② 现存是集有明毛晋汲古阁刊本、《四库全书》本等。

袁说友编《成都文类》50卷。这是由仕宦于蜀的非蜀籍人士所编的巴蜀文学总集。

袁说友(1140—1204年),字起岩,号东塘居士,建安(今福建建瓯)人,流寓湖州(今属浙江)。隆兴初进士及第,庆元间为四川制置使、知成都府,后累官至参知政事。著有《东塘集》20卷,今存。明董斯张《吴兴备志》卷一三有其略传。

袁说友撰《成都文类序》称:

> 益,古大都会也。有山川之雄,有文物之盛,奇观绝景,仙游神

---

① 参见(明)杨慎《花蕊夫人宫词》,载刘琳、王晓波校点《全蜀艺文志》卷七,第151页。
② 参见(清)永瑢《四库全书总目》卷一八九《三家宫词》提要,第1724页。

迹，一草一木，一丘一壑，名公才士，骚人墨客，窥奇吐芳，声流文畅，散落人间，何可一二数也？……爰属僚士，摭诸方策，裒诸碑识，流传之所脍炙，士友之所见闻，大篇雄章，英词绮语，折法度，极眩耀，其以益而文者，悉登载汇辑焉。断自汉以下，迄于淳熙，其文篇凡一千有奇，类为十一目，厘为五十卷，益之文兹备矣。

袁说友序中所谓"十一目"者，是指按文体编为十一类，其类别依次为赋、诗、诏策制、表疏简记、书、序、记、杂记、箴铭赞颂、杂著、诔哀辞祭文。按其序文所言，收录一千篇文章，自汉代迄于南宋淳熙（1174—1189年）时巴蜀文人之文"兹备矣"，其搜罗汇辑文献之功显然巨大。后来明代杨慎编《全蜀艺文志》亦多有取材。

在现存《成都文类》卷首附有题名记，载录编集者共八人，计有：扈仲荣、杨汝明、费士戣、何惠固、宋德之、赵震、徐景望、程迈孙，均为官于巴蜀州县的文学官吏，显然这是编纂此集的实际操作者。

清四库馆臣对该书评价毁誉参半，称其分门过细，"颇伤繁碎"，然"当时风俗使然，不足怪也"，又谓其与明人编《全蜀艺文志》相较，"不免于挂漏，然创始者难工，踵事者易密，固不能一例视之"，尤其强调其搜讨前代遗文之功，称："且使先无此书，则逸篇遗什，复俊（按：即周复俊。四库馆臣误署其为《全蜀艺文志》的编者）必有不能尽考者，其蒐辑之功，亦何可尽没乎？"①

有宋一代，眉山"三苏"父子均以文学显，他们不仅是蜀中学术的领军人物，同时也享有文章盛誉，尤其是苏轼的成就更巨，其才情堪称中国历史上旷古第一人，而在苏轼身边更是聚集着称为"苏门四学士""苏门六君子"的一批文学之士，将苏氏学术推向极致。"三苏"的文集常被时人编纂成集，作为习学阅读的典范，合刻发行，成为时人的珍藏，在当时即有"苏文熟吃羊肉，苏文生吃菜羹"的时谚。宋代人编眉山"三苏"的诗文合集，据学者祝尚书统计即有七种。②

编者不详：《重广眉山三苏先生文集》80卷，南宋绍兴三十年饶州德

---

① （清）永瑢：《四库全书总目》卷一八七《成都文类》提要，第1699页。
② 参见祝尚书《宋人总集叙录》，中华书局2004年版，第94页。

兴县董应梦集古堂刊本，今存 70 卷。

编者不详：《三苏先生文粹》70 卷，有宋婺州吴宅桂堂刊本。

武谿游孝恭标题：《标题三苏文》62 卷，有清宫藏本，《天禄琳琅书目后编》卷六著录。国家图书馆有宋本残卷，存 34 卷。

编者不详：《重广分门三苏先生文粹》100 卷，宋刊本，今藏日本宫内厅书陵部。

编者不详：《重广分门三苏先生文粹》70 卷，有宋刊本残卷，今上海图书馆存 11 卷。①

吕祖谦编：《东莱标注三苏文集》59 卷（苏洵 11 卷，苏轼 26 卷，苏辙 22 卷），今国家图书馆存有宋刊本，缺 8 卷。

吕商隐编：《三苏遗文》，卷帙不详。尤袤《遂初堂书目》载录，不署编撰人名。而南宋人陆游有《跋〈三苏遗文〉》云："此书蜀郡吕商隐周辅所编。周辅入朝为史官，得唐安守以归，未至家暴卒，可悲也。淳熙十一年正月十一日，务观识。"②

以上所抄录宋人所编"三苏文集"，除吕商隐《三苏遗文》已不存世以外，其余诸集都有宋本或宋残本存世，从编纂内容来看其选择标准各异，有选本，有标注本，数量颇多，这一状况是历史上编纂家族文学总集绝无仅有的，表现了当时"三苏"文学现象的繁盛境况，也反映出总集编纂在宋时代特征。

三

明代所编巴蜀文学总集不多，只有寥寥数种，呈现一种较为冷清的状态，这与明代巴蜀地域学术不振，滞后于别的地域的状况是相吻合的，这一时期是巴蜀学术的低谷。

---

① 按：祝尚书云：以上二本虽然书名相同，然而编排体例各别，一百卷本为分类辑文，七十卷本则依人系文。抑或是一书，经人改编而异其卷数、编次，或原即二本，唯书名偶同，不可得知。祝尚书：《宋人总集叙录》，第 94 页。

② （宋）陆游：《渭南文集》卷二七，《四部丛刊》初编本。

明人编文学总集，我们首先要提及杨慎所编《全蜀艺文志》46卷。[1]杨慎（1488—1559年），蜀中新都（今成都市新都区）人，武宗、世宗两朝宰辅杨廷和之子，明武宗正德六年（1511）状元及第，授翰林院编修。后因"大礼议"跪于宫门哭谏，忤世宗，被充军云南永昌（今保山市），此后一直在流放中度过，直至去世，都未能被旨赦还。《明史》卷一九二有传。杨慎在流放生涯中曾数次返蜀，于嘉靖十八年（1539）第五次返蜀，四川巡抚刘大谟礼聘其与王元正、杨名重修《四川通志》，杨慎负责修《艺文志》。"始事以八月乙卯日（初二），竣事以九月甲申（初一），自角匦紾，廿八日以毕"[2]，总共用时二十八天。刘大谟对杨名、王元正所编部分甚不满意，于是又嘱按察司副使周复俊、佥事崔廷槐笔削重编，而对杨慎之《艺文志》未能易焉。《四川总志》刊于嘉靖二十四年（1545），总16卷，又附《艺文志》于其后，单独成编，为64卷，别题为"全蜀艺文志"。

杨慎在《全蜀艺文志序》中称：

> 先君子在馆阁日，尝取袁说友《成都文类》、李光所编《固陵文类》及《成都》丙、丁两记、《舆地纪胜》一书，上下旁搜，左右采获，欲纂为《蜀文献志》而未果也。悼手泽之如新，怅往志之未绍。罪谪南裔，十有八年。辛丑之春，值捧戎檄，暂过故都，大中丞东阜刘公礼聘旧史氏玉垒王君舜卿、方洲杨君实卿，编录全志，而谬以艺文一局委之慎。乃捡故箧，探行笈，参之近志，复采诸家，择其菁华，祛其繁重，拾其遗逸，翦彼稂稗。……唐宋以下，遗文坠翰，骈出横陈，实繁有旷，乃博选而约载之，为卷尚盈七十。中间凡名宦游士篇咏，关于蜀者载之，若蜀人作仅一篇传者，非关于蜀，亦得载焉。[3]

---

[1] 按：是书今存有嘉靖二十四年《四川总志》后附《全蜀艺文志》，万历四十七年《四川总志》后附《全蜀艺文志》，《四库全书》钞本，清嘉庆二年成都刊读月草堂本，嘉庆二十二年张汝杰乐山刊本。今人整理本有刘琳、王晓波校点《全蜀艺文志》，线装书局2003年版。

[2] （明）杨慎：《全蜀艺文志序》，载刘琳、王晓波校点《全蜀艺文志》卷首，第12页。

[3] （明）杨慎：《全蜀艺文志序》，载刘琳、王晓波校点《全蜀艺文志》卷首，第11页。

《全蜀艺文志》收录诗文 1873 篇，有名氏的作家 631 人。其收录的范围以是否与蜀事、蜀人有关为标准，如果作者不是蜀人，而有与蜀事相关的诗文，可以收录；作者为蜀人，作品传世甚少，若有一篇非关于蜀的作品，亦可收录。所收诗文的范围以唐宋时代人最多，明人作品收录甚少，全书仅有 90 余篇，去取甚为严格，包括其父杨廷和也仅收诗文 3 篇，以示其不阿私好。

　　是书按诗文体裁编排，每类之下则按著者时代先后编次。前 50 卷门类基本沿袭《成都文类》体例，只在诗中添入"诗余"（词）一类，这与宋代末年词得以长足发展，蔚为大观的情形不无关系。后 14 卷包括世家、传、碑目、谱、跋、赤（尺）、牍、行记、题名，其类目则为杨慎所新添。在收文选目的问题上，也显示出杨慎的与众不同之处，将其与《成都文类》两相对照，袁氏是按照传统的文学标准选文，而杨慎则更看重诗文的史料价值，这表现在两大方面：一是其后 14 卷所增加的几大类目，都属于史料的内容，对于探究巴蜀社会、人物、经济、文化的发展历史，卓有帮助；二是所选诗文也注重选择反映蜀地的历史，而不是一味强调其文学性，如选范成大《益州古寺名画记》，几乎是一篇账单式的记录，毫无文采可言，然而却能覆盖蜀中寺院的古代名画目录，故而入编。

　　《全蜀艺文志》的编纂得力于其父（杨廷和）的前期搜集，方能在短短二十八天内蒇事，故是书的编纂也是了结其父的夙愿，"择其菁华，裰其繁重"，"博选约载"，而使是书成为明代编纂巴蜀文学总集的典范之作。

　　《全蜀艺文志》具有重要的文献价值，它保留了明代之前的很多文学作品，有相当数量的文学作品就是依靠《全蜀艺文志》才得以保留下来的，据刘、王二先生统计，这类文章大约有 350 余篇，占了全书的五分之一，可见该书保存巴蜀文献功劳甚巨。

　　继杨慎编辑《全蜀艺文志》之后，明杜应芳、胡承诏编有《补续全蜀艺文志》56 卷。[1]

　　杜应芳，湖北黄冈人，万历三十五年（1607）进士，为礼部主事，出守河间，任四川督学副使，迁福建按察使，归乡，卒。胡承诏，湖北黄陂

---

[1] 按：《续修四库全书》收有明万历刻本。又按：《明史》卷九七署作"《补蜀艺文志》54 卷"，与现存该书卷帙不合，当有误。

人，万历三十二年（1604）进士，为内江县令，有令誉。累迁四川督学，与杜应芳齐名，后升四川布政使。

是书称《补续》，其体例则基本沿袭了《全蜀艺文志》，按文体分卷，有一种文体数卷者，亦有一卷之中包罗数种文体者，其具体编排次序为：卷一、二赋，卷三风谣，卷四至卷一八诗，卷一九敕、谕、牒、诰，卷二〇表、奏、疏，卷二一书，卷二二序，卷二四至卷三二记，卷三三论、辩、解嘲，卷三四解、说、考，卷三五传，卷三六谱类，卷三七箴、铭、赞、跋，卷三八檄文、露布，卷三九墓碑，卷四〇文，卷四一杂著，卷四二至卷四五志余（诗话4卷，含诗余），卷四六至卷五一志余（外纪6卷），卷五二志余逸编，卷五三动植纪异谱，卷五四器物谱，卷五五岩字石刻谱，卷五六行纪、题名，钤记附。

与《全蜀艺文志》相比较，是书增补收录了前书未收，及晚于杨慎的一些作家及著作。其收文标准仍然主要是收录蜀人的作品，以及非蜀籍作家吟咏蜀中的作品。

傅振商《蜀藻幽胜录》4卷。[①] 傅振商，字君雨，河南汝阳人，万历丁未年（三十五年，1607）进士，选为翰林庶吉士，散馆授江西道监察御史，迁右都御史，按察山西，未及行丁父忧。期满复职，赈济陕西灾荒，万历四十六年（1618）监陕西乡试，后官至南京兵部尚书。著有《杜诗分类》《古论元著》《缉玉录》《四家诗选》等，编有《蜀藻幽胜录》一书。事迹见《大清一统志》卷一六九。

傅振商于《秦蜀幽胜录》卷末有跋语称："予留滞秦川，三易岁叙，白云凝目，瓜代屡愆，愁绪难遣，聊作蠹鱼，搜寻旧简，秦蜀幽文，几无剩采，泛及泐石，并为洗濯。观者勿讶辀轩，故作幽闲，寂寞采掇，业劳人之郁谱，固黯告于二集间已，至文工拙之辨，须之别淄渑者，裒集者不敢覆育于五色也。己未孟冬。"按："己未"为万历四十七年（1619），"三易岁叙"云者，是在赈灾关中，典监陕西乡试前后，职闲无事，而得以编纂文集为事。而其书自谓"秦蜀幽胜"，所编次当为陕西、四川两地诗文，而"蜀藻幽胜"，仅及巴蜀作家，不及陕西作家，似另有一编，然而未及见，抑或未能成编。

---

① 按：是书有1985年巴蜀书社据重庆图书馆藏明版影印本，本文引文即出自此本。

傅振商在《题蜀藻幽胜录序》中称：

> 蜀之位坤也，焕为英采必烂，不独受七经，后王、扬续相如帜也，盖世载其英，亦世发其藻矣。然山川奇秀，能拔人笔兴，即游历者峨眉之雪、巫山之云、江光之浩，爽气便横，而琴台草堂、剑阁筹笔之迹，落星捧砚之胜，青羊白鹤之裔，濯锦梅龙之故，又令人凭吊徘徊，纪述骏发，若与苏黄相映者。久而编断石泐，藻采将与人俱往，幸升庵博奥，尽揽收志林，庶借功人，以存什一，复苦脱遗，而荒伧复以芜秽参入，遂令火齐羞与鱼目共椟。予披沙搜宝，止存菁华，汇备饱腹。虽摩诃池上，供十二小吏余沥，未睹其绪，然绣窠自足，一披玩，有若听蜀国之弦、江灵之瑟者，蜀之奇藻幽逸之概，大观具是矣。若更有古洞云封、神碑壑隐，俟时出见者，须待五丁开山手更撷之。

据傅氏之叙，其编此集是有感于杨慎所编《全蜀艺文志》，而苦于杨慎一书之脱遗，及"荒伧复以芜秽参入"，于是"披沙搜宝，止存菁华"，再编此集，而欲备存"蜀之奇藻幽逸"。《蜀藻幽胜录》一集，选文时限上自汉，下迄于元明[①]，收知名蜀籍人士以及虽非蜀籍却仕宦于蜀的名人之文章二百余篇，如像三国诸葛亮，唐王勃、卢照邻、韦皋、李德裕、裴度、李商隐、陆龟蒙，宋赵抃、黄庭坚、陆游、王十朋，虽为非蜀籍文人，然而均曾仕宦于蜀地，其所撰关于蜀地的文学作品，也予以收录。按文体分卷，分为赋、策、诏、敕、表、书笺（卷一），序、记（卷二、三），檄、难、铭、赞、颂、箴、碑、论、杂著、诔、哀辞、祭文、传、谱、跋、尺牍、行纪题名（卷四）。古代散文各体具备，令人开卷一览，可以了解有关巴蜀地域的军政大事、风土民情、山川名胜、神话人物等风貌，正如编者所言"蜀之奇藻幽逸之概，大观具是"。

与其他总集略有不同的是，傅氏收录文章时往往附有跋语，短短数语，或论作家德行，或评文章风格，大多画龙点睛，精到典要，如卷一于

[①] 按：有学人谓是书收文下限为元代，然而核查该书实际状况，其卷三载金皋《忠节祠记》文末云"明嘉靖丙戌冬"，可证明收文下限应为明代。

唐朱桃椎《茅茨赋》下评云："先生知足，离居盘桓，口无二价，日惟一餐，筑土为室，卷叶为冠，斫轮之妙，齐扁同观。朱君蝉蜕尘世，徜徉茅茨，居然仙矣，岂必更修冲举世高之功，而乃目以真人？易茅茨以仙观，是从仙外觅仙矣，何能识其羽化之妙也？故揭其隐焉。君雨。"卷二何朝隐《洞真观横翠阁记》末云："君雨评：翠色欲滴，令人有倚峰想。"卷三吴师孟《剑州重阳亭记》末云："君雨评：抒写清淑，末更洒旷。"卷四李商隐《剑州重阳亭铭》末云："义山不独诗尚精丽，而记铭亦楚楚秀绝，可谓有才人之致。"以上按语颇能体现上述特色，也反映了傅氏的文学观念。

至明代，仍然还有人在续编"三苏文集"，《四库全书总目》卷一九二著录有署名明杨慎编《三苏文范》18卷。四库馆臣怀疑其真实性，谓"所取皆近于科举之文，亦不类慎之所为，殆与《翰苑琼琚》（按：也是托名杨慎的伪作）均出依托也"，收入存目。[①] 今存有天启刊本、崇祯刊本。四川师范大学已故教授王文才先生《升庵著述录》云："其书虽出依托，卷首一帙，搜罗明时所见苏文传本，选评本目，足资稽考，且有升庵父子评语二则，亦甚新奇。"王先生所称杨慎评语，系指杨慎之语"评三苏者，以奇崛评文安，以雄伟评文忠，以疏宕评文宣，而不知三贤之文，其致一也"[②]。其书每卷均题"成都杨慎用修甫原选，公安袁宏道中郎父参阅"，吴郡姚可达刻。前四卷苏洵文四十一首，卷五至卷十六苏轼文二百一首，末二卷苏辙文二十三首。每篇皆加圈点、眉批、段意、夹注，文后有东莱、叠山、石斋、阳明、升庵、鹿门、卓吾、中郎、伯敬诸家总评。应该是一种选评本总集。

《蓉溪书屋集》4卷、《续集》5卷。正集为明方豪（广东开化人）编，续集高第（四川绵州人）编。明绵州（今四川绵阳）人高金爵，字舜举，其父高良贵、子高㷀，家族三世通显。蓉溪为绵州境内一条河流，南流入涪江，沿岸多植芙蓉，故以名溪。高金爵以按察使罢归，构建书屋于溪旁，擅林壑之胜，终日徘徊其中，名曰蓉溪书屋。后金爵复起为官，思之不置，图其胜景，请当时名士赋诗吟咏，汇集成编。正集凡录78人，

[①] （清）永瑢：《四库全书总目》卷一九二《三苏文范》提要，第1745页。
[②] 王文才：《杨慎学谱》，四川人民出版社2018年版，第234页。

续集收 71 人。今《四库全书总目》卷一九二存目类著录该书。

《秉忠定议集》2 卷，不署编纂人名姓。明嘉靖中，都御史宋沧为四川巡抚①，时有真州茂县（今四川阿坝州茂县）流人周天星、王打鱼等聚众三万余人，攻城害民，宋沧迅速调兵遣将平息祸乱，得明世宗褒诏嘉奖，赐其玺书中有"秉忠定议，倏奏肤功"一语。时仕宦于蜀之同官作为《凯歌》《露布》等篇，汇集为一书，以纪其事，则用"秉忠定议"为名。《四库总目》卷一九二存目类有载。

巴蜀文学总集的编纂，有文献记载始于唐、五代，后蜀人赵崇祚所编的《花间集》是现存最早的蜀人词总集，收录了蜀中词人作品，记录了词这一新兴文学样式。《花间集》是汇集中国词作的第一部总集，反映了五代时期巴蜀地域的卓越文学成就，至今仍然是中国文学史研究者所关注的重要著作。

考察巴蜀文学总集的编纂情况，自唐以后各个时代，其实绩参差不齐，这与该时代的政治、经济、学术文化的大环境，尤其是与巴蜀地域的具体状况紧密关联、相互制约。五代、宋代蜀地文学创作繁荣，人才辈出，文学总集的编纂也相当成功，数量众多，质量亦趋上乘；而元代蜀中各项事业凋落，文学总集的编纂处于停滞状态；明代时期则较元代差胜，编成了不少总集，然而就其横向比较而言，巴蜀地域较之其他地域的学术文化处于相对滞后的情况，与之相应，文学总集的编纂也与其他地域有一定的差距，除了数种文学总集，如《全蜀艺文志》《补续全蜀艺文志》《蜀藻幽胜录》较有特色以外，其余著作都不甚著称；至清代，巴蜀文学总集的编纂又形成了一次高峰，总集的编纂比较繁荣，无论是编成的数量，抑或编纂质量，均超过明代，在清代文坛也足以与其他地域相媲美。

宋代眉山苏氏家族一门三父子，是宋代蜀学的领军人物，在经学、史学、文学方面都成绩斐然，而且其家族后裔，传承其家风，不少人也在文学、艺术创作领域崭露头角，成就卓著，因此苏氏家族不仅在宋代时即为人所仰慕，而且垂誉后代、辉耀千古。其以"三苏"命名的文学总集，成为历代巴蜀文学总集编纂的热门，其关注度经久不衰。"三苏"文学总集

---

① 按，宋沧，字伯仪，号有台，山东钜野（今山东巨野）人，正德间进士，嘉靖九年（1530）巡抚四川。见乾隆《四川通志》卷六。

数量众多，卷帙浩繁，成为巴蜀文学总集编纂的压轴。一种家族性文学总集在历史上得以反复编纂，这一现象在中国传统文献编纂史上堪称绝无仅有，值得研究者们重视探讨。

巴蜀文学总集的编纂得力于一批关注乡邦文化事业的学人的执着追求，无论其本籍为蜀人，抑或仕宦游历于蜀，他们本着对巴蜀文学的热爱，在各个时代分别编成各类文学总集，记录下巴蜀文学曾经有过的辉煌，使巴蜀地域的学术命脉得以延续、弘扬，而像明代杨慎编《全蜀艺文志》、明清时代新繁费氏编《剑阁芳华集》，甚至凝聚了其家族几代人的努力。这种对本土学术文化的热情关注，值得当代学人继承、弘扬。

后　记

　　2022年金秋来临，《初学集》论文终于编定，不由得感到一种如释重负的轻松，完成这份书稿，也算是今年的最大收获。

　　自2020年以来的三年，在人类历史上绝对是一个异乎寻常的年代，新冠病毒肆虐全球，各国都在奋力抗击这一突如其来的恶魔，展现出人类战胜共同灾难的决心和毅力。就在疫情充斥之际，前年四川大学古籍整理研究所规划组织了这套学术丛书，其中也包括了本论文集。说实话，最初接受这一任务，颇有一点惴惴不安，既感谢单位对老一代教师的关照，又唯恐辜负了这一片厚意。现在终于能成功编纂脱稿，也算是不负重托了，不管交出的这份答卷是否合格。虽然说是整理旧稿，但是在文章的内容，甚至版式上都进行了大量的修改、调整，也花费了不少的功夫。因此在今年疫情管控、酷暑、地震期间，也还是闷在家里，不敢丝毫马虎地修改补充。

　　书稿的完成，还要感谢中国社会科学出版社的支持，编辑老师的辛勤工作，他们为本书作了重要的把关审定，才使论文集有了现今的规模。感谢之情无以言表，也在此一并致以真诚的谢意。

李文泽

壬寅岁九月于成都桃源苑